全国水利行业规划教材

普通高等教育"十一五"国家级规划教材

高等学校水利学科专业规范核心课程教材 港口航道与海岸工程专业

Quhua Gongchengxue

渠化工程学

（第二版）

主　编　黄伦超　陶桂兰

主　审　刘晓平

人民交通出版社股份有限公司

China Communications Press Co.,Ltd.

内 容 提 要

本书为全国水利行业规划教材、普通高等教育"十一五"国家级规划教材、高等学校水利学科专业规范核心课程教材。

本书主要内容包括河流渠化、渠化枢纽、船闸总体设计、船闸输水系统、船闸水工建筑物、船闸闸(阀)门与启闭机械、升船机、运河工程与生态航道等。书中除阐述一般理论和设计技术要求外,还结合大量工程实例进行介绍。

本书为高等学校港口航道与海岸工程专业课教材,也可供水利工程学科其它专业和水利行业工程技术人员参考。

图书在版编目(CIP)数据

渠化工程学 / 黄伦超,陶桂兰主编. —2 版. —北京:人民交通出版社股份有限公司,2016.7 (2025.1重印)

ISBN 978-7-114-13156-1

Ⅰ.①渠… Ⅱ.①黄… ②陶… Ⅲ.①运河工程—高等学校—教材 Ⅳ.①U61

中国版本图书馆 CIP 数据核字(2016)第 144529 号

书　　名: 渠化工程学(第二版)
著 作 者: 黄伦超　陶桂兰
责任编辑: 赵瑞琴
出版发行: 人民交通出版社股份有限公司
地　　址: (100011)北京市朝阳区安定门外外馆斜街 3 号
网　　址: http://www.ccpcl.com.cn
销售电话: (010)85285911
总 经 销: 人民交通出版社股份有限公司发行部
经　　销: 各地新华书店
印　　刷: 北京科印技术咨询服务有限公司数码印刷分部
开　　本: 787 × 1092　1/16
印　　张: 16.5
字　　数: 410 千
版　　次: 2009 年 9 月　第 1 版　2016 年 7 月　第 2 版
印　　次: 2025 年 1 月　第 2 版　第 5 次印刷　总第 8 次印刷
书　　号: ISBN 978-7-114-13156-1
定　　价: 38.00 元

前 言 Qianyan

Quhua Gongchengxue

内河水运是综合运输体系和水资源综合利用的重要组成部分,是实现经济社会可持续发展的重要战略资源。发展内河水运,符合建设资源节约型、环境友好型社会的要求。渠化工程是改善内河水运航道条件的有效措施之一,特别是在丘陵山区河流中往往是唯一合理的改善航行条件的措施。

随着科学技术的进步,渠化工程出现了许多新技术,实践中也取得了许多新的经验,相关规范也相继制定或修编,这些新成果很有必要编入教材,走进课堂,为培养21世纪的专业人才服务。基于上述原因,高等学校水利专业类专业教学指导委员会组织重新编写了本教材。

《渠化工程学》(第二版)是全国水利行业规划教材,普通高等教育"十一五"国家级规划教材,同时也是高等学校水利学科专业规范核心课程教材。在编写前,广泛征求了各高校对编写大纲和编写内容的建议和意见,召开了编写大纲讨论会。在编写过程中,编者力求反映渠化工程特别是船闸和升船机等方面的最新成果,同时注重传统的基本理论与方法,力求拓宽学生知识面,提高学生分析问题和解决问题的综合能力。

参加本教材编写的有:长沙理工大学的黄伦超教授、张戈和刘智光老师;河海大学的陶桂兰副教授、朱召泉教授、何良德副教授;重庆交通大学的陈明栋研究员、杨斌教授;东南大学的陈一梅教授、郝建新老师。

本教材由黄伦超教授和陶桂兰副教授担任主编。具体编写分工如下:第一章(黄伦超)、第二章(刘智光、黄伦超)、第三章(黄伦超、张戈)、第四章(陈一梅)、第五章(陈明栋)、第六章(陶桂兰、何良德)、第七章(朱召泉)、第八章(杨斌)、第九章(郝建新)。在统稿过程中,对部分章节进行了较大幅度的修改,由于时间关系未能征求相关编写人员的意见,在此对相关编写人员表示歉意!

本教材由长沙理工大学的刘晓平教授担任主审。刘晓平教授对全书进行了认真审查,提出了许多修改建议和意见,在此表示诚挚的感谢!

本教材的出版得到了高等学校水利专业类专业教学指导委员会、中国水利教育协会高等教育分会、人民交通出版社股份有限公司的大力支持，在此表示诚挚的感谢！

在教材编写中使用了部分网上图片，由于无法落实著作权人，在此对相关著作权人表示歉意和诚挚的感谢！

限于编者的水平及时间紧迫，本教材难免有谬误与不当之处，衷心希望读者批评指正，以便今后改进。

黄伦超　陶桂兰

2016 年 5 月

目录 Mulu

Quhua Gongchengxue

第一章　绪　　论

第一节　内河水运在国民经济中的作用

一、内河水运的特点

现代交通运输方式主要有铁路、公路、水运、航空和管道等。在国民经济中，各种运输方式根据本身的特点和具体条件合理分工，相互配合，扬长避短，各尽其用，形成一个综合运输体系。

内河水运是综合运输体系和水资源综合利用的重要组成部分，是实现经济社会可持续发展的重要战略资源。发展内河水运，符合建设资源节约型、环境友好型社会的要求。内河水运与其它运输方式相比，具有如下特点：

(1)综合利用水资源

综合利用水资源是我国水利建设的基本原则，内河航道的建设一般都是尽可能结合了灌溉、防洪、供水、发电、渔业等方面。同时许多水利工程的建设也为内河水运的发展创造了极其有利的条件。因此，内河航道的建设可以密切结合水资源的综合利用与开发。

(2)运输能力大

我国内河船舶平均吨位已达229t/艘，长江干线船舶平均吨位已达800t/艘，长江干线大型顶推船队已达到3万t。内河水运在特大型设备和构件运输中具有独特的作用。一条单线铁路的年运量约为3000万t左右，而一条通航河流的运输能力远远超过这个数量，可以说几乎是不受限制的。

(3)占用耕地少

内河水运主要利用现有河流、湖泊，极少数采用开挖人工运河。因此，内河水运基本不占或较少占用耕地，中下游航道整治一般还可以吹填造地，增加土地。

(4)单位能耗低

欧美发达国家和我国内河水运的单位能耗(t·km消耗燃料)均低于铁路、公路等其它运输方式。

(5)安全环保

内河水运安全可靠，尤其在危险品运输方面具有优势，而且由于单位能耗低，污染物排放少，是一种环保的运输方式。

(6)运输成本相对较低

在欧美水运发达国家，水运的运输成本一般仅为铁路的1/3~1/2，为公路的1/10~1/5。由于历史原因，我国内河航道与港口建设资金投入不足，基础设施薄弱，高等级航道少，干支航道没有高标准贯通，内河港口专业化泊位少，运输船舶吨位小。因此，我国内河水运平均运输成本仅仅比铁路运输成本低5%左右，水运运输成本低的优势没有得到充分发挥。

(7)运输速度慢

对于货物运输来说，商务速度比技术速度更重要，所谓商务速度是指货物由交运到交付的全部时间的平均速度。水运的技术速度和商务速度都比较低，均低于其它运输方式。

(8)受河流分布及河流条件影响大

内河水运布局主要依托于河流分布(包括人工运河)，且并不是所有河流都具有发展水运的条件，同时，由于河流条件季节性变化，造成内河航道条件多变。因此，水运受河流分布及河流条件限制。我国内河水运布局主要集中在东、中、南部，在我国西北广大的国土上，并不具备发展水运的条件。

二、内河水运在国民经济中的作用

交通运输业是国民经济中的一个重要组成部分，它在国民经济中的作用如同人体的血液循环一样，时刻影响着整个社会的经济活动。

内河水运是交通运输业中的一个重要部分。它对现代工农业生产，国防建设，改善人民生活等都起着重要的作用。内河水运在国民经济中的作用主要表现在以下几个方面：

(1)内河水运加强了区域间的联系，促进了区域间的物资交流，加强了区域间的经济联系，并与沿海和远洋运输相对接，形成开放式的国民经济活动。

(2)内河港口布局依托内河航道，是内河水运的节点，是实现与其它运输方式联运的枢纽，实现多种运输方式的合理配置。

(3)内河水运促进了沿江(河)产业发展和生产力布局。内河水运为沿江(河)产业发展提供了便利的运输条件，保障了原材料和产品运输，促进了沿江(河)产业带的形成，沿江(河)经济和内河水运互为依存、相互促进。

(4)内河水运布局主要依托于河流分布，体现了我国水资源的分布状况，并根据河道特性和流域经济发展需求，实现水运资源的开发，内河水运开发程度与水资源利用和流域经济发展水平密切相关。

因此，内河水运在国民经济中具有重要的战略地位，世界上工农业生产和科学技术比较发达的国家，都相当重视内河航运的建设，内河水运也比较发达。例如，美国、德国、荷兰和俄罗斯等国，基本上都已建成了四通八达的航道网，其货物周转量仅次于铁路运输，在国民经济中占有极其重要的地位。

第二节　我国内河航道建设现状及发展趋势

一、我国内河航道建设现状

(一)取得的成就

内河航道是内河水运最重要的基础设施之一，内河航道为内河水运提供基础的运输条件。

经过几十年的建设，我国内河航道建设取得了显著成绩，内河水运货运量持续增长，运输船舶大型化、标准化趋势明显，水运市场日趋活跃，内河水运进入了快速发展的较好时期。目前，全国形成了以长江、珠江、京杭运河、淮河、黑龙江和松辽水系为主体的内河水运布局，内河水运的服务腹地有了较大的延伸和扩展，服务质量明显提高，为流域经济社会的持续、快速发展发挥了重要作用。截至 2015 年底，全国内河航道通航里程 12.70 万 km。等级航道 6.63 万 km，占总里程 52.2%，其中Ⅲ级及以上航道 11545km、Ⅴ级及以上航道 3.01 万 km，分别占总里程 9.1% 和 23.7%。

各等级内河航道通航里程分别为：Ⅰ级航道 1341km，Ⅱ级航道 3443km，Ⅲ级航道 6760km，Ⅳ级航道 10682km，Ⅴ级航道 7862km，Ⅵ级航道 18277km，Ⅶ级航道 17891km，等外航道 6.07 万 km（图 1-1）。

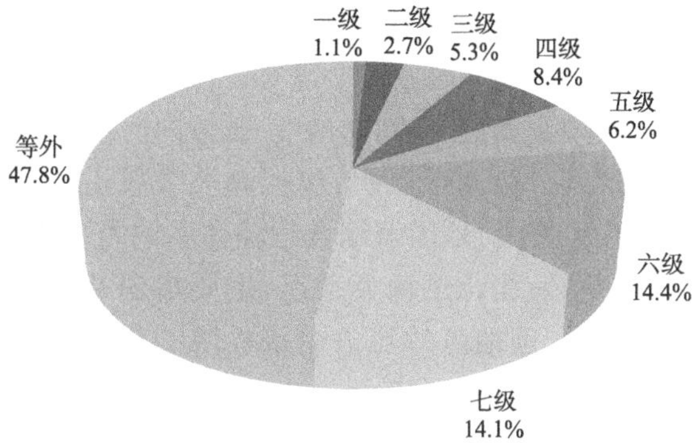

图 1-1 2015 年全国内河航道通航里程构成图

各水系内河航道通航里程分别为：长江水系 64852km，珠江水系 16450km，黄河水系 3488km，黑龙江水系 8211km，京杭运河 1438km，闽江水系 1973km，淮河水系 17507km。

（二）存在的问题

由于历史原因，与国外内河水运发达国家相比，我国内河航道建设还存在一定差距。主要表现在：

1. 基础设施薄弱

由于历史上对发展内河水运的认识不一致，资金投入严重不足，总体上内河航道建设较为缓慢，内河航道、港口基础设施薄弱，能力不足，制约了内河水运优势的发挥。

2. 结构性矛盾突出

目前我国内河水运的覆盖面和通达度拓展不够，内河高等级航道少，干支航道的标准不衔接，运输的连续性差，有时需转驳倒载，影响了内河水运优势的发挥。

3. 协调难度大

内河航道建设涉及水利、电力、环保、城市发展等方面，受部门、地方对水资源的不同需求驱动，造成了在水资源开发中形成的合力不足，兼顾不够，发展内河水运的协调难度大，水资源综合利用不充分。

4. 行业管理有待进一步加强

在内河水运市场准入、行业监管、依法行政等方面有待进一步提高管理和服务水平。

二、发展趋势

（一）全国内河航道规划情况（2006—2020 年）

在我国广大的内陆江、河流域地区，内河航道建设是支撑流域经济社会可持续发展的战略资源，是综合运输体系的重要组成部分。科学、合理布局内河航道，对发展区域经济、实现水资源综合利用具有重要作用。

根据《全国内河航道与港口布局规划》（2006—2020 年）（以下简称《规划》），我国内河航道发展目标是：按照科学发展观的要求，与水资源开发利用和综合交通网发展相协调，合理开发和有效利用水运资源，用 20 年左右时间，建成干支衔接、沟通海洋的高等级航道，为船舶标准化、规范化创造基础条件。充分发挥内河水运的优势，提供畅通、高效、安全、环保的运输服务，适应流域经济社会发展和国家安全需要。远期根据流域经济社会发展要求，结合水资源开发利用，进一步扩展覆盖面，提高通达度，延伸内河水运的服务范围。

《规划》将全国内河航道划分为两个层次，包括高等级航道和其它等级航道。高等级航道是全国内河航道的核心和骨干，是国家综合运输体系的重要组成部分，有条件的还可与其他交通方式共同组成发展为综合运输大通道，主要指现有的和规划建设为可通航千吨级船舶的Ⅲ级及以上航道，个别地区的航道受条件限制为可通航 500 吨级船舶的Ⅳ级航道。

全国内河高等级航道规划布局方案是：在水资源较为丰富的长江水系、珠江水系、京杭运河与淮河水系、黑龙江和松辽水系及其它水系，形成长江干线、西江航运干线、京杭运河、长江三角洲高等级航道网、珠江三角洲高等级航道网、18 条主要干支流高等级航道（两横一纵两网十八线）。

规划内河高等级航道约 1.9 万 km（约占全国内河航道里程的 15%），其中Ⅲ级及以上航道 14300km，Ⅳ级航道 4800km，分别占 75% 和 25%。

（二）《水运“十四五”发展规划》中有关航道规划情况

1.“十四五”发展规划航道发展目标

到 2035 年，安全、便捷、高效、绿色、经济的现代水运体系基本建成，为建设人民满意、保障有力、世界前列的交通强国做好支撑。内河水运完成国家高等级航道网 2.5 万 km 预期目标，新增及改善内河航道里程约 5000km，其中新增高等级航道约 2500km，充分发挥航道在“6 轴 7 廊 8 通道”综合立体交通网主骨架中的通道作用。

2.“十四五”发展规划航道开发重点任务

(1)加快水运大通道扩能升级。

长江干线上游积极推进宜宾至重庆段重点碍航水道整治、重庆至宜昌段 4.5m 水深航道建设；中游有序推进宜昌至武汉段航道整治；下游稳步实施安庆至南京段重点航道整治，进一步改善南京以下 12.5m 深水航道条件；加快改善长江口辅助航道条件；积极推进三峡枢纽瓶颈制约疏解，深化三峡水运新通道前期论证。

西江航运干线加快推进贵港以下 3000 吨级航道建设，稳步推进 3000 吨级航道上延至南宁,研究推进长洲枢纽船闸扩能,重点加快长洲枢纽下游碍航段航道工程整治(图1-2),提升西江出海航道通航条件。

图1-2 碍航滩险(漩水)

京杭运河加快山东段、浙江段建设,进一步提升苏北段通航保障能力,全面推进江苏段综合整治。淮河干流继续推进安徽段航道升级和船闸、桥梁等瓶颈节点改造,推动河南段航道提等升级,加快推进江苏段淮河出海航道建设。

(2)主攻水网和支流高等级航道畅通延伸。

长江三角洲高等级航道网重点加快未达标段航道攻坚建设,加快改造主要集装箱内河通道沿线碍航桥梁,研究建设衔接海港的河海直达通道,加快沿海港口内河疏港航道建设,加强省际间航道沟通互联。

珠江三角洲高等级航道网进一步提升崖门等出海航道及莲沙蓉等重点航道通航能力,提高江海联运服务水平。

支流高等级航道重点加快岷江、嘉陵江、乌江、沅水、汉江、赣江、信江、北盘江、右江、红水河、柳黔江等未达标段航道整治、梯级渠化、碍航闸坝通航设施工程建设(图1-3)。积极推进湘江、汉江、赣江等长江重要支流高等级航道中下游航道扩能升级。积极推动高等级航道向上游及周边的重要城市、矿区、产业基地等延伸。

(3)稳步推动运河连通工程。

继续推进引江济淮航运工程建设;加快推进西部陆海新通道(平陆)运河工程前期论证及建设;研究推进京杭运河黄河以北段复航和津保航线论证;开展湘桂、赣粤运河前期重点问题研究论证。

(4)统筹推进国境国际通航河流航道建设。

推进黑龙江、额尔古纳河、鸭绿江、图们江等中俄、中朝国境国际通航河流航道重点碍航滩险整治。推进澜沧江、瑞丽江、红河等中老缅泰、中越国境国际通航河流航道的内通外联。加强国境国际通航河流航道养护管理,完善航道监控、助航设施、养护管理基地、救助打捞等配套设施,推进海事监管服务保障能力建设。开展航道测量、电子航道图制作等基础性工作,保障国境国际通航河流航道畅通安全。

图 1-3　某枢纽通航设施模型试验研究

（5）积极开展旅游航道试点示范。

依托航道打造生态走廊、景观走廊、文化走廊（图 1-4）。重点做好沿线相关设施绿化美化,加强沿江沿河文化景观再造,推进沿线生态环境综合治理。

图 1-4　生态航道

因地制宜规划建设一批特色旅游航道。依托长江、西江、黄河等大江大河,以及大运河文化带构建集交通、观光、度假、休闲等功能于一体的旅游航道。加强新安江、瓯江、钱塘江等支流航道,以及白洋淀、太湖、千岛湖、滇池等库湖区航运设施建设,服务乡村振兴战略,打造适宜中短途观光休闲的特色旅游航道。

（6）全面推进数字航道建设。

以高等级航道为主体,加强航道基础设施信息采集能力建设,推动航道、航标、整治建筑物等全要素、全周期数字化;推广基于北斗的感知终端设备应用,加强浅险航段等关键部位的预警监测;推动高等级航道重要航段、重要节点的全方位动态感知网络建设;加强航运枢纽大坝和通航建筑物运行监测系统建设;优化整合各类智慧航道管理平台,加强与国家综合交通运输信息平台衔接;以长江、珠江航运为重点,建设大数据中心和“智慧航道”服务体系,提升公共服务能力与水平。

第三节 渠化在内河航道建设中的作用

一、航道与航道工程

(一)航道及其基本要求

为了组织水上运输所规定或设置的船舶航行通道称为航道。航道是水运的基础,一般说来,航道要满足以下基本要求。

(1)有足够的水深、宽度和弯曲半径;

(2)适合船舶航行的水流条件,包括适宜的流速,良好的流态等;

(3)水上跨河建筑物应满足船舶的通航净空要求。

(二)航道工程

天然状态下的河流、湖泊和海洋不是处处都能满足航道的三大基本要求的,同时,为了提高现有航道等级和延长通航里程,因此,必须采取航道工程措施。

航道工程是指以延长通航里程、提高航道标准、改善通航条件和保障航道通畅为目的的疏浚、整治、渠化、运河、航标、清障等工程措施的总和。航道工程主要包括整治工程、疏浚工程、渠化工程、径流调节、运河工程及一些辅助工程措施,其中渠化工程是本课程涉及的主要内容。

二、渠化工程

(一)渠化的概念

河流渠化是在天然河流上建筑一系列拦河闸坝,利用闸坝壅水作用增加上游河段的通航水深、改善航道条件,同时修建通航建筑物(船闸或升船机等)帮助船舶克服筑坝后所形成的水位落差的航道工程措施(图1-5)。

图1-5 渠化工程效果图

(二)渠化在航道工程措施中的地位与作用

渠化是一种提高河流航道等级,构成标准统一的航道网和综合利用水资源的有效措施。河流渠化后,上游形成宽广的水库,淹没了上游滩险、急弯,较大幅度地增加航道尺度,使通航水深不再受天然流量大小的控制,提高了航道的通过能力,库区的流速减小,有利于船舶航行,为提高船舶载重量、降低运输成本创造了有利条件。此外，河流渠化与水资源的综合利用相结合，还能满足灌溉、发电、防洪、城镇供水、渔业等的需要，促进流域经济的发展，获得最大的经济效益。

综上所述，河流渠化是改善航行条件的有效措施，特别是在丘陵山区河流中往往是唯一合理的改善航行条件的措施。河流渠化延长了航道网路线长度，可以提高渠化河段内的船舶载重量和货运密度，为采用先进的技术设备和管理创造了极为有利的条件。在国内外内河航道网的建设中，一般是在河流的中、下游，采用整治和疏浚措施来改善航道；而在干流上游和主要支流采用渠化工程，使整条河流成为高等级航道。

第四节　渠化工程规划设计的基本资料

基本资料是规划设计的依据。渠化工程的设计应按照不同阶段的要求进行资料的收集和整理。资料的内容和深度应该符合《内河航运建设项目可行性研究报告编制办法》、《内河航运工程初步设计文件编制办法》和《内河航运工程施工图设计文件编制办法》。各阶段需要的水文、地形及地质等专业技术资料和分析成果，应按照有关专业技术规范的具体规定进行收集。对自然条件简单的Ⅵ级及其以下航道上的小型渠化工程，所需设计基本资料可根据具体情况适当简化。有关水利、水电的基本资料可按照现行有关标准和规范的要求进行收集和整理。

渠化工程设计一般可分为预可行性研究、工程可行性研究、初步设计和施工图设计四个阶段。

可行性研究阶段的任务是在充分调查研究和必要的勘察、科学试验研究工作基础上，对项目建设的必要性、技术可行性和经济合理性提出综合论证。

初步设计阶段是整个工程的关键阶段。在初步设计阶段，工程的关键技术问题都应得到解决，工程的基本规模和投资额也应基本确定。初步设计不仅可进一步证实工程的可行性，更重要的是具体确定了工程主要结构的尺度和型式。

施工图设计阶段是在初步设计已批准的基础上进行的，本阶段旨在将各种结构或构件进行详细设计，绘制成图以供施工之用。

不同的阶段具有不同的任务和要求，为完成所规定的任务，各阶段均须具备相应的基本资料。各阶段基本资料的名录基本相同，主要是资料的深度和详细程度要求有所差别。如地形图资料：规划和可行性研究阶段为1:2000～1:20000；初步设计阶段要求为1:1000～1:5000；施工图设计阶段要求为1:200～1:2000。

渠化工程设计应具备以下基本资料：

一、自然条件资料

(1)水文资料：包括水位、流量、流速、流态和泥沙等；

(2)气象资料：包括风况、降水、雾况、气温和冰况等；

(3)地质资料：包括地层分布、岩土性质、软弱夹层、断裂构造、岩溶情况，地基的承载能力，持力层深度及地震基本烈度等；

(4)地形资料:包括枢纽坝址区域及其上下游河道的水上、水下地形图等;
(5)地貌资料:包括地形特征、地貌类型、阶地分布、不良地质现象的分布和发育程度等。

二、经济营运资料

(1)历史和现有的客货运量及近、远期规划的客货运量、流向及各类货物所占比重;
(2)设计船型、船队组成、尺度、所占比重、远期船型发展等;
(3)船舶运输的营运成本和技术经济指标。

三、航道资料

(1)航道的现有等级、航道尺度及险滩分布、河床底质、碍航情况、航道演变及通航水流条件等;
(2)航道规划、航道定级、梯级开发及已建枢纽和通航建筑物情况;
(3)跨河桥梁、过河电缆、管道及隧道等。

四、其它资料

(1)与本枢纽相关工程的规划、可行性研究、设计文件等;
(2)对外交通、附近城镇、供电及供水情况;
(3)建筑材料的供应情况;
(4)施工条件;
(5)生态及环境现状;
(6)编制工程估算、概算和预算的有关规定、定额及材料设备价格等。

第二章 河 流 渠 化

第一节 河流渠化的类型

河流渠化是为了综合利用水资源,在河道中建造拦河闸坝、抬高上游水位的水利工程措施。在水利工程中并没有明确的河流渠化分类方法,但在水运工程界,基于河流渠化对航道条件改善程度和通航建筑物技术的难易程度,习惯上对河流渠化进行了分类。

一、根据渠化河段是否连续分

根据渠化河段是否连续,河流渠化分为连续渠化和局部渠化两种类型。

(一)连续渠化

连续渠化是指在河流上建造一系列闸坝,将整条河流分为若干河段(称为渠化河段),下一级闸坝的回水与上一级闸坝相衔接,并满足通航标准所规定的通航水深,从而使整条河流成为彼此连接的渠化河流。图 2-1 为嘉陵江干流(广元—重庆)规划梯级纵剖面示意图,共规划 17 个梯级使嘉陵江干流(广元—重庆)成为连续渠化河流,达到综合利用水资源、提高航道等级的目的。

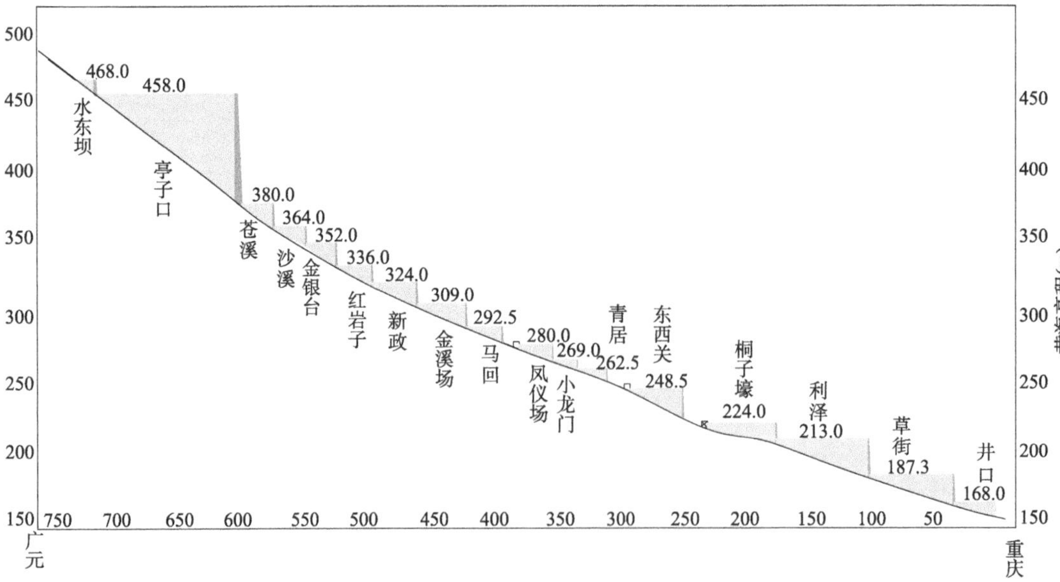

图 2-1 嘉陵江干流(广元 – 重庆)规划梯级纵剖面示意图

连续渠化的河流消除了天然河段,其通过能力不再受天然河段的控制,而是取决于河流上通航建筑物的通过能力,因而可大幅度提高航道通过能力;另外,连续渠化河流可将河流的落差分配到各个渠化梯级上,以充分利用这些落差进行发电、灌溉,因而能最充分利用河流的水力资源。

(二)局部渠化

局部渠化是只对河流一个局部河段进行渠化,或对河流多个局部河段进行渠化,但各个渠化河段互不衔接,两渠化河段之间仍然由天然河段构成。

局部渠化多用于河流航行条件较好,仅少数河段水深不足或滩险、急弯碍航严重,而用其它航道工程措施难以改善航行条件的河段。局部渠化河流由于在各渠化河段之间还夹有天然河段,航道通过能力仍受天然河段的控制。

二、根据渠化水头的大小分

根据渠化水头(枢纽上下游水位差)的大小,河流渠化又可分为高坝渠化和低坝渠化。

(一)高坝渠化

由于水运工程界将河流渠化进行分类,主要是基于河流渠化对航道条件改善程度和通航建筑物技术的难易程度。随着科学技术的进步,许多技术问题现在已不再是技术难题。在水利水电工程中,现在一般认为坝高超过70m以上才算高坝。但在水运工程界,当水头超过40m后,其通航建筑物遇到的技术难题较多。因此,从其对航道条件改善程度和通航建筑物遇到的技术难题,在水运工程界现在一般认为水头超过20~30m是高坝渠化。

总之,当拦河坝较高,渠化水头较大的称为高坝渠化(图2-2a)。高坝渠化坝上壅水位高,上游形成的水库库容大,回水里程长,常用于多目标开发。如长江三峡工程,具有发电、防洪、通航等多目标的综合效益。

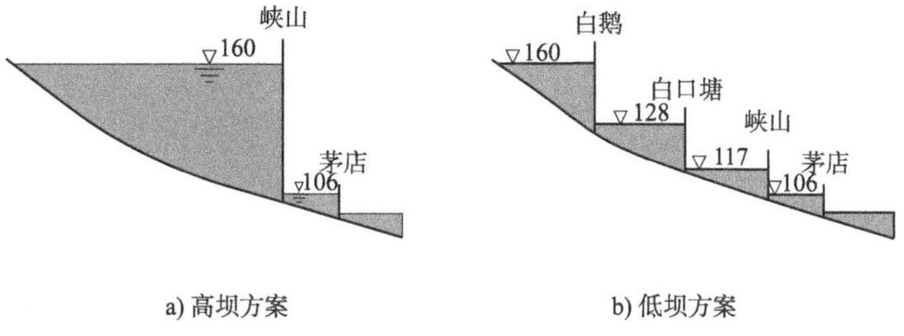

图2-2 某渠化河段高坝与低坝方案对比图

(二)低坝渠化

根据前面高坝渠化的分析可知,若拦河坝不高,渠化水头较小(一般小于20m)的称为低坝渠化(图2-2b)。

对于以改善航行条件为主要目标或河流两岸有重要的厂矿企业的中、小河流,为了减少坝上游的淹没损失和移民搬迁,一般采用低坝渠化。低坝渠化每级水头不高,回水里程相对较短,为使各梯级回水互相衔接,所需的枢纽数目较多。在山区河流中,河床相对比较稳定,河流洪水期和枯水期水位变幅大,且洪水历时较短,采用低坝渠化的措施来改善航行条件,往往可以收到良好的效果。

第二节　渠化工程规划的原则和内容

加快内河航运建设特别是河流的渠化开发，是综合利用水资源，构建综合交通运输体系，促进区域经济发展的成功模式。它既涉及流域内国民经济的近期计划和长远规划，又与农业、水利、电力等部门以及其它交通运输工具的现状和发展有密切的关系。为使渠化工程能以最经济的投资获得最大的综合效益，在进行渠化工程之前，首先必须进行渠化工程规划。

一、渠化工程规划的原则

渠化工程主要是开发航道，提高航道等级，改善通航条件的航道工程措施。渠化工程规划是航运规划的一个组成部分，也是流域内水利工程规划的重要内容。而航运规划又是河流综合利用规划的一个组成部分。因此，渠化工程规划是建立在河流综合利用规划基础上进行的航运规划的一部分。

（一）航运规划的基本原则

1. 适应性原则

促进经济社会发展是航运规划的基本出发点和根本目的。因此，航运规划要与经济社会发展和生产力布局相适应，充分发挥内河航运在促进资源有效开发、沿江（河）产业带形成和生产力合理布局等方面具有的特殊作用。

2. 协调性原则

航运规划要与构筑现代综合运输体系、水资源综合开发和行业的整体发展相协调。充分发挥内河航运优势，促进综合运输的协调发展，促进水资源的合理开发和有效利用。

3. 合理性原则

航运规划要充分考虑河道的航运开发可能性和运输发展需求。以满足区域经济发展对航运的需求为基准，因地制宜、量力而行、注重效益、有所为有所不为。

4. 前瞻性原则

航运规划要突出规划的宏观性和战略性。根据航运现状和发展要求，把内河航运的长远规划目标与近期发展重点相结合，把建立适应综合运输体系发展的内河航运体系与水利水电梯级开发相结合。在外部条件允许的情况下，内河航运规划和建设适当超前于国民经济发展，同时为今后的发展留有余地，体现可持续发展的战略。

5. 生态性原则

航运规划要致力于发展生态型内河航运。减小污染，努力改善生态，高度关注环境保护，倡导生态亲和型、环境良好型内河航运。

（二）渠化工程规划的原则

由于渠化工程规划是航运规划的一部分，因此，渠化工程规划首先要遵循航运规划的基本原则，即适应性、协调性、合理性、前瞻性、生态性原则。此外，根据渠化工程的自身特点，渠化工程规划还要遵循以下原则：

1. 综合利用水利资源原则

综合利用水利资源是渠化工程规划必须遵循的一个重要原则。河流渠化的主要目的，是改善和提高河流的航行条件。要从全流域着眼进行多目标的开发，做到一水多用，以最小的投资，获得最大的综合效益。在满足通航要求的前提下，减少土地淹没、浸没、移民和拆迁。

2. 统一航道标准原则

渠化工程规划要以航运规划和航道等级为依据，符合《内河通航标准》，以利于全国水运干线与地方航道、水系与水系、干流与支流的沟通。以便逐步形成具有统一标准的、四通八达的全国内河航道网。

3. 远近结合原则

渠化工程规划既要考虑远期发展，也要结合近期的需要，提出切实可行的方案。要根据航运发展目标，社会、经济对航运发展的要求和工程建设条件，分期安排。忽视远期的发展，会给将来内河航道的建设造成困难。但如果不从近期实际情况出发，不考虑目前的运量、资金、材料、劳动力与技术条件，同样也会影响甚至延缓渠化工程的建设和航运事业的发展。

4. 科学性原则

在渠化工程规划时，应采用先进的技术和科学的方法，进行深入细致的调查和研究，充分论证和比较，制定一个技术先进、投资和营运费最省的规划方案。

5. 平战结合原则

渠化工程规划不仅要考虑和平时期民用客货运输的需要，还要考虑战争时期军用船舶和军用物资运输的需要。在考虑梯级与枢纽的布置，确定通航建筑物型式与尺寸时，应照顾到国防建设与战争的特殊要求，做到平战结合。

二、渠化工程规划的内容

渠化工程规划的基本任务是要确定建设标准（航道等级）、枢纽坝址、梯级组合方案、渠化梯级开发次序等。因此，渠化工程规划一般包括以下主要内容：

(1)渠化河流航道等级的拟定；

(2)渠化枢纽坝址的初步选择；

(3)梯级布置方案的确定，包括枢纽坝址和水位组合的确定；

(4)梯级开发次序的确定。

第三节 渠化工程规划的方法

一、渠化河流航道等级的拟定

(一)航道等级已规划的情况

渠化工程规划是建立在河流综合利用规划基础上的航运规划的一部分，如果拟渠化的河流在上述规划中已经确定了航道等级，则以上述规划航道等级为依据。但需要说明的是，上述规划一般每隔一段时间会进行修编，根据航运现状和发展要求，航道等级可能会发生变化。如湘江衡阳至城陵矶河段，原来规划为Ⅲ级航道，现规划变为Ⅱ级航道。原有湘江大源渡航电枢纽、株洲航电枢纽均按照Ⅲ级航道标准建设，现在必须扩建满足Ⅱ级航道标准的通航建筑物。因此，在航道等级已规划的河流上进行渠化工程，一般以规划航道等级为依据，但也要充分考虑长远发展。

（二）航道等级未规划的情况

对于未定航道等级（一般为等外航道）河流，或者根据航运现状和发展要求，航道等级发生变化的情况，则在渠化工程规划时，必须进行河流航道等级的拟定。

拟定渠化河流的航道等级，是渠化工程规划中的一项重要工作。它不仅确定了渠化河流的远期发展及其在内河航道网中的地位和作用，而且确定了渠化枢纽中水工建筑物的设计标准。同时也为其它建设部门在该河流上设计和建造相应建筑物时，提供了必须满足航运要求的统一标准。

渠化河流的航道等级拟定，应根据经济规划中预测的客货运量要求，包括货运量和货物运行密度等，定出远期船型（载重量、主要尺度、航速等）和运输组织方式。然后根据货运量、船型、船队尺度并结合河流的自然条件以及航道可能改善的程度，经技术经济论证，按照干支流、上下游相协调的原则，确定渠化河流的航道等级。

必须指出，货运量、船型和运输组织等是拟定渠化河流航道等级的依据。但进行经济、营运的分析研究工作时，又必须考虑航道的可能改善程度，即可能达到的航道等级。航道等级的提高又会促进沿江（河）国民经济的发展。因此，在规划过程中，经济规划、营运规划与航道定级工作是互相影响、紧密联系的。

渠化河流航道等级影响因素是很复杂的，在规划过程中，应对船舶和航道投资、营运费用及其它条件进行全面的综合比较，并考虑国防上的要求，合理地拟定航道等级。航道等级确定后，可根据统一的通航标准确定航道尺度及渠化工程的建设规模。

二、渠化枢纽坝址的初步选择

坝址选择是渠化工程规划中一项极其重要的工作，它直接影响工程量和投资的大小，施工的难易以及运用、管理和维修等，也是决定工程成败的重要因素之一。

需要强调的是坝址与坝线是有区别的，坝址是相对宏观的位置，坝线则是枢纽坝轴线的位置。

渠化工程预可行性研究阶段应在河流综合利用规划的基础上初步选择坝址，工程可行性研究阶段应通过比选确定坝线。坝址选择应符合河流综合利用规划的要求，当需要改变规划坝址时，应通过技术经济论证。

（一）坝址选择应考虑的因素

坝址选择考虑的因素很多，归纳起来主要有：

（1）渠化河段水文、泥沙、地形和地貌等特性；

（2）建坝的工程地质条件和接岸条件；

（3）上、下渠化梯级间的通航水位衔接条件；

(4)近期和远期通航建筑物、挡水和泄水建筑物、水电站等主要建筑物布置的要求；
(5)有利于库区的航道整治和淹没航道原有主要滩险；
(6)减少淹没、浸没、征地和拆迁；
(7)施工导流和分期施工的条件,施工期通航条件；
(8)砂、石等地方建筑材料的供应条件；
(9)施工场地、弃渣和对外交通运输要求；
(10)枢纽的运行、维护和管理要求；
(11)工程造价经济合理等。

(二)坝址选择的原则

坝址选择除考虑上述因素外,还应遵循以下原则:

(1)位于城市附近建设渠化枢纽时,宜结合城市规划按有利于促进城市发展和环境改善的原则确定坝址。

(2)在城镇、大片农田、工矿企业和主要交通设施处建设渠化枢纽时,坝址宜选择在其上游。尽管渠化工程一般是属于中低水头筑坝雍水工程,但它仍会对河道防洪产生影响。因此,一般在其上游河段选择坝址。

(3)分汊河道一般江面宽阔,有利于枢纽建筑物的布置、施工通航和施工导流。当支汊在汛期的分流比较均匀时,利用江心洲构筑纵向围堰,可以降低工程造价,有利于工程施工期度汛的安全。因此,有条件时坝址可选择在分汊河段。

(4)干、支流相交河段,坝址宜选择在支流河口下游的干流上。枢纽坝址选在汇流河口下游的干流上,可以达到一坝锁多江的效果,扩大渠化工程的航运效益。如嘉陵江、渠江、涪江三江交汇处,坝址选择在嘉陵江的草街(图2-3),使草街航电枢纽的回水可以至渠江、涪江最下一级枢纽,从而形成一个渠化水系网。当支流河口低洼地淹没损失过大时,坝址亦可选择在支流河口上游干流河段上。

(5)支流的最下一级枢纽坝址,宜选择在与干流枢纽在最低通航水位时能衔接处。

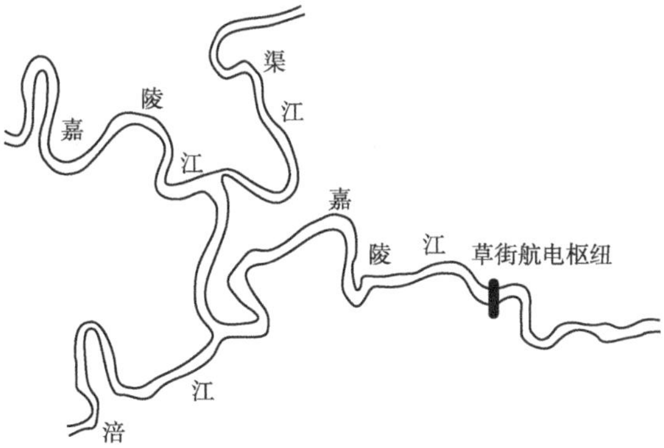

图2-3　嘉陵江草街航电枢纽地理位置示意图

三、梯级布置方案的确定

根据前面初步选定的河流渠化的多处可行坝址,由不同坝址与梯级水位形成不同的组合方案，在梯级组合方案比选阶段，确定推荐梯级布置方案。

（一）梯级组合方案

河流渠化的梯级组合，应根据河流的地形、地质、水文等自然条件，结合河流的货运特点、综合利用的要求以及施工条件及施工技术水平，由不同坝址与梯级水位形成不同的组合方案（图2-4）。

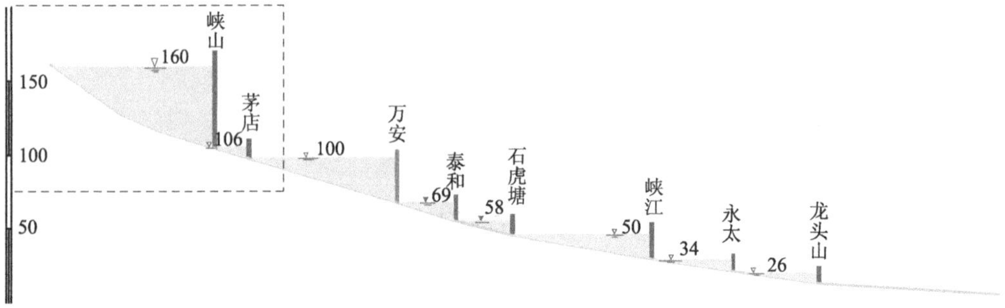

梯级组合方案Ⅰ

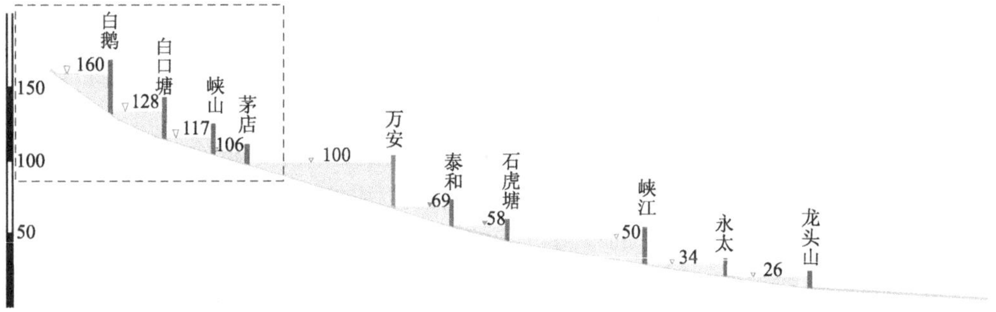

梯级组合方案Ⅱ

图2-4　不同梯级组合方案示意图

进行梯级组合方案布置时，应注意以下基本要求：

（1）渠化梯级组合应使渠化河段间通航水位彼此衔接，这是渠化梯级组合的最基本要求。渠化梯级间水位应优先采用设计最低通航水位衔接的方式，必要时应留有一定的备淤深度。当采用最低通航水位衔接有困难时，需通过技术经济论证，说明利用调节流量和航道整治等工程措施，能够满足航道标准水深。

（2）两梯级间河段的长度不宜过小，应使船舶在两梯级渠化河段内的航行时间大于船舶通过通航建筑物所需要的时间，以免因为间距过小，引起过坝船舶聚集在通航建筑物处，造成拥挤现象，影响航道的通过能力。

（3）梯级组合方案应尽量减少淹没损失。在确定梯级的水位组合时，淹没损失的大小应是考虑的重要因素之一，特别是对于以航运为主的中小河流的渠化工程更应慎重考虑。河流的上游梯级水头可适当提高，以便改善水电站的技术经济指标；而河流的中下游梯级应采用较小水头，以减少淹没损失。

(4)梯级组合方案应密切结合流域内已建的和规划的其它水利枢纽工程。同时,考虑相邻干、支流的航运和水利的开发,以充分发挥梯级综合效益,统筹兼顾,实现水利资源的综合利用。

(5)梯级坝址应具有良好的地形、地质条件,力求避免复杂的技术问题,使工程简易、减少投资。

(6)梯级方案必须适应当地的施工技术条件与建筑材料的供应情况,以利于缩短工期和降低工程造价。

(二)梯级组合方案的比选

渠化梯级组合方案的比选,是对已拟定的各种可行的梯级组合方案的各项技术经济指标进行论证比较,选出最优组合方案作为规划推荐方案(图 2-5)。

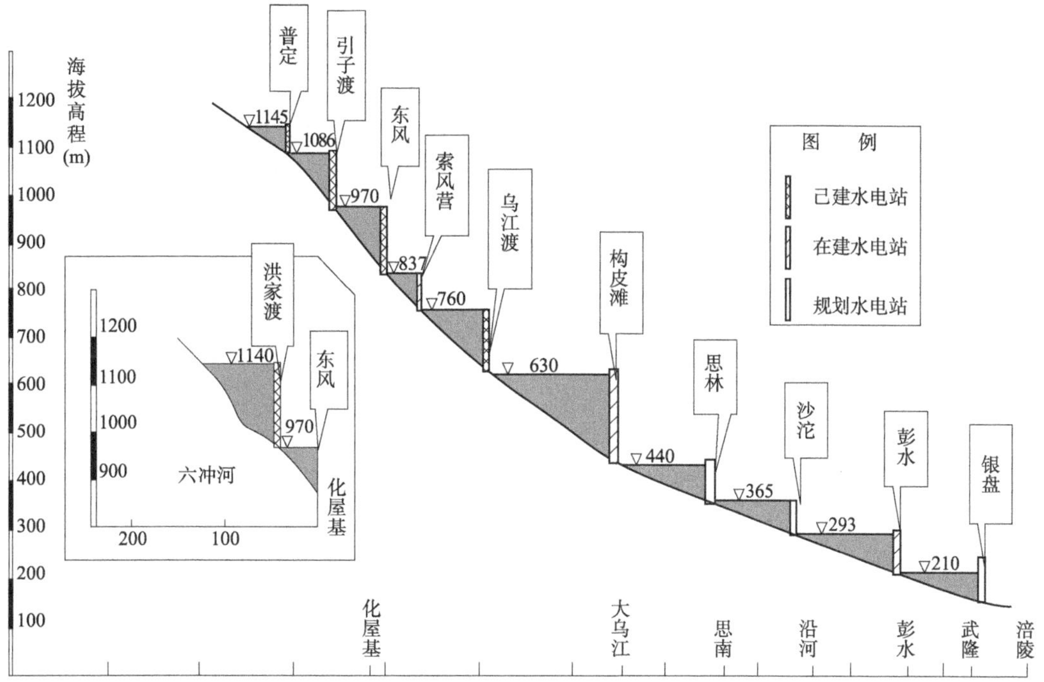

图 2-5 乌江梯级开发方案纵部面示意图

在进行梯级组合方案比较时,可从下述几方面进行:

(1)上、下梯级通航水位衔接情况;

(2)渠化航道的通过能力;

(3)对河道防洪排涝能力的影响情况;

(4)河道综合利用程度;

(5)淹没和浸没情况;

(6)环境影响情况;

(7)分期建设及效益;

(8)工程造价等。

通过综合比较,选择最优组合方案作为规划推荐的梯级布置方案。

四、渠化梯级开发次序确定

河流渠化工程是由一系列梯级枢纽组成的，工程的全部效益须待全部梯级建成后才能充分体现出来。在一般情况下，一条河流的全部梯级枢纽不会同时兴建，而是根据工程的轻重缓急与难易程度分期分批建设。为了既缩短工程的施工期限，争取早日建成，早日发挥效益，又要避免投资、材料等过度集中使用，应安排好梯级开发次序。

渠化梯级开发次序应按照有利于发挥河流航运整体效益和综合效益的原则确定。在考虑梯级开发次序时，应注意下述原则：

(1)先期工程应具有显著的综合效益，才能得到国民经济各有关部门和当地政府、群众的积极支持，才有可能优先纳入建设计划；

(2)先期工程应选择航道滩险多而集中、整治困难、碍航严重，对航道通过能力起控制作用的河段，或者选择运输要求迫切和运输密度较大的河段；

(3)先建梯级对下一期相邻梯级的施工，应无不利的影响或影响不大；

(4)梯级建成的先后顺序，应对上、下游航道尺度的逐步提高，航线的逐步延伸及货运量的逐步增加有利；

(5)先期工程应选择工程技术不甚复杂，施工条件好的渠化枢纽。如葛洲坝工程与三峡工程，先建设葛洲坝工程，后建三峡工程；

(6)梯级开发的先后顺序，应保证梯级有足够的勘测、设计与施工的准备时间，以确保工程的质量。

第三章　渠化枢纽

第一节　概　　述

为了综合利用水资源，在渠化枢纽中，通常需要建造不同的水工建筑物，并把它们有机地组合在一起，以发挥枢纽最大的综合效益，这些建筑物的综合体称为渠化枢纽。渠化枢纽一般由挡水建筑物、泄水建筑物、通航建筑物、水电站建筑物、坝岸连接及护岸建筑物等组成（图3-1）。

图3-1　渠化枢纽的组成

渠化枢纽中各建筑物型式，应根据各建筑物的使用要求和枢纽所在河段的地形、地质、水文及泥沙等自然条件和施工条件综合考虑确定。在枢纽中，各个建筑物相互间位置的确定，即枢纽的总体布置，在设计中是既重要而又复杂的工作，它直接关系到各个建筑物作用的发挥及工程的投资。

合理的枢纽布置应该根据综合利用水利资源的原则，顺应河势，遵循河床演变规律，体现出枢纽的特点，充分发挥各建筑物的作用，以达到安全可靠、经济合理、使用管理方便、施工容易的目的。枢纽总体布置应根据枢纽的任务，进行充分研究以寻求最合理的方案。因此，这项工作只有对各个水工建筑物的特点、型式、使用及施工要求等有了全面而深入的了解后，才能拟定最合理的方案。对于渠化枢纽一般都要进行枢纽总体布置模型试验，来验证和优化枢纽总体布置方案。

第二节　挡水建筑物和泄水建筑物

挡水建筑物的作用是拦截江河，抬高上游水位，形成水库。一般来说，任何一个水库的库容都有一定的限度，不能将全部洪水拦蓄在水库内。泄水建筑物的作用就在于把超过水库调蓄能力的洪水泄放到下游，限制水库水位不超过规定的标准，以确保枢纽工程及其上下游人民生命财产的安全。

一、挡水和泄水建筑物类型

挡水建筑物主要有拦河坝（重力坝、拱坝、土石坝等）、拦河闸（各种水闸）等。

泄水建筑物按其进水口在水库中的位置可分为表孔泄水建筑物和深孔泄水建筑物。表孔泄水建筑物有溢流坝、泄水闸、溢洪道等；深孔泄水建筑物有深式泄水孔、泄水隧洞等。

拦河闸、溢流坝一般既是挡水建筑物又是泄水建筑物；深式泄水孔分为有压泄水孔和无压泄水孔；泄水隧洞按洞内水流流态分有压隧洞和无压隧洞。

二、主要挡水和泄水建筑物简介

(一)重力坝

重力坝是用混凝土或石料等材料修筑，主要依靠坝体自重保持稳定的挡水建筑物和泄水建筑物。重力坝按其结构型式，可分为实体重力坝、宽缝重力坝和空腹重力坝；按是否溢流，可分为溢流重力坝和非溢流重力坝；按筑坝材料，可分为混凝土重力坝和浆砌石重力坝等。

重力坝在水压力及其它荷载作用下，主要依靠坝体自重产生的抗滑力来满足稳定要求；同时依靠坝体自重产生的压应力来抵消由于水压力所引起的拉应力，以满足强度要求。

1. 重力坝的主要优点

(1)结构受力明确，设计方法简便，安全可靠。重力坝沿坝轴线用横缝分成若干坝段，各坝段独立工作，结构受力明确。结构稳定和内力计算都比较简单。重力坝剖面尺寸大，坝内应力较低，而筑坝材料强度高，耐久性好，因而抵抗洪水漫顶、渗流、地震和战争破坏的能力都比较强。据统计，在各种坝型中，重力坝的失事率是较低的。

(2)对地形、地质条件适应性强。任何形状的河谷都可以修建重力坝，因为坝体大，作用于地基面上的压应力不高，所以对地质条件的要求相对于拱坝要低，甚至在土基上也可以修建高度不大的重力坝。

(3)枢纽泄洪问题较容易解决。重力坝可以做成溢流坝，也可以在坝身不同高度设置泄水孔，一般不需另设溢洪道或泄水隧洞，枢纽布置紧凑。

(4)便于施工导流。在施工期可以利用坝体导流，一般不需要另设导流隧洞等。

(5)施工方便。大体积混凝土可以采用机械化施工，在放样、立模和混凝土浇筑方面都比较简单，并且补强、修复、维护或扩建也比较方便。

2. 重力坝的主要缺点

(1)坝体剖面尺寸大，材料用量多。

(2)为了维持坝体稳定，坝体尺寸大，坝体应力较低，材料强度不能充分发挥。

(3)坝体与地基接触面积大，相应坝底扬压力大，对稳定不利。

(4)一般采用混凝土材料，由于坝体体积大，属于大体积混凝土结构。施工期混凝土的水化热和硬化收缩，将产生不利的温度应力、收缩应力及裂缝。因此，在浇筑混凝土时，需要有较严格的温度控制措施。

(二)拱坝

拱坝是固接于基岩的空间壳体结构，在平面上呈凸向上游的拱形，其拱冠剖面呈竖直的或向上游凸出的曲线形(图 3-2)。坝体结构既是拱结构又是梁结构，其承受的荷载一部分通过拱向两岸传递，另一部分通过竖直梁的作用传到坝底基岩。与其它坝型相比，拱坝具有如下一些特点：

(1)稳定特点。坝体的稳定主要依靠两岸拱端的反力作用，不像重力坝那样依靠自重来维持稳定。因此拱坝对坝址的地形、地质条件要求较高，对地基处理的要求也较严格。

(2)结构特点。拱坝属于高次超静定结构，超载能力强，安全度高，当外荷载增大或坝的某一部位发生局部开裂时，坝体的拱和梁作用将会自行调整，使坝体应力重新分配。另外，由于拱是一种主要承受坝轴向压力的结构，拱内弯矩较小，应力分布较为均匀，有利于发挥建筑材料的强度。拱的作用利用越充分，混凝土或砌石材料抗压强度高的特点就越能充分发挥，从而坝体截面厚度可以减薄，节省工程量。拱坝比同一高度的重力坝大约可节省1/3～2/3材料，从经济意义上讲，拱坝是一种很优越的坝型。

图3-2 拱坝

(3)荷载特点。拱坝坝身不设永久伸缩缝，温度变化和基岩变形对坝体应力的影响比较显著。设计时，必须考虑基岩变形，并将温度应力作为一项主要荷载考虑。

(4)由于拱坝剖面较薄，坝体几何形状复杂，因此，对于施工质量、筑坝材料强度和防渗要求等都较重力坝严格。

(三)土石坝

土石坝是指由土、石料等当地材料填筑而成的坝体。土石坝是历史最为悠久的一种坝型，是世界坝工建设中应用最为广泛和发展最快的一种坝型。土石坝得以广泛应用和发展的主要原因是：

(1)可以就地取材，节省大量水泥、木材和钢材，减少工地的外线运输量。由于土石坝设计和施工技术的发展，放宽了对筑坝材料的要求，几乎任何土石料均可筑坝。

(2)能适应各种不同的地形、地质和气候条件。除极少数外，几乎任何不良地基，经处理后均可修建土石坝，特别是在气候恶劣、工程地质条件复杂和高烈度地震区的情况下，土石坝往往是唯一可行的坝型。

(3)大容量、多功能、高效率施工机械的发展，提高了土石坝的压实密度，减小了土石坝的断面，加快了施工进度，降低了造价，促进了高土石坝建设的发展。

(4)由于岩土力学理论、试验手段和计算技术的发展，提高了分析计算的水平，加快了设计进度，进一步保障了土石坝设计的安全可靠性。

(5)高边坡、地下工程结构、高速水流消能防冲等土石坝配套工程设计和施工技术的综合发展，对加速土石坝的建设和推广也起到了重要的促进作用。

(四)水闸

水闸是一种利用闸门挡水和泄水的低水头水工建筑物，当闸门关闭时成为挡水建筑物，当闸门开启时成为泄水建筑物，水闸在水利工程中的应用十分广泛。水闸按其所承担的任务可分为6种，如图3-3所示。

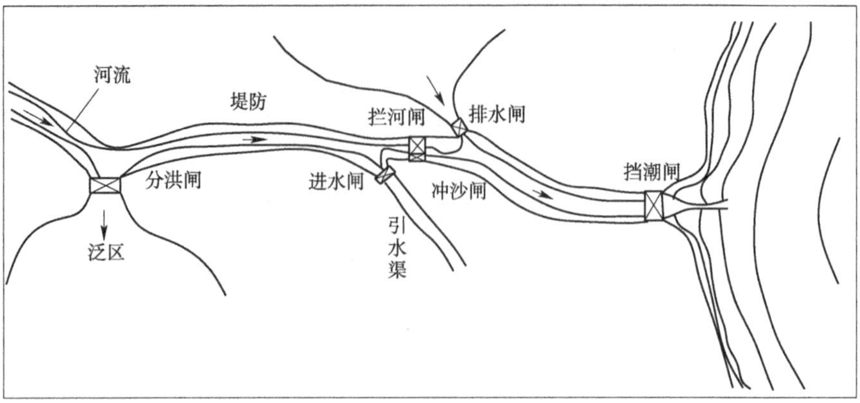

图 3-3　水闸分类示意图

1. 节制闸

拦河或在渠道上建造，用于拦洪、调节水位以满足上游航运或引水的需要，控制下泄流量，保证下游河道安全或根据下游用水需要调节放水流量。位于干流河道上的节制闸也称为拦河闸、泄水闸。

2. 进水闸

建在河道、水库或湖泊的岸边，用来控制引水流量，以满足灌溉、发电或供水的需要。进水闸又称为取水闸或渠首闸。

3. 分洪闸

常建于河道的一侧，用来将超过下游河道安全下泄流量的洪水泄入分洪区（蓄洪区或滞洪区）或分洪道。

4. 排水闸

常建于江河沿岸，用来排除内河或低洼地对农作物有害的渍水。当外河水位上涨时，可以关闸，防止外水倒灌。当洼地有蓄水、灌溉要求时，可以关门蓄水或从江河引水，具有双向挡水，有时还有双向过流的特点。

5. 挡潮闸

建在入海河口附近，涨潮时关闸，防止海水倒灌；退潮时开闸泄水，具有双向挡水的特点。

6. 冲沙闸（排沙闸）

建在多沙河流上，用于排除枢纽水库、进水闸、节制闸前或渠系中沉积的泥沙，减少枢纽水库、航道或渠道淤积，减少引水水流的含沙量。冲沙闸常建在进水闸一侧的河道上，或与节制闸并排布置或设在引水渠内的进水闸旁。

除上述常用水闸外，还有为排除冰块、漂浮物等而设置的排冰闸、排污闸等。

水闸按其闸室结构型式可分为开敞式、胸墙式及涵洞式等（图 3-4）。对有泄洪、过木、排冰或其它漂浮物要求的水闸，如节制闸、分洪闸，多采用开敞式。胸墙式一般用于上游水位变幅较大、水闸净宽又为低水位过闸流量所控制，在高水位时尚需用闸门控制流量的水闸，如进水闸、排水闸、挡潮闸多用这种型式。涵洞式多用于穿堤取水或排水情况。

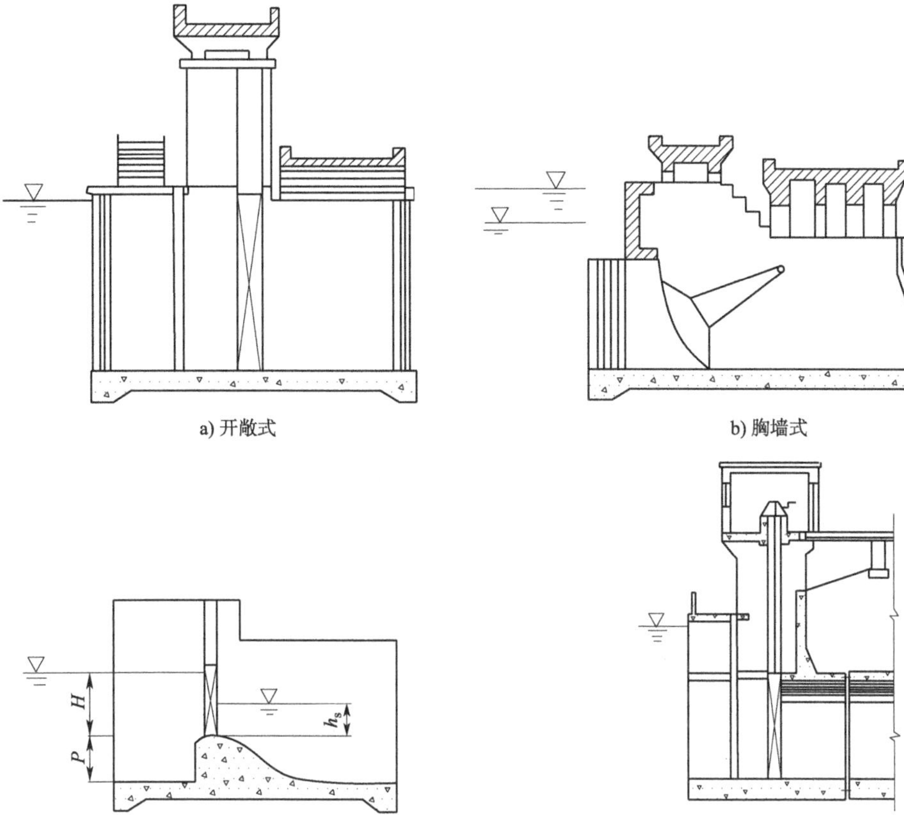

a) 开敞式　b) 胸墙式　c) 开敞式　d) 涵洞式

图 3-4　水闸闸室结构型式

第三节　通航建筑物

为帮助船舶(队)克服渠化枢纽(水利枢纽)上下游集中水位落差,顺利通过河道上的闸坝,必须修建通航建筑物。

通航建筑物主要有船闸和升船机两大类。船闸是利用水力将船舶(队)浮送通过闸坝,通过能力大,应用最广;升船机是利用机械力将船舶升送通过闸坝,耗水量少,一次提升高度大。

各国建设和科研工作经验表明:当水头在 70m 以上,宜建造升船机;水头在 40 ~ 70m 之间应进行升船机与船闸的比选;水头在 40m 以下,采用船闸通常比升船机优越。

本节侧重介绍船闸,升船机的详细介绍见第八章内容。

一、船闸

(一)船闸的组成

船闸主要由闸首、闸室、输水系统、引航道、口门区、连接段、锚泊地、导航建筑物、靠船建筑物、闸阀门、启闭机械、电气控制设备等组成。有的船闸还包括前港和远方调度站等。其主体部分主要由闸室、闸首和引航道组成(图3-5)。

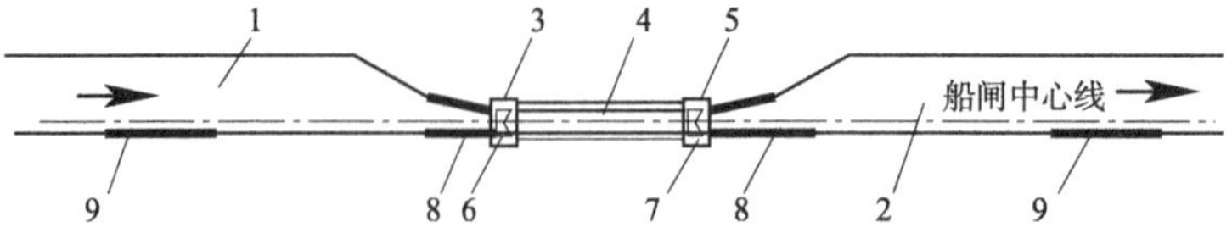

图3-5 船闸主体的主要组成示意图

1-上游引航道;2-下游引航道;3-上闸首;4-闸室;5-下闸首;6-上闸门;7-下闸门;8-导航建筑物;9-靠船建筑物

1. 闸室

闸室是位于船闸上、下闸首及两侧边墙间供过坝(闸)船舶(队)停泊的区域。闸室由闸室墙及闸室底板构成,一般采用钢筋混凝土、混凝土或浆砌石等材料修筑。闸墙和闸底板两者可以是连在一起的整体式结构,也可以是不连在一起的分离式结构。为了保证闸室灌水或泄水时船舶(队)的安全,在闸室墙上设有系船柱和系船环等附属设施。

2. 闸首

闸首的是将闸室与上、下游引航道隔开的挡水建筑物。位于上游端的称为上闸首,位于下游端的称为下闸首。在闸首内设有工作闸门(用来封闭闸首口门,将闸室与上、下游引航道隔开)、检修闸门、输水系统(供闸室灌、泄水用,如输水廊道等)、输水阀门及启闭机系统等。此外,在闸首上还设有交通桥及其它辅助设备。闸首由边墩和底板构成,一般采用钢筋混凝土或混凝土等材料修筑,边墩和底板通常为刚性连接的整体式结构。

3. 引航道

引航道是连接船闸闸首与上下游航道的一段限制性航道。引航道的作用是保证船舶(队)安全、顺利地进出船闸,供等待过闸的船舶(队)安全停泊,并使进出闸船舶(队)能交错避让,因此,引航道内设有导航及靠船建筑物。与上闸首相接的称为上游引航道,与下闸首相接的称为下游引航道。

(二)过闸原理

船舶(队)通过船闸的原理,如图3-6所示。例如:当下游船舶(队)要通过船闸到上游时,其主要过闸作业过程为:

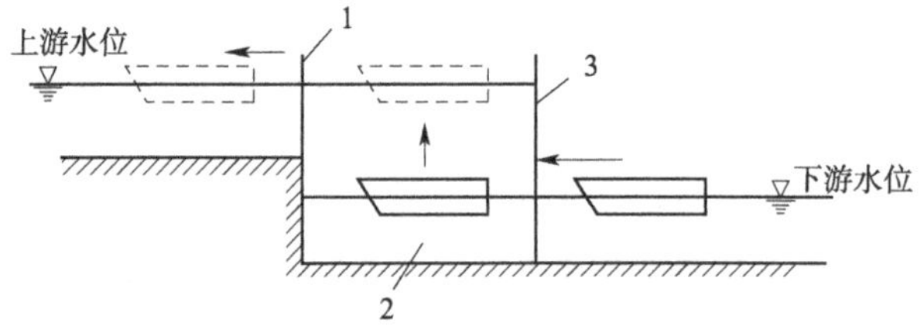

图3-6 船舶过闸示意图

1-上闸首及上闸门;2-闸室;3-下闸首及下闸门

(1)船舶(队)由下游引航道驶入闸室;

(2)关闭下闸首闸门;

(3)由上游输水系统向闸室内灌水,船舶随着闸室水面一起上升;

(4)待闸室水面与上游水位齐平后,开启上闸首闸门;

(5)船舶(队)由闸室驶向上游引航道。

当上游船舶(队)要通过船闸到下游时,其过闸作业过程与上述过程相反。

因此,船闸的过闸原理,是利用闸室水面的升降帮助船舶(队)克服渠化枢纽(水利枢纽)上下游集中水位落差。

(三)船闸的类型

1.按船闸的级数分

船闸按照级数可分为单级船闸和多级船闸。其中多级船闸又可分为连续多级船闸、设中间渠道的多级船闸。

(1)单级船闸。沿船闸纵轴线方向只有一级闸室的船闸称为单级船闸。单级船闸船舶过闸时间短、船舶(队)周转快、通过能力较大、建筑物及设备布置集中、运行管理方便简单。当水头不超过30m时,一般采用单级船闸。

由于单级船闸相对于多级船闸具有过闸时间短,通过能力大,停航检修时间较短,枢纽布置较易和管理方便等优点,因而是最广泛采用的型式。在条件允许的情况下,应优先采用单级船闸。但水头大小是限制建造单级船闸的决定因素,特别是输水阀门水力条件和船闸结构技术,更是其中的关键。随着科学技术水平的提高,单级船闸能适应的水头在逐步提高。

(2)多级船闸。当水头较高时,若仍采用单级船闸,船闸输水系统和船闸结构会遇到许多无法解决的问题,特别是输水阀门水力条件。同时,灌泄水时进入闸室或引航道的水流流速较高,对船舶(队)停泊条件不利,而且还将使船闸结构复杂化。为此,当水头较高时可沿船闸轴线将水头分为若干级,建造多级船闸。多级船闸主要有连续多级船闸和设中间渠道的多级船闸。

图3-7 三峡双线连续五级船闸

图3-7是我国三峡水利枢纽双线连续五级船闸,上下游总水头高达113m,是世界上规模最大和水头最高的船闸。当前世界上级数最多的船闸是俄罗斯的卡马船闸,为六级船闸。

①连续多级船闸。两个以上闸室纵向连续阶梯排列的船闸称连续多级船闸(图3-7和图3-8),可根据总水头的大小划分不同级数。

$$m = \frac{H}{h'_c} \times 2$$

式中:m——船闸级数,取整数;

H——设计总水头(m);

h'_c——连续多级船闸中间阀门临界工作水头(m)。

由于连续多级船闸中间闸首水头是按上下两级水头叠加计算的,如仅两级船闸,则中间闸首阀门工作水头并未减少,仍与单级船闸相同。同时,连续多级船闸船舶(队)过闸时间长、通过能力小、停航检修机率多,且存在补溢水的处理以及消减相邻闸室超灌(泄)产生的反向水头等复杂技术问题。

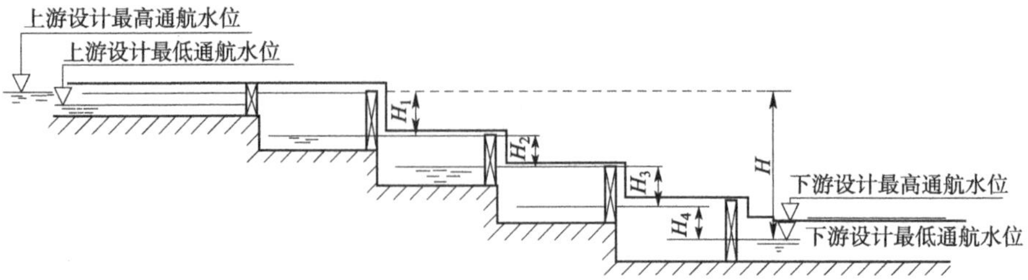

a) 纵剖面图

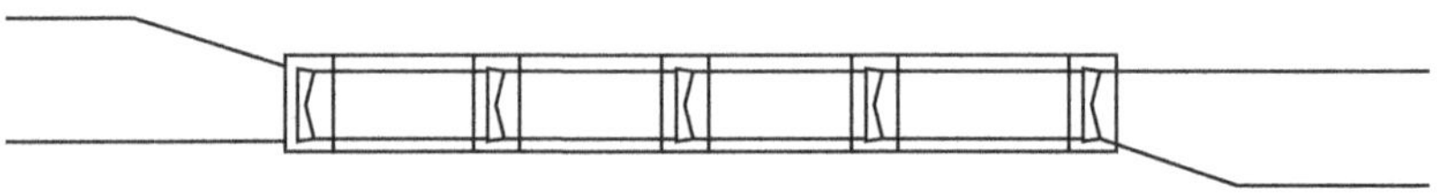

b) 平面图

图 3-8　连续多级船闸示意图

②设中间渠道的多级船闸。设中间渠道的多级船闸由若干段中间渠道和若干座单级船闸组成(图 3-9)。中间渠道或中间渡槽把集中的总水头分隔到若干单级船闸,并供过闸船队(舶)系靠、调顺、避让。中间渠道又因其对船舶(队)通过上、下两级船闸起过渡作用,又称过渡段。

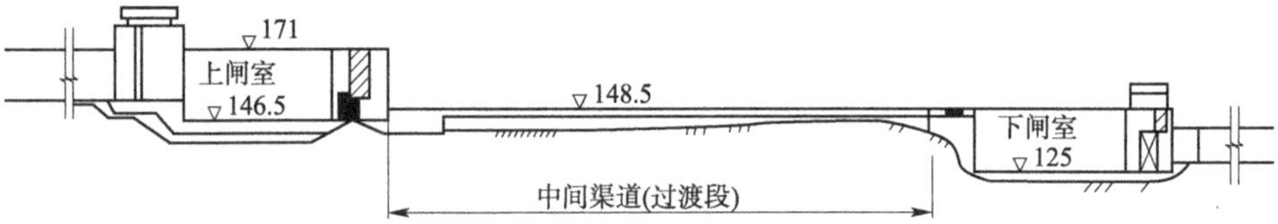

图 3-9　设中间渠道的两级船闸(单位:m)

设中间渠道的多级船闸的级数按照下式确定,中间渠道数为船闸级数减 1。

$$m=\frac{H}{h_c}$$

式中:m——船闸级数,取整数;

H——设计总头(m);

h_c——单级船闸阀门临界工作水头(m)。

设中间渠道的多级船闸与连续多级船闸相比较,其主要优点为:中间渠道将连续多级船闸中的各级船闸分为各自独立的单级船闸,船闸的运行条件与单级船闸基本相同;在级数相同的条件下,设中间渠道的多级船闸的阀门工作水头较连续多级船闸中间闸首的阀门工作水头小,输水系统的水力条件较易解决;设中间渠道的多级船闸的总长度较长,有条件加大引航道口门区与泄水建筑物之间的距离,对改善引航道口门区的通航水流条件有利;设中间渠道的多级船闸中间船闸上闸门高度,较连续多级船闸各中间闸首闸门高度小。

设中间渠道的多级船闸的主要缺点是:船闸灌泄水在中间渠道产生的非恒定流对船舶航行有影响;中间渠道或中间渡槽会出现渗漏问题,需要处理;在地形条件不是很有利时,开挖工程量较大。

根据国内外工程实践经验,设中间渠道的多级船闸较连续多级船闸运行条件好,但均比单级船闸差。只有在水头较高,单级船闸技术问题解决不了,或者受地形地质因素限制时才采用。在需建多级船闸的工程中,采用连续多级船闸,还是采用设中间渠道的多级船闸,应因地制宜,根据具体条件确定,对其技术问题,必须认真研究,慎重决策。

2. 按船闸的线数分

按照一个枢纽中船闸通道个数可分单线船闸和多线船闸。

(1)单线船闸。在一个枢纽内只建一线船闸的称为单线船闸,目前大部分枢纽采用单线船闸。

(2)多线船闸。在一个枢纽内建两线或多线船闸的称为多线船闸。

枢纽中船闸的线数主要取决于货运量大小与单个船闸通过能力的对比关系,当货运量较大而单线船闸的通过能力无法满足要求,或船闸所处河段的航运对国民经济具有特殊重要的意义,不允许因船闸检修或故障而停航时,需要修建多线船闸。

我国葛洲坝水利枢纽采用的是三线船闸(图3-10)。采用三线船闸方案,除了满足设计水平年内客、货船过坝要求外,还考虑了船闸检修、引航道冲沙等需要,以保证长江航运不断航。

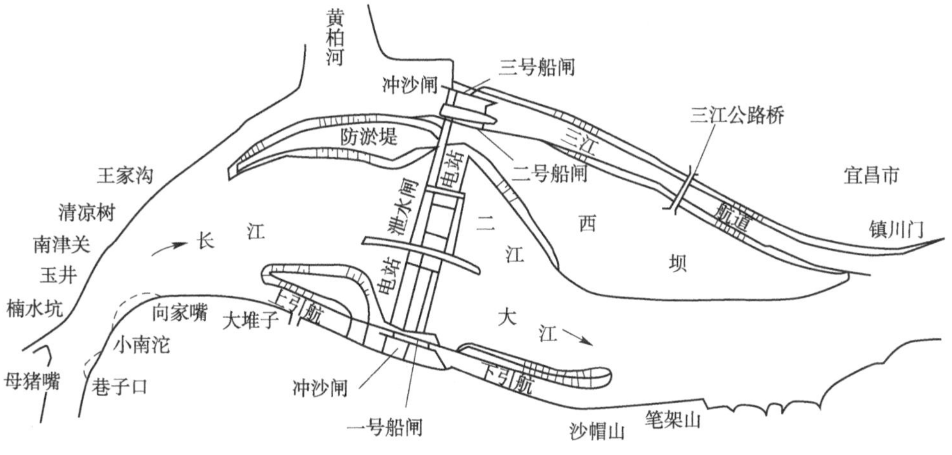

图3-10 葛洲坝三线船闸布置示意图

京杭运河是我国南北水上运输的主通道,运输繁忙,各梯级都兴建、扩建了二线或三线船闸。西江上许多枢纽均修建了多线船闸,西津枢纽、桂平枢纽、贵港枢纽均为二线船闸,长洲枢纽为四线船闸。湘江长沙综合枢纽为二线船闸,大源渡航电枢纽、株洲航电枢纽均在建设二线船闸,其中大源渡航电枢纽一线船闸基本尺度 180m × 16m × 3m,二线船闸基本尺度 280m × 34m × 4.5m;株洲航电枢纽一线船闸基本尺度 180m × 23m × 3.5m,二线船闸基本尺度 280m × 34m × 4.5m。

国外一些主要河流上的水利枢纽同时兴建多线船闸的甚多。如前苏联伏尔加河上的8座水利枢纽、卡马河沃特金水利枢纽等同时兴建了二线船闸;美国的俄亥俄河每个枢纽都建有主副船闸各一座,美国和加拿大边境属圣劳伦斯河—大湖区航道系统的圣玛丽斯河苏沃建有五线船闸,其中四线在美国境内,一线在加拿大境内;欧洲也有许多同时兴建多线船闸的情况,如荷兰艾莫尔建有四线船闸,沃克拉克建有三线船闸。

3. 按船闸其它特点分

(1)省水船闸。在水资源日益匮乏的今天,水牵动着地方经济的发展和人民的生活。为节省过闸用水量,在船闸闸室的一侧或两侧设置贮水池。当闸室泄水时一部分水体泄入贮水池,当闸室灌水时贮水池的水体泄入闸室(图3-11),达到省水的目的。省水船闸是通过多级中间贮水池传递水体,在节省过闸用水量的同时也可削减船闸阀门工作水头。

也有采用双线船闸互换水的型式,如飞来峡水利枢纽二、三线船闸初步设计就有两线船闸之间互换水的方案。

(2)广厢船闸。通过以小型船舶(队)为主的小型船闸,可采用如图3-12所示的广厢船闸(也称广室船闸)。其特点是:闸首口门的宽度小于闸室宽度,闸室宽度较大,一次过闸船舶数量可以较多,同时闸首工作闸门尺寸缩窄,可降低闸门造价。但广厢船闸船舶(队)进出闸室需要横向移动,使船舶过闸操作复杂化,延长船舶过闸时间。

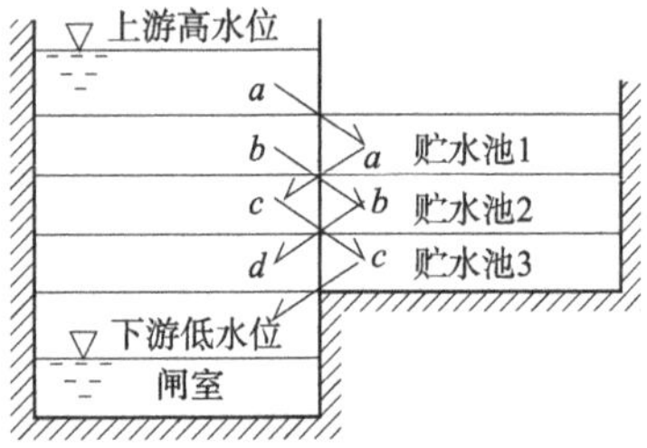

图3-11 省水船闸横断面示意图

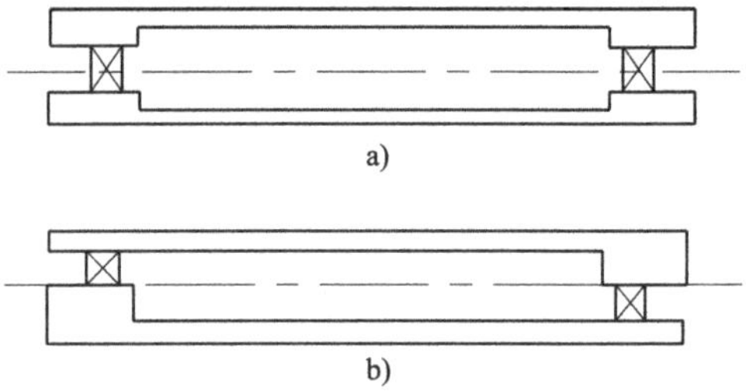

图3-12 广厢船闸平面示意图

(3)具有中间闸首的船闸。当过闸船舶(队)大小差异大,为了节省单船过闸时的用水量及过闸时间,有时在上、下闸首之间增设一个中间闸首,将闸室分为前后两部分(图3-13)。通过不同的船舶时,采用不同的闸首组合。如当通过单船时只用前闸室(上、中闸首),而将下闸首的闸门打开,这时后闸室就成为下游引航道的一部分;当通过船队时,不用中闸首,将前后两个闸室作为一个闸室使用。这样既可节省过闸用水量,又可减少过闸时间。

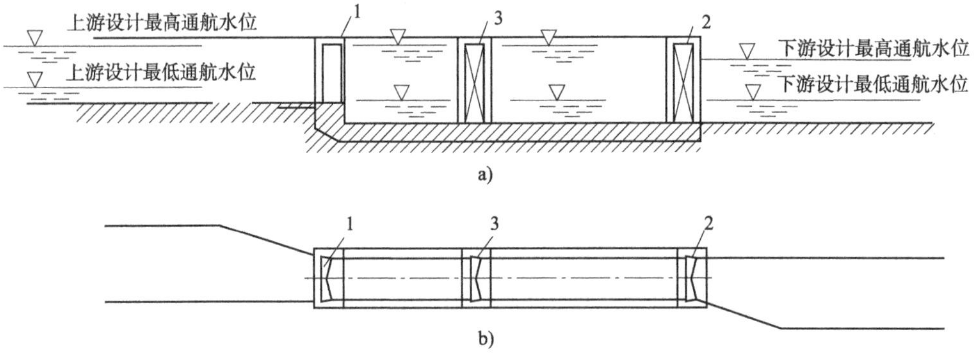

图3-13 具有中间闸首的船闸

1-上闸首;2-下闸首;3-中间闸首

(4)井式船闸。当水头较高,且地基良好时,为减小下闸首工作闸门的高度,可采用井式船闸。如图3-14所示,在下闸首的上部采用固定的胸墙结构挡水,胸墙以下只要留有过闸船舶(队)所必需的通航净空。因此,下闸首工作闸门的高度可以大大减小。

井式船闸下闸首工作闸门一般采用升降式平面闸门。目前世界上水头最大的单级船闸—俄罗斯的乌斯季卡缅诺戈尔斯克船闸就是采用的井式船闸,其水头达42m。

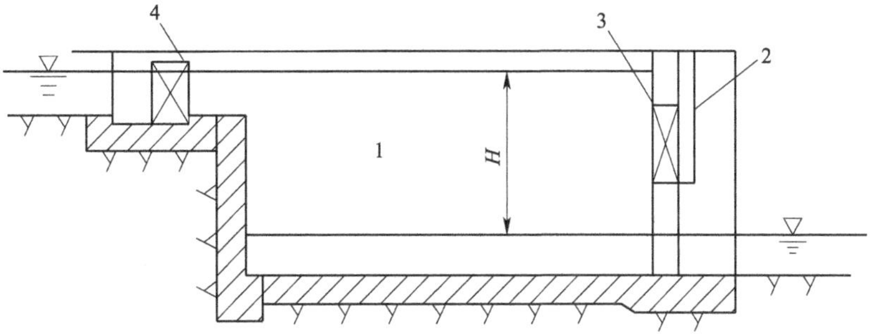

图3-14 井式船闸纵剖面示意图

1-闸室;2-胸墙;3-下游升降式平面闸门;4-上游人字闸门

二、升船机

升船机是用机械的方法,升降装载船舶的承船厢,以帮助船舶克服集中水位差的通航建筑物。主要有垂直升船机和斜面升船机等类型。有关升船机的详细介绍见第八章内容。

第四节 水电站建筑物

水电站是利用水能资源发电的场所,是水、机、电的综合体。其中为了实现水力发电,用来控制水流的建筑物称为水电站建筑物。本节主要讨论水力发电的基本原理、主要建筑物的作用与布置。

一、水力发电的基本原理

水能是河川径流所具有的天然资源,是能源的重要组成部分。在天然河流上,修建水工建筑物,集中水头,通过一定的方式将"载能水"输送到水轮机中,使水能转换为机械能,带动发电机发电,由输电线路送往用户。这种利用水能资源发电的方式称为水力发电。

如图3-15所示,在水库中的水具有较大的位能,当水体通过隧洞、压力管道等经安装在水电站厂房内的水轮机时,水流带动水轮机转轮旋转,水能转变为旋转机械能。水轮机转轮带动发电机转子切割磁力线,在发电机的定子绕组上产生了感应电势,当发电机与电力系统接通时,就可供电,旋转机械能转变为电能。

二、水电站的基本类型

水电站的分类方式较多。按水库的调节能力分为无调节(径流式)、有调节(日调节、月调节、年调节和多年调节)水电站;按集中水头的方式可分为坝式、引水式和混合式水电站;按水电站的建筑物组成及特征,可将水电站分为坝式、河床式和引水式三种基本类型。

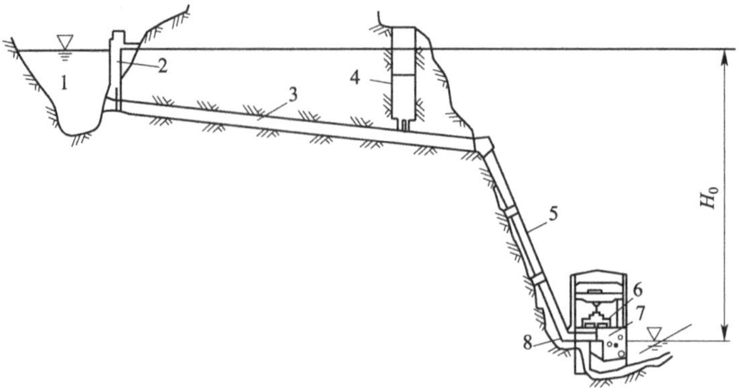

图3-15　水电站示意图

1-水库;2-进水建筑物;3-隧洞;4-调压室;5-压力管道;6-发电机;7-水轮机;8-蝶阀

(一)坝式水电站

在河流峡谷处拦河筑坝,坝前壅水,在坝址处形成集中水位落差,这种开发方式为坝式开发。在坝址处引取上游水库中水流,通过设在水电站厂房内的水轮机,发电后将尾水引至下游原河道,上下游的水位差即是水电站所获取的水头。用坝集中水头的水电站称为坝式水电站,其特点为:

(1)坝式水电站的水头取决于坝高。坝越高,水电站的水头越大。但坝高往往受地形、地质、水库淹没、工程投资、技术水平等条件的限制。目前坝式水电站的最大水头不超过300m。

(2)由于筑坝形成的水库,可以用来调节流量,故坝式水电站的引用流量较大,电站的规模也大,水能利用较充分。目前世界上装机容量超过2000MW的巨型水电站大都是坝式水电站。此外坝式水电站水库的综合利用效益高,可同时满足防洪、发电、通航、供水等兴利要求。

(3)由于工程规模大,水库造成的淹没范围大,迁移人口多,因此坝式水电站的投资大,工期长。

坝式开发适用于河道坡降较缓,流量较大,有筑坝建库条件的河段。当水头较大时,电站厂房难以独立承受上游水压力,因此将电站厂房移到坝后,由大坝挡水。采用混凝土坝后式厂房时,通常将厂房和坝用永久缝分开,厂、坝分别受力。但在下游洪水位很高,厂房稳定不易保证或挡水坝需要厂房共同承受坝荷载时,厂、坝可全部或部分连接在一起。

(二)河床式水电站

当水头不大时,水电站厂房和挡水坝并列建在河床中,电站厂房本身承受上游水压力,成为枢纽挡水建筑物的一部分。电站厂房高度取决于水头的高低。河床式水电站一般修建在河道中、下游河道纵坡平缓的河段上,引用流量大,水头较低,一般小于30~40m。我国的葛洲坝、富春江、西津等水电站均为河床式水电站。

(三)引水式水电站

在河流坡降较陡的河段上筑一低坝(或无坝),通过人工修建的引水道(渠道、隧洞、管道等)将高程较高河段的水引到下游较低高程位置,集中落差,再经压力管道引水到水轮机进行发电。用引水道集中水头的电站称为引水式水电站。

与河床式水电站及坝式水电站相比,引水式水电站的水头相对较高,目前最大水头已达2000m以上。引水式水电站的引用流量较小,没有水库调节径流,水量利用率较低,综合利用价值较差,电站规模相对较小。因引水式水电站库容很小,基本无水库淹没损失,故工程量较小,单位造价较低。

引水式水电站开发适合河道坡降较陡,流量较小的山区性河段。根据引水道的性质可分为有压引水式和无压引水式水电站。

(1)无压引水式水电站。无压引水电站的主要建筑物有低坝、无压进水口、沉沙池、引水渠(无压隧洞)、日调节池、压力前池、溢水道、压力水管、厂房及尾水渠等。

(2)有压引水式水电站。有压引水电站的主要建筑物有低坝、有压进水口、有压引水隧洞、调压室、压力水管、厂房及尾水渠等。

在一个河段上,同时采用高坝和有压引水道共同集中落差的开发方式称为混合式开发。坝集中一部分落差后,再通过有压引水道集中坝后河段高差,形成了电站的总水头。这种开发方式的水电站称为混合式水电站。如安徽省的毛尖山水电站,用坝集中水头18m、压力隧洞集中水头120m,总水头138m。

三、水电站建筑物

为了控制水流,实现水力发电而修建的一系列水工建筑物,称为水电站建筑物。水电站枢纽除前面介绍的挡水建筑物、泄水建筑物、通航建筑物外,水电站一般还有下列建筑物。

(1)进水建筑物:其作用是按照水电站的要求,将水引入进水道,如进水口、进水闸等。

(2)引水建筑物:用以集中水头,输送水流到水轮发电机组或将发电后的水排往下游河道的建筑物,包括渠道、隧洞、压力管道、尾水渠等。

(3)平水建筑物:当水电站负荷变化时,用来平稳引水建筑物中流量及压力的变化,如无压引水电站的压力前池和有压引水电站的调压室等。

(4)水电站厂房:包括安装有水轮发电机组、控制设备的主厂房和副厂房,安装变压器的变压器场及安装高压开关的开关站等。厂房是发电、变电和配电中心,是水力发电的直接场所。

四、水电站出力与发电量

如图3-15所示,水电站上下游水位落差,称为水电站静水头。设水电站在某时刻的静水头为H_0,在时间t内有体积为V的水体经水轮机排入下游。若不考虑进出口水流动能变化和能量损失,则体积为V的水体在时间t内向水电站供给的能量即是水体所减少的位能。单位时间内水体向水电站所供给的能量称为水电站的理论出力N_t,水电站出力的单位用kW表示。则有:

$$N_t = 9.81QH_0$$

式中:Q——水轮机引用流量(m^3/s);

H_0——水电站静水头(m)，可近似取水电站的上下游水位差。

考虑水电站引水系统的水头损失和水轮发电机组的效率后，水电站的实际出力 N 为：

$$N = 9.81\eta QH$$

式中：H——水轮机的工作水头(m)；

η——水轮发电机组总效率。

若令 $K = 9.81\eta$，则上式可写成：

$$N = KQH$$

式中：K——水电站的出力系数，对于大中型水电站，K 值可取8.0～8.5，对中小型电站，K 值可取6.5～8.0。

水电站的发电量 E 是指水电站在一定时段内发出的电能总量，单位是kW·h。对于较短的时段，如日、月等，发电量 E 可由该时段内电站平均出力 $\overline{N}$ 和该时段的小时数 T 相乘得出，即：

$$E = \overline{N}T$$

对于较长的时段，如季、年等，可由上式先计算该季或年内各日(或月)的发电量，然后再相加得出。

第五节　其它建筑物

一、坝岸连接建筑物

(一)坝岸连接建筑物的作用

渠化枢纽中，挡(泄)水建筑物、通航建筑物、水电站建筑物等与河岸或堤坝连接时，需设置接岸建筑物。其主要作用是：

(1)挡两侧填土，保证岸土的稳定及免遭过坝、过闸水流的冲刷。

(2)改善通航建筑物、泄水建筑物及水电站的出流条件，引导水流平顺、均匀扩散，提高消能防冲效果。

(3)控制坝、闸身两侧的渗流，防止土壤产生渗透变形。

(4)减轻结构边载影响，减少两岸地基沉降对相邻结构的不利影响。

坝岸连接建筑物约占挡、泄水建筑物工程量的15%～40%。因此，挡、泄水建筑物设计中，对两岸连接建筑物的型式选择与布置，应予以重视。

(二)坝岸连接建筑物的布置

(1)接岸建筑物的型式应根据地质、地形、水文和所连接的建筑物的结构型式等条件确定。当地基较好时，通过综合比较可用边墩直接连接；当地基软弱时，宜采用独立的岸墙；建筑物接岸侧应设置刺墙等防渗设施；护坡型式的选择应符合现行行业标准《港口及航道护岸工程设计与施工规范》的有关规定。

(2)接岸建筑物的布置应保证河岸或防洪堤稳定，满足主体建筑物侧向防渗需要，减轻主体建筑物结构边载的影响。

(3)接岸建筑物的布置应改善泄水建筑物、通航建筑物和水电站等进出水流条件。即其上游布置与进水条件相配合,使来水平顺地导入泄水建筑物和水电站,并使通航建筑物上游引航道口门区通航水流条件满足通航要求;下游与水流的扩散相适应,使水流逐渐扩散,提高消能防冲效果。

(4)岸墙或边墩向上、下游延伸部分的翼墙平面布置应根据过闸水流条件和防渗要求等确定。

(5)枢纽位于洪枯水位变幅较大、洪水位较高的河段,当允许洪水漫溢接岸建筑物或与河岸相连的台地时,应经过论证,并采取有效的防护措施。

(6)枢纽上下游护坡工程布置应根据水流、风浪、船行波、河岸抗冲能力和地质条件等因素确定。护坡的长度应大于河底防护的范围。

二、鱼道建筑物

鱼道建筑物是供鱼类溯河通过闸、坝等建筑物或障碍物的一种人工建筑物,一般包括进口、槽身、出口以及诱导设施等。

(一)鱼道的类型

鱼道有很多种,不同的文献有不同的分类方法。《水利水电工程鱼道设计导则》(SL 609—2013)按照结构型式将鱼道分为仿生态式、隔板式、槽式及特殊结构型式等。综合各种文献的分类方法,鱼道主要类型见图3-16。

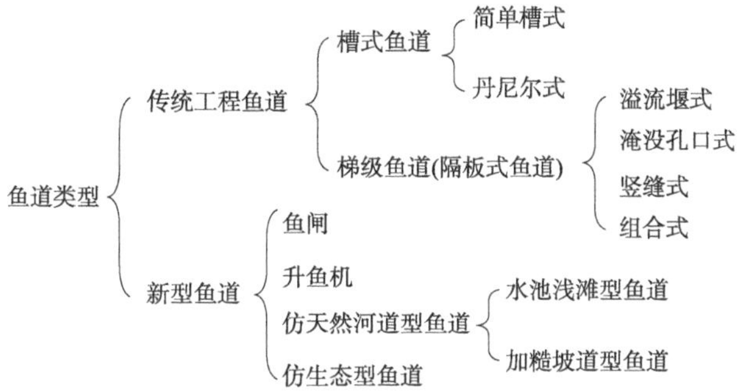

图3-16 鱼道类型

(二)主要传统工程鱼道型式及特点

槽式鱼道、隔板式鱼道一般多采用钢筋混凝土结构,属于传统工程鱼道(图3-17)。

1.槽式鱼道

槽式鱼道分为简单槽式和丹尼尔式。简单槽式为一条连接上下游的水槽,其中不设任何消能设施,仅依靠延长水流途径和槽周糙率来消能。此类鱼道要达到坡度较缓,长度一般要很长,工程实际已很少使用。丹尼尔式鱼道为一条加糙的水槽,在槽壁和槽底设有间距甚密的阻板和砥坎,水流通过时,形成反向水柱冲击主流,消耗水流能量,减低流速,适用于较强劲的鱼类和水位差不大的枢纽。

a) 溢流式鱼道

b) 竖缝式鱼道

c) 组合式鱼道

图 3-17 传统工程鱼道

2. 隔板式鱼道

隔板式鱼道按隔板过鱼孔的形状和位置，可分为溢流堰式、淹没孔口式、竖缝式和组合式等(图 3-17)。溢流堰式鱼道，过流较平稳，但消能不充分，鱼类从堰顶通过，适用于喜欢在表层洄游和有跳跃习性的鱼类。淹没孔口式鱼道，过鱼孔淹没在水下，能较好适应水位变动，但消能不够充分，适用于喜欢在底层洄游的大中型鱼类。竖缝式鱼道，水槽仅留一条过鱼竖缝，消能效果较充分，但易造成池室内水流紊动，适用于能在较复杂流态的中大型鱼类的通过。组合式鱼道一般由溢流堰、潜孔及竖缝的组合，较好发挥各种型式孔口的水力特性，但结构复杂，适用于不同习性鱼类上溯。图 3-18 为传统工程鱼道实例图。

图 3-18 传统工程鱼道实例

(三) 主要新型鱼道型式及特点

1. 鱼闸

鱼闸的操作原理与船闸类似，将洄游鱼类引入到特定的装置内，调节上下游闸门使鱼类通过闸坝或障碍物。

鱼闸的优点是：①鱼类不需费力溯游即能过坝，比在鱼道中要省时，且不存在通过鱼道后的疲劳问题；②能适用较高水头的枢纽，当水头较高时，可采用多级鱼闸；③与相同水头的其它鱼道相比，造价较省、占地少，便于在枢纽中布置。

鱼闸的缺点是：①过鱼不连续，仅适用于过鱼量不多的枢纽；②需要较多的机电设备，维护及管理费用较高。

2. 升鱼机

升鱼机是将洄游鱼类引诱入特定鱼箱中，然后通过提升机械把鱼类转移到枢纽上游。

升鱼机的优点是：①适用于高坝过鱼，又能适应库水位的较大变幅；②与相同水头的其它鱼道相比，造价较省、占地少，便于在枢纽中布置。

升鱼机的缺点是：①过鱼不连续，仅适用于过鱼量不多的水利枢纽；②机械设施发生故障的可能性较大，维护及管理费用较高，易耽误鱼类过坝；③下游需要较好的集鱼系统和诱鱼设施。

3. 仿天然河道型鱼道

仿天然河道型鱼道，采用天然漂石、沙砾、木头等材料，尽可能地模拟天然河流的形态及水流条件。由于其水流条件更为鱼类所熟悉，因而具有较高的过鱼效率。大致可分为水池浅滩型鱼道和加糙坡道型鱼道两种不同的型式。

(1)水池浅滩型鱼道。水池浅滩型鱼道是一种梯级的构造型式，由低堰或坡度较大短渠形成一系列浅滩，浅滩与浅滩之间由长且平坦的水池连接(图3-19)。浅滩处的水深较浅，流速较大，而水池内则恰好相反。两个相邻水池水位差异越大，则水池间的浅滩处的流速越大。为了鱼类的成功上溯，浅滩处的流速应小于鱼类的突进速度，水池内的水流应相对平静且流速应在鱼类持续洄游速度范围内。水池浅滩型鱼道长度较长，可顺直也可弯曲，还可以在河道岸边或是中心岛上开凿旁路水道，模拟天然河流。这种类型的鱼道不仅有过鱼功能，还具有一定的生态廊道功能，因为鱼道本身就是良好的水生生物栖息地。此类型鱼道的上游出口应布置在离枢纽大坝一定距离，以免过坝鱼类受到枢纽泄流的不利影响。图3-20为巴西伊泰普鱼道，应归类于水池浅滩型鱼道。

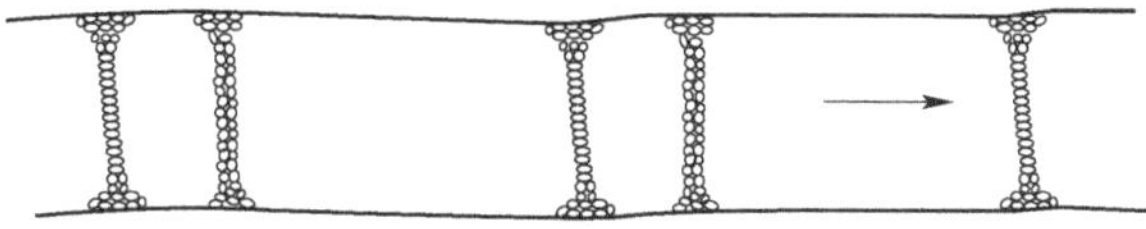

a) 平面图

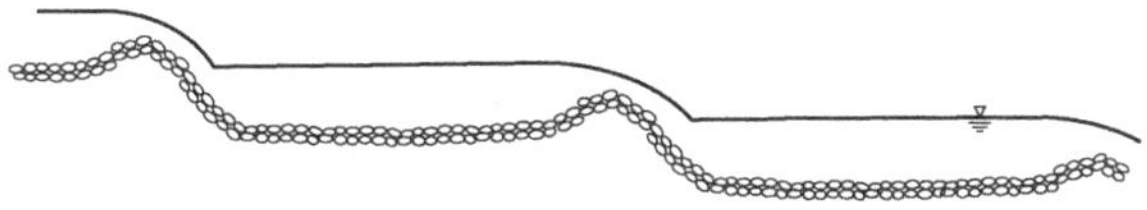

b) 纵剖面图

图3-19 水池浅滩型鱼道示意图

(2)加糙坡道型鱼道。加糙坡道型鱼道由一个长的斜槽构成(图3-21)。坡道的坡度和长度受鱼类洄游能力或耐久性的限制，需要在坡道中每隔一段距离添加一个休息池。休息池可以是人工弯道的静水区或是在斜槽内布置大型天然漂石所形成的低流速区。根据漂石的码放方式可分为规则码放的嵌石结构、松散码放的堆石结构和漂石交错布置结构。规则码放时，漂石紧密相嵌，结构稳固，抵抗水流能力强，其底坡可适当大些；漂石松散布置时，槽内水流结构更加丰富，但漂石抗冲能力相对较弱，底坡应适当小一些；漂石交错布置时，在坡面上形成数量众多大小不一的水潭，以模拟天然河道多变的水流条件，水潭周边的漂石应紧密码放，当鱼道宽度大于15m时，为提高漂石抗冲能力，漂石宜采用拱形方式码放。

图3-20 巴西伊泰普鱼道

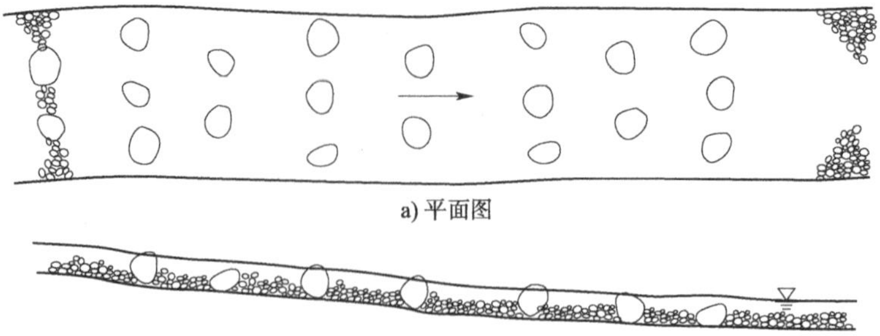

a) 平面图

b) 纵剖面图

图 3-21　加糙坡道型鱼道示意图

4. 仿生态型鱼道

仿生态型鱼道拓宽了其它鱼道的基本理念，对鱼道建筑材料、结构型式进行生态优化，尽可能与周围环境协调，在提高过鱼效率的同时，修复河流生态廊道，维护河流生态的连通性。图 3-22 为仿生态型鱼道示意图；图 3-23 为我国某枢纽仿生态鱼道平面布置示意图。

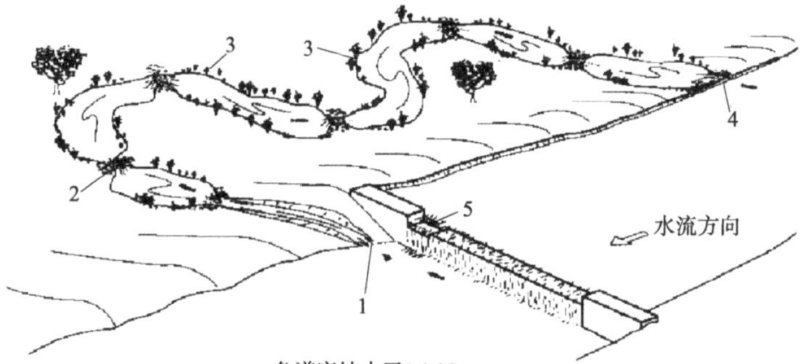

鱼道底坡小于1∶30

图 3-22　仿生态型鱼道示意图

1-鱼道进口；2-水流控制断面；3-近自然型弯道；4-鱼道出口；5-鱼道进口诱鱼水流

仿生态型鱼道建造材料就地取材，采用天然漂石、卵石构建生态石笼，底部多铺设大小不一的砂石或卵石，增加糙率，边壁采用卵石衬砌。生态石笼型式多样，可以是棱台型、圆台型或是铺设植被的石堆；生态石笼的布置位置和方式多样，可布设于池室岸坡形成边墩，亦可布置于池室中部形成中墩，边墩和中墩可以单独布置，也可交叉布置形成收缩断面。石笼布置错落，形成了深浅各异，蜿蜒曲折的水流流态。仿生态型鱼道具有以下特点和功能：

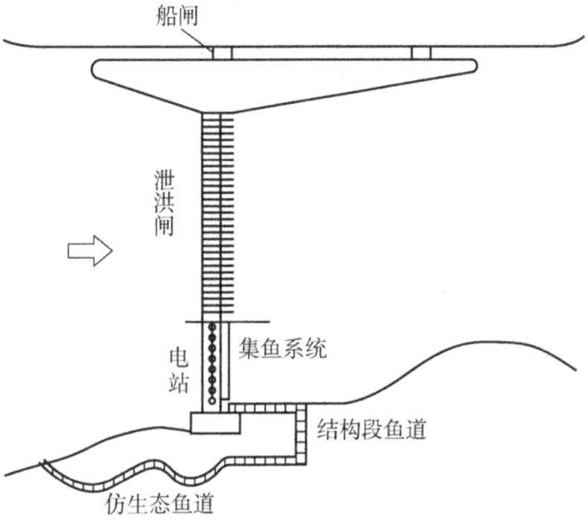

图 3-23　某枢纽仿生态鱼道平面布置示意图

（1）不仅适合鱼类上溯，而且还能通过其它有机质、泥沙和其它水生生物。由于石笼的布置和砂石的铺设，水流蜿蜒曲折，有利于有机质的输送。同时，水流条件为水生生物所熟悉，能吸引更多水生生物的通过。

（2）能够修复河流生态廊道。鱼道不仅能够过鱼，其本身也可成为水生生物栖息地；在两岸岸坡选种当地植物，使岸坡生态化、复式化，使河流生态廊道联通。

(3)与环境协调。建造材料选用当地天然材料，对环境的影响降到最低，与周围环境相协调，有利于鱼道的长久运行。

仿天然河道型鱼道和仿生态型鱼道的布置型式不同，但具有一些相同点：①就地取材，采用天然漂石、沙砾、木头、植被等材料，错落布置，形成深浅各异、流速大小不一的水流流态，尽可能地模拟天然河流的水流形态；②适合各种鱼类自由上溯与下游，过鱼效率高；③具有生态廊道功能；④占用面积大，需要有合适的地形，在低水位时，容易干涸，需将底床封闭；⑤为了防止洪水、冰冻以及其它极端条件的破坏，需要保持结构完整、稳定。

三、取水建筑物

取水工程的作用，是将河水引入渠道，以满足农田灌溉、水力发电、工业及生活供水等需要。因而，取水工程一般位于渠道的首部，也称渠首工程。

(一)取水方式

取水工程主要有无坝取水、有坝取水、水库取水、水泵站引水等类型。

(1)无坝取水的主要建筑物就是进水闸。为了便于引水和防止泥沙进入渠道，进水闸一般应设在河道的凹岸。一般来说，取水角度(引水渠道轴线与河流流向的夹角)应小于90度。无坝取水的设计取水流量一般不超过河流流量的30%，否则难以保证各用水时期都能引取足够的流量。无坝取水工程，虽然简单，但由于没有调节河流水位和流量的能力，完全依靠河流水位高于渠道的进口高程而自流引水，因此引水流量受河流水位变化的影响很大。必要时，可在渠首前修顺坝，以增加引水流量。

(2)有坝取水是修建壅水坝或拦河节制闸而进行取水的方式。修建壅水坝或拦河节制闸，来抬高水位，保证渠道能够自流取水。虽然此方法能调节河道水位，但不能调节大流量。有坝引水与无坝引水相比较，其主要优点是可以避免河流水位变化的影响，并能稳定引水流量。主要缺点是修建闸坝费用高，河床也需有适合的地质条件。由于改变了河流的原来平衡状态，还会引起上下游河床的演变。

(3)水库取水的渠首工程一般是设在枢纽大坝附近，通过引水隧洞或涵管引水。

(4)水泵站引水是指在平原地区的下游河道，由于枯水位低于灌区高程，自然条件或经济比较又不适合修建闸坝工程，只有修建水泵站引水灌溉。其引水流量依泵站能力而定。

(二)布置要求

选定适宜的渠首位置，对于保证引水，减少泥沙入渠，起着决定性作用。为此，在确定渠首位置时，必须掌握河岸的地形、地质资料，研究水文、泥沙特性及河床演变规律，并遵循以下几项原则：

(1)根据弯道环流原理，取水口应选在稳定的弯道凹岸顶点以下一定距离，以引取表层较清的水流，防止或减少推移质泥沙进入渠道。

(2)尽量选择短的干渠线路，避开陡坡、深谷及塌方地段，以减少工程量。

(3)对有分汊的河段，不宜将渠首设在汊道上，因为主流摆动不定，容易导致汊道淤塞，造成引水困难。必要时，应对河道进行整治，将主流控制在汊道上。

第六节　枢纽的总体布置

枢纽的总体布置，就是确定枢纽中各主要建筑物间的相互位置。影响枢纽总体布置的因素是错综复杂的，必须根据枢纽所处位置的地形、地质、水文、航道等具体条件以及枢纽中各主要建筑物的型式与尺寸、使用和施工的要求，来研究每个建筑物的可能位置，以寻求最合理的布置方案。因此在进行枢纽布置时，应当遵循综合利用水利资源的原则，全面规划，统筹兼顾，充分发挥枢纽各建筑物的作用，以满足投资少、效益大、运行安全、管理方便、施工简单、布置美观等方面的要求。

一、枢纽总体布置应考虑的主要因素

枢纽的总体布置应根据渠化工程梯级开发规划，结合不同坝址的自然条件和枢纽工程的作用，着重解决好通航、泄洪、发电、灌溉及排沙之间的关系。特别要对通航建筑物、挡（泄）水建筑物及水电站进行合理布置。枢纽布置时应考虑下列主要因素：

（1）地形、地质、水文和泥沙条件；

（2）上、下游航道衔接条件；

（3）主要水工建筑物的使用要求；

（4）淹没损失及环境影响；

（5）施工条件；

（6）施工周期和施工期通航条件；

（7）分期投产及其衔接条件；

（8）使用和管理条件；

（9）工程量及造价等。

枢纽总体布置范围应包括枢纽工程中各类建筑物、通航建筑物上下游连接段航道和锚地等。枢纽总体布置应按照拟定或批准的正常挡水位、枢纽主要水工建筑物的规模和设计标准进行。

枢纽总体布置，根据具体情况可采用集中布置和分散布置两种方式。对位于Ⅰ～Ⅳ级航道河流上的渠化枢纽应进行枢纽总体布置的水工模型试验，必要时，进行泥沙模型和船舶模拟试验，验证和优化枢纽总体布置方案；对位于Ⅴ级航道以下河流上的渠化枢纽，当地形、水文条件复杂时，也应进行枢纽总体布置的水工模型试验。

二、枢纽建筑物集中布置

当坝址处河面开阔、河道顺直，河床内能同时布置挡水和泄水建筑物、通航建筑物、水电站等水工建筑物时，枢纽总体布置可采用集中布置的方式。

集中布置的渠化枢纽，应避免泄水建筑物、通航建筑物、水电站三者水流的互相干扰，三者之间应设置足够长度的分水堤。严禁将通航建筑物布置在紧邻泄水建筑物与水电站两过水建筑物之间。

(一)单一河段集中布置

(1)当枢纽坝线位于单一河段,枢纽集中布置时,通航建筑物与电站宜异岸布置,并将通航建筑物布置在主航道一侧(图3-24)。

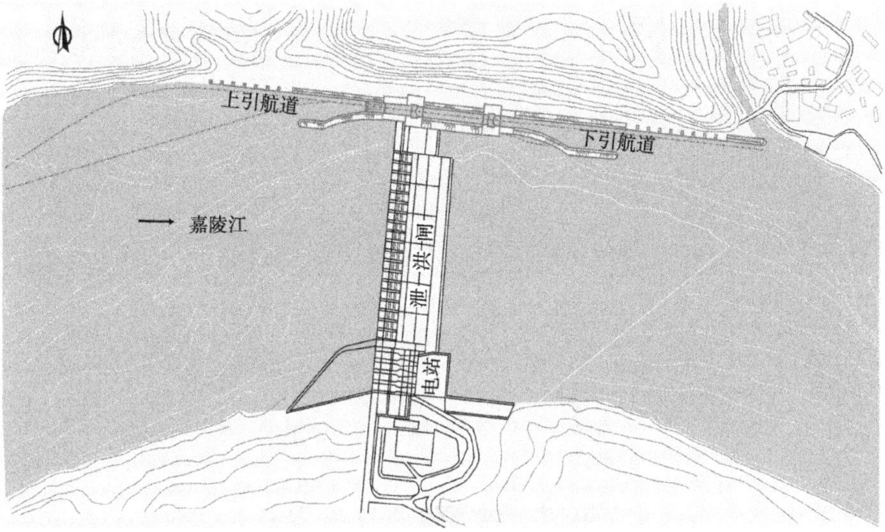

图3-24 枢纽建筑物集中布置(一)

(2)通航建筑物上、下游引航道与泄水建筑物相邻的一侧,应布置足够长的隔水墙或分水堤。

(3)经论证需将通航建筑物与电站布置在同一岸时,应考虑下列因素:

①通航建筑物应临岸布置,水电站应布置在临河一侧。通航建筑物上、下游引航道与水电站相邻的一侧,应设置足够长的隔水墙或分水堤。有条件时,通航建筑物与水电站之间宜设置一定长度的非溢流坝段(图3-25)。

②通航建筑物和水电站上游进口应位于河流主流一侧,避免泥沙堵塞。

③通航建筑物下游引航道轴线方向应与水电站尾水出流方向基本一致。当下游引航道与水电站尾水汇合口下游共用一河槽或渠道时,下游引航道出口段轴线与共用河槽轴线的交角不宜大于25°。

④通过枢纽的公路,应满足通航建筑物和水电站使用及管理的要求,进出水电站的公路尚应满足机组运输安全和便利的要求。

⑤电力线路跨越通航建筑物应有必要的安全超高和安全保障措施。

(二)分汊河段集中布置

当枢纽坝线位于有江心洲的河段时,应充分利用江心洲将各水工建筑物分隔开布置(图3-26)。

分汊河段枢纽集中布置时应考虑下列因素:

(1)枢纽坝轴线宜与所在河槽的主流方向垂直。

(2)通航建筑物与水电站宜布置在不同的河槽内。

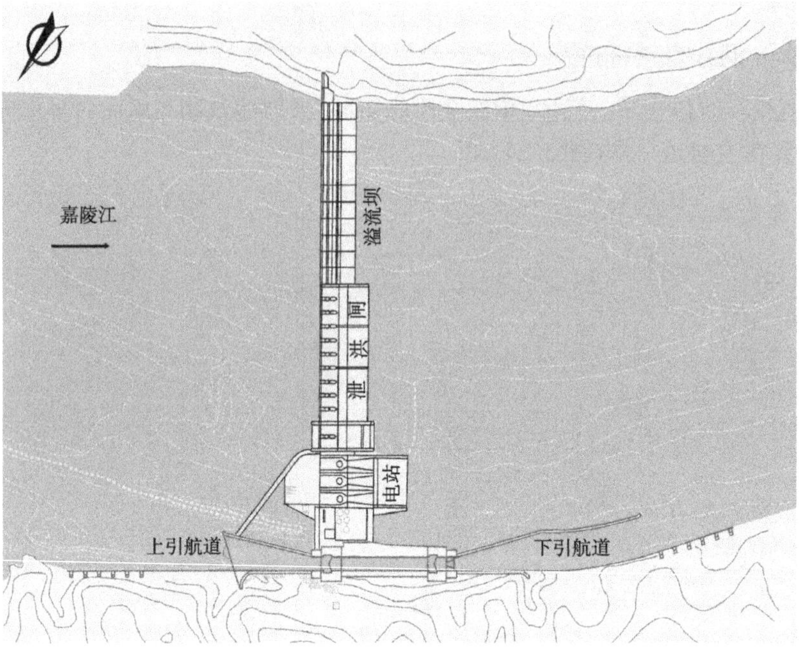

图 3-25　枢纽建筑物集中布置(二)

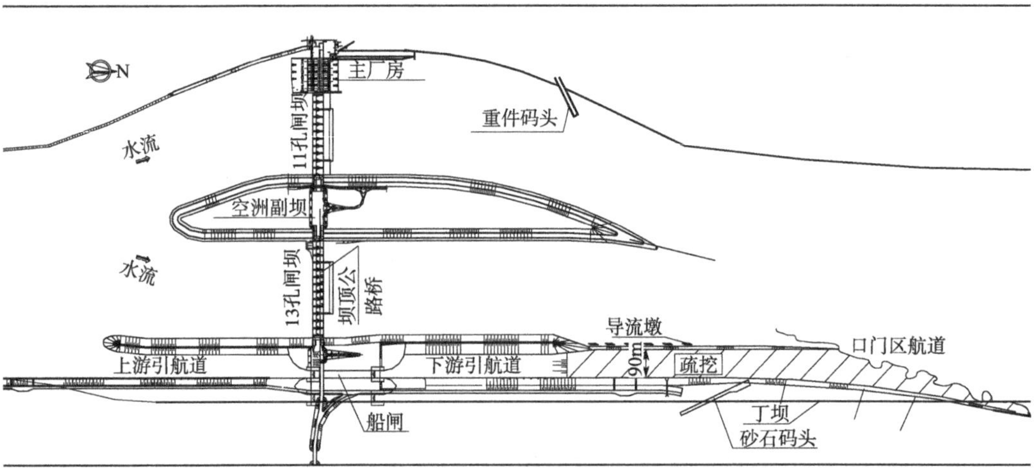

图 3-26　枢纽建筑物集中布置(三)

(3)通航建筑物宜布置在主河槽的凹岸一侧,其下游引航道出口应与主航道平顺衔接。

(4)枢纽布置应避免建坝后由于河槽分流比的变化,导致对上下游河势演变产生不利影响。

三、枢纽建筑物分散布置

当坝址处河面较窄、弯曲,其凸岸适宜布置通航建筑物时;或当坝址处河面虽开阔、顺直,但将通航建筑物或电站布置在岸上开挖的渠道内,枢纽综合效益反而较佳时,经论证可采用分散布置的方式。

(一)分散布置方式

采用分散布置的渠化枢纽,可有下列三种方式:

(1)挡(泄)水建筑物与电站布置在河床内,通航建筑物布置在凸岸的渠道中(图3-27)。

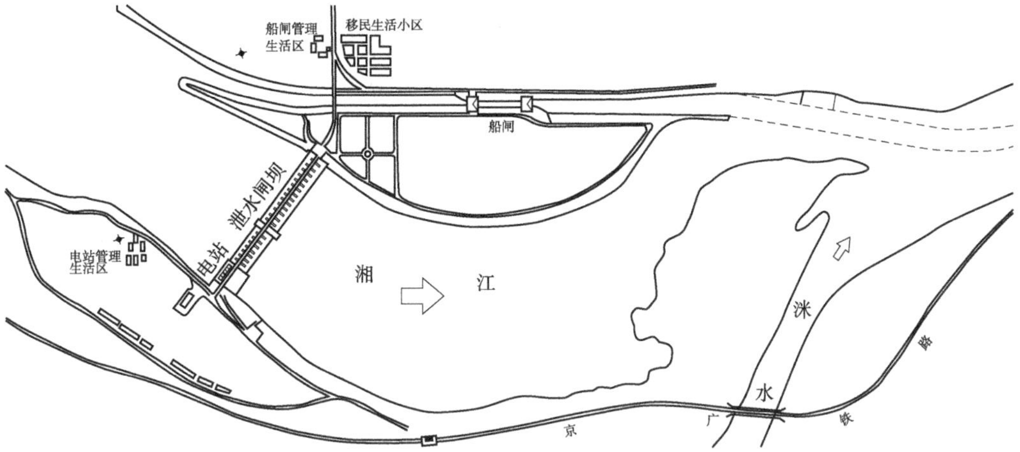

图3-27 通航建筑物布置在凸岸渠道中

(2)挡(泄)水建筑物布置在河床内,通航建筑物和电站布置在同一开挖渠道中(图3-28)。

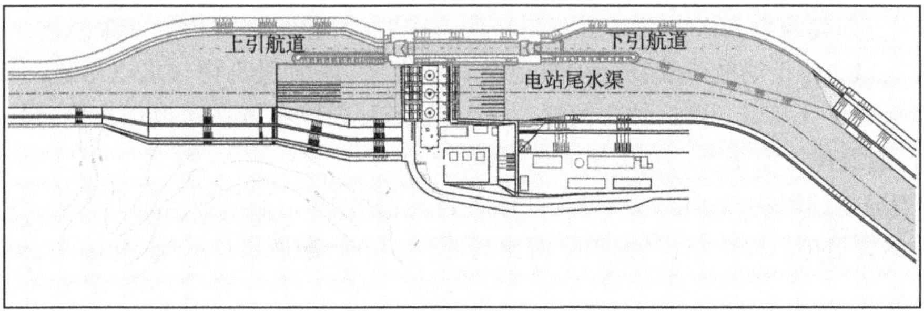

图3-28 某枢纽船闸与电站布置在同一开挖渠道中(局部图)

(3)挡(泄)水建筑物布置在河床内,通航建筑物、电站分别布置在各自开挖的渠道中(图3-29)。

(二)分散布置的要求

1. 渠道要求

枢纽分散布置时,一般要开挖一条或两条渠道,在渠道内布置建筑物。开挖渠道的基本要求是:

(1)渠道进口段与枢纽坝轴线间应有足够的距离,并且进口段应与坝上游河岸走势平顺衔接,出口段应与下游主航道平顺衔接。保证船舶(队)安全进出渠道口门。

(2)布置有通航建筑物的渠道,应满足现行国家标准《内河通航标准》中同等级限制性航道标准尺度及通航水流条件的要求。通航建筑物和水电站共用的渠道,在满足通航要求的前提下,尚应兼顾水电站对渠道的设计要求。

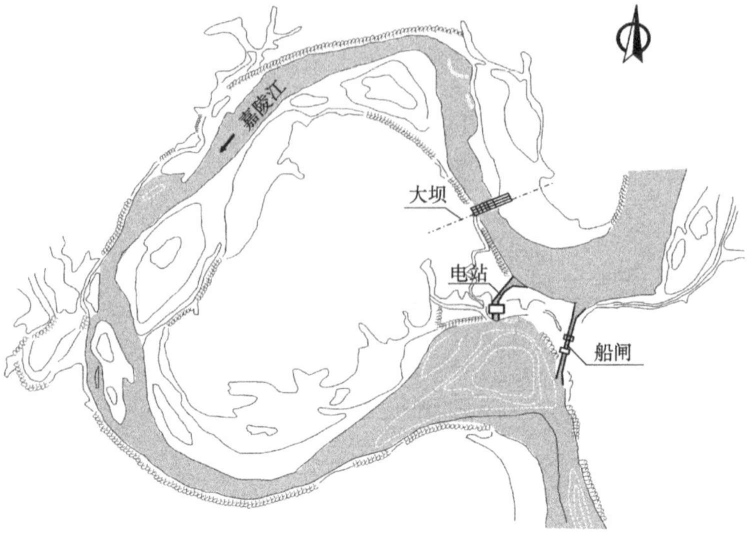

图 3-29 通航建筑物和电站分别布置在各自开挖的渠道中

2. 河床内的水工建筑物布置要求

位于河床内的水工建筑物布置要求与枢纽建筑物集中布置的要求相同。

3. 渠道内的水工建筑物布置要求

(1)当通航建筑物位于凸岸渠道中时,宜将其布置于渠道的中段或中下段(图 3-27)。

(2)当通航建筑物和水电站布置在同一渠道中时,两建筑物宜布置于渠道的下段,水电站出流段出口应位于通航建筑物下引航道出口的上游,通航建筑物与水电站之间应有足够长度的隔水墙或分水堤。渠道位于河流左岸时,通航建筑物布置在水电站左侧;渠道位于河流右岸时,通航建筑物布置在水电站右侧(图 3-28)。

(3)当通航建筑物和水电站布置在同岸各自的渠道中时,通航建筑物的渠道上游进口应位于水电站渠道进口的上游,其渠道下游出口应位于电站渠道出口的下游(图 3-29)。

四、船闸在枢纽中的布置

前面内容对通航建筑物、挡(泄)水建筑物、水电站等三大建筑物在枢纽总体布置时,提出了总体要求。

水利枢纽特别是以通航为主的渠化枢纽,《渠化工程枢纽总体设计规范》要求枢纽总体布置方案应在满足航运要求的前提下进行多方案比较,即应首先考虑通航建筑物的通航条件。而通航条件的好坏,除通航建筑物本身的设计指标(尺度、输水系统等)外,更重要的是通航建筑物的位置(轴线)、引航道、引航道口门区及连接段布置等条件。因此,船闸在枢纽中的布置除满足枢纽总体布置的上述总体要求外,还应满足以下要求。

(一)船闸轴线

1. 纵轴线

在确定枢纽坝线时就应该考虑船闸布置的需要,以便满足通航建筑物引航道、口门区、连接段航道、前港和锚地布置的需要。枢纽坝线宜按垂直于河道水流方向布置,坝线和通航建筑物轴线比选应首先考虑通航条件,并结合综合利用要求,通过技术经济比较确定。

当枢纽坝线确定后,通航建筑物的纵轴线与坝轴线宜正交,并根据航运远期发展预留具备建设条件的二线或多线通航建筑物位置。

建双线船闸的水利枢纽,在地形地质、河道条件允许时,宜采用两线分开布置,使冲沙闸冲沙、引航道挖泥及船闸检修时互不干扰。

新建第二线或第三线船闸时,其船闸中心线与已有船闸中心线应有足够距离;保证引航道口门区与主航道平顺连接;新建船闸的施工不应影响已有船闸建筑物安全和运行。

2. 横轴线

船闸闸室宜布置在枢纽坝轴线的下游,需将闸室布置在坝轴线上游时,应经技术经济论证,且船闸不得溢洪。双向水头的船闸闸室,可布置在设计水头较大的低水位一侧。

(1)船闸突出于枢纽坝线下游。当船闸突出于枢纽大坝的下游时,闸室墙承受的水压力较小,闸室结构可以较为简单。下游引航道口门区离泄水建筑物较远,所需下游导堤的长度可以缩短。这种布置方式的缺点是:当有公路跨越船闸时,若跨越船闸的桥梁建在上闸首,公路虽能直线通过,但需加高桥梁桥台,才能满足上闸首部位的通航净空要求。将桥梁建在下闸首,通航净空的要求易于满足,但须绕道,这不仅会增大工程量,而且有时也难于满足公路的最小曲率半径的要求。此外在这种布置方式中,上游引航道常常要建较长的导堤。

(2)船闸突出于枢纽坝线上游。当船闸突出于枢纽大坝的上游时,闸室位于大坝的上游,上游水位往往较高,而船闸一般不得参与溢洪,因此,闸室结构高度较高、承受的水压力较大,闸室结构比较复杂。同时,下游引航道口门区离泄水建筑物较近,为使从泄水建筑物下泄的水流流速在下游引航道进出口处减缓到允许的范围,下游需建造很长的导堤。但这种布置方式便于公路直线地从下闸首通过,可降低跨越船闸的桥梁高程,尤其当船闸水头较高时,无需建造很高的桥台,即可满足通航净空的要求。

在上述两种布置方式中,船闸突出于枢纽坝线上游所需的工程量和投资较大,因此除特殊条件外,一般要求船闸闸室布置在枢纽坝轴线的下游。

(二)引航道布置

引航道的作用在于保证船舶(队)安全、顺利地进出船闸,供等待过闸的船舶(队)安全停泊,并使进出闸船舶(队)能交错避让。引航道应具有足够的水深与合适的平面布置以保证通航期内过闸船舶(队)畅通无阻,安全行驶。船舶(队)在引航道内航速较小,对水流和侧向风的影响比较敏感。引航道应具有较好的掩护,以满足过闸船舶(队)在引航道内安全停泊和航行的条件。

引航道的平面布置,直接影响船舶进出闸的时间,从而影响船闸的通过能力。在确定引航道的平面布置时,应根据船闸级别、线数、设计船型、通过能力等,结合地形地质、水流、泥沙及上、下游航道等条件综合考虑。其中最主要的要求是:引航道与船闸应布置在一条直线上。

单线船闸引航道平面布置,一般有对称型、反对称型、不对称型等三种型式(图 3-30)。

1. 对称型

引航道的轴线与船闸轴线重合(图 3-30a)。当引航道宽度较大时,船舶(队)进闸沿曲线行驶,出闸可以沿直线行驶,船舶(队)进闸行程短,出闸速度快,船闸的通过能力较大。当引航道的宽度较小时，采用这种布置型式，等侯过闸的船舶（队）需停泊在闸首以外一定的距离，船舶进出闸均沿曲线行驶，进出闸速度慢，影响船闸通过能力。

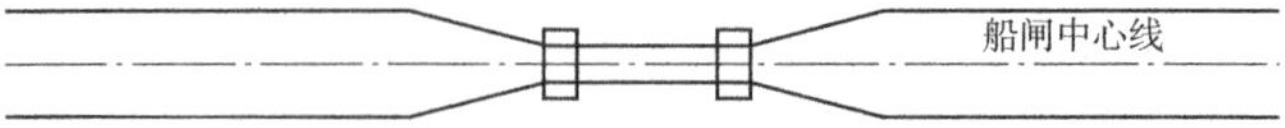

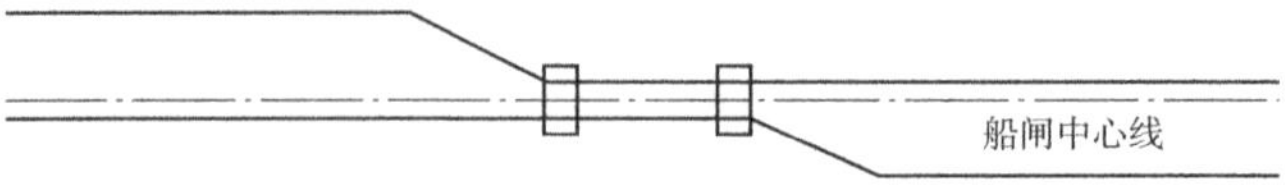

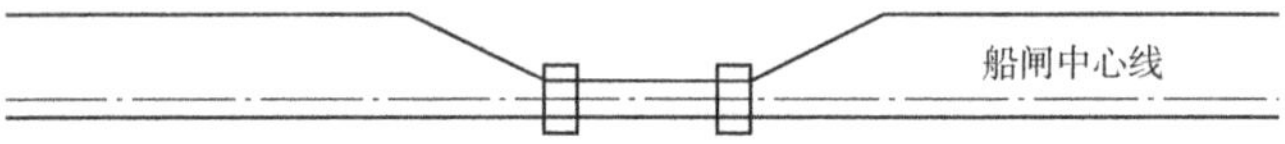

图 3-30　引航道平面布置型式

2. 反对称型

上、下游引航道向不同的岸侧拓宽（图 3-30b）。在这类引航道中，船舶（队）可以沿直线进闸，曲线出闸，进闸速度可以较快。但按双向过闸的要求，船舶（队）候闸要在离闸首 2.5 倍设计船长以后，势必增加船舶（队）进出闸行程，延长过闸时间。有时船舶（队）往往还需曲进曲出。这类引航道对单向过闸较为有利，因为可使候闸船舶（队）停靠在距闸首的最近处。

3. 不对称型

上、下游引航道向同一岸侧拓宽（图 3-30c）。一个方向的船舶（队）进出闸都是直线行驶，另一个方向的船舶（队）进出闸均沿曲线行驶。这类引航道一般适用于岸上牵引过闸，或有明显的单向货流，或者有大量木排过闸的情况。有时受地形或枢纽布置限制，引航道只能向同一岸侧拓宽时，也采用这种布置型式。

引航道的横断面形状一般多采用梯形或多边形。边坡应根据土坡稳定条件决定，通常取为 1:2 ~ 1:3。

（三）引航道口门区及连接段布置

1. 口门区及连接段的范围

(1) 口门区。引航道口门区是指引航道分水建筑物头部外一定范围内的水域，是引航道内相对静水与河流动水交界的水域。由于该区域存在较大的流速梯度，通常存在斜向水流，有的还会出现泡漩等恶劣流态。当船舶航经该水域时，就会受到斜流、回流等的影响。

口门区宽度与引航道口门的有效宽度相同（图 3-31），其长度应按设计最大船舶（队）确定，拖带船队采用 1.0 ~ 1.5 倍船队长，顶推船队采用 2.0 ~ 2.5 倍船队长，当两种船队并存时，取大值。

(2) 连接段。引航道连接段是指通航建筑物上、下游引航道口门区末端与河流主航道之间的衔接段航道（图 3-31）。连接段应与口门区及主航道平顺衔接，确保船舶（队）安全通畅行驶。连接段的宽度和水深应与口门区相同，连接段的长度视条件而定。

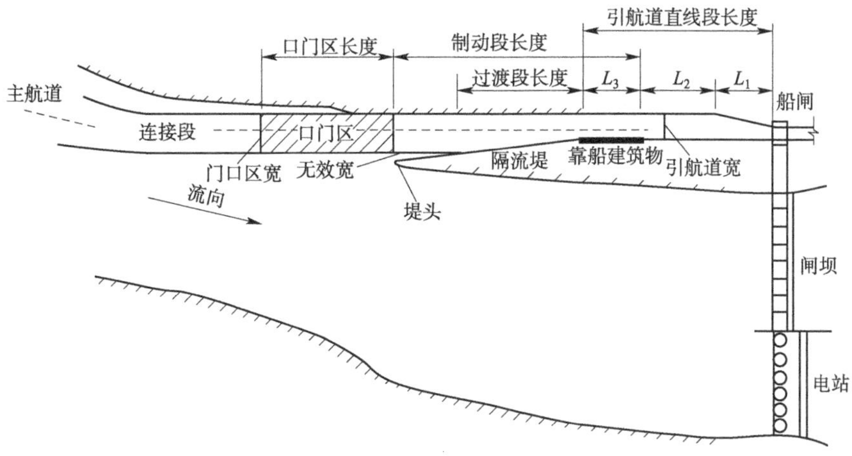

图 3-31 船闸引航道口门区位置示意图

枢纽总体布置时,连接段航道轴线与引航道轴线及主航道轴线的交角不宜大于25°。连接段航道轴线宜为直线,两端用圆弧衔接。

2. 通航水流条件要求

船闸通航水流条件系指在通航期内,为满足船舶在正常操作条件下安全通畅过闸而对船闸引航道、口门区、连接段航道内流速、流态及其分布范围提出的要求。

(1)口门区水流条件的主要要求。口门区是过闸船舶进出引航道的咽喉,因此在通航期内,引航道口门区的流速、流态应满足船舶(队)正常航行的要求。并应尽量避免出现不良的流态,如泡漩、乱流等,如因条件限制不能避免时,则须采取措施,消减到无害程度。在《内河通航标准》和《船闸总体设计规范》中,均规定了引航道口门区水面最大流速限值(表 3-1)。

船闸引航道口门区水面最大流速限值(m/s) 表 3-1

船闸级别	平行航线的纵向流速	垂直航线的横向流速	回流流速
Ⅰ~Ⅳ	≤2.0	≤0.3	≤0.4
Ⅴ~Ⅶ	≤1.5	≤0.25	

(2)连接段水流条件的主要要求。《内河通航标准》要求船闸引航道连接段的水流表面最大流速不应影响过闸船舶和船队的安全航行。而《船闸总体设计规范》规定引航道连接段通航水流条件可参照口门区水流条件要求(表 3-1)。《渠化工程枢纽总体设计规范》规定除满足上述要求外,还应满足最大表面纵向流速满足设计船舶(队)自航通过的要求;横向流速不影响设计船舶(队)安全操纵。

国内有学者根据实船试验资料和船模航行试验资料的整理分析,认为引航道口门区连接段通航水流条件仍然采用纵向流速、横向流速和回流流速指标来衡量。对于Ⅰ~Ⅳ船闸来说,其相应标准为:纵向流速≤2.5m/s,横向流速≤0.40m/s;当连接段回流长度接近船舶(队)长度时,回流流速≤0.3m/s。

3. 口门区及连接段布置要求

(1)引航道口门宽度不宜小于1.5倍引航道宽度,当受水流、风、浪的影响较小时,可适当减小。口门宽度应向引航道内延伸0.5~1.0倍船舶(队)长度,并渐变至引航道直线段末端(图 3-31)。

(2)引航道及口门区不应布置影响船舶和船队过闸的建筑物。

(3)船闸引航道、口门区及连接段应布置在泥沙不易淤积的部位。

(4)引航道口门与主航道之间应有足够距离的视野，使航行船舶(队)能看清其它船舶(队)的动态和引航道口门，并能进行有效的控制。

(5)当口门区不能与主航道直接平顺衔接时，应设置连接段。连接段应与口门区及主航道平顺衔接，确保船舶(队)安全通畅行驶。

(6)连接段的宽度和水深应与口门区相同。当连接段航道尺度或受冲淤变化影响达不到要求时，应采取工程措施满足通航要求。

(7)口门区与主航道为异岸连接时，连接段航道与坝线间应有保证设计船舶(队)航行的安全距离，连接段应在受枢纽泄水影响较小的河段跨河。

(8)口门区和连接段的中心线与河流或引河的主流流向之间的夹角宜缩小。在没有足够资料的情况下，此夹角不宜大于25°。

(9)连接段航道宜为直线，两端宜采用弧线衔接，严禁采用反曲线连接。

4. 连接段航道布置模型试验实例

长洲水利枢纽位于西江干线，下距梧州市12km，为西江干线最后一座枢纽。枢纽上游有浔江铁路桥，距离枢纽坝轴线约4000m，该铁路桥设置了两个相邻的通航孔(18号~20号，通航孔桥墩编号，下同)。浔江铁路桥下游1000m左右有浔江公路桥，公路桥下距枢纽约3000m，该公路桥设置了两个相邻的通航孔(33号~35号)，上述通航孔均为现有一、二线船闸通航孔(图3-32)。

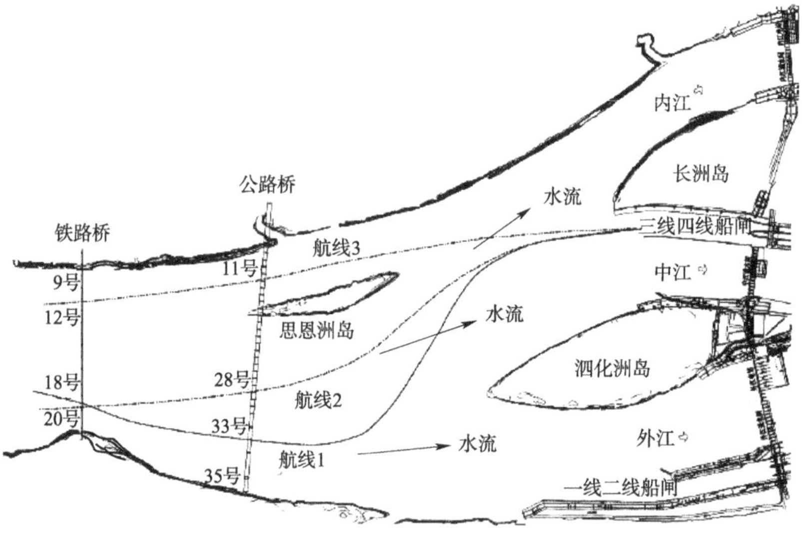

图3-32 长洲枢纽三四线船闸上引航道连接段航线比选图

拟建三线、四线船闸位于中江左岸长洲岛右缘。按照桥梁现有通航孔(为一、二线船闸通航孔)，上游引航道连接段要跨越主流与上游主航道异岸连接(航线1)。模型试验表明：连接段航道与水流的夹角最大达到38°，最大横向流速达到0.84m/s，横向流速超过0.5m/s长度达到800m，通航条件不能满足要求。为此，模型试验对上游引航道连接段航线进行了多方案的比选研究。

航线2不改变铁路桥现有通航孔，只改变公路桥通航孔（通航孔在26号~32号桥墩之间比选），目的是减小连接段航线与水流夹角。模型试验表明：连接段航道与水流夹角稍小，最大达20°，最大横向流速为0.42m/s，横向流速基本在0.40m/s以内。

航线3不采用现有一、二线船闸通航孔，公路桥通航孔为11号~14号桥墩之间，铁路桥通航孔为9号~12号桥墩之间。模型试验表明：连接段航道与水流夹角较小，基本在10°以内，横向流速满足要求。但口门区航线与水流夹角有所增大，最大达到38°，口门区最大横向流速为0.59m/s，发生在口门区末端，口门区横向流速超过0.5m/s发生在距口门300~900m范围。相对而言，航线3通航条件最好。

五、锚地和前港布置

(一)锚地

锚地位于上、下游引航道外，供过闸船舶在过闸前或过闸后重新编队，更换推（拖）轮和等待过闸停泊的水域。在有条件时，亦可供风暴期船舶停泊之用。

锚地应具有风浪小、水流缓、无泡漩、水深不小于引航道最小水深和足够的水域面积等条件。以锚泊区为主的锚地，河床底质一般以沙质粘土为宜，淤沙严重的水域不宜选作锚地。锚地可根据闸上、下游河道或水库条件具体选定。在有条件时，锚地尽可能离上、下引航道较近，以便候闸船舶尽速过闸，不具备条件时也可远些。

锚地的水域面积，应满足船闸在最繁忙时过闸船舶等候停泊和重新编解队作业的需要，并根据船队安全停泊及编解队作业的需要，分别设置靠船码头、趸船、锚泊船、系船柱、系船浮筒及港作拖轮等设施。当锚地的水域条件优良时，亦可供风暴期船舶停泊之用。有的枢纽中的船闸锚地和前港兼用，还兼作其它客、货运码头之用。

(二)前港

在船闸引航道与水库或湖泊直接相连时，水库或湖泊风浪可能危及引航道内船舶航行或停泊时，应设置有掩护的前港。前港由防浪建筑物掩护形成，以保证在设计通航期内和通航标准规定的风级内过闸船舶能安全和迅速进、出船闸。前港防浪建筑物的布置并无固定模式，在满足船舶进、出前港及港内停泊作业和进出船闸安全方便的条件下，根据地形、风浪、水流等条件布置。图3-33所示伏尔加河萨拉托夫船闸锚地和前港就是由围堤和防浪堤掩护所形成。

六、枢纽施工期通航

施工期通航是枢纽总体布置要考虑的主要因素之一。施工期通航的目的，是船闸及其所在的枢纽在施工期间保证原有航道的畅通并满足客、货运输需要，使航运不致中断。

一般渠化枢纽施工期较长，如果工程施工期间，造成原来航运较长时间中断，打乱原来的运输体系，除影响工农业生产和人民生活外，还直接影响航运企业的正常生产和生活。断航时间越长，影响越大，以致枢纽永久通航建筑物建成后也难以恢复。例如，汉江丹江口水利枢纽工程1958年动工、1959年截流、1974年完工，建坝后水运运量锐减，主要原因是枢纽施工期间停航达16年之久，致使运输方式发生改变。同时，由于技术原因，枢纽修建的升船机存在某些缺陷，束缚了运量的恢复和发展。因此，凡在通航河流上新建、扩建、改建船闸或拦河闸坝工程时，必须妥善解决好施工期间的通航问题，做好施工期通航设计。施工期通航设计应作为枢纽总体设计和工程施工设计的必要组成部分。

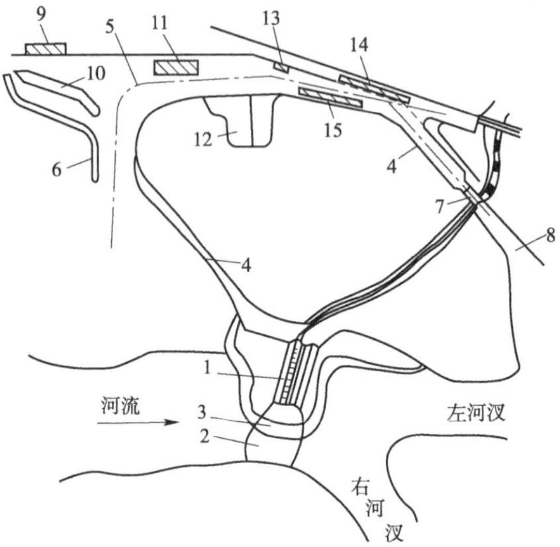

图3-33　某枢纽船闸锚地及前港布置示意图

1-电站厂房基坑；2-坝轴线现有缺口；3-基坑围堰；4-围堤；5-上游引航道；6-防波堤；7-单级双线船闸；8-下游引航道；9-货运港；10-木排捆扎加固锚地；11-驳船到离港锚地；12-客运码头；13-修船厂；14-客运区；15-货船锚地

施工期的通航工程，应在工程施工进行到影响原有航道通航前完成，做到原有航道断航时，施工期通航设施即可通航，两者互相衔接，保证航运不断。施工期通航设施的标准应满足工程施工期间客、货运量和船舶的通过需要，同时其通航条件应满足船舶安全航行的要求。还应指出，在确定施工期通航任务、规模和标准时，不能仅从施工期通航设施造价考虑，应全面比较因停航或断航所造成的损失。

（一）施工期通航方式

在船闸或枢纽的总体设计中，应根据施工期间过坝客、货运量和船型船舶（队），对施工期通航方式和通航工程设施进行全面的比较和优选。渠化枢纽一般采用分期施工，根据枢纽总体布置的特点和自然条件，在施工期的通航方式一般有以下几种。

1. 利用束窄后的原河床通航

枢纽施工期间，施工围堰只围河道一部分宽度，利用原河道另外部分通航。这种方式适用于枢纽坝址河道较宽，特别是枢纽坝址位于分汊河段情况，或者枢纽主要建筑物不建在河道的情况。例如图3-26的湘江株洲航电枢纽，工程分两期施工，一期施工时围堰围左汊，利用右汊通航。

2. 利用开挖的导流明渠通航

在枢纽主体工程施工前，在原河道外先期开挖导流明渠。在原河道围堰后，利用施工导流明渠作为临时航道来通航。我国淮河蚌埠船闸、渠江舵石鼓船闸及三峡工程在施工期均采用过该临时通航措施。

3. 利用先建的永久船闸通航

利用永久船闸通航有两种情况:一是施工总体安排时,一期只建永久船闸,待永久船闸具备通航条件后,再在河道内进行其它主体工程施工;二是一期施工内容包括永久船闸(不仅仅是永久船闸),一期施工时可以采用原河床或导流明渠等通航,一期施工永久船闸工程完成,在二期及以后的施工期,利用一期完成的永久船闸通航。大部分枢纽的后期施工一般均采用已经建好的永久船闸通航。

4. 修建临时船闸通航

当采用以上几种方式不可能达到或不经济,或不能保证全年通航,或不能满足客货运量通过的要求时,可采用修建临时船闸通航,临时船闸的规模、尺度要根据工程施工期间客、货运量和船舶(队)尺度及组成,通过分析论证确定。临时船闸位置要根据地形、地质条件、枢纽布置、临时船闸通航与永久船闸和枢纽其它工程施工互不干扰等条件选定。临时船闸的设计水位、通航条件应根据所在航道的通航标准及通航条件确定,做到基本不断航。

5. 多种通航方式组合通航

位于客货运量大、重要航道上的枢纽工程,由于施工期长,采用单项临时通航措施,不能满足客货运量通过的需要以及不断航的要求时,则可采用上述施工期通航方式的组合方式进行通航。如临时船闸与导流明渠相结合,两者相辅相成,交替使用,保证航运不断。

(二)某枢纽工程施工导流及通航方案简介

某枢纽工程坝线位于分汊河段。左汊由左至右分别布置双线船闸、21 孔泄水闸、6 台机组;右汊由左至右分别布置 6 台机组、17 孔泄水闸。采用三期施工方案,在各施工期分别采用了原河床通航、导流明渠通航和永久船闸通航方案。

图 3-34 一期施工导流和施工期通航方案示意图

第一期:围堰围右汊,利用左汊原河床导流与通航。主要施工内容为:将右汊浚深并向右岸拓宽,形成二期施工的导流明渠,同时进行一期围堰范围内相关工程的基础开挖、基础混凝土浇筑、二期纵向围堰等施工(图 3-34)。

第二期:围堰围左汊,利用一期完成的导流明渠导流与通航。主要施工内容为:双线船闸、左汊 21 孔泄水闸、左右汊电站等工程施工(图 3-35)。

第三期:围堰围右汊 17 孔泄水闸范围,利用二期完成的左汊 21 孔泄水闸和左右汊电站机组导流,双线船闸通航。主要施工内容为:右汊 17 孔泄水闸等工程施工(图 3-36)。

七、枢纽总体布置方案评价

渠化工程枢纽总体布置在满足航运要求的前提下,应从技术上的先进性、经济上的合理性、综合利用效益以及环境保护等方面进行综合评价。

当进行枢纽总体布置方案比选时,各方案采用的资料和进行的工作应具有同等深度。

各阶段方案比较的设计工作深度应符合《内河航运建设项目工程可行性研究报告编制办法》和《内河航运工程初步设计文件编制办法》的要求。比较所采用的主要技术经济指标可根据设计阶段工作要求和工程具体情况选取用定量或定性文字叙述。

图3-35　二期施工导流和施工期通航方案示意图

图3-36　三期施工导流和施工期通航方案示意图

渠化工程枢纽总体布置应首先满足航运需要,保证航行安全、通畅并结合下列条件进行综合比选:

(1)上下游梯级水位相互衔接;

(2)总体布置协调、合理;

(3)综合利用好;

(4)淹没和占地少;

(5)主要工程量小,投资省;

(6)符合环境保护要求;

(7)施工条件好,便于施工通航;

(8)便于运用和维护管理;

(9)社会效益好。

(一)主要技术指标

渠化工程枢纽总体布置的主要技术指标应包括:航运、发电、淹没防护、灌溉及施工等项目。

(1)航运主要技术指标应包括:通航建筑物尺度,通过能力,上下游引航道口门区和连接段的流速流态,过闸时间,上下游引航道回淤范围、强度,上下游梯级衔接条件,渠化航道里程和淹没浅滩数等。

(2)发电主要技术指标应包括:电站装机容量,发电水头,机组引用流量,保证出力,年均发电量和年利用小时等。

(3)淹没防护主要技术指标应包括:防护标准,壅水高度,淹没范围,堤顶高程、长度,防护堤工程量,保护面积及排涝装机容量等。

(4)灌溉主要技术指标应包括:灌溉取水高程、扬程,装机容量,引用流量和灌溉面积等。

(5)施工主要技术指标应包括:施工导截流流量及标准,施工强度及工期,施工期通航条件等。

(二)主要经济指标

渠化工程枢纽总体布置的主要经济指标应包括:主要工程数量、淹没拆迁数量、工程费用或工程总投资、工程综合效益及其它社会效益等。

(1)主要工程数量应包括:土石方挖方填方、混凝土及钢筋混凝土、污工、防渗、机电和金属结构;施工导流、截流;渠化河段的防洪排涝以及航道整治等。

(2)淹没拆迁应包括:土地淹没、农田淹没、房屋淹没以及人口迁移安置等。

(3)工程总投资应包括工程费用、其它费用、预留费用和建设期贷款利息。其中,主要工程费用应包括:①通航建筑物;②挡(泄)水建筑物;③电站;④航道整治;⑤交通工程;⑥临时工程。

(4)工程综合效益指标应包括:①航运:提高航道等级,延长通航里程,降低运输成本及提高航道通过能力等;②发电:年发电量、改善供电区域的供电状况,降低供电成本等;③灌溉:灌溉面积、旱地改水田面积及提高单产数量等;④其它。

(三)综合评价

枢纽总体布置方案的综合评价应符合水资源的综合利用方针和国家有关内河航运发展的政策,应符合河流渠化梯级开发规划、主管部门批准的文件和任务要求。同时,作为渠化枢纽,应将航运效益放在首位,作为方案评价的首要因素。

枢纽总体布置方案的综合评价应根据各方案的技术、经济及综合效益指标。从航运条件、技术先进性、经济合理性、工程费用或工程投资、环保状况、施工周期、投产时间等几个方面进行综合评述。

枢纽总体布置方案的综合评价还应对有关国家重点保护文物和旅游景点提出的保护处理措施加以论证。

第四章　船闸总体设计

第一节　船 闸 规 模

一、建设规模与船闸级别

(一)建设规模

(1)内河航道应按批准的航道等级进行规划设计,其通航尺度应通过综合技术经济比较,合理确定。内河船闸等不易扩建、改建的永久性工程和一次建成比较合理的工程,应按远期航道技术等级或航运发展长远需求进行规划设计。

(2)新建、扩建和改建的船闸建设规模,应依据船闸所在航道的定级或规划等级,近期与远期客(货)运输量、船型、船队的情况,地形、地质、水文以及施工条件,近期、远期和设计水平年内各个不同时期的运输要求等,通过经济技术比较,综合分析确定。

(3)船闸通过能力应满足设计水平年内各期的客(货)运量和船舶(队)过闸量要求。船闸的设计水平年应根据船闸的不同条件采用船闸建成后 20 ~ 30 年;对增建和改建、扩建船闸困难的工程,应采用更长的设计水平年。

(4)船闸采用的设计船型、船队,应根据规划的或拟定的船型、船队,并兼顾现有运输船舶(队)和其它船舶,经论证确定。当缺乏设计船型、船队资料时,可根据现行国家标准《内河通航标准》中的有关规定,并经过调查研究和方案比选确定。

(二)船闸级别

船闸分级指标与航道分级指标相同,根据通过船闸的设计最大船舶吨级(指通过船闸的最大船舶载重吨,当为船队通过时,是指组成船队的最大驳船载重吨),船闸可分为七级(表 4-1)。

船 闸 分 级 指 标　　表 4-1

船闸级别	Ⅰ	Ⅱ	Ⅲ	Ⅳ	Ⅴ	Ⅵ	Ⅶ
设计最大船舶吨级(t)	3000	2000	1000	500	300	100	50

注:通航 3000 吨级以上船闸列入Ⅰ级。

二、船闸基本尺度

船闸基本尺度是指船闸正常通航过程中,闸室可供过闸船舶安全停泊和通过的尺度,主要包括闸室有效长度、有效宽度和门槛最小水深。

(一)基本要求

(1)满足船舶安全进出闸和停泊的条件;

(2)船闸设计水平年内各阶段的通过能力,应满足过闸船舶总吨位数量和客(货)运量要求;

(3)应满足设计船队能一次过闸;

(4)应适应大小船舶或船队合理组合过闸的需要。

(二)基本尺度确定

1. 闸室有效长度

闸室有效长度是指船舶过闸时闸室内可供船舶安全停泊的长度。闸室有效长度起止边界按下列规则确定:

(1)上游边界。闸室有效长度的上游边界应取下列最下游界面(图4-1):帷墙的下游面;上闸首门龛的下游边缘;采用头部输水系统时镇静段的末端;其它伸向下游构件占用闸室长度的下游边缘。

(2)下游边界。闸室有效长度的下游边界应取下列最上游界面(图4-1):下闸首门龛的上游边缘;防撞设备的上游边缘;双向水头采用头部输水系统时镇静段末端;其它伸向上游构件占用闸室长度的上游边缘。

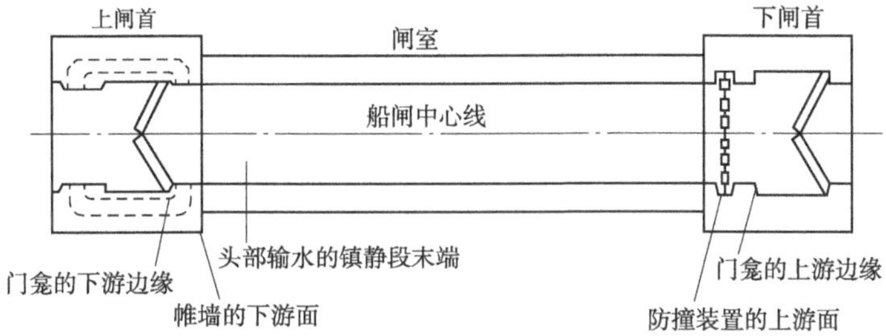

图4-1 船闸有效长度示意图

闸室有效长度应根据设计船舶(队)或与其它船舶(队)合理组合的长度并考虑富余长度确定。初步确定时可按下式计算:

$$L_x = l_c + l_f \tag{4-1}$$

式中:L_x——闸室有效长度(m);

l_c——设计船舶(队)计算长度(m);当一闸次只有一个船队或一艘船过闸时,为设计最大船舶(队)长度;当一闸次有两个或多个船舶(队)纵向排列过闸时,则等于各设计最大船舶(队)长度之和加上各船舶(队)间的停泊间隔长度;

l_f——富余长度(m),与船队的尺度、队型和吨位有关,是确定闸室有效长度的一项重要参数,初步确定时可取:

对于顶推船队:$l_f \geqslant 2 + 0.06 l_c$;

对于拖带船队:$l_f \geqslant 2 + 0.03 l_c$;

对于机动驳和其它船舶:$l_f \geqslant 4 + 0.05 l_c$。

最终确定的闸室有效长度不应小于按式(4-1)计算的长度，并且取整数，经论证需要加大长度的，可在表4-2规定长度的基础上增加。

2. 闸室有效宽度

闸室有效宽度是指闸室内两侧墙面最突出部分之间的最小距离，为闸室两侧闸墙面间的最小净宽度。初步确定时可按下式计算：

$$B_x = \sum b_c + b_f \tag{4-2}$$

$$b_f = \Delta b + 0.025(n-1)b_c$$

式中：B_x——闸室有效宽度(m)；

$\sum b_c$——同一闸次过闸船舶(队)并列停泊于闸室的最大总宽度(m)。当只有一个船队或一艘船舶单列过闸时，则为设计最大船队或船舶的宽度 b_c；

b_f——富余宽度(m)；

Δb——富余宽度附加值(m)，当 $b_c \leqslant 7\text{m}$ 时，$\Delta b \geqslant 1\text{m}$；当 $b_c > 7\text{m}$ 时，$\Delta b \geqslant 1.2\text{m}$；

n——过闸停泊在闸室的船舶(队)的列数。

最终确定的闸室有效宽度不得小于式(4-2)计算值，并应根据计算结果套用现行国家标准《内河通航标准》中规定的34m、23m、18(或16)m、12m、8m宽度，经论证需要加宽的船闸，其尺度应符合《内河通航标准》宽度系列分档的规定(表4-2)。

3. 门槛最小水深

门槛最小水深指在设计最低通航水位时闸首门槛上的最小水深，与船舶(队)最大吃水和进(出)闸速度有关，对船舶(队)航行安全和船闸工程造价有较大影响。已建船闸运行和模型试验表明，增加富余深度比增加富余宽度有利。船舶(队)进、出闸时水被挤出或补充主要从船底下流出(入)，如富余深度小，则影响水体交换，增加船舶(队)下沉量。我国船闸总体设计规范采用门槛最小水深大于等于设计最大船舶(队)满载吃水的1.6倍，即：

$$H_x \geqslant 1.6T_c \tag{4-3}$$

式中：H_x——门槛最小水深(m)；

T_c——设计船舶(队)满载时的最大吃水(m)。

确定船闸下闸首门槛顶高程时，应计入由于河床下切造成的水位下降值。

闸室最小水深，为设计最低通航水位至闸室底板顶部的最小水深，其值应不小于门槛水深。设计采用的门槛最小水深和闸室最小水深，应充分考虑船舶(队)采用变吃水多载时吃水增大以及相邻互通航道上较大吃水船舶(队)需通过船闸等因素，综合分析确定。

在确定船闸基本尺度时，富余尺度是一个重要的参数，与船舶(队)的进(出)闸速度、航行阻力、船闸通过能力和安全运行有密切关系。富余尺度小，将加大船舶航行阻力、降低船舶(队)进闸速度、延长进闸时间、降低船闸通过能力，同时可能造成船舶航行事故；富余尺度大，会增加工程投资，造成浪费。因此，必须选取合理的富余尺度。式(4-1)～式(4-3)中的富余尺度是参考国内外船闸设计、运行实践和实船试验成果拟定的。

4. 闸室过水断面系数

在确定船闸基本尺度时，还应考虑船闸最小过水断面系数 η 的要求。根据试验和船闸运行情况观察分析，若 η 值过小，则船舶(队)过闸时，可能产生触底现象。为保证船舶(队)安全顺利地过闸，一般要求：

$$\eta=\frac{\Omega}{\Phi}\geqslant 1.5\sim 2.0 \tag{4-4}$$

式中：Ω——设计最低通航水位时，闸室过水断面面积(m^2)；

Φ——最大设计过闸船舶(队)满载吃水时船舯断面水下部分的断面面积(m^2)。

船闸级别高，η 应取较大值；船闸级别低，η 可取较小值。如果 η 值不满足上述要求，则应首先采用加大门槛最小水深。

为了适应航运事业的发展，构筑四通八达统一标准的航道网，各国均对天然(渠化)河流及人工运河划分了等级，制定了统一的通航建筑物标准。我国颁布的《内河通航标准》中，对每级航道都规定了相应的航道尺度、船闸闸室有效尺度及水上跨河建筑物的净空尺度。因此，在工程实践中，当缺乏设计船型、船队资料时，只要确定了航道的等级，可根据现行国家标准《内河通航标准》的规定，确定船闸的基本尺度(表 4-2)。

船闸有效尺度(m)　　表 4-2

船闸级别	天然和渠化河流				限制性航道			
	代表船舶、船队	长	宽	门槛水深	代表船队	长	宽	门槛水深
Ⅰ	(3)2 排 2 列	280	34	5.5	—	—	—	—
Ⅱ	(2)2 排 2 列	200	34	4.5	—	—	—	—
	(3)2 排 1 列	200	23	4.5	(1)2 排 1 列	230 200	23 18 或 16	5.0 4.5
Ⅲ	(2)2 排 2 列	180	23	3.5	—	—	—	—
	(3)2 排 1 列	180	18 或 16 12	3.5	(1)2 排 1 列	180	18 或 16 12	3.5
Ⅳ	(1)3 排 2 列	180	23	3.0	—	—	—	—
	(2)2 排 2 列	120	23	3.0	—	—	—	—
	(3)2 排 1 列	120	18 或 16 12	3.0	(1)2 排 1 列	120	18 或 16 12	3.0
Ⅴ	(1)2 排 2 列	120	23	2.5	(1)1 拖 6	120 210	18 或 16 12	3.0
	(2)2 排 1 列	120	18 或 16 12	2.5	(2)2 排 1 列	120	18 或 16 12	3.0
Ⅵ	(1)1 拖 5	100	18 或 16	1.6	(1)1 拖 11	160	12	2.5
	(2)货船	100	12	1.6	—	—	—	—
Ⅶ	(1)1 拖 5	80	12	1.3	(1)1 拖 11	120	12	2.0
	(2)货船	80	8	1.3	—	—	—	—

三、船闸线数

船闸线数是船闸规模的重要部分，应根据船闸设计水平年内的客(货)运量，过闸的船型船队组成，地形地质条件，船闸所在河流的重要性等因素，结合船闸尺度及通过能力等，综合论证选择。若有下列情况之一时，应论证研究修建双线或多线船闸（当单线船闸不能满足要求时，经论证也可增设升船机）。

（1）采用单线船闸不能满足设计水平年内过闸船舶（队）数量、总吨位数、客（货）量等通过能力要求的；

（2）客（货）运量大，船舶（队）过闸繁忙的连续多级船闸，由于单线船闸迎向运转要等待和延长过闸时间、降低通过能力、船舶（队）运输效率低而不经济的；

（3）运输繁忙和重要航道在年通航期内，不允许由于船闸检修、疏浚、冲沙和事故等原因造成断航的；

（4）客运、旅游等船舶（队）多，过闸频繁，需解决快速过闸的；

（5）当船闸的实际通过客（货）运量达到设计能力的80%，且呈持续增长的趋势时，应增建或改扩建船闸。

四、船闸级数

船闸级数的选择，应根据总水头、地形、地质、水文等自然条件和技术可靠性、管理运用条件等，通过经济技术比较确定。船闸级数直接影响船闸通过能力。

影响船闸级数的因素很多，也很复杂，但水头是限制建造单级船闸的决定因素。单级船闸与多级船闸的水头无明确界限，一般可按下述范围考虑：

（1）$H \leqslant 30$m，采用单级船闸（H为设计水头）；

（2）$30\text{m} < H \leqslant 40$m，采用单级或两级船闸；

（3）$H > 40$m，采用两级或多级船闸。

由于单级船闸较多级船闸具有过闸时间短，通过能力大，故障较少，检修停航时间较短，枢纽布置较易和管理方便等优点，因而是最广泛采用的型式。在条件允许的情况下，应优先采用单级船闸。随着科学技术水平的提高，单级船闸能适应的水头亦在逐步提高。

当水头较高，采用单级船闸其水力学等条件不能满足要求或者存在其它技术问题无法解决，应采用两级或多级船闸方案。同时，受闸址地形、地质条件的限制，经不同级数方案比选，多级船闸方案技术经济更合理的，也应采用多级船闸方案。

多级船闸型式主要有连续多级船闸和设中间渠道的多级船闸。在需建多级船闸的工程中，采用连续多级船闸，还是采用设中间渠道的多级船闸，应因地制宜，根据具体条件确定。

连续多级船闸及设中间渠道的多级船闸，可根据总水头的大小划分不同级数，见第三章相关内容。

第二节　船闸设计水位与各部位高程

一、船闸设计水位

在确定船闸各部位高程之前，应先确定船闸各种设计水位。船闸设计水位通常包括设计洪水位、校核洪水位、设计最高通航水位、设计最低通航水位、检修水位和施工水位等。设计水位应根据水文特征、航运要求、船闸级别、有关水利枢纽和航运渠化梯级运用调度情况，考虑航道冲淤变化影响、两岸自然条件和综合利用要求等因素，综合研究确定。

(一)设计洪水位和校核洪水位

船闸工程的上下游设计洪水位和校核洪水位，应与渠化枢纽永久性水工建筑物设计洪水位和校核洪水位标准一致(表4-3和表4-4)。船闸水工建筑物的级别见第六章第一节。

平原区永久性水工建筑物洪水重现期标准　　表4-3

水工建筑物级别	1	2	3	4	5
设计洪水(年)	300~100	100~50	50~20	20~10	10
校核洪水(年)	2000~1000	1000~300	300~100	100~50	50~20

注：当平原区渠化枢纽工程挡水建筑物的挡水高度高于15m，且上、下游水位差大于10m时，其洪水重现期标准宜按山区，丘陵区标准确定。

山区、丘陵区永久性水工建筑物洪水重现期标准　　表4-4

水工建筑物级别		1	2	3	4	5
设计洪水(年)		1000~500	500~100	100~50	50~30	30~20
校核洪水(年)	土石坝	可能最大洪水或10000~5000	5000~2000	2000~1000	1000~300	300~200
	浆砌石坝混凝土坝	5000~2000	2000~1000	1000~500	500~200	200~100

注：当山区、丘陵区的渠化枢纽工程挡水建筑物的挡水高度低于15m，且上、下游水位差小于10m时，其洪水重现期标准宜按平原区标准确定。

(二)上游设计通航水位

1. 上游设计最高通航水位

船闸上游设计最高通航水位应采用枢纽正常蓄水位或设计挡水位与按表4-5规定的洪水重现期计算的水位进行比较，取高值。当预计枢纽正式运行后正常蓄水位有可能提高时，应计入提高值；当泥沙淤积将影响水位时，应计入泥沙淤积引起的水位抬高值。

船闸设计最高通航水位的洪水重现期　　表4-5

通航建筑物级别	Ⅰ、Ⅱ	Ⅲ、Ⅳ	Ⅴ~Ⅶ
洪水重现期(年)	100~20	20~10	10~5

注：1. 对出现高于设计最高通航水位历时很短的山区性河流，Ⅳ级和Ⅴ级通航建筑物洪水重现期可采用5~3年，Ⅵ级和Ⅶ级通航建筑物可采用3~2年；

2. 平原地区运输繁忙的Ⅴ~Ⅶ级通航建筑物设计最高通航水位，洪水重现期可采用20~10年；

3. 山区中小型通航建筑物经论证允许溢洪的，其上游设计最高通航水位可根据具体情况通过论证确定，但不应低于通航建筑物修建前的通航标准。

2. 上游设计最低通航水位

船闸上游设计最低通航水位是确定船闸上闸首门槛顶和上游引航道底高程的最低水位。船闸上游设计最低通航水位应采用相应航道等级的通航保证率分析计算，并与枢纽水库死水位和最低运行水位进行比较，取低值。

3. 确定上游通航水位应考虑的其它因素

(1)当通航建筑物与枢纽其它挡水建筑物不在同一挡水前沿时，上游通航水位应根据枢纽布置作相应调整；

(2)满足航运的需要和船舶(队)安全畅通的要求；

(3)改善上游航道滩险的需要；

(4)综合利用水资源对上游水位的要求；

(5)回水淹没的损失，以及对重要城镇、铁路、公路、厂矿、农业基地、文物古迹、环境保护等的影响；

(6)工农业生产和城镇生活用水对上游来水的影响；

(7)水电站运行、船闸灌水和风浪等引起的水位变化；

(8)船闸或船闸所在枢纽的特殊运行的水位情况；

(9)由于河床淤高引起的水位变化。

(三)下游设计通航水位

1. 下游设计最高通航水位

下游设计最高通航水位应采用表4-5 规定的洪水重现期计算的枢纽下泄最大流量所对应的最高水位。当枢纽下游有梯级衔接时，应采用下一梯级的上游设计最高通航水位，并计入动库容的水位抬高值。

2. 下游设计最低通航水位

(1)当下游仍然为天然河道时，枢纽瞬时下泄流量不应小于原天然河流设计最低通航水位时的流量，下游设计最低通航水位应采用枢纽瞬时最小下泄流量对应的水位，并计入河床下切和电站日调节等因素引起的水位变化值。

(2)在下游有衔接枢纽梯级时，应采用下一梯级上游设计最低通航水位回水到本枢纽下游的相应水位。

3. 确定下游通航水位应考虑的其它因素

(1)满足航运的需要和船舶(队)安全畅通的要求；

(2)枢纽建成后对下游河床下切和下游河床冲淤变化引起的同级流量相应的水位降低或升高；

(3)因农田灌溉、工业和城镇饮水可能引起的水位变化和有关方面对水位的特殊要求；

(4)下游航道整治、疏浚引起的水位变化；

(5)重要建筑物、重要桥梁、岸堤及河道过流能力对水位的限制和影响；

(6)枢纽运行调节、船闸泄水及风浪波动引起的水位变化；

(7)位于潮汐河段的船闸建闸后引起的潮位变化；

(8)交汇河口高水位或洪水顶托的影响。

坝下河床下切产生的水位下降对下游设计最低通航水位的影响是个复杂的问题，应予以高度的重视。河道上兴建水利枢纽后，由于水库的调蓄作用，蓄水拦沙，清水下泄，改变了河流天然的水流和泥沙运动规律，下游河床将要发生长时间和长距离的变化，包括冲深、淤高、展宽等多形态的变化，从而对下游航道、桥梁、堤防工程，甚至对城市、工农业等都将产生影响。尤其对船闸下游设计最低通航水位，船闸闸室底、下闸首门槛顶和下游引航道底高程影响很大。在不能准确预估的情况下，应留有余地，避免因此造成船闸和下游引航道水深不够，最终可能导致改建或重建。工程实践证明，这种冲刷可能波及下游河床几十公里甚至几百公里，直至水库冲淤平衡才能基本终止。

（四）船闸下游校核低水位

船闸下游校核低水位，采用枢纽最小瞬时下泄流量相应的下游最低水位。

（五）船闸检修水位

船闸检修水位，是船闸检修期间的上限水位，也是船闸建筑物设计水位之一。当水位超过检修水位时，船闸不能抽干闸室的水进行检修。检修水位是控制船闸连续检修时间的标准水位，也是控制船闸建设设计外力之一。检修水位定低了，难以满足检修的需要，特别是在枯水期，多为运输旺季，往往不允许停航检修；检修水位定高了，则增加工程量和投资。

船闸上、下游检修水位，应根据船闸规模、重要性、航运要求、水文情况、枢纽运行条件与检修情况、检修能力、检修延续时间综合分析确定。

（六）船闸施工水位

船闸施工水位，应根据施工能力与强度，施工进度安排，河道洪、中、枯水期的水文情况，地形条件，施工导流与施工围堰设施等，以保证安全施工和满足施工需要为原则，对不同的施工期限和工程部位，经论证比较后综合分析确定。施工围堰的洪水设计标准可参照水利、水电有关现行标准确定。

二、船闸各部位高程

船闸高程包括船闸顶部和底部各部位的高程。对单级船闸和多级船闸，由于各建筑物的位置不同，故确定高程的依据也不同，下面重点介绍单级船闸各部位高程的确定方法，对多级船闸各部位高程的确定，可参考《船闸总体设计规范》和相关文献。

1.船闸闸门门顶高程

（1）位于枢纽挡水前沿非溢洪船闸，上闸门门顶高程应满足枢纽挡水要求，其高程采用枢纽上游设计洪水位加安全超高和上游校核洪水位加安全超高中的大值。如果另设有挡水闸门，则工作闸门门顶高程可采用上游设计最高通航水位加安全超高。

（2）位于枢纽挡水前沿溢洪船闸，在上游水位高于上游设计最高通航水位时，船闸参与溢洪过流，故溢洪船闸上闸门门顶高程可采用上游设计最高通航水位加安全超高。

（3）下闸门门顶高程按通航要求，采用上游设计最高通航水位加安全超高。

（4）上下游检修闸门门顶高程分别采用上下游检修水位加安全超高。

根据国内船闸设计和运用实践，船闸闸门顶安全超高可采用表4-6的数值，但表4-6中未计及闸门外的波浪和水面涌高值。当闸首前水域有波浪和水面涌高时，门顶（主要是上闸门）安全超高应另加浪高和水面涌高影响值。波高可按照第六章波浪力计算时波浪要素的确定方法确定，或是采用试验资料；水面涌高可参照试验资料或类似工程的实测资料采用。

船闸闸门顶安全超高值 表 4-6

船闸级别	Ⅰ～Ⅳ	Ⅴ～Ⅶ
闸门门顶超高值(m)	≥0.5	≥0.3

2. 闸首墙顶高程

船闸闸首墙顶高程根据闸门门顶高程,结构布置、构造、交通要求,邻近挡水建筑物高程等确定。船闸闸首墙顶高程不得低于闸门和闸室墙顶高程;挡水前沿的闸首墙顶高程应不低于枢纽工程建筑物挡水前沿的顶部高程。

由于船闸闸门门型不同,对闸首墙顶超过门顶高度的要求也不同。如人字门闸首墙顶高程要考虑人字门顶枢的构造和布置要求;横拉门闸首墙顶高程主要与门库顶构造、入门库检修的要求、门顶是否设置工作桥等有关。

一般情况下,闸首墙顶高程至少比门顶高程高 0.4～0.5m。

3. 闸室墙顶高程

船闸闸室墙顶高程根据过闸船舶(队)安全停泊、闸面布置和交通要求而定。由于船闸灌泄水时,水面涨落很快,为防止过闸船舶(队)在船闸闸室水位降落时,船舷挂住闸室墙顶造成事故,故闸室墙顶高程应为上游设计最高通航水位加超高。其超高值取不小于设计过闸船舶(队)空载时最大干舷高度。表 4-7 所列驳船空载干舷高度可在确定闸室墙顶高程时参考。

驳船空载干舷高度 表 4-7

驳船吨级(t)	100	300	500	1000	3000
空载干舷高度(m)	1.0	1.4	1.6～1.7	1.6～1.7	3.0～3.3

我国各地船型复杂,同吨位的各类船舶的空载干舷高度也不同。有些已建的船闸闸室墙顶高程偏低,致使闸室墙顶部栏杆被撞坏,值得船闸设计者注意。

4. 闸室底高程

船闸闸室底板顶部高程不应高于船闸下闸首门槛顶部高程。当闸室墙底设置护角时,护角在闸室有效宽度内的高度,不得影响船舶(队)的安全,在设计最低通航水位时,必须满足船舶(船队)过闸与停泊对水深的要求。

5. 闸首门槛顶和引航道底高程

上、下闸首门槛顶高程分别为上、下游设计最低通航水位减船闸闸首门槛最小水深 H_x。

上、下游引航道、口门区及连接段航道底高程分别为上、下游设计最低通航水位减引航道设计最小水深 H_0(H_0 的确定方法见本章第三节)。

闸首门槛顶和引航道底高程是保证船闸安全通畅运行的重要指标。特别是当船闸建成后,要再加深闸首门槛顶水深是很困难的。因此,除了科学确定设计最低通航水位外,在确定闸首门槛顶高程和引航道底高程时,应留有充分的富余量。确定船闸下闸首门槛高程时,要充分考虑河床下切造成的水位下降值。

6. 导航建筑物和靠船建筑物顶及引航道堤顶高程

上、下游导航建筑物和靠船建筑物顶高程分别为上、下游设计最高通航水位加超高,其超高值不宜小于设计船舶的最大空载干舷高度。

有防洪要求的引航道堤(岸)顶高程与挡水闸首墙顶高程一致。

7. 船闸顶交通等设施净空

当有跨越船闸的桥梁、管道等建筑物，其通航净空要求，应符合现行国家标准《内河通航标准》规定。

单级船闸主要部位高程要求见表4-8。

单级船闸主要部位高程要求汇总表　　表4-8

序号	船闸部位	依据水位	计算式
1	上闸门门顶高程	上游校核洪水位	上游校核洪水位+安全超高+波(涌)浪高
2	下闸门门顶高程	上游设计最高通航水位	上游设计最高通航水位+安全超高
3	上闸首墙顶高程	上游校核洪水位	上闸门门顶高程+闸门构造要求超高≥枢纽挡水前沿的顶部高程
4	下闸首墙顶高程	上游设计最高通航水位	下闸门门顶高程+闸门构造要求超高≥闸室墙顶高程
5	闸室墙顶高程	上游设计最高通航水位	上游设计最高通航水位+超高(超高不小于船舶空载干舷高度)
6	闸室底高程	下游设计最低通航水位	下游设计最低通航水位－门槛最小水深≤下闸首门槛高程
7	上闸首门槛顶高程	上游设计最低通航水位	上游设计最低通航水位－门槛最小水深
8	下闸首门槛顶高程	下游设计最低通航水位	下游设计最低通航水位－门槛最小水深
9	上游引航道底高程	上游设计最低通航水位	上游设计最低通航水位－引航道最小水深
10	下游引航道底高程	下游设计最低通航水位	下游设计最低通航水位－引航道最小水深
11	上游导航及靠船建筑物顶高程	上游设计最高通航水位	上游设计最高通航水位+超高(超高不小于船舶空载干舷高度)
12	下游导航及靠船建筑物顶高程	下游设计最高通航水位	下游设计最高通航水位+超高(超高不小于船舶空载干舷高度)

第三节　船闸引航道尺度

一、引航道长度

引航道的长度主要取决于设计船型、船舶(队)尺度及船舶(队)的操纵性能。按双向过闸船舶(队)运行的需要，引航道一般由导航段、调顺段、停泊段、过渡段、制动段组成(图4-2)。前三段应为平行于船闸轴线的直线段，称为引航道直线段。后两段可根据具体情况灵活布置，且可部分重合计算。

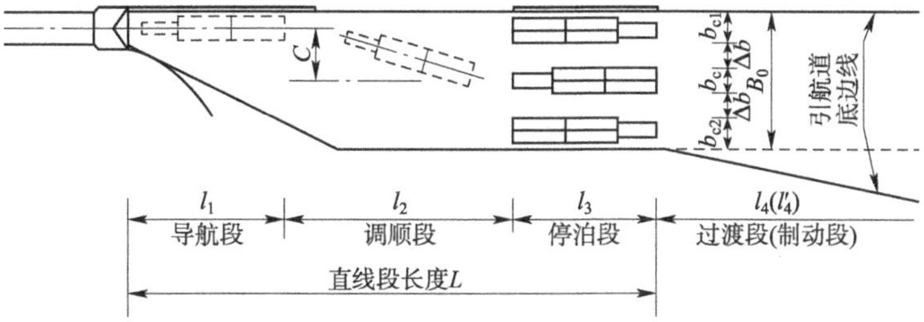

图4-2　引航道长度示意图

（一）导航段长度 l_1

船舶（队）出闸时，在船尾尚未驶出闸首前必须沿船闸轴线直线行驶，不能转向。只有当船尾通过闸首边界后，船舶才能离开船闸轴线转向。因此，导航段长度应满足：

$$l_1 \geqslant L_c \tag{4-5}$$

式中：L_c——设计最大船队（顶推船队）或设计最大船舶（拖带船队或单船）的长度。为适应船舶的转向，导航段应从闸首边界开始逐渐拓宽到引航道宽度。

（二）调顺段长度 l_2

调顺段是进出船闸的船舶（队）从引航道航线转到船闸轴线或从船闸轴线转到引航道航线，或曲线进闸船舶（队）由停靠轴线转到船闸轴线所需要的长度。调顺段长度应满足：

$$l_2 \geqslant (1.5 \sim 2.0)L_c \tag{4-6}$$

（三）停泊段长度 l_3

停泊段是供等待过闸的船舶（队）停靠并与出闸船舶（队）交错避让的一段引航道，其长度应满足：

$$l_3 \geqslant L_c \tag{4-7}$$

当引航道内停泊段设计为纵向停泊多艘船舶（队）时，则停泊段的长度应按实际需要加长。为便于等待过闸的船舶（队）停靠，在停泊段布置有靠船建筑物。

上述三段 l_1、l_2、l_3 应为平行于船闸轴线的直线，称为引航道直线段。

（四）过渡段长度 l_4

根据第三章“引航道口门区及连接段布置”可知，引航道口门宽度不宜小于1.5倍引航道宽度，当受水流、风、浪的影响较小时，可适当减小。口门宽度应向引航道内延伸（0.5～1.0）L_c 的长度，再渐变至引航道直线段末端（停泊段末端）。见第三章图3-31。

因此，由引航道直线段宽度到引航道口门宽度，需用渐变的方式将两者连接起来，渐变连接的这一段引航道称为过渡段，其长度可取：

$$l_4 \geqslant 10\Delta B \tag{4-8}$$

式中：ΔB——引航道直线段宽度与引航道口门宽度之差（m）。

（五）制动段 l'_4

船舶（队）以一定速度通过口门区进入引航道停泊段，停车后仍会在惯性作用下滑行一段距离，这段从引航道口门到停泊段的长度称为制动段，制动段可与过渡段部分重合计算。制动距离的长短与口门区的水流条件、船舶（队）尺度、航速、船舶操纵性能以及驾驶员的技术水平等有关。因影响因素很复杂，尚难用公式确定准确的数据，在没有试验资料时，根据近十多年来进行的一系列实船试验，可按下式估算：

$$l'_4 = \alpha L_c \tag{4-9}$$

式中：α——顶推船舶（队）制动距离系数，根据实船试验资料，在船舶（队）进口门航速为2.5～4.5m/s时，α 可在2.5～4.5之间选用。船舶（队）倒车制动性能较好时，此值可适当减小。

（六）引航道长度计算应注意的问题

（1）对通航多种船舶（队）的船闸，引航道长度应分别计算，取大值。

（2）应尽量满足引航道直线段长度的要求，即把引航道的 l_1、l_2 及 l_3 段布置在船闸轴线的延长线上，以保证船舶（队）方便、迅速地进出船闸。

（3）当各种设计船舶（队）的推轮均具有横移的操纵性能时，经论证可适当缩短调顺段 l_2 的长度，也可将调顺段 l_2 和导航段 l_1 部分重合，其缩短和重合的长度视各种设计船舶（队）横移的操纵性能好坏而定。

（4）为减小引航道的长度和工程量，过渡段 l_4 和制动段 l'_4 可以重合使用。在进行船闸布置时，过渡段 l_4 和制动段 l'_4 一般布置在引航道直线段的延线上，如受地形条件限制时，可布置成曲线，但弯曲半径和弯道加宽应满足船舶（队）航行的要求。

（5）对山区Ⅲ级（含Ⅲ级）、平原Ⅳ级（含Ⅳ级）以下的船闸，若因地形等条件限制，不能满足引航道直线段长度要求时，应通过技术经济论证进行布置，但必须满足船舶（队）安全和船闸的通过能力。

二、引航道宽度

根据船闸布置和运行方式，引航道宽度要满足船舶（队）停靠、调顺、错让和操作上的要求。单线船闸和双线船闸的引航道宽度是指调顺段和停泊段的宽度，导航段到调顺段用渐变方式过渡。

（一）单线船闸引航道宽度

单线船闸引航道宽度应按双向过闸方式确定宽度，即出闸船舶（队）与停在停泊段等候进闸的船舶（队）错让时所需要的宽度。设计上可考虑停泊段一侧停船或两侧停船两种情况，采用哪一种情况，则应根据船闸重要性和级别、客（货）运量、过闸船舶数量和密度等情况确定。

（1）当停泊段设计为两侧都停泊等候进闸的船舶（队）（图 4-2）时，则引航道宽度为：

$$B_0 \geqslant b_c + b_{c1} + b_{c2} + 2\Delta b_1 \tag{4-10}$$

（2）当停泊段设计为只有一侧停泊等候进闸的船舶（队）时，则引航道宽度为：

$$B_0 \geqslant b_c + b_{c1} + \Delta b_1 + \Delta b_2 \tag{4-11}$$

式中：B_0——设计最低通航水位时，设计最大船舶（队）满载吃水船底处的引航道宽度（m）；

b_c——进闸或出闸船舶（队）宽度（m），采用设计最大船舶（队）的宽度；

b_{c1}——一侧等候过闸船舶（队）的总宽度（m）；

b_{c2}——另一侧等候过闸船舶（队）的总宽度（m）；

Δb_1——船舶（队）之间的富余宽度，取 $\Delta b_1 = b_c$；

Δb_2——船舶（队）与岸之间的富余宽度，取 $\Delta b_2 = 0.5b_c$。

当设计上考虑每侧等候过闸船舶（队）横向排列只有一个、且进闸或出闸船舶（队）与等候过闸船舶（队）均为设计最大船舶（队）时，单线船闸引航道宽度计算式（4-10）和式（4-11）分别可简化为：当停泊段设计为两侧都停泊等候进闸的船舶（队）时 $B_0 \geqslant 5b_c$；当停泊段设计为只一侧停泊等候进闸的船舶(队)时 $B_0 \geqslant 3.5b_c$。

(二)双线船闸共用引航道时引航道的宽度

双线船闸共用引航道宽度要考虑一线双向过闸、另外一线单向过闸或两线均双向过闸所需宽度等多种情况。采用那种情况,应根据客(货)运量、过船量、航道、水流等条件选定。一般情况下应满足双线双向过闸的要求(图 4-3)。同时,在任何情况下引航道直线段的宽度不应小于相邻两线船闸的外闸墙内缘之间的距离。

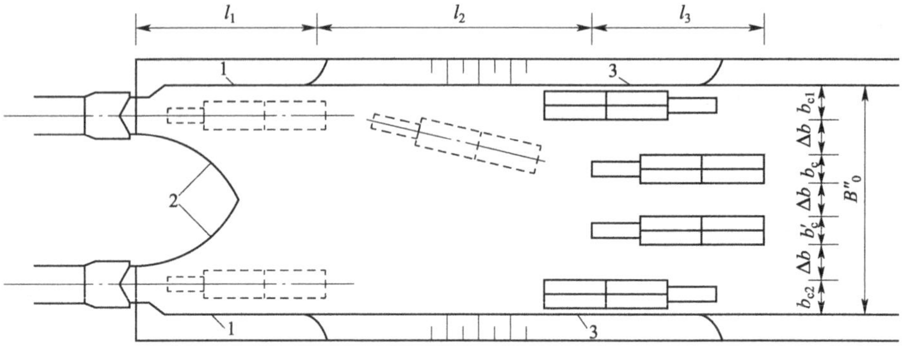

图 4-3　双线船闸共用引航道示意图

1-主导航建筑物;2-辅导航建筑物;3-靠船建筑物

双线船闸均采用双向过闸时引航道宽度为:

$$B_0 \geqslant b_c + b_{c1} + b'_c + b_{c2} + 3\Delta b_1 \tag{4-12}$$

式中:b_c、b'_c——通过两座船闸的设计最大船舶(队)的船宽(m);

其余符号意义同前。

当设计上考虑每侧等候过闸船舶(队)横向排列只有一个、且进闸或出闸船舶(队)与等候过闸船舶(队)均为设计最大船舶(队)时,双线船闸共用引航道宽度计算式(4-12)可简化为

$$B_0 \geqslant 7b_c$$

三、引航道的最小水深

引航道是限制性航道,其水深应大于天然航道最小水深。引航道最小水深是设计最低通航水位时引航道的最小水深,等于设计船舶(队)满载吃水加富余水深。富余水深主要包括:船舶(队)保持良好操纵性所需的最小富余深度;船舶(队)航行下沉量;船闸灌泄水、电站运行和风浪产生的水面波动的降低值;淤积富余深度等。综合上述因素,引航道最小水深应满足:

Ⅰ～Ⅳ级船闸　　$\dfrac{H_0}{T_c} \geqslant 1.5$

Ⅴ～Ⅶ级船闸　　$\dfrac{H_0}{T_c} \geqslant 1.4$

式中:H_0——在设计最低通航水位时引航道的最小水深(m);

T_c——设计最大船舶(队)满载吃水(m)。

当引航道的淤积可能较多或引航道为岩基时，H_0 值还应根据具体情况适当加大。

引航道较长、水头较高的船闸，引航道水深应另加由于船闸灌泄水时水面波动引起的水位降低值。同时，河床下切引起水位降低的情况未在上式中考虑时，应在确定设计最低通航水位时加以考虑。

四、弯曲半径和弯道加宽值

从前面已知，引航道一般由导航段、调顺段、停泊段、过渡段、制动段等组成，规范要求其中的导航段、调顺段、停泊段为直线，过渡段、制动段一般也应为直线。有些船闸受河道地形等条件限制，过渡段、制动段及其以外的引航道，可设计为弯曲航道（图4-4），但其弯曲半径不得小于最小限值，同时应加大宽度。

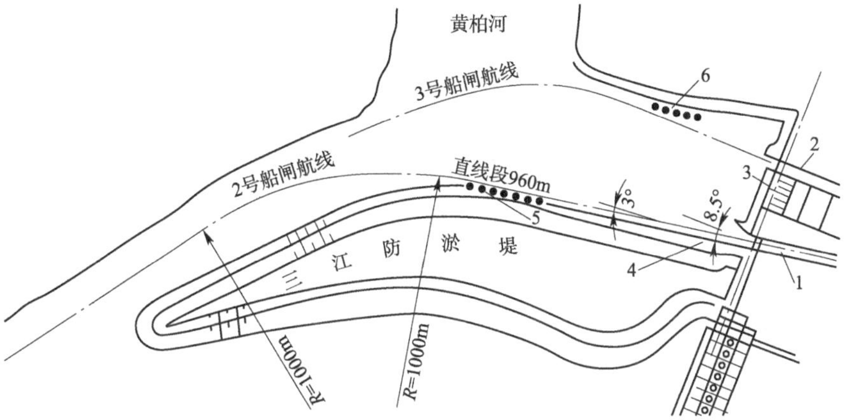

图4-4　葛洲坝2号与3号船闸上游引航道布置示意图

1-2号船闸；2-3号船闸；3-三江冲沙闸；4-2号船闸上导航墙；5-2号船闸上靠船墩；6-3号船闸上靠船墩

（一）弯曲半径

根据船舶（队）性能，引航道的最小弯曲半径应根据下列情况确定：

（1）对顶推船队和机动驳船：I ~ III 级船闸 $R \geqslant 4L_c$；IV ~ VII 级船闸 $R \geqslant 3L_c$。

（2）对拖带船队：$R \geqslant 5L_c$。

式中：R——引航道最小弯曲半径（m）；

L_c——设计最大船队（顶推船队）或设计最大船舶（拖带船队或单船）的长度（m）。

（二）弯道加宽值

由于船舶（队）在弯曲航道上航行，船舶（队）漂角增大，其航迹带宽度比在直线段航行的航迹带宽度大，影响因素也很复杂。因此弯曲航道宽度要加宽，其加宽值可用下式计算：

$$\Delta B = \frac{L_c^2}{2R + B_0}$$

式中：ΔB——弯道加宽值（m）；

其余符号意义同前。

如果弯道中心角大于35°，ΔB 值应适当加大。

第四节　船闸通过能力和耗水量

一、船闸通过能力

船闸通过能力系指单位时间内船闸能通过的船舶总载重吨位和过闸货运量。是船闸的一项重要经济技术指标。一般情况下，船闸通过能力应计算设计水平年内近期、中期、远期的指标，并以年单向通过能力表示。船闸通过客（货）能力一般是以客（货）流最大的一个方向的单向通过能力为标准。

（一）单向年过闸船舶总载重吨位

$$P_1 = \frac{n}{2}NG \tag{4-13}$$

式中：P_1——单向年过闸船舶总载重吨位（t）；

n——日平均过闸次数，$n = \frac{\tau \times 60}{T}$；

τ——船闸日工作时间（h），应根据船闸实际工作情况确定，对昼夜通航的情况下，可取 20～22h；

T——船闸一次过闸时间（min），这是影响船闸通过能力的重要参数之一，后面将进行讨论；

N——年通航天数（d），根据船闸的级别情况确定；

G——一次过闸平均载重吨位（t）。

一次过闸平均载重吨位 G，通常按设计水平年内各期设计船型及其组合的船舶排列法计算（图 4-5）。根据各设计水平年运量大小、货物种类、船型等，结合船闸有效尺度进行组合，计算各种不同组合的一次过闸载重吨位，再求出各种组合的平均值作为 G。因此，在计算船闸各个时期的通过能力时，应选用相应各时期的设计船型进行组合，计算一次过闸平均载重吨位。

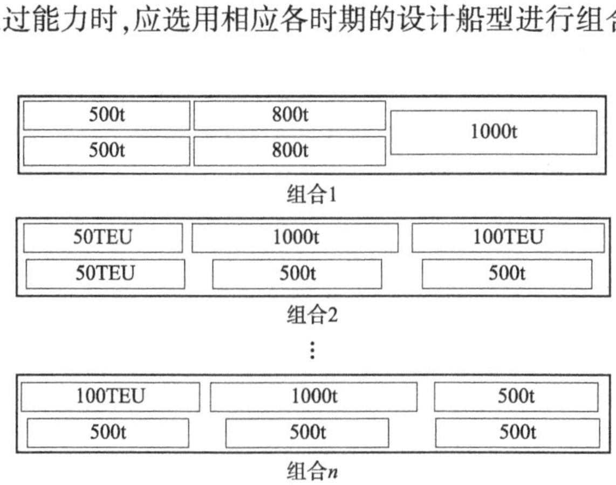

图 4-5　一次过闸平均载重吨位计算组合示意图

就我国目前船舶发展情况而言，用该方法计算所得的一次过闸平均载重吨位与实际情况存在差异，主要原因在：①过闸船舶类型杂乱，选择的设计船型与实际船型差异较大；②船舶到闸具有随机性，实际船舶过闸组合与设计船型的过闸组合差别较大。

（二）单向年过闸客（货）运量

$$P_2 = \frac{1}{2}(n - n_0)\frac{NG\alpha}{\beta} \tag{4-14}$$

式中：n_0——日非运客（货）船过闸次数，指工作船、水上执法船、工程船舶等非运客（货）船的过闸次数。

α——船舶装载系数，与货物种类、流向和批量有关，可根据各河流统计或规划资料选用。如单向流明显，需要用单向船舶装载系数计算。无资料情况下可采用0.5～0.8。

β——运量不均衡系数，各地区差异很大。无资料时，可取1.3～1.5；有统计资料时可按式（4-15）计算。

$$\beta = \frac{\text{年最大月货运量}}{\text{年平均月货运量}} \tag{4-15}$$

对受潮汐影响的船闸及承受双向水头的船闸。当具备开通闸条件时，可部分时段开通闸运行，开通闸的运行时段根据实际情况确定，计算通过能力时应考虑开通闸运行对通过能力的提高。

设中间渠道的多级船闸的通过能力可按单级船闸计算。单线连续多级船闸或双线连续多级船闸应按其运行方式计算通过能力。

（三）影响船闸通过能力的因素

（1）船闸技术水平：也就是设计确定的技术条件，或称技术指标，包括：船闸设计总水头和船闸级数（单级、连续多级、设中间渠道的多级）；船闸线数和布置；船闸输水系统和灌泄水时间；闸门型式；启闭设备的先进性、可靠性及启闭时间；闸室有效尺度；引航道尺度和布置；导航和靠船建筑物布置；通航水流条件和泥沙防治的效果；信号、航标配置、通信和交通管理控制系统条件等。这些因素集中反映在船舶一次过闸时间 T。

通航水流条件和泥沙防治效果影响通航期（年通航天数），因此它是衡量船闸设计先进与否的一个重要指标。

（2）外部条件：过闸船型船队的类型和组成；各类船舶的尺度、载量和技术条件；过闸货物的品种、批量、流向及不均匀性；上下游航道尺度、滩险情况、水流条件、跨河建筑物净空、两岸堤防情况；洪、枯水期停航天数及年通航期；上、下游港口的能力及对到闸船舶均衡性的影响。

（3）船闸管理水平：管理人员的技术水平、熟练程度、工作效率、通信联络、控制系统的灵敏性、事故处理及检修能力和技术水平等。

（四）提高船闸通过能力的途径

（1）在设计阶段，尽可能减小一次过闸时间。首先要提高船闸的技术水平，合理确定船舶（队）与船闸基本尺度的关系，选择合适的输水系统型式和闸阀门型式，缩短开（关）闸门的时间以及闸室灌（泄）水时间。其次要提高船舶（队）进出闸速度，缩短船舶（队）进出闸时间，除了船舶（队）本身的操纵性能和驾驶员水平外，关键是确定引航道型式、尺度、布置，导航和靠船建筑物的布置，船闸的富余尺度以及良好、完善的通信、导航和控制系统设施。对高水头船闸，应尽量采用单级船闸，在单级水头超过技术可能，必须采用多级船闸时，宜采用设中间渠道的多级船闸。

(2) 在营运阶段，要注意提高船闸管理水平，提高船闸的维修保养、检修能力，缩短检修时间，增加船闸通航天数。应该注意发挥船闸的潜力，尽量延长船闸日工作时间。引进信息化管理手段，提高船闸的运行、调度水平，减小船闸空等和船舶(队)的停滞候闸时间。合理组织货流和船舶调度，每次过闸都应尽量利用闸室有效面积，做到满室过闸，尽量提高一次过闸船舶的平均载重吨位。

值得指出的是，与交通流理论中的速度与流量关系类似，船闸设计的通过能力越大，待闸船舶(队)越多，船闸压船情况越严重。在提高船闸通过能力时，应综合考虑船舶(队)待闸的总体损失和船闸实际运行的效益，寻找两者最大效益的结合点，在保证船闸运行效率相对较高的前提下，尽量减少船舶(队)的待闸现象。

二、船闸过闸时间

一次过闸时间是指船舶过闸时，船闸完成循环运行操作所需的时间，取决于船舶(队)进出闸速度和船闸的技术指标。

对于单级船闸，其过闸方式主要有单向过闸和双向过闸两种；对于多级船闸，其过闸方式主要有单向过闸、双向过闸和成批过闸等。多级船闸的过闸时间确定可参考《船闸总体设计规范》，下面重点介绍单级船闸的过闸时间确定方法。

(一) 单级船闸船舶单向过闸时间

单向过闸是指船舶从下游(或上游)到上游(或下游)连续通过船闸，不考虑相反方向船舶过闸。

当船舶(队)由下游向上游单向通过船闸时，假定此时闸室已泄水，闸室内为下游水位，且下闸门已打开。同时假定工作闸门启、闭时间相等，闸室灌、泄水时间相等。则完成一次单向过闸程序所需的各项作业及其时间见表4-9。经过10个作业程序后，完成一次单向过闸循环，进入下一次过闸循环。

单级船闸过闸环节及时间　　表4-9

序号	单向一次过闸程序及时间	双向一次过闸程序及时间
1	同闸次最后一个船舶(队)由下游进入闸室的时间 t_2	同闸次最后一个船舶(队)由下游进入闸室的时间 t'_2
2	关闭下闸门的时间 t_1	关闭下闸门的时间 t_1
3	闸室灌水时间 t_3	闸室灌水时间 t_3
4	开启上闸门的时间 t_1	开启上闸门的时间 t_1
5	同闸次最后一个船舶(队)与第一个船舶(队)出闸启动时间间隔 t_5	同闸次最后一个船舶(队)与第一个船舶(队)出闸启动时间间隔 t_5
6	同闸次最后一个船舶(队)由闸室驶向上游引航道的时间 t_4	同闸次最后一个船舶(队)由闸室驶向上游引航道的时间 t'_4

续上表

序号	单向一次过闸程序及时间	双向一次过闸程序及时间
7	关闭上闸门的时间 t_1	同闸次最后一个船舶(队)与第一个船舶(队)进闸启动时间间隔 t_5
8	闸室泄水时间 t_3	同闸次最后一个船舶(队)自上游驶入闸室时间 t'_2
9	打开下闸门的时间 t_1	关上闸门时间 t_1
10	同闸次最后一个船舶(队)与第一个船舶(队)进闸启动时间间隔 t_5	闸室泄水时间 t_3
11		开下闸门时间 t_1
12		同闸次最后一个船舶(队)与第一个船舶(队)出闸启动时间间隔 t_5
13		同闸次最后一个船舶(队)驶出闸室进入下游引航道时间 t'_4
14		同闸次最后一个船舶(队)与第一个船舶(队)进闸启动时间间隔 t_5

因此,船舶(队)单向通过船闸所需的总时间为:

$$T_1 = 4t_1 + t_2 + 2t_3 + t_4 + 2t_5 \tag{4-16}$$

(二)单级船闸船舶双向过闸时间

双向过闸是指一个方向的过闸船舶(队)出闸后,另一方向等候过闸的船舶(队)迎向进闸,两个方向的船舶(队)交替通过船闸。

双向过闸程序所需的各项作业及其时间见表 4-9。经过 14 个作业程序后,完成一次双向过闸循环,进入下一次过闸循环。

因此,双向一次过闸,两方向各过一次闸的总时间为:

$$T_2 = 4t_1 + 2t'_2 + 2t_3 + 2t'_4 + 4t_5 \tag{4-17}$$

(三)单级船闸船舶平均过闸时间

单级船闸船舶平均过闸时间应根据船闸实际运行中,船闸单向和双向过闸的闸次比率确定。当单向过闸与双向过闸次数相等或相近时,可采用下式确定:

$$T = \frac{1}{2}\left(T_1 + \frac{1}{2}T_2\right) \tag{4-18}$$

(四)过闸各项作业时间的确定

从上面可知,船舶通过船闸的各项作业及其时间主要有:船舶进(出)闸时间、闸室灌(泄)水时间、工作闸门开(关)时间、船舶进(出)闸间隔时间等。

1. 工作闸门开(关)时间 t_1

闸门启闭时间应根据闸门启闭机设计确定。在初步估算时,可参照现行行业标准《船闸启闭机设计规范》的有关规定选取(表 4-10)。

人字闸门、三角闸门和一字闸门的启闭时间 表 4-10

船闸口门宽度(m)	$B<16$	$16 \leqslant B \leqslant 23$	$B>23$
启闭时间(min)	1 ~ 2	1.5 ~ 3	3 ~ 6

2. 船舶进(出)闸时间 t_2、t'_2、t_4、t'_4

船舶进(出)闸时间与船舶行驶距离、平均航速有关。船舶进(出)闸时间等于行驶距离除以平均航速。

(1)对于单向过闸。由于只有一个方向的船舶(队)过闸,因此,进闸船舶(队)不要求停靠在引航道的停泊段避让出闸船舶(队),可以停泊在离船闸更近的位置等待进闸(根据船闸输水系统型式、引航道布置及停泊条件而定,一般可停泊在导航建筑物附近)。由于没有相反方向船舶(队)进闸,因此,出闸船舶(队)只要船尾离开闸首,就可进行下一作业(关闭闸门)。图 4-6 为船舶单向过闸行驶距离示意图。

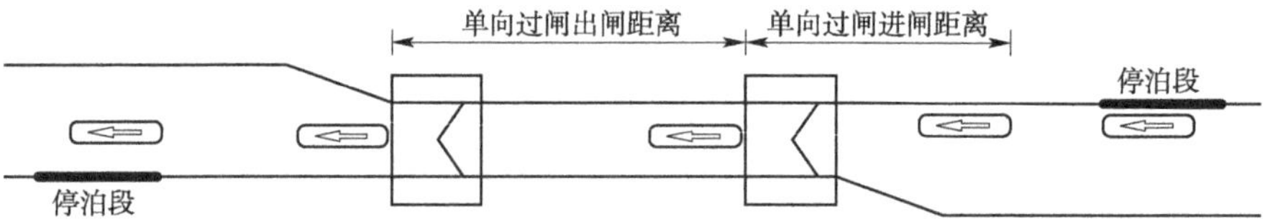

图 4-6 单向过闸船舶行驶距离示意图

(2)对于双向过闸。由于两相反方向的船舶(队)必须在引航道的停泊段避让后,才能进行下一作业程序。因此,双向过闸船舶(队)比单向过闸船舶进(出)闸行驶距离长。图 4-7 为船舶双向过闸行驶距离示意图。

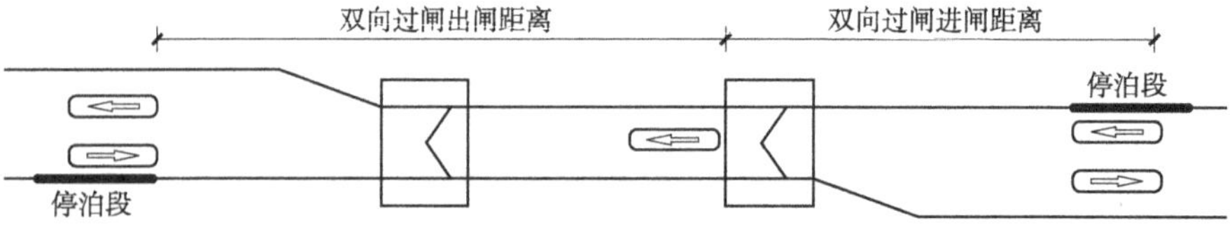

图 4-7 双向过闸船舶行驶距离示意图

(3)关于船舶(队)进(出)闸平均航速。由于单向过闸和双向过闸船舶(队)行驶距离不同,船舶(队)启动阶段和刹车阶段之外的相对高速航行距离差异,造成其平均航速也不同,双向过闸船舶(队)平均航速大于单向过闸船舶(队)平均航速。船舶(队)进出闸的平均速度宜根据同类船闸实测资料确定,当无资料时可按表 4-11 确定。

船舶进出闸的平均速度 表 4-11

过闸方式 / 船舶类型	进闸平均速度(m/s)		出闸平均速度(m/s)		由一闸室到另一闸室平均速度(m/s)
	单向	双向	单向	双向	
船队	0.5	0.7	0.7	1.0	0.4
拖轮牵引的排筏	0.3	0.5	0.5	0.6	0.2
机动单船	0.8	1.0	1.0	1.4	0.7
非机动船	0.4	0.5	0.4	0.5	0.3

3. 闸室灌(泄)水时间 t_3

闸室灌(泄)水时间应根据第五章的方法计算确定,在初步估算时可选 8 ~ 12min。

4. 船舶进(出)闸间隔时间 t_5

船舶(队)进出闸间隔时间,系指同一闸次第一个船舶(队)与最后一个船舶(队)启动的间隔时间。犹如人们开车在路口等绿灯一样,当指示灯变为绿灯时,第一部车可以马上启动,而后面的车是无法马上启动的,有一个时间间隔。当无实测资料时可采用 3 ~ 10min;当设计上考虑每次只通过一个船舶(队)时,该时间可不计。

三、船闸耗水量

船闸的耗水量是船闸的一项重要的经济技术指标。船闸的耗水量包括船舶过闸用水量和闸阀门漏水量两部分。过闸用水是指船舶过闸时,闸室灌泄水所耗用的水量,与船闸水头、船闸尺度、过闸船舶排水量、过闸方式、过闸次数等因素有关。闸阀门漏水是指船闸闸阀门止水不密实,从上游向下游流失的水量,与水头大小、止水构造及其安装质量、使用年限、维护保养情况等有关。

(一)过闸用水量

1. 单级船闸单向一次过闸的用水量

$$V_0 = \Omega H \tag{4-19}$$

式中:V_0——单级船闸单向一次过闸的用水量(m^3);

Ω——闸室水域面积(m^2),可取 $\Omega = (1.05 \sim 1.15) L_x B_x$;

H——船闸计算水头(m)。该水头不宜采用船闸设计水头,可根据上下游水位历时,选用接近于平均水头;当计算一次过闸最大用水量时,采用船闸设计水头。

2. 单级船闸双向一次过闸的用水量

单级船闸双向一次过闸时,用水量为单向一次过闸用水量的一半。

$$V'_0 = \frac{1}{2} V_0 \tag{4-20}$$

3. 过闸用水量

在单向过闸和双向过闸机会相等的情况下,一次过闸用水量采用单、双向过闸用水量的平均值,由式(4-19)和式(4-20)可得:

$$V''_0 = \frac{1}{2}(V_0 + V'_0) = 0.75 V_0 \tag{4-21}$$

(二)闸阀门漏水量

闸阀门漏水量根据闸门、阀门止水情况按式(4-22)计算。

$$q = eu \tag{4-22}$$

式中:q——闸门、阀门漏水量(m^3/s);

e——止水线每米上的渗漏损失($m^3/s/m$),当水头小于 10m 时,取 $e = 0.0015 \sim 0.0020 m^3/s/m$;当水头大于 10m 时,取 $e = 0.0020 \sim 0.0030 m^3/s/m$;

u——闸门和阀门止水线的总长度(m)。

(三)船闸的耗水量

船闸的耗水量包括船舶过闸用水量和闸阀门漏水量两部分,并以一昼夜平均耗水量指标表示。根据式(4-21)和式(4-22)可得船闸一昼夜平均耗水量为:

$$\overline{Q}=\frac{0.75V_0n}{86400}+q \tag{4-23}$$

式中:$\overline{Q}$——船闸一昼夜平均耗水量(m^3/s);

n——一昼夜过闸次数。

第五章　船闸输水系统

第一节　概　　述

一、输水系统的组成及基本要求

（一）组成

船闸输水系统由进水口、阀门段（阀门槽、阀门、阀门井等）、输水廊道、出水口、消能工和镇静段等组成，是完成闸室灌（泄）水运行的主要设备。

（二）基本要求

船闸输水系统应满足下列基本要求：

（1）闸室灌水和泄水时间满足船闸设计通过能力所要求的输水时间；

（2）船舶（队）在闸室及上、下游引航道内具有良好的停泊条件，承受的系缆力小于规范允许值；

（3）输水系统各部位不应因水流冲刷和空蚀等造成破坏；

（4）结构简单，施工及维修方便，工程投资少。

此外，对有双向水头、多线船闸或船闸与升船机共用引航道、多级船闸补溢水、设置中间渠道、省水、防咸等要求的船闸，除满足上述要求外，尚应满足各自特殊的要求。

从上述船闸输水系统基本要求来看，船闸输水系统应满足输水迅速、输水安全、结构简单三方面的基本要求。但这三方面是相互制约的，要使输水时间缩短，就必须增大灌、泄水的流量并加大流量的增率，而流量和流量增率越大，过闸船舶的停泊条件就越差。要同时满足停泊条件和缩短灌、泄水时间的要求，常需采用较复杂的输水系统型式，导致闸首以及输水系统结构复杂，工程费用增加。但是，只要对不同工程的具体条件认真分析并妥善布置，就能达到矛盾的统一，使设计的输水系统水力性能良好而又经济合理。

二、船闸灌泄水时间

船闸的灌泄水时间涉及技术条件和经济指标，在进行工程布置时，应对不同的灌泄水时间所能达到合理的通过能力、工程投资以及对营运成本的影响等加以分析比较。

目前，船闸设计规范没有对灌泄水时间作具体的规定，在工程设计中，一般是根据船闸设计通过能力来确定。船闸的灌泄水时间一般设计为 8 ~ 12min。对于运输较为繁忙和航道等级较高的大型船闸，一般为 8 ~ 10min；对于中小型船闸的灌泄水时间一般要求不高，一般约为 10 ~ 12min。

三、输水系统运转安全指标

船闸输水系统应首先满足输水安全，在满足安全的前提下做到输水迅速和结构简单。输水系统运转安全指标主要体现在过闸船舶的安全和船闸结构的安全两方面。

（一）船舶安全

1. 停泊条件指标

过闸船舶的停泊条件通常是以过闸船舶所受的水流作用力不大于过闸船舶的系船缆绳所能承受的拉力作为衡量条件。

因此，船闸输水系统运转时，过闸船舶在水流作用下船舶所受的系船缆绳拉力不能超过系船缆绳最大拉力的允许值。根据《船闸输水系统设计规范》，闸室与引航道内停泊船舶的允许系缆力按表 5-1 选取。

船舶允许系缆力　　表 5-1

船舶吨位(t) / 允许系缆力	3000	2000	1000	500	300	100	50
纵向水平分力(kN)	46	40	32	25	18	8	5
横向水平分力(kN)	23	20	16	13	9	4	3

船舶或顶推船队所受的作用力均应按一根系船缆绳考虑，且顶推船队的允许系缆力应按顶推船队中最小单船吨位考虑。

2. 船舶安全的其它指标

（1）对于只设有固定系船设备的船闸，闸室灌泄水时的最大水面升降速度应不大于 5 ~ 6cm/s，设有浮式系船柱时，可不受此限制。

（2）上引航道中最大纵向流速应不大于 0.5 ~ 0.8m/s，上引航道码头处应不大于 0.5m/s；下引航道中最大纵向流速应不大于 0.8 ~ 1.0m/s。

（3）船闸灌泄水时，引航道内非恒定流的水面波动、比降及流速等水力特性，除应满足引航道内船舶（队）停泊条件外，尚应满足船舶（队）在引航道内的航行条件和停靠码头的操作要求。引航道内水面的降低应保证航行船舶的富余水深。

（二）结构安全

（1）当船闸闸室灌泄水时，闸室水面的最大惯性超高、超降值，在采取提前关闭输水阀门及水面齐平时开启闸门等措施后，不宜大于 0. 25m。当水位惯性超高、超降较大时，将影响人字闸门启闭机构的安全。

（2）船闸正常运转时，输水系统各部位不宜出现负压，在特殊情况下，其局部压力不宜产生超过 3m 水柱的负压。长期负压过大，会对输水廊道结构产生气蚀破坏。

（3）对于采用开敞式输水阀门，不能产生远驱式水跃。远驱式水跃对于输水阀门和廊道来说都是不利的，因为相当长的一段廊道内流速过大，水跃的位置不稳定，容易碰撞阀门而引起阀门的振动。

(4)输水系统进水口水面不应产生有危害性的串状吸气漩涡。输水廊道中的流速不宜大于15m/s。当流速超过15m/s或含沙量较大的水流,应采取防护措施,防止廊道结构和阀门破坏。

(5)不能发生空化空蚀。空化现象是水流在一定温度下,水流内部的微小气核由于压力降低而发育成气泡,当压力降低到某一临界数值(一般情况下为水的气化压强),气泡发生溃灭。由于气泡溃灭历时很短,可以产生很高的冲击压力和高温,并伴随有高频噪声。空蚀是由空化引起的,对于空蚀的机理,不同的学者有不同的解释,普遍认为空蚀是由于空泡溃灭时所形成的冲击波将其产生的巨大压强作用在边壁上,而对边壁造成破坏形成空蚀。

(6)不能发生输水阀门流激振动。流激振动是输水阀门在开启过程中作用在它上面的动水压力以及由于压强和力的脉动所引起阀门的振动。

四、输水系统类型及选择

船闸输水系统可分为集中输水系统和分散输水系统两大类型。集中输水系统是将输水系统集中布置在闸首范围内,灌水时水流经上闸首集中进入闸室,泄水时水流从闸室的下游端经下闸首泄入下引航道或坝下,因此,集中输水系统也称为头部输水系统。分散输水系统是将输水系统分散布置在闸首及闸室内,在灌(泄)水时,水流通过设在闸室底或闸室墙内纵向输水廊道上的一系列出水支管或出水孔,水流分散地流入(出)闸室。因而,分散输水系统也称为长廊道输水系统。

输水系统类型可根据以下判别系数初步选定:

$$m = \frac{T}{\sqrt{H}} \tag{5-1}$$

式中:m——判别系数;

H——设计水头(m);

T——闸室灌水时间(min)。

当判别系数 $m > 3.5$ 时,采用集中输水系统;当 $m < 2.5$ 时,采用分散输水系统;当 m 为 $2.5 \sim 3.5$ 时,应进行技术经济论证或参照类似工程选定。

第二节 集中输水系统型式与布置

在进行船闸输水系统设计时,当船闸输水系统判别系数 $m > 3.5$ 时,采用集中输水系统类型。而集中输水系统类型中又有短廊道输水系统、门上开小孔输水系统、门下输水系统、门缝输水系统及组合输水系统等多种型式。

一、集中输水系统的水力特性

集中输水系统的水力特点是:灌入或泄出闸室的水体分别经上(下)闸首的一端流入或

流出。在灌泄水过程中,水流对船舶产生的作用力分为以下三部分:

(1)流速力。水流的纵向流动对过闸或停靠船舶产生的作用力。

(2)波浪力。由于流入或流出闸室的流量随着时间而变化,水流由闸室一端向另一端推进,从而在闸室内形成纵向长波,使闸室水面倾斜对船舶产生的作用力。或者是灌水初期,因进入闸室的水流纵向分布不均匀,对过闸船舶产生的作用力。

(3)局部力。集中进入闸室的水流所具有的能量,除在输水系统内消耗一部分外均带入闸室内。水流在运动中由于流速的分布和扩散的不均匀,造成水流掺混、旋转和紊动,对船舶产生的冲击力。

由于水流对过闸船舶所产生的这些作用力的特点,过闸船舶的停泊条件在闸室灌泄水过程的不同阶段受不同的作用力控制。在灌水初期,由于流量增率较大,加之闸室内水深较小,停靠船舶处的闸室过水断面较小,闸室水面形成较大的倾斜,此时,波浪力是过闸船舶所承受的主要作用力。灌水中期,流入闸室的水流具有较大的能量,局部力将转为主要的作用力。流速力的大小则取决于闸室内水流流速的大小。

二、集中输水系统的型式

(一)短廊道输水系统

短廊道输水系统多采用环绕短廊道,并可分为有消能室和无消能室两种(图5-1和5-2)。闸首槛下输水也可归结为短廊道输水(图5-3)。

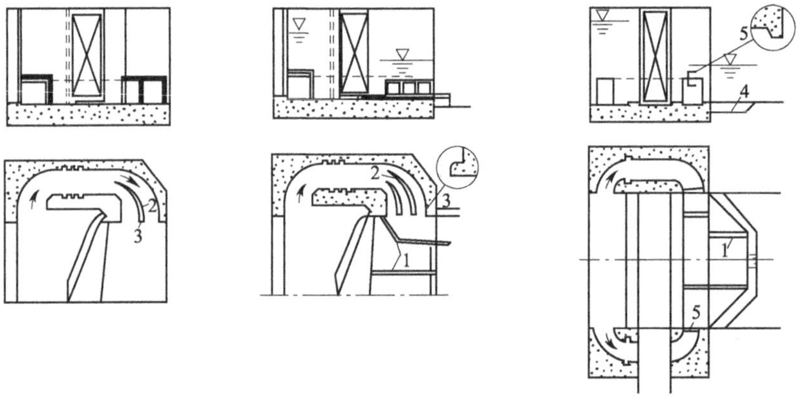

a) 短廊道输水不设消能工　b) 短廊道输水设消力槛　c) 短廊道输水设消力槛和消力池

图5-1　无消能室的短廊道输水

1-消力槛;2-分水导墙;3-竖向鼻槛;4-消力池;5-顶横梁

短廊道输水系统是集中输水系统中最常见的一种型式。相对于其它型式的集中输水系统而言,其输水水流条件相对较好,但系统相对复杂。

(二)利用工作闸门输水的输水系统

1.三角闸门门缝输水

当工作闸门采用三角闸门时,可利用闸门开启时两扇闸门中部及两侧形成的垂直缝隙进行输水。由于三角闸门能在动水中开启,因此可先将闸门开启一定开度(图5-4),水流即可通两扇闸门中部及两侧形成的垂直缝隙进行输水,随着水位差的减小可逐步加大开度,直至输水结束闸门完全开启。

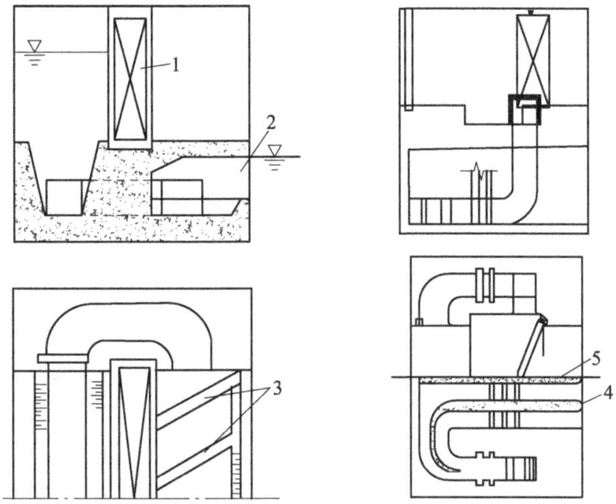

a) 低帷墙消能室　　b) 高帷墙消能室

图 5-2 有消能室的短廊道输水

1-横拉门;2-消能室;3-消力槛;4-分水导墙;5-隔墙

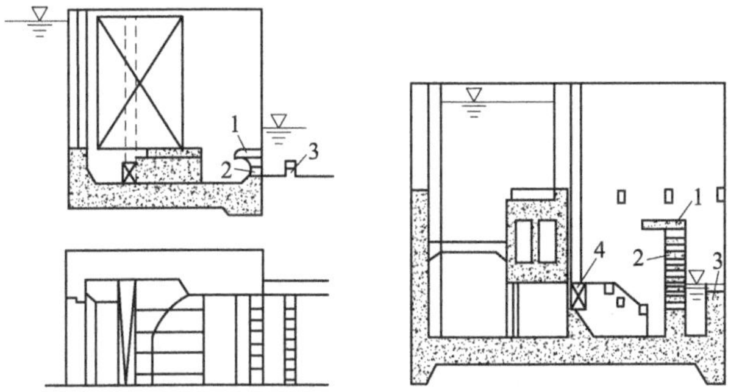

a) 低帷墙槛下输水　　b) 高帷墙槛下输水

图 5-3 槛下短廊道输水

1-水平遮板;2-消力梁;3-消力齿;4-阀门

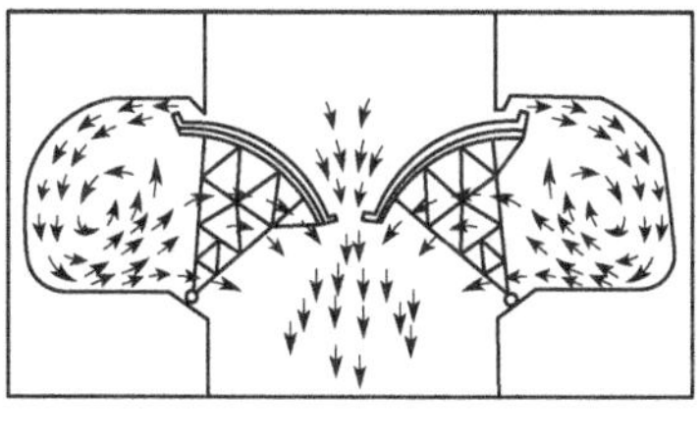

图 5-4 三角闸门门缝输水

2. 平面闸门门下输水

当工作闸门采用提升式或下降式平面闸门时,可将平面闸门慢速提升至一定高度,水流从闸门底部的孔口出流,待闸室内外水位齐平后,再将闸门下沉入帷墙下门库或提升到足够的高度,以便船舶通过(图 5-5)。

3. 弧形闸门门下输水

当工作闸门采用弧形闸门时,与平面闸门一样,可将弧形闸门慢速提升至一定高度,水流从闸门底部的孔口出流,待闸室内外水位齐平后,再将闸门下沉入帷墙下门库(图 5-6)或提升到足够的高度,以便船舶通过。

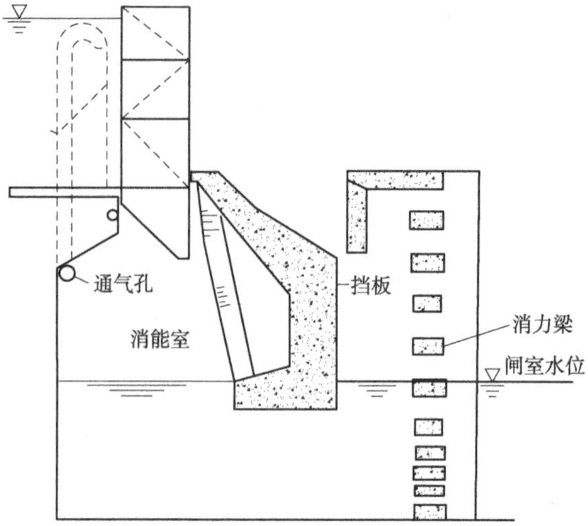

图 5-5　平面闸门门下输水

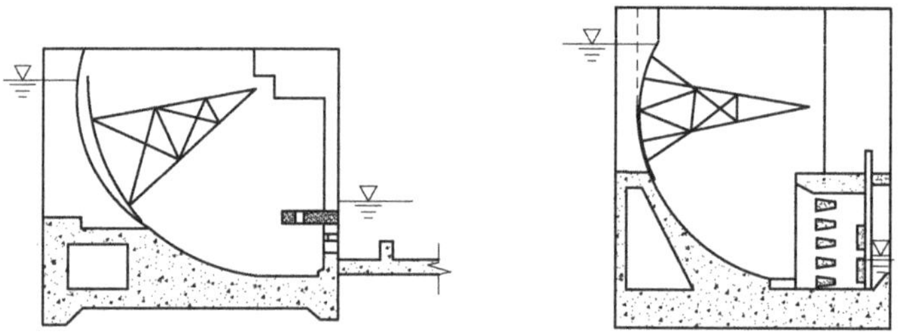

a) 弧形门下输水加格栅消力坎

b) 弧形门下输水加消力梁

图 5-6　弧形闸门门下输水

4. 闸门上开小孔输水

当工作闸门采用平面闸门(包括上升式或下降式平面闸门、横拉平面闸门、一字闸门等)时,在工作闸门上开一点数量的小孔并设置平面阀门。船闸输水时开启小孔部位的阀门,水流通过各小孔对闸室进行灌泄水(图 5-7)。

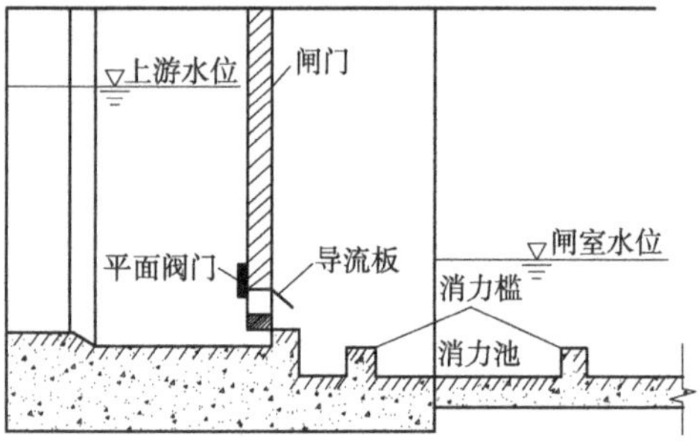

图 5-7　闸门上开小孔输水

直接利用工作闸门输水的输水系统,水力特点是水流沿口门宽度方向进入闸室,底部流速较大,且水流掺气严重,将在闸室表面形成漩涡,输水水流条件相对较差。

(三)组合式输水系统

在集中输水系统中,短廊道输水系统的输水水流条件相对较好,适用水头相对较高;直接利用工作闸门输水的输水系统,输水水流条件相对较差,适用水头相对较低。

因此,根据上述特点,可将两者结合形成组合式输水系统。组合式输水系统一般由短廊道输水系统与闸门输水系统中的某一种进行组合。

图 5-8 为三角闸门门缝输水与短廊道输水组成的组合式输水系统。在输水初始阶段,由于水头较大,首先只利用短廊道进行输水,以保证良好的输水水流条件;当水位差减小到

一定程度后，可局部开启三角闸门参与输水。组合式输水既可以保证良好的输水水流条件，又可缩短总的输水时间。

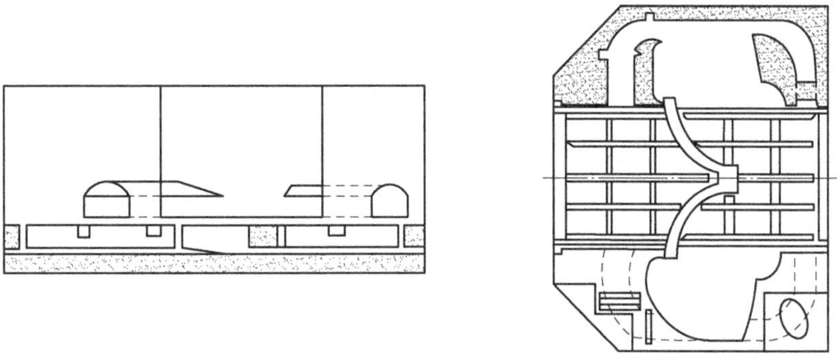

图 5-8　三角闸门和短廊道的组合式输水

三、集中输水系统的消能措施

集中输水系统的消能工应根据具体条件选用，其型式主要包括消能室、消力齿、消力槛、消力梁、消力格栅、垂直挡板、水平遮板、消力池和消力墩等及其组合。

（一）消能措施

1. 无消能工

利用水流相互对冲、扩散或水垫进行消能（图 5-1a、图 5-4 等）。

2. 简单消能工

在上、中闸首可采用消力齿或消力槛、消力墩、消力池、水平格栅或遮板、消力梁或简单的消能室等进行消能（图 5-1b、图 5-1c、图 5-2a、图 5-3a、图 5-6a、图 5-7 等）。在下闸首，由于船舶停泊的距离较远，因而消能工布置可以简单一些，一般由单道或多道消力齿或消力槛组成。

3. 复杂消能工

在上、中闸首可利用帷墙或开挖闸底构成消能室，并采用消力齿或消力槛、复杂的消力梁、垂直格栅或挡板等进行消能（图 5-2b、图 5-3b、图 5-5、图 5-6b 等）。在下闸首除采用消力齿或消力槛、消力墩、水平格栅或遮板、消力梁等进行消能外，一般都在引航道内开挖消力池，以进一步消减水流能量。

（二）消能措施选择的依据

集中输水系统消能工的类型可根据上下闸首处断面最大平均流速和设计水头按表 5-2 选用。

各类消能工的水力指标表　　表 5-2

消能工类型 / 流速和水头 / 部位	无消能工		简单消能工		复杂消能工	
	$\overline{V}_{max}$(m/s)	H(m)	$\overline{V}_{max}$(m/s)	H(m)	$\overline{V}_{max}$(m/s)	H(m)
上闸首闸室	0.25 ~ 0.45	≤4	0.45 ~ 0.65	4 ~ 7	0.65 ~ 0.9	7 ~ 11
下闸首门后	≤0.8	≤4	0.8 ~ 1.9	4 ~ 8	1.9 ~ 2.3	8 ~ 11

表5-2中上、下闸首断面最大平均流速可分别按下列近似公式计算：

上闸首
$$\overline{V}_{max}=2L_cH\frac{1}{T\left(H_x+\frac{H}{2}\right)}$$

下闸首
$$\overline{V}_{max}=1.8L_cH\frac{1}{TH_x}$$

式中：$\overline{V}_{max}$——对上闸首为灌水时闸室最大的断面平均流速；对下闸首为泄水时下闸首门后段最大的断面平均流速（m/s）；

L_c——闸室水域长度（m）；

H——设计水头（m）；

T——闸室灌泄水时间（s）；

H_x——槛上最小水深（m）。

四、集中输水系统的布置

（一）布置原则

集中输水系统及消能工的布置应满足输水时间和停泊条件的基本要求，具体来说有以下几方面：

（1）输水系统的水头损失要小，流量系数要大，消能工的布置应尽量不妨碍输水系统的泄流能力；

（2）便于水流的消能和均匀扩散；

（3）输水系统和消能工的布置在平面上应与闸室或下游引航道的布置相适应；

（4）上闸首输水系统及消能工在立面上的布置，应考虑到输水过程中闸室水位的变化，尤其要适应灌水时闸室最大平均流速出现时刻的闸室水位。

（二）主要布置要求

1.廊道进口

（1）淹没水深。为改善进口水流条件，防止产生吸气漩涡，同时为避免将空气吸入廊道，使闸室内水流因掺气而加剧水流的紊乱，廊道进口应布置在水下一定深度处，廊道进口的淹没水深 h 应大于 $1.2u_m^2/2g$，其中 u_m 为最大流量时廊道进口控制断面的平均流速（m/s）；g 为重力加速度（m/s²）。

下闸首没有帷墙，因此廊道一般在平面内转弯（图5-9），廊道进口淹没水深应是下游最低通航水位时的淹没水深。对上闸首，廊道进口淹没水深应是上游最低通航水位时的淹没水深，当帷墙较高时，廊道可以布置为空间转弯（图5-10）；当帷墙较低或进口淹没水深不足时，可以将廊道进口部位的闸首底板高程降低（图5-11），从而廊道可在平面内转弯。

（2）进口面积。进口断面最大平均流速不宜大于4m/s，否则应将进口扩大。

（3）进口形状。为减少进口阻力损失，廊道进口宜修圆，半径为0.10～0.15倍廊道进口宽度。

（4）防护措施。为避免吸入漂浮物，廊道进口应设置拦污栅。

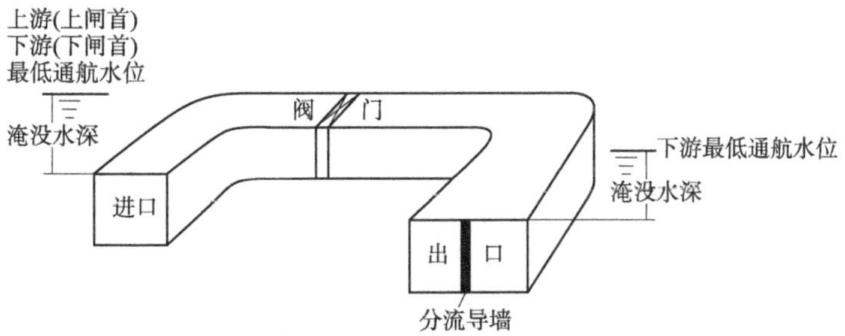

图 5-9　短廊道(平面内转弯)示意图

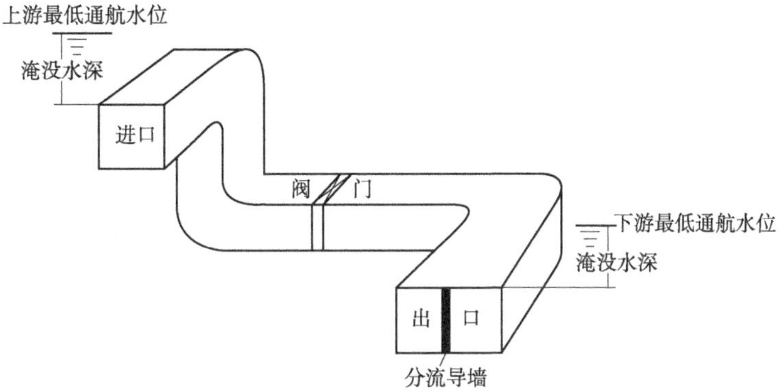

图 5-10　短廊道(空间转弯)示意图

2. 廊道弯曲段

为避免水流转弯时廊道内侧压力降低，产生负压使结构产生气蚀破坏，应选择适宜的曲率半径，特别是内侧半径，宜越大越好。但是曲率半径增大将导致闸首长度和宽度增加，加大闸首工程量。因此，曲率半径的选择应在满足水力条件情况下尽可能小(图 5-9 和图 5-10)。

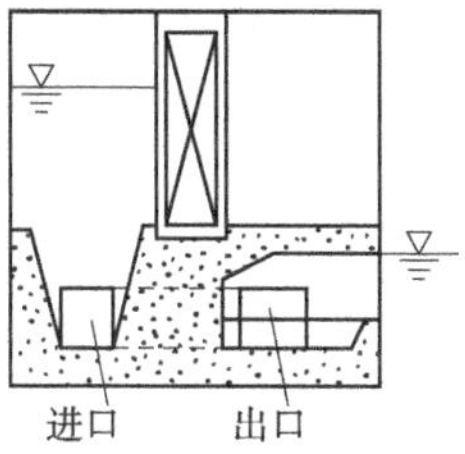

图 5-11　降低廊道进口部位底板高程

(1) 进口转弯。廊道进口转弯段中心线的平均曲率半径不小于 0.9 ~ 1.0 倍转弯段的平均宽度，进口段内侧的曲率半径可取 0.15 倍设计水头。

(2) 内部转弯。转弯段中心线的曲率半径不小于廊道转弯段的平均宽度。

(3) 出口转弯。廊道出口转弯段的平均曲率半径不小于 1.0 ~ 1.4 倍转弯段的平均宽度，出口段内侧的曲率半径可取 0.2 ~ 0.25 倍设计水头。

3. 阀门位置与直线段

阀门应布置在高程最低的廊道直线段上(图 5-9 和图 5-10)，为满足工作阀门和检修门的布置要求，同时使阀门前后的水流分布均匀和充分扩散，廊道直线段长度一般取 1.3 ~ 2.5 倍廊道宽度。

4. 廊道出口

(1) 出口面积。为了减小出口水流速度，扩大水流对冲面积以增加消能效果，廊道出口断面宜扩大。通常出口断面面积为阀门处廊道断面面积的 1.2 ~ 1.6 倍。

(2) 淹没水深。为使廊道出口处水面平稳，增大对冲消能效率，廊道出口应满足一定淹没水深要求(表5-3)。当廊道出口的最小淹没水深不满足要求时,廊道出口宜压扁放宽。

廊道出口最小淹没水深 表5-3

船闸级别		Ⅰ、Ⅱ	Ⅲ、Ⅳ	Ⅴ~Ⅶ
最小淹没水深(m)	上闸首	2.0	1.5	1.0
	下闸首	1.5	1.0	0.5

上下闸首廊道出口淹没水深均应是下游最低通航水位时的淹没水深(图5-9和图5-10)。

(3)分流导墙。自出口转弯的起点至出口,应设置中间导墙。根据廊道出口宽度情况,可设置1~3道分流导墙。

5.消能工

集中输水系统应根据前面介绍的水力指标等具体条件,采用无消能工、简单消能工和复杂消能工。消能工的布置应使水流能充分消能和均匀扩散,并不应妨碍输水系统的泄流能力。

6.镇静段

集中输水系统消能段后宜设镇静段,镇静段的长度可按式(5-2)计算:

$$L = kE_p \tag{5-2}$$

式中:L——镇静段长度(m);

k——经验系数,与船闸输水消能型式有关,对无消能工取0.7~1.3;对简单消能工取0.3~0.7;对复杂消能工取0.1~0.3。在各类消能工中,消能效果好的取小值;

E_p——闸室断面最大比能(kW/m²),可根据本章第四节船闸水力计算求得。

第三节 分散输水系统型式与布置

在进行船闸输水系统设计时,当船闸输水系统判别系数$m<2.5$时,采用分散输水系统类型。而分散输水系统类型中又有简单式、较复杂式和复杂式等多种型式。

一、分散输水系统的水力特性

分散输水系统是通过设置在闸室墙或闸室底板内的纵向输水廊道,以及与之相连的分支廊道和出水支孔(管),将水流灌入或泄出闸室的。与集中输水系统相比,分散输水系统有如下水力特性:

(1)作用在船舶上的水流力小,船舶停泊条件较好。对于分散输水系统,闸室内停泊船舶同样受到集中输水系统类似的三种水流力作用。分散输水系统的出水口沿闸室长度的较大范围分布,水流较均匀进入闸室范围,大大减小水流对船舶的作用力,特别是波浪力。

(2)水流惯性力影响较大。分散输水系统廊道较长,而水流惯性与廊道长度(换算长度)成正比,因此,分散输水系统水流惯性力影响较大。一方面导致闸室灌泄水末期,水位惯性超高、超降的现象明显;另一方面导致各出水支孔(管)出流不均匀,而且随流量和时间变化。在阀门开启初期水流为加速流,惯性阻滞流速的增加,使得各出水支孔(管)的出流沿水流方向依次减小。随着惯性逐渐减小，压力增加，在廊道断面及各支孔断面不变情况下，后面支孔出流逐渐增多并超过前面支孔。而后惯性的作用又转为阻滞流速的减小，后面支孔的出流更加得到加强。

根据上述的水力特性，为了使分散输水系统能适应较高的水头，并且有较好的输水效率和船舶停泊条件，其输水系统布置的发展趋势是要减少惯性影响，使闸室内纵向水面坡降减小，并在此基础上将出水支孔尽量分布在闸室的较大范围内。同时，应将出水支孔的水流在进入闸室以前，尽可能耗散能量，以减少水流的漩滚、紊动，避免对船舶的直接冲击。

二、分散输水系统的型式

分散输水系统根据分散式输水系统布置的复杂程度及水力性能的差别分成以下三大类型式：

1. 简单式

(1)闸墙长廊道侧支孔出水。在闸墙内设主廊道，在闸室的中段布置一系列短支孔与闸室连接(图5-12a)。支孔是指单个出水口面积大、数量少的布置型式。

(2)闸墙长廊道侧支管出水。在闸墙内设主廊道，在闸室的中段布置一系列短支管与闸室连接(图5-12b)。支管是指单个出水口面积小、数量多的布置型式。

(3)闸室局部分散系统。局部分散输水系统介于集中输水和分散输水之间，但是就其布置型式，列入简单式分散输水较为合适。该输水型式是将集中输水系统中的短廊道适当延长至闸室墙内，并在帷墙后至廊道末端的长度内设置一系列出水孔或几组支廊道，横支廊道两侧设置有侧向出水孔，出水孔外布置相应的消力槛等消能工(图5-12c)。这种布置有减弱波浪力作用，可不设镇静段，缩短闸室长度，基础开挖深度也不大，适宜于中低水头船闸。

简单式分散输水系统结构相对简单，造价相对较低，因而得到普遍采用。但是，该型式水流惯性影响较大，灌泄水时闸室内将产生一定的水面坡降，使大型顶推船队受到较大的波浪力。同时，布置在闸墙上的侧向支孔(管)的出水，水流在闸室内不容易分布均匀，水流能量较为集中，使船舶受到较大的局部作用力。此外，当两侧阀门开启不同步或一侧单边阀门开启时，闸室内将产生较大的横向水面坡降和横向水流，对船舶产生较大的横向力。因此，简单式分散输水系统适应的水力指标较低，多用于水头不高的船闸。

2. 较复杂式

(1)闸底长廊道短支孔(管)出水。这种型式是将主廊道设置在闸室底板上(图5-13)，为单区段顶缝出水加消能盖板，出流的横向分布与消能条件均较好，可大大减少局部水流的作用力。特别是对阀门不同步开启或单边阀门开启的适应性较好。

(2)闸底长廊道分区段出水。在闸底设有多条纵向长廊道，每条对称的长廊道只向闸室的一个区段输水。这种型式的优点是可以在简单的闸底纵向长廊道的基础上，实现多区段出水的要求。由于各区段出流量基本相同，闸室内水流纵横向分布较均匀，可以减小阀门开启初期的波浪力(图5-14)。

(3)闸墙长廊道闸室横支廊道支孔出水。这种型式是在闸墙长廊道短支孔出水的基础上，将短支孔出水改成闸底横支廊道支孔出水。横支廊道通常采用交错布置(图5-15)，以抵消两侧横支廊道出流的不均匀。也可将一侧闸墙的横支廊道布置在前半个闸室的中部，而另一侧闸墙的布置在后半个闸室的中部(5-16)。

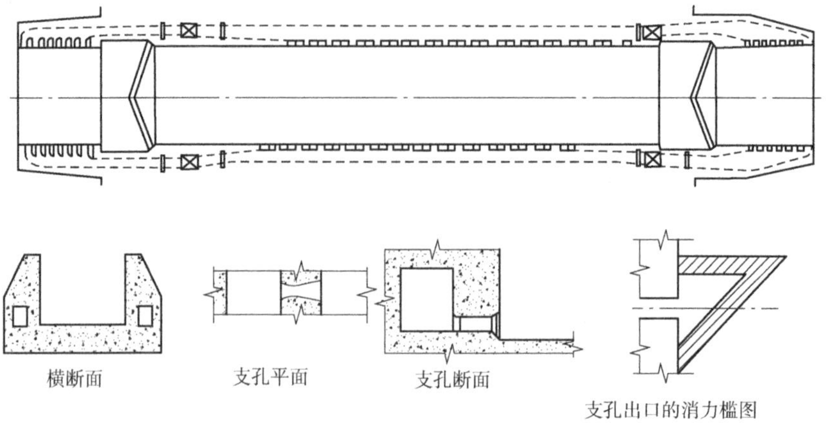

a) 闸墙廊道支孔输水系统

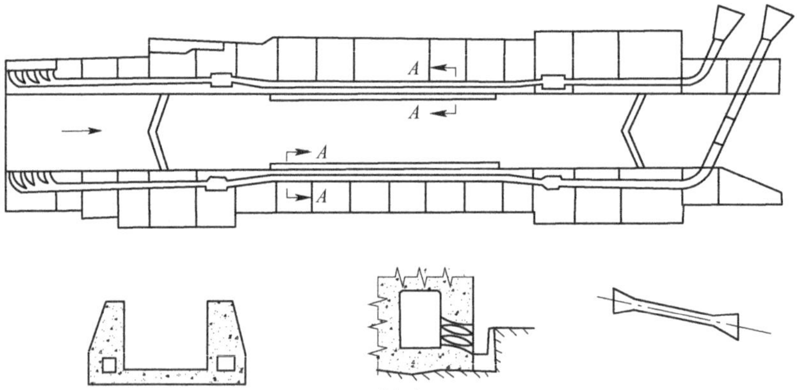

b) 闸墙廊道支管输水系统

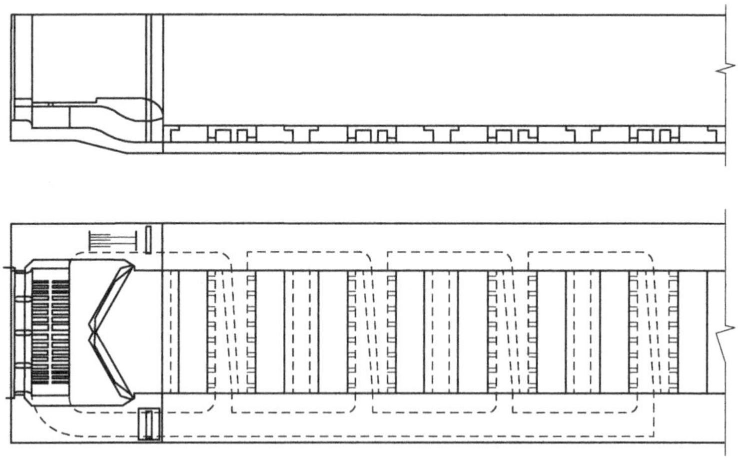

c) 局部分散输水系统

图 5-12　闸墙廊道短支孔(管)输水系统

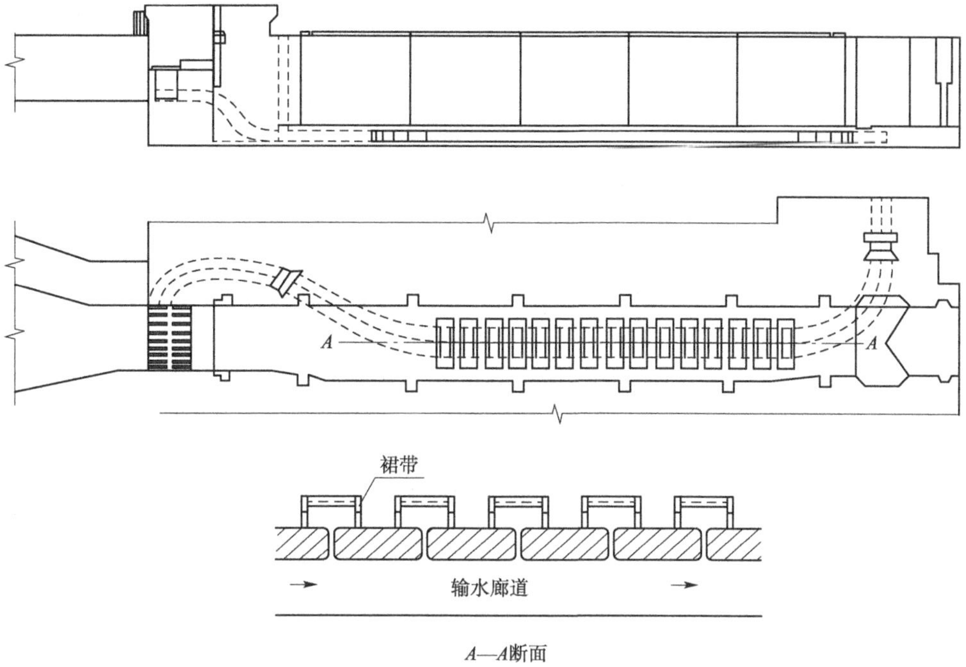

a) 闸底长廊道顶(缝)支孔出水加盖板消能型式

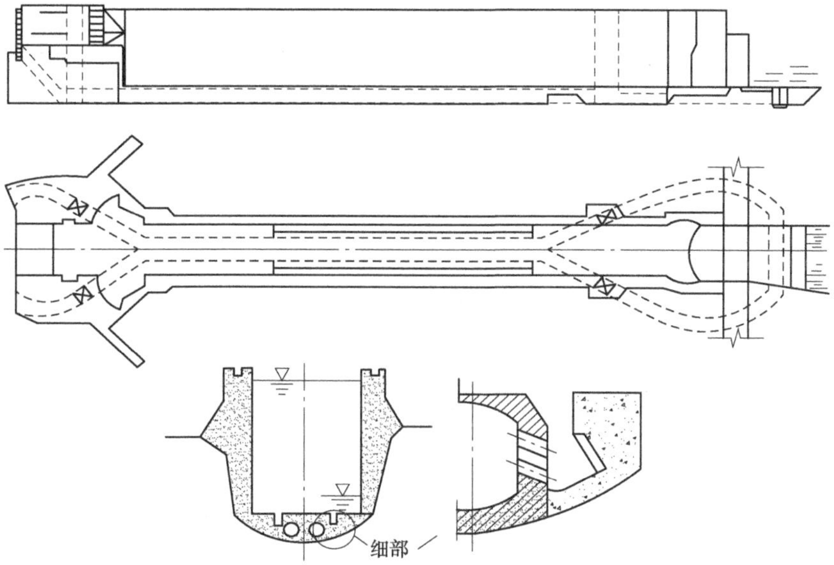

b) 闸底长廊道侧明沟消能多支孔(管)输水系统

图 5-13　单区段闸底长廊道短支孔(管)出水

(4)闸墙长廊道闸室中心进口水平分流、闸底纵支廊道二区段出水。这种布置为二区段等惯性输水系统,水流自闸墙廊道至闸室中部通过分流口进入前后半个闸室。其分流口采用的是较为简单的、用垂直隔墩分配水流的水平分流型式,分流稍不稳定。美国新岸头船闸(图 5-17a)和我国的葛洲坝 3 号船闸(图 5-17b)采用的都是这种型式。

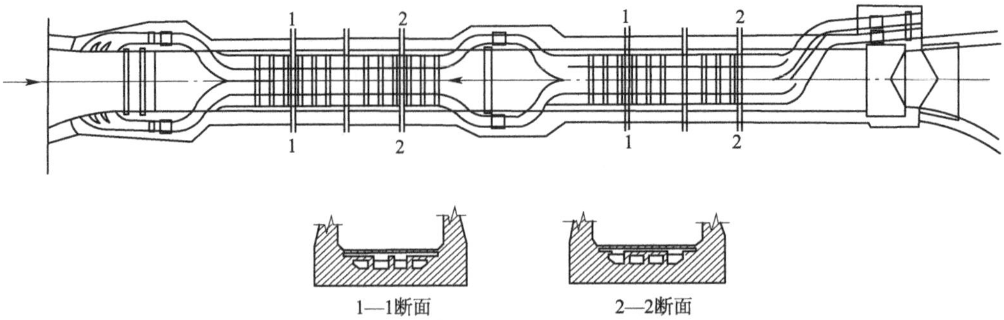

图 5-14　闸底长廊道分区段顶支孔出水盖板消能输水系统

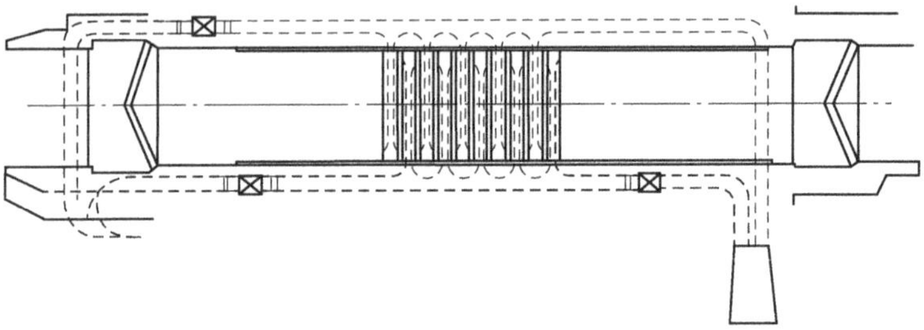

图 5-15　闸室中部横支廊道支孔输水系统

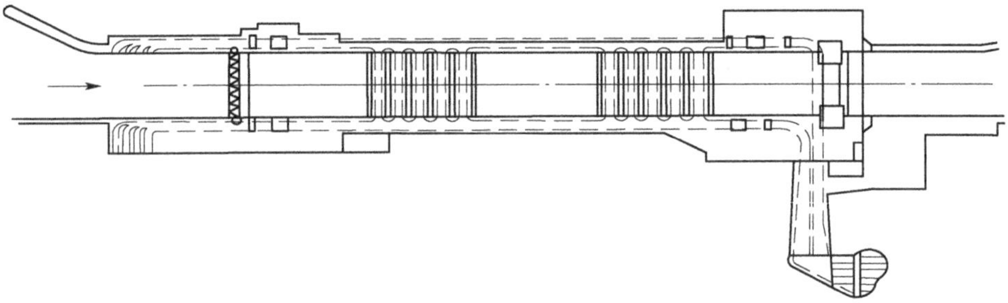

图 5-16　闸室前后分组横支廊道支孔输水系统

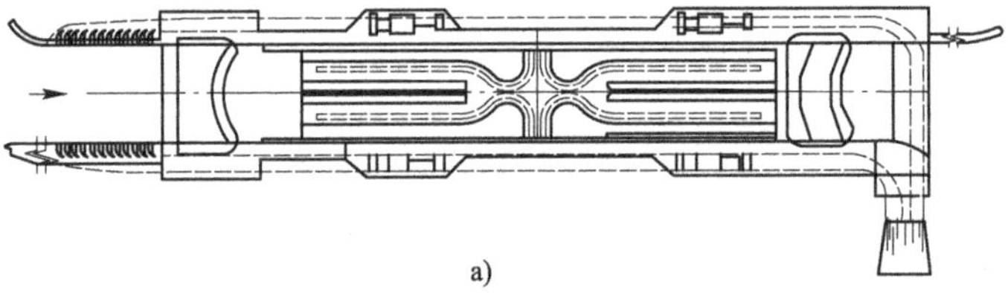

a)

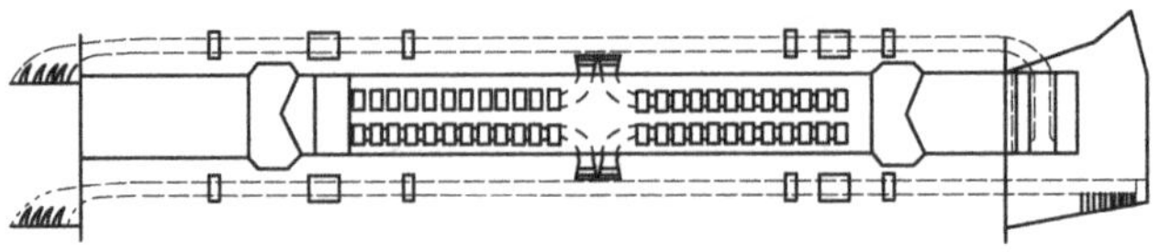

b)

图 5-17　水平分流闸底支廊道二区段出水输水系统

(5)闸墙长廊道闸室中段进口纵横支廊道支孔出水。该输水系统在两侧闸墙内的纵向输水廊道的中段设置交错排列的横支廊道，并在两端的横支廊道上，各分出 1 ~2 个纵向支廊道通向闸室的前后段。在横支廊道和纵向支廊道上均设有出水孔，为三区段输水(图5-18)。

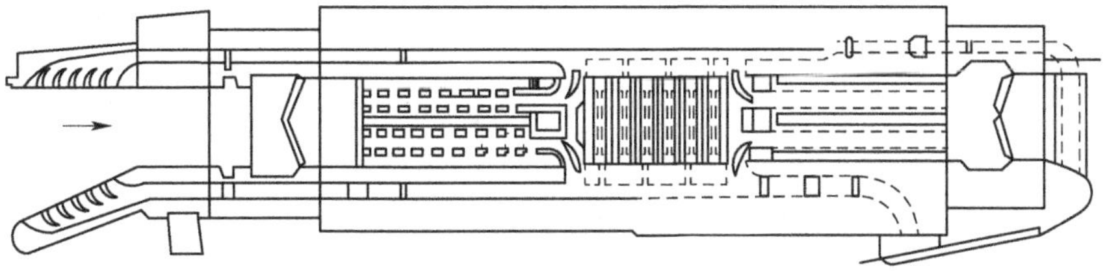

图5-18　闸底纵横支廊道输水系统

闸墙长廊道闸室中段进口纵横支廊道支孔出水，由于纵向输水廊道流入支廊道进口的水流相对比较集中，在闸室长度方向变化较小，水流惯性差别不大。同时，横支廊道和纵向支廊道的出水口又分布在闸室的较大范围内，流入闸室的水流比较均匀，水流相对平稳。要求的开挖深度也不大，是一种较好的分散输水系统型式。它已成功地应用于水头为27m、闸室尺寸达280m×34m的葛洲坝2号船闸上。该型式纵支廊道的进口应设在闸室中部1/3段内，横支廊道应设在闸室中部的1/5段内，纵向支廊道布置在闸室前后两区段。横支廊道进口总面积约占纵、横支廊道进口总面积的30%，前、后纵支廊道进口面积约占35%，前、后纵支廊道的出水孔段约占闸室长度的25%。

较复杂式分散输水系统的布置型式较多，它针对简单式分散输水系统存在的缺点，采用了便于水流在闸室内均匀分布、阀门单边开启影响较小的闸底廊道短支孔出水。其闸底廊道可以纵向或横向布置，输水支孔可以设在廊道顶部，也可以设在廊道两侧。较复杂输水型式仍采用与简单式相同的单区段输水或者简单的等惯性输水，因而各支孔的水流分布仍受到水流惯性的影响，存在一定不均匀性，船舶仍受到一定的波浪力作用。

3. 复杂式

复杂式又称为全动力平衡系统，不但供水区段数较多，而且廊道水流惯性对各供水区段的影响基本相同，消除了各出水区段出流之间的差别。同时在水流分配上采用了较为复杂的立体交叉垂直分流的型式，保证了分流的均匀和稳定。因此，它对闸室分流条件及船舶停泊条件均有较大改善。

目前，复杂式分散输水系统典型布置有：闸墙长廊道闸室中心进口垂直分流闸底八纵支廊道四区段出水(图5-19)和闸底四纵支廊道二区段出水(图5-20)。前者适用于闸室长宽之比较大的闸室，而后者适用于闸室长宽之比较小的闸室。

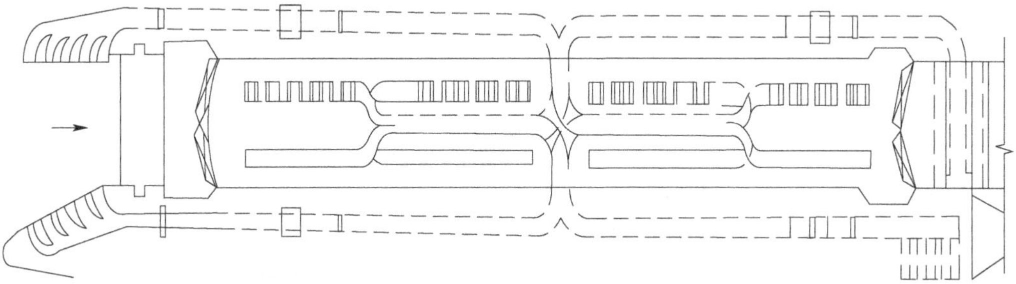

图5-19　垂直分流闸底纵支廊道四区段出水输水系统

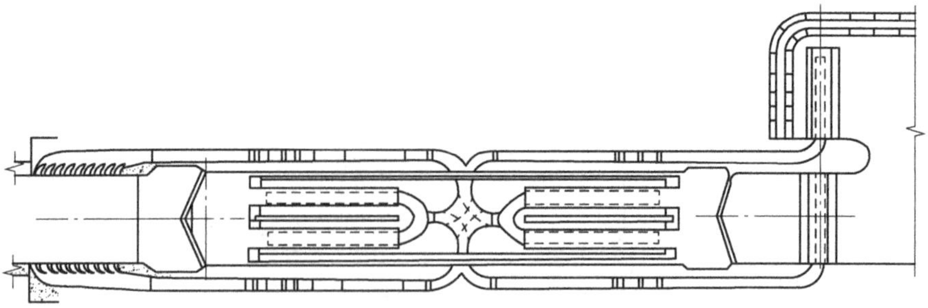

图 5-20　垂直分流闸底纵支廊道二区段出水输水系统

三、分散输水系统的布置原则

(1)闸室出水段中心宜与闸室面积的中心重合,闸墙长廊道侧支孔和闸底长廊道顶支孔输水系统的出水段宜设置在闸室中部,其长度为闸室长度的1/2~2/3。

(2)输水系统的进出口应布置为流线型,以提高输水效率。进口断面的最大平均流速不宜大于2.5m/s,进口淹没水深应大于0.4倍设计水头,并应该考虑进口水面的局部跌落。出口的淹没水深宜大于1.5m,布置应能分散水流,减弱出口水流的紊动并达到引航道内流速分布均匀的目的。

(3)中、高水头船闸的上、中闸首帷墙立面宜做成斜面,以避免当闸室水面上升至帷墙顶面平台时,水域面积有较大的突变,从而恶化船舶的停泊条件。

(4)分散输水系统的阀门段前后应有一定长度的直线段,以使水流顺直均匀地通过。同时阀门段及其以后的廊道顶部高程必须布置在下游最低通航水位以下,并有一定淹没水深,不容许掺入大量空气而恶化船舶的停泊条件。

(5)阀门段高程应满足阀门工作条件要求,阀门后廊道型式应根据工作条件选择,有不扩大、向上渐扩和突然扩大三种型式,其布置应通过模型试验确定。

(6)当上、中闸首输水阀门廊道段的压力较低或出现负压时,其后的检修阀门门槽距工作阀门的距离应大于廊道高度的3倍,以避免检修阀门井掺气。必要时需在检修阀门井内廊道顶部高程处加设防治掺气的封闭措施。

(7)输水系统的主廊道断面一般可大于输水阀门处廊道断面,以增大输水系统的流量系数。

(8)输水系统在闸室范围内部分的布置,尤其是出水支孔的布置应尽可能对称,横支廊道宜交错布置。

(9)当闸室全部通过引航道内灌泄水,且船舶在引航道内的停泊或航行条件不满足时,应采用部分旁侧灌泄水的设施。旁侧灌泄水设施情况见图5-12~图5-20。

四、带调节水池船闸和省水船闸输水系统简介

(一)基本原理

带调节水池船闸主要借鉴省水船闸原理(见第三章图3-11)。带调节水池船闸和省水船闸输水系统是在船闸的上下游与闸室之间布置中间水池,灌泄水时水体经过中间水池交换,改变了船闸的工作水头,以达到削减船闸工作水头和简化输水系统的目的。

带调节水池船闸的中间水池主要用于船闸水头分级及降低输水阀门工作水头;省水船闸不但可降低工作水头,通过设置的水池数量和体积,可不同程度地节省船闸的耗水量。带调节水池船闸的调节水池主要用于传递水体而不减少船闸耗水,因此需要的调节水池数量少。增加的投资部分主要是土建和调节水池输水廊道的工程量,较为有限。省水船闸是通过多级中间水池传递水体,在节省水量的同时也可削减船闸水头,两者有异曲同工之效果。因此,采用以上两种型式降低船闸工作水头后,理论上讲,复杂输水系统的船闸可设计为简单输水系统型式。

以上两种船闸型式最大的特点是,利用中间水池可成倍降低工作水头,由此可大大简化输水系统设计和高水头船闸面临的阀门水力学难题。因此从船闸水力学角度上,适用于30m 以上的高水头或超高水头的船闸是完全可行的。

目前,国内外尚未见到带调节水池船闸的工程实例,而省水船闸在国外应用非常广泛,设计技术也较成熟,但国内较为罕见。目前,在重视环境和合理利用水资源的情况下,以上两种型式船闸有较大的发展前景。

(二)研究与设计实例

1.研究实例

三峡工程多级船闸的前期研究中,为减少船闸分级,曾提出采用调节水池降低阀门工作水头的设想,提出了带调节水池的连续三级船闸方案(图 5-21)。该方案在上下两级闸室之间布置一个调节水池,将调节池水位相对固定在上闸室高水位与下闸室低水位之间(一半)。在灌水初期,上闸室向调节水池输水,同时调节水池向下闸室输水。设计中使两段廊道阻力系数和流量相等,可使调节水池水位基本保持不变。这样每级船闸工作水头只有原来水头的一半。

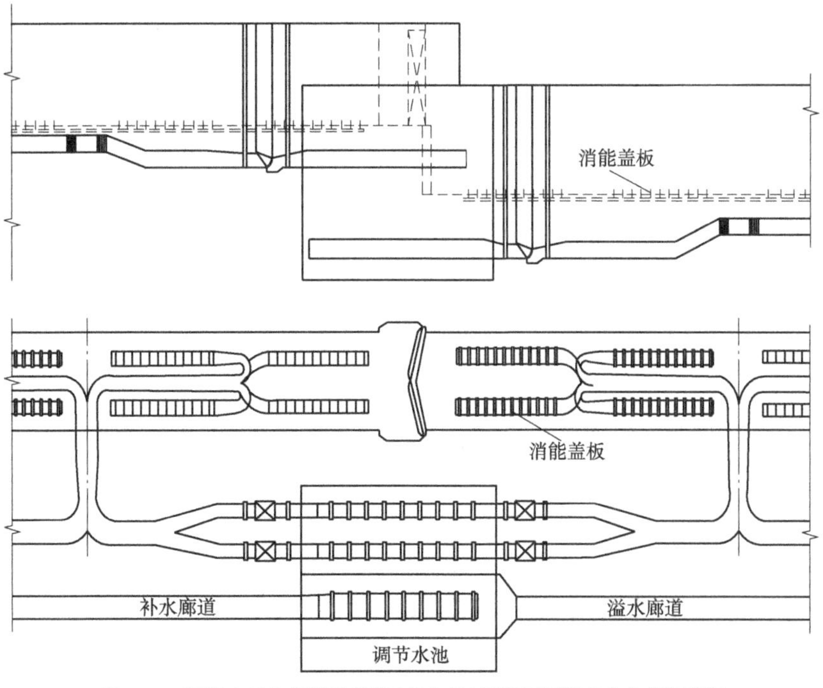

图 5-21　调节水池与闸墙长廊道(组合的)闸底四区段出水的多级船闸

试验研究成果表明，连续三级船闸方案虽然少两个梯级，但使用调节水池均分水头后，每级船闸输水阀门的工作水头仅37.67m，比连续五级船闸方案的最大水头（45.2m）还低7.53m。由此可见，采用调节水池后可避开高水头对阀门工作条件的限制，使船闸适应高水头的能力更强，范围更广，而且具有技术原理简洁、效果显著、维护工作量小等优点。

2. 设计实例

在水资源日益匮乏的今天，水牵动着地方经济的发展和人民的生活。而渠化枢纽工程通常在发电、航运及农业等方面经常发生用水矛盾。由此，在耗水量较大的船闸设计中，如能在解决过船问题的同时兼顾节约用水，由此产生的经济和社会效益将是巨大的。因为在河流枯季，节约通航用水可保证电站出力，也能给库区生产和人民生活用水减小压力。因而在小流域的枢纽工程上，建设省水船闸具有明显的优越性。

我国乌江银盘船闸，单级水头36.5m，设计采用两级面积与闸室面积相同的省水池（图5-22），每个水池体积约占总水体的1/4。该方案实际工作水头降至约一半。考虑补溢水因素后，过一次闸节省水量约48.6%，并且经估算，与普通单级方案比较，增加的投资不多。

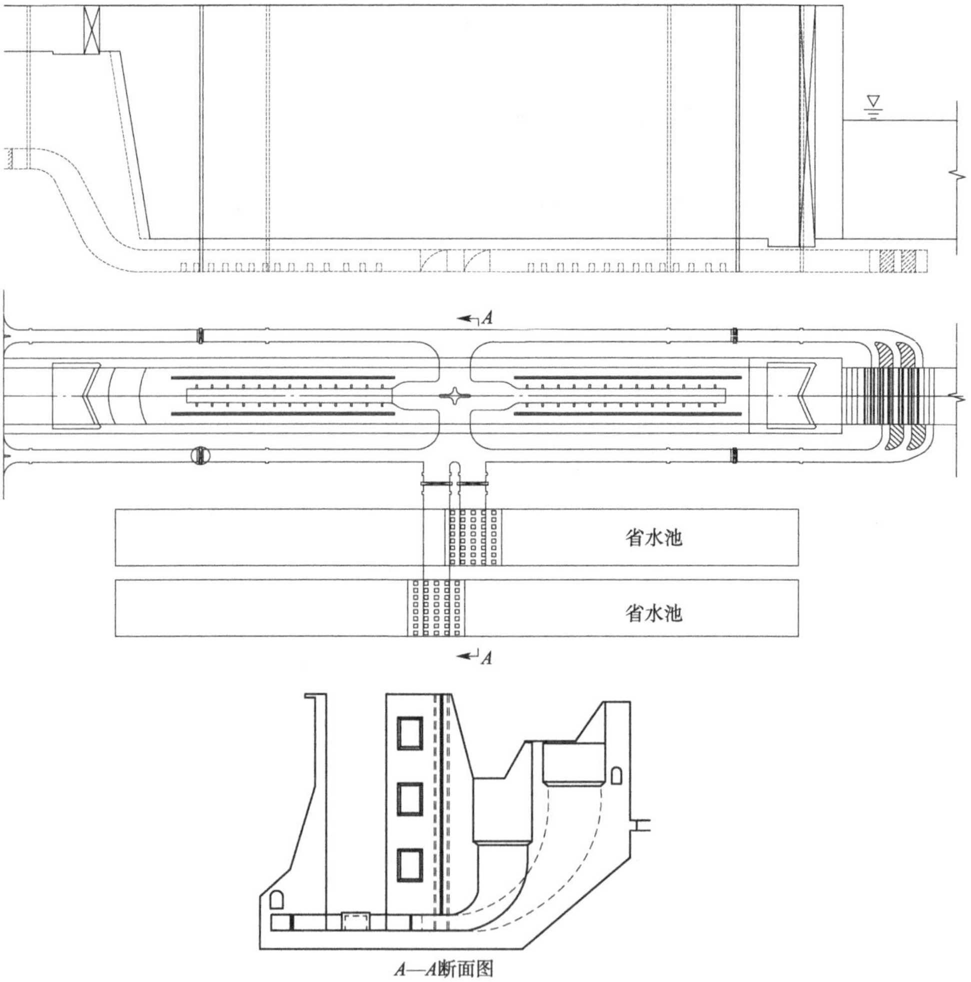

图5-22　省水池与闸墙长廊道（组合的）双明沟出水的船闸方案

第四节 船闸水力计算

输水系统水力指标是船闸能否正常运行的关键。在船闸总体设计基本完成后,应根据闸室输水时间、船舶停泊条件以及船闸安全运行的条件要求进行水力计算,提出输水系统各主要部分的尺寸和布置,并反复验算设计的科学性和合理性。船闸水力计算的主要内容是:

(1)输水阀门处廊道断面面积;

(2)输水系统的阻力系数和流量系数;

(3)计算阀门开启时间和闸室输水时间,分散输水系统还应计算输水廊道换算长度、惯性超高(超降)值;

(4)船闸输水的水力特性曲线;

(5)过闸船舶(队)在闸室和引航道内的停泊条件;

(6)密封式输水阀门后廊道顶部的压力水头,开敞式输水阀门后的水跃;

(7)廊道转弯段内侧及局部点最低压力水头;

(8)输水阀门的工作空化数。

一、船闸水力计算的基本方程

船闸灌泄水过程中,受水位差、阀门开度及阻力系数等影响,闸室水位、输水流量、能量等参数均随时间变化,输水廊道中的水流为非恒定流。廊道中流量从灌泄水初期为零逐渐上升至最大,然后又逐渐下降到零,在闸室和引航道内都将发生非恒定的水流运动,并引起所谓的“长波运动”。由于非恒定长波运动的波幅相对于水深总是很小的,因而在建立船闸灌泄水基本方程式时,一般都假定引航道水面是固定不变的,而闸室水面是以水平面升降的。

(一)基本方程推导

1.廊道输水的非恒定流方程

船闸输水廊道输水属于有压管道输水,此时若考虑船闸输水廊道内水体的惯性影响,为求得船闸廊道输水非恒定流的一般方程式,以任意平面0-0为基准面(图5-23),在船闸灌、泄水过程中,相邻两水体(闸室或引航道)水面之间的伯努利方程式可写为:

$$y_1+\frac{p_1}{\gamma}+\frac{u_1^2}{2g}=y_2+\frac{p_2}{\gamma}+\frac{u_2^2}{2g}+\sum_{i=1}^{m}\xi_i\frac{u_i^2}{2g}+\frac{1}{g}\sum_{i=1}^{m}l_i\frac{\mathrm{d}u_i}{\mathrm{d}t} \tag{5-3}$$

式中:y_1、y_2——上、下水体(闸室或引航道)水面在基准面以上的高度(m);

u_1、u_2——上、下水体(闸室或引航道)水面变化速度(m/s);

ξ_i——输水廊道第 i 段的阻力系数。对集中输水系统摩阻损失可以不计,各种阻力系数的计算见表5-4及表5-5;

u_i——输水廊道第 i 段的水流平均速度(m/s);

l_i——输水廊道第 i 段的长度(m)。

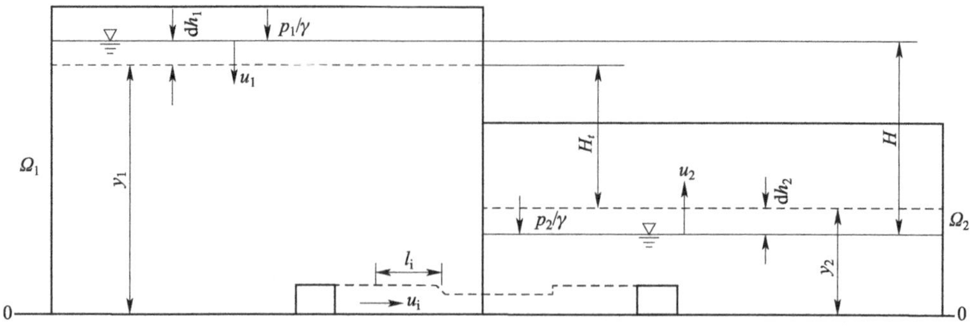

图 5-23　船闸输水计算示意图

局部阻力系数表　　　　表 5-4

<table>
<tr><th>局部损失系数</th><th>阻 力 系 数 的 符 号 和 数 值</th></tr>
<tr><td>进口</td><td>$\xi_{en}=0.5$，进口边缘未做成圆弧形；$\xi_{en}=0.2\sim0.25$，进口边缘微带圆弧形；
$\xi_{en}=0.05\sim0.1$，进口外形很光滑，或多支孔进口段。</td></tr>
<tr><td>拦污栅</td><td>$$\xi_b=\beta\left(\frac{S}{b}\right)^{4/3}$$
式中：ξ_b——拦污栅阻力系数；
S——栅条厚度（cm）；
b——栅条净间距（cm）；
β——栅条形状系数；
对长方形栅条，前端做成圆形，$\beta=1.83$；
对长方形栅条，前、后端均做成圆形，$\beta=1.67$；
对长方形栅条，前端做成圆形，后端自栅条长度的 0.6 处开始做成斜的，$\beta=1.035$；
对前端圆形，两边做成斜的栅条，$\beta=0.92$；
对两端都做成楔形的光滑栅条，$\beta=0.76$；
对圆形栅条，$\beta=1.79$。</td></tr>
<tr><td>廊道圆滑转弯</td><td>$$\xi_k=\xi'_k\frac{\theta}{90^\circ}$$
式中：ξ_k——廊道转弯阻力系数；
θ——转角（°）；
ξ'_k——系数，与廊道形状及转弯半径有关，其数值如下。
对圆形廊道：
<table>
<tr><td>$d/2R$</td><td>0.1</td><td>0.2</td><td>0.3</td><td>0.4</td><td>0.5</td><td>0.6</td><td>0.7</td><td>0.8</td><td>0.9</td><td>1.0</td></tr>
<tr><td>ξ'_k</td><td>0.13</td><td>0.14</td><td>0.16</td><td>0.21</td><td>0.29</td><td>0.44</td><td>0.66</td><td>0.98</td><td>1.41</td><td>1.98</td></tr>
</table>
对矩形廊道：
<table>
<tr><td>$b/2R$</td><td>0.1</td><td>0.2</td><td>0.3</td><td>0.4</td><td>0.5</td><td>0.6</td><td>0.7</td><td>0.8</td><td>0.9</td><td>1.0</td></tr>
<tr><td>ξ'_k</td><td>0.12</td><td>0.14</td><td>0.18</td><td>0.25</td><td>0.40</td><td>0.64</td><td>1.02</td><td>1.55</td><td>2.27</td><td>3.23</td></tr>
</table>
其中：d——圆形廊道直径（m）；
b——矩形廊道宽度（m）；
R——廊道轴线的曲率半径（m）。</td></tr>
</table>

续上表

<table>
<tr><td>突然扩大</td><td>$$\xi'_B=\left(1-\frac{\omega_1}{\omega_2}\right)^2,\xi''_B=\left(\frac{\omega_2}{\omega_1}-1\right)^2$$
式中：ξ'_B——以扩大处前面断面为计算断面的突然扩大阻力系数；
ξ''_B——以扩大处后面断面为计算断面的突然扩大阻力系数；
ω_1——扩大处前面断面的面积(m^2)；
ω_2——扩大处后面断面的面积(m^2)。</td></tr>
<tr><td>突然收缩</td><td><table><tr><td>ω_2/ω_1</td><td>0.1</td><td>0.2</td><td>0.4</td><td>0.6</td><td>0.8</td><td>1.0</td></tr><tr><td>ξ_c</td><td>0.5</td><td>0.42</td><td>0.34</td><td>0.25</td><td>0.15</td><td>0</td></tr></table>
其中：ξ_c——突然收缩阻力系数；
ω_1——收缩处前断面面积(m^2)；
ω_2——收缩处后断面面积(m^2)。</td></tr>
<tr><td>圆锥形扩大</td><td>$$\xi'_{pk}=k\left(1-\frac{\omega_1}{\omega_2}\right)^2$$
$$\xi''_{pk}=k\left(\frac{\omega_2}{\omega_1}-1\right)^2$$
式中：ξ'_{pk}——以扩大前的断面 ω_1 为计算断面的阻力系数；
ξ''_{pk}——以扩大后的断面 ω_2 为计算断面的阻力系数；
k——系数，与圆锥角 θ 有关，其值为：
<table><tr><td>θ(°)</td><td>5</td><td>10</td><td>15</td><td>20</td><td>30</td><td>40</td><td>50 以上</td></tr><tr><td>k</td><td>0.13</td><td>0.17</td><td>0.26</td><td>0.41</td><td>0.71</td><td>0.90</td><td>1.0～1.1</td></tr></table></td></tr>
<tr><td>出口</td><td>对单支孔出水，$\xi_{ex}=1.0$；
对多支孔出口段，$\xi_{ex}=0.7\sim0.9$。</td></tr>
</table>

阀门阻力系数 ξ_{un} 与收缩系数 ε_n 值　　表 5-5

门型＼开度	n	0.1	0.2	0.3	0.4	0.5	0.6	0.7	0.8	0.9	1.0
反向弧形阀门	ξ_{un}	145.2	36.31	17.38	8.32	3.98	1.91	0.91	0.44	0.21	0.10
	ε_n	0.767	0.713	0.646	0.647	0.673	0.711	0.751	0.791	0.835	1.00
平面阀门	ξ_{un}	186.2	43.78	17.48	8.38	4.28	2.16	1.01	0.39	0.09	0
	ε_n	0.683	0.656	0.643	0.642	0.652	0.675	0.713	0.771	0.855	1.00

注：反向弧形阀门阻力系数值已包括阀门井损失；平面阀门阻力系数值不包括门槽及门井损失，平面阀门阻力系数也可按照 $\xi_{un}=1.9\left(n-\frac{1}{n}\right)^2$ 进行计算。

式(5-3)中，$y_1-y_2=H_t$，H_t 为瞬时 t 的水位差；因 $p_1=p_2$，$\frac{u_1^2}{2g}-\frac{u_2^2}{2g}$之值与 H_t 相比很小，可忽略不计，则方程式(5-3)可改写为：

$$H_t=\sum_{i=1}^{m}\xi_i\frac{u_i^2}{2g}+\frac{1}{g}\sum_{i=1}^{m}l_i\frac{\mathrm{d}u_i}{\mathrm{d}t} \tag{5-4}$$

式(5-4)右边第一项$\sum_{i=1}^{m}\xi_i\frac{u_i^2}{2g}$为水流流经廊道的水头损失，将各个损失都换算成相对阀门处廊道断面的流速水头来进行计算，则此项可改写为：

$$\sum_{i=1}^{m}\xi_i\frac{u_i^2}{2g}=\xi\frac{u^2}{2g}=\frac{1}{\mu_t^2}\cdot\frac{u^2}{2g} \tag{5-5}$$

$$\xi=\sum_{i=1}^{m}\xi_i\left(\frac{\omega}{\omega_i}\right)^2 \tag{5-6}$$

$$\xi=\frac{1}{\mu_t^2}\quad\text{或}\quad\mu_t=\frac{1}{\sqrt{\xi}}$$

以上式中：ξ——瞬时 t，相对于阀门处廊道断面面积的输水系统阻力系数总和；

u——瞬时 t，相对于阀门处廊道断面面积的廊道平均流速(m/s)；

μ_t——瞬时 t，输水系统的流量系数；

ω——阀门处廊道断面面积(m^2)；

ω_i——输水廊道第 i 段的断面面积(m^2)。

式(5-4)右边第二项$\frac{1}{g}\sum_{i=1}^{m}l_i\frac{du_i}{dt}$为惯性水头，如将此项换成相对阀门处廊道断面面积 ω 和流速 u 表示时，可得：

$$\frac{1}{g}\sum_{i=1}^{m}l_i\frac{du_i}{dt}=\frac{l_p}{g}\frac{du}{dt} \tag{5-7}$$

$$l_p=\sum_{i=1}^{m}\frac{\omega}{\omega_i}l_i \tag{5-8}$$

式中：l_p——输水廊道换算长度(m)。

因此，将式(5-5)和式(5-7)代入式(5-4)可得闸室灌、泄水时的非恒定流方程式：

$$H_t=\frac{1}{\mu_t^2}\cdot\frac{u^2}{2g}+\frac{l_p}{g}\cdot\frac{du}{dt}$$

或表示为：

$$Q_t=\mu_t\omega\sqrt{2g\left(H_t-\frac{l_p}{g}.\frac{du}{dt}\right)} \tag{5-9}$$

由式(5-9)可知，当廊道水流为加速过程时，$\frac{du}{dt}$为正值，惯性水头使船闸输水的有效水头减小；而当廊道水流减速时，$\frac{du}{dt}$为负值，惯性水头将使船闸输水的有效水头加大。

2. 水流运动连续方程

根据水流运动的连续条件(图 5-23)可得：

$$Q_t dt=-\Omega_1 dh_1=\Omega_2 dh_2$$

$$dH_t=dh_1-dh_2$$

由此可得：

$$\left.\begin{aligned} Q_t &= -C\frac{\mathrm{d}H_t}{\mathrm{d}t} \\ C &= \frac{\Omega_1\Omega_2}{\Omega_1+\Omega_2} \end{aligned}\right\} \tag{5-10}$$

式中：C——对于单级船闸，$C=\Omega$；对于多级船闸，若上、下闸室的水面面积相等，则 $C=\frac{1}{2}\Omega$；

Ω 为闸室水域面积（m^2）。

Ω_1、Ω_2——上、下水体（闸室或引航道）水域面积（m^2）。

Q_t——t 时刻输水流量（m^3/s）。

H_t——t 时刻上、下水体（闸室或引航道）水位差（m）。

$\mathrm{d}h_1$、$\mathrm{d}h_2$——上、下水体（闸室或引航道）水面在 $\mathrm{d}t$ 时间内的变化（m）。

（二）不考虑惯性水头影响的水力计算

集中输水系统廊道长度较短，惯性水头影响可忽略不计，式（5-9）可写成：

$$Q_t=\mu_t\omega\sqrt{2gH_t} \tag{5-11}$$

由式（5-10）及式（5-11）可得：

$$\mu_t\omega\sqrt{2gH_t}\mathrm{d}t=-C\mathrm{d}H_t$$

或

$$\int_{t_1}^{t_2}\mu_t\mathrm{d}t=-\frac{C}{\omega\sqrt{2g}}\int_{h_1}^{h_2}\frac{\mathrm{d}H_t}{\sqrt{H_t}}=\frac{2C(\sqrt{h_1}-\sqrt{h_2})}{\omega\sqrt{2g}} \tag{5-12}$$

对式（5-12）进行解算时，必须知道流量系数 μ_t 随时间变化的关系，才能求得 $\int_{t_1}^{t_2}\mu_t\mathrm{d}t$ 之值。

1. 输水时间计算

图 5-24 为流量系数与时间关系曲线示意图。未开启阀门输水时（$t=0$）阻力系数无穷大、流量系数为零；随着阀门的逐步开启，输水系统阻力系数逐渐减小、流量系数逐渐增大；当阀门开启完毕后（$t\geqslant t_v$，t_v 为阀门开启时间），输水系统阻力系数为某一固定值，流量系数也为一固定值 μ。

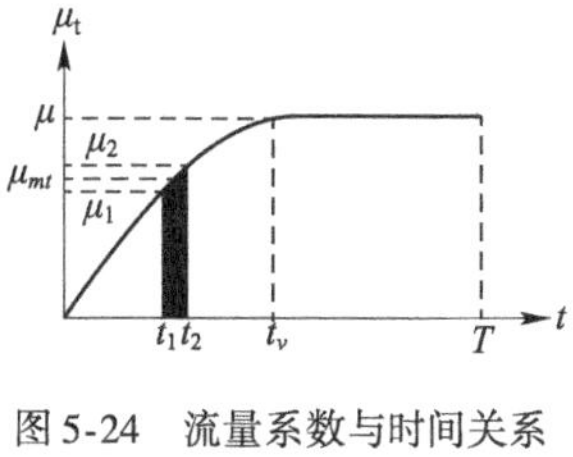

图 5-24 流量系数与时间关系曲线示意图

式（5-12）左边 $\int_{t_1}^{t_2}\mu_t\mathrm{d}t$ 积分值，即 Δt 时间内，流量系数与时间关系曲线与横坐标所包含之面积。因此：

$$\int_{t_1}^{t_2}\mu_t\mathrm{d}t=\mu_{mt}\Delta t \tag{5-13}$$

式中：μ_{mt}——计算时段的平均流量系数。

从图（5-24）可知，船闸输水时间 T 由阀门开启阶段时间 t_v 和阀门开启完毕至输水结束阶段时间 $T-t_v$ 构成。

（1）阀门开启阶段时间 t_v

在此阶段由式（5-12）可得：

$$\int_0^{t_v}\mu_t\mathrm{d}t=\frac{2C(\sqrt{H}-\sqrt{H_v})}{\omega\sqrt{2g}} \tag{5-14}$$

式中：t_v——阀门开启时间(s)；

H_v——阀门全开时水位差(m)；

H——输水开始时水位差(m)，即设计水头。

积分 $\int_0^{t_v}\mu_t \mathrm{d}t$ 即 $0 \sim t_v$ 时段内，流量系数与时间关系曲线与横坐标所包含之面积。从图 5-24 可知，如果 $0 \sim t_v$ 时段内流量系数与时间关系曲线为直线，则该面积为一三角形面积，即 $0.5\mu t_v$。但 $0 \sim t_v$ 时段内流量系数与时间关系曲线为曲线，因此，将 $0.5\mu t_v$ 中的系数 0.5 用 α 替换，则式(5-14)变为：

$$\alpha\mu t_v = \frac{2C(\sqrt{H} - \sqrt{H_v})}{\omega\sqrt{2g}}$$

即：

$$t_v = \frac{2C(\sqrt{H} - \sqrt{H_v})}{\alpha\mu\omega\sqrt{2g}} \tag{5-15}$$

式中：t_v——阀门开启时间(s)；

μ——阀门全开后输水系统的流量系数，初步计算时可取为 0.6 ~ 0.8；

α——与阀门型式和流量系数有关的系数，可按表 5-6 试验资料选用。

各种输水阀门的 α 值　　表 5-6

阀门型式	流量系数（阀门全开时）				
	$\mu=0.5$	$\mu=0.6$	$\mu=0.7$	$\mu=0.8$	$\mu=0.9$
锐缘平面阀门	0.63	0.59	0.56	0.53	0.50
反向弧型阀门	0.58	0.51	0.46	0.43	0.41

(2) 阀门开启完毕至输水结束阶段时间 $T-t_v$

由式(5-12)及图 5-24，可求得阀门开启完毕至输水结束阶段时间 $T-t_v$，即：

$$T - t_v = \frac{2C\sqrt{H_v}}{\mu\omega\sqrt{2g}} \tag{5-16}$$

(3) 船闸输水时间

由式(5-15)和式(5-16)并引入系数 $k_v = t_v/T$，可得船闸输水时间为：

$$T = \frac{2C\sqrt{H}}{\mu\omega\sqrt{2g}[1-(1-\alpha)k_v]} \tag{5-17}$$

或

$$T = \frac{2C\sqrt{H}}{\mu\omega\sqrt{2g}} + (1-\alpha)t_v$$

式中：k_v——阀门相对开启时间，$k_v = t_v/T$。

关于 k_v 取值，规范（包括 87 规范）中，对于集中输水系统建议取 0.6 ~ 0.8；对于分散输水系统建议取 0.4 ~ 0.6。其主要是根据 1987 年以前我国已建船闸实际阀门操作情况统计分析的结果。但随着船闸技术水平的提高，现很多集中输水系统的阀门操作均远小于 0.6 ~ 0.8。有国内学者根据式(5-17)和船舶停泊条件（与 t_v 有关，见后面波浪力公式），对集中输水系统的输水时间 T、廊道面积 ω、阀门相对开启时间 k_v 三者的关系进行了分析。在满足船舶停泊条件的情况下，基于合理的廊道面积 ω 和最小输水时间 T，认为集中输水系统的锐缘平面阀门取 0.50 ~ 0.57、反向弧形阀门取 0.46 ~ 0.54 最优。

2. 廊道断面面积计算

由式(5-17)可得到满足输水时 T 所需的阀门处廊道断面总面积为：

$$\omega = \frac{2C\sqrt{H}}{\mu T\sqrt{2g}[1-(1-\alpha)k_v]} \tag{5-18}$$

在进行输水系统设计时，先假定 T 和 μ 估算廊道面积 ω，根据估算的 ω 进行输水系统初步布置。根据布置的输水系统计算该系统实际的 μ 和 T，并根据实际的 μ 和 T（不是前面假定的）进行各种水力计算和校核。如果水力计算和各种校核不满足相关要求，则应重新假定 T 和 μ 重复上面过程，直到满足要求。

船闸输水过程的水力特性可由船闸输水的水力特性曲线及其最大值来表示。绘制水力特性曲线的方法将在后面介绍。

(三) 考虑惯性水头影响的水力计算

对于分散输水系统，由于廊道较长，输水过程中水流产生的惯性水头影响较大。因此，在水力计算中应考虑惯性水头的影响。

根据式(5-9)和式(5-10)，同样可以可得到考虑惯性水头影响的船闸水力计算的基本式（推导过程略）。

$$T = \frac{2C\sqrt{H+d}-\sqrt{d}}{\mu\omega\sqrt{2g}} + (1-\alpha)t_v \tag{5-19}$$

式中：d——阀门全开后惯性水头(m)，确定方法见后面介绍；

其余符号意义同前。

对于分散输水系统，由于惯性水头的影响，当水位差 $H_t = 0$ 时，输水仍继续进行，只有当 $H_t = -d$ 时，水流流速才为零。这就意味着：灌水时，闸室水位超过齐平水位达 d 值；泄水时，闸室水位可下降至齐平水位以下达 d 值。亦即灌（泄）水末了，闸室水位将以齐平水位为中心，以最大振幅 d 值上下波动并逐渐衰减。分散输水系统惯性水头 d 值可达 0.5 ~ 1.0m，如不采取措施，将对船闸的运转产生不利影响，对闸门形成反向水头作用，将人字闸门顶开，不仅危及闸门启闭控制系统，而且恶化闸室内的停泊条件。

二、水力特性曲线的绘制

绘制水力特性曲线的目的，一是了解输水过程中所有水力特性的变化情况及其最大值；二是为了进一步进行水力计算的需要，如船舶停泊条件估算、阀门工作条件复核等。需要强调的是：在计算过程中要采用输水系统实际的 μ 和 T 值（而不是假定值）。各种水力特性曲线绘制的方法如下。

(一) 流量系数与时间关系曲线

对于闸门上开小孔输水、闸门门下输水以及三角门门缝输水的流量系数均可认为是不变的，而输水孔口面积是变化的。对于廊道输水则认为在阀门全开以后的流量系数是不变的，而在阀门开启过程中，其值为：

$$\mu_t = \frac{1}{\sqrt{\xi_{un} + \xi' + \xi_c}} \tag{5-20}$$

式中：μ_t——t 时刻输水系统流量系数。

ξ_{un}——与时刻 t 对应的阀门开度为 n 的阀门局部阻力系数，可按不同阀门型式由表 5-5 选取。

ξ'——阀门井（槽）的局部阻力系数。对平面阀门 $\xi' = 0.10$；对反弧形阀门，由于表 5-5 中的 ξ_{un} 值已包括阀门井损失，因此 $\xi' = 0$。值得说明的是，如果工作阀门前后有检修阀门井（槽），根据检修阀门井（槽）的个数，应再计相应个 0.10 值。

ξ_c——阀门全开后除了阀门段以外的输水廊道阻力系数，包括进口、拦污栅、转弯、扩大、收缩等局部阻力系数以及沿程摩阻损失的阻力系数。这些阻力系数均可以从表 5-4 中查得。但需要强调的是：表 5-4 中查得的值均应按式（5-6）换算为相对计算断面（阀门处廊道断面面积）的阻力系数。对短廊道，摩阻损失可忽略不计。

（二）水位差与时间关系曲线

1. 不考虑惯性水头影响情况

当不考虑惯性水头影响时，根据式（5-12）和式（5-13）可得阀门开启过程中任一时段末的水位差：

$$H_{t+\Delta t} = \left(\sqrt{H_t} - \frac{\Delta t \mu_{mt} \omega \sqrt{2g}}{2C}\right)^2 \tag{5-21}$$

式中：$H_{t+\Delta t}$——计算时段末的水位差（m）；

H_t——计算时段开始的水位差（m）；

Δt——计算时段（s），一般可取为 10～30s；

μ_{mt}——计算时段的平均流量系数；

其余符号意义同前。

2. 考虑惯性水头影响情况

阀门全开后，当考虑惯性影响时，任一时段末的水位差可按下式计算：

$$H_{t+\Delta t} = \left(\sqrt{H_t + d} - \frac{\Delta t \mu \omega \sqrt{2g}}{2C}\right)^2 - d \tag{5-22}$$

式中：μ——阀门全开后输水系统的流量系数；

d——阀门全开后的惯性水头（m），确定方法见后面介绍，对集中输水系统可取为零。

（三）流量与时间关系曲线

流量与时间关系曲线可通过下列公式计算求得（图 5-25）：

$$Q_t = \mu_t \omega \sqrt{2g(H_t + d_t)} \tag{5-23}$$

$$d_t = \frac{l_p}{g} \cdot \frac{\mathrm{d}u}{\mathrm{d}t}$$

式中：Q_t——时刻 t 的流量（m^3/s）；

μ_t——时刻 t 的流量系数，由流量系数与时间关系曲线求得；

H_t——时刻 t 的水位差(m)，可由水位差与时间关系曲线求得；

d_t——时刻 t 的惯性水头(m)，对集中输水系统可忽略不计。

其余符号意义同前。

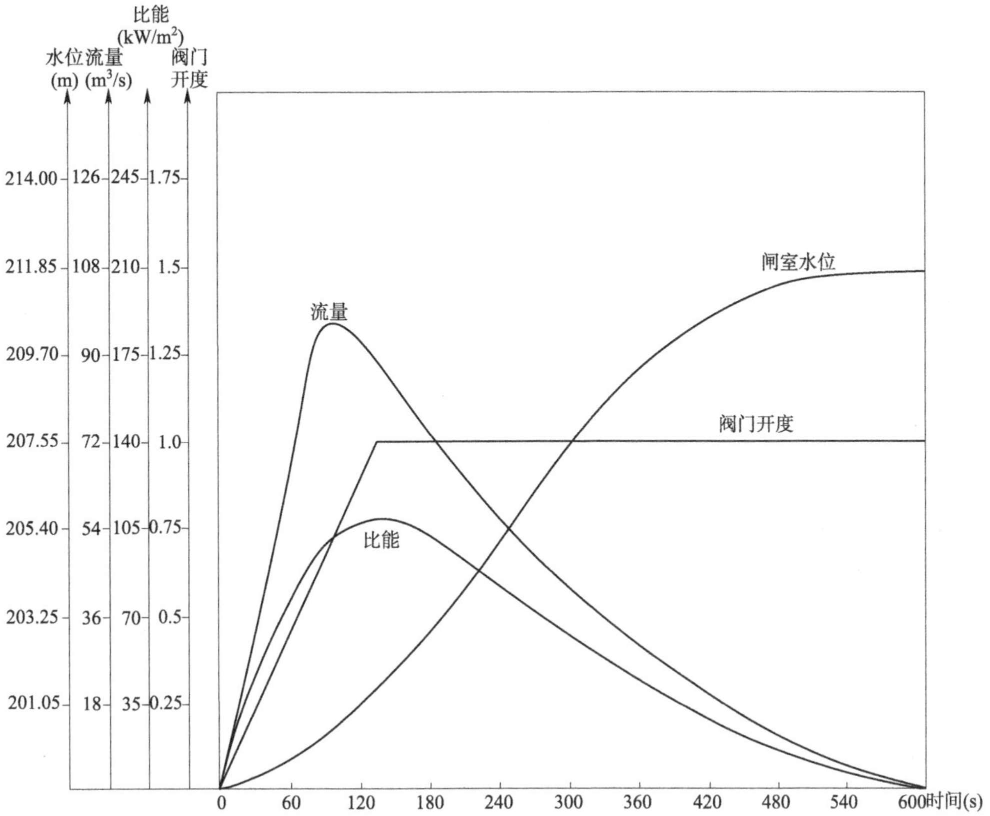

图 5-25　闸室输水过程的水力特性曲线示意图

(四)能量与时间的关系曲线

$$E_t = 9.81 Q_t H_t \tag{5-24}$$

式中：E_t——时刻 t 的能量(kW)；

其余符号意义同前。

(五)比能与时间的关系曲线

$$E_{pt} = \frac{E_t}{\omega_t} \tag{5-25}$$

式中：E_{pt}——时刻 t 的断面比能(kW/m²)；

E_t——时刻 t 的能量(kW)；

ω_t——时刻 t 的闸室(或引航道)过水断面面积(m²)。

(六)流量增率与时间的关系曲线

$$\left(\frac{\Delta Q}{\Delta t}\right)_t = \frac{Q_{t+\Delta t} - Q_t}{\Delta t} \tag{5-26}$$

式中：$\left(\frac{\Delta Q}{\Delta t}\right)_t$——计算时段的流量增率（$m^3/s^2$）；

$Q_{t+\Delta t}$——计算时段末的流量（m^3/s）；

Q_t——计算时段开始的流量（m^3/s）。

上述曲线中，流量系数、水位差、流量与时间的关系曲线为三条基本曲线，其它曲线（还包括闸室水位、闸室水深、闸室断面平均流速、引航道断面平均流速以及后面船舶停泊条件估算、阀门后廊道水力条件复核要用到的各种关系曲线）均可根据三条基本曲线求得（图5-25）。

计算时可采用列表计算，方便进行循环迭代计算。如计算水位差与时间关系曲线，从输水开始时刻算起，这时 $t=0$、水位差即为设计水头 H，可算得第一时段末的水位差；然后以第一时段末的水位差作为第二时段初的水位差，计算第二时段末的水位差；再以第二时段末的水位差作为第三时段初的水位差，计算第三时段末的水位差。依次类推，循环迭代可计算全输水过程的水位差与时间关系曲线。

三、船舶停泊条件的估算

闸室灌泄水而引起的非恒定流以及局部水流，对船舶停泊将产生动水作用力，使系船缆绳产生拉力。由于影响船舶缆绳拉力大小及变化的因素相当复杂，目前该拉力的确定还不能从理论分析上得到满意的解答，主要借助于水工模型试验。在初步分析计算时，可按照下面方法进行估算。

（一）闸室内船舶的停泊条件估算

进行缆绳拉力估算时，对船舶在闸室内的停靠和系泊条件作如下假设：

（1）船舶位于闸室纵轴线上，且没有任何水平位移。

（2）船舶的竖向位移不影响缆绳拉力的水平分力（浮式系船设施）。

在这样的条件下，计算得出的船舶所受的水流作用力，即为缆绳拉力的纵向分力（水工模型试验可以测到船舶的横向系缆力）。

1. 灌水波浪力

闸室灌水时，闸室内的非恒定流所形成的长波运动将使闸室水面产生倾斜。当闸室内停泊的船舶（队）的长度等于或接近闸室长度时，灌水初期沿船舶纵轴的最大水面坡降为：

$$i_m=\frac{\Delta Q}{\Delta t}\cdot\frac{1}{g(\omega_c-\chi)}$$

因此，停泊在此倾斜水面上的船舶所受的纵向水平分力（波浪力）等于 i_mWg。考虑到船舶（队）的长度小于闸室长度，且停泊在闸室的任意位置上，引入波浪力系数 D，则灌水初期船舶所受的波浪力表达式为：

$$P_b=D\cdot i_m\cdot W\cdot g=\frac{\Delta Q}{\Delta t}\cdot\frac{DW}{\omega_c-\chi}\tag{5-27}$$

式中：P_b——灌水波浪力（kN）；

$\frac{\Delta Q}{\Delta t}$——输水的流量增率（$m^3/s^2$）；

W——船舶（队）排水量（t）；

ω_c——初始水位时闸室过水断面面积(m^2);

χ——船舶(队)浸水横断面积(m^2);

D——波浪力系数。

对于集中输水系统,波浪力系数 D 值按下式确定:

$$D=\frac{1+2a\sqrt{\alpha}+4b(\sqrt{\alpha}-\alpha\beta)}{1+2a}$$

式中: $$a=\frac{l_B}{l_c};b=\frac{l_H}{l_c};l_c=\frac{W}{\chi};\alpha=\frac{\omega_c-\chi}{\omega_c};\beta=\frac{4\sqrt{\alpha}}{(1+\sqrt{\alpha})^2}$$

其中:l_c——船舶(队)换算长度(m);

l_B——船首离上闸首的距离(m);

l_H——船尾离下闸首的距离(m);

其余符号意义同前。

由上式可见,当船舶(队)长度接近闸室长度时,$l_B\approx0$,$l_H\approx0$,故 $D\approx1.0$。

对于分散输水系统,波浪力系数 D,可视船舶大小及输水系统复杂程度,按表5-7选取。

波浪力系数 D 值表　　表5-7

输水系统型式	D　值	备　注
简单式	0.1~0.3(大船) 0.5~0.65(小船)	大船系指长度大于闸室长度一半的单船或船队。小船系指长度小于1/2闸室长度的单船或船队。
较复杂式	0.1~0.3(大船) 波浪力对小船不起控制制作	
复杂式	≤0.1(大船) 波浪力对小船不起控制作用	

闸室灌水初期,流量增率$\frac{\Delta Q}{\Delta t}$最大,而闸室水深最小,因而此时的波浪力达到最大值。闸室灌水初期,最大的流量增率为:

$$\left(\frac{\Delta Q}{\Delta t}\right)_0=\frac{k_r\omega}{t_v}\sqrt{2gH}$$

式中:$\left(\frac{\Delta Q}{\Delta t}\right)_0$——闸室灌水初期的流量增率($m^3/s^2$);

k_r——与阀门型式有关的系数,对锐缘平面阀门,$k_r=0.725$;对反向弧形阀门,$k_r=0.623$;

ω——阀门处廊道断面面积(m^2);

t_v——输水阀门开启时间(s);

H——设计水头(m)。

因此,灌水初期的波浪力为:

$$P_b=\frac{k_r\omega DW\sqrt{2gH}}{t_v(\omega_c-\chi)} \qquad (5\text{-}28)$$

2. 泄水坡降作用力

闸室泄水时，闸室水面坡降对船舶所产生的作用力，可按下式计算：

$$P_i = \varphi\rho g\chi\left[\frac{\sqrt{h^4 - 4h\dfrac{q_1^2}{g}}}{4h} - \frac{\sqrt{h^4 - 4h\dfrac{q_2^2}{g}}}{4h}\right] \tag{5-29}$$

式中：P_i——泄水时，闸室水面坡降所产生的作用力（kN）；

φ——校正系数，可取 1.2；

ρ——水的密度（t/m^3）；

h——换算的船底以下水深（m），$h = h_t - \dfrac{\chi}{B_x}$，其中 h_t 为瞬时 t 的闸室水深（m），B_x 为闸室有效宽度（m）；

q_1——船尾处的单宽流量（m^2/s），$q_1 = \dfrac{Q_t l_T}{B_x L_c}$，其中 Q_t 为瞬时 t 的泄水流量（m^3/s），l_T 为船尾离上闸首的距离（m），L_c 为闸室水域长度（m）；

q_2——船首处的单宽流量（m^2/s），$q_2 = \dfrac{Q_t(l_T + l_c)}{B_x L_c}$，其中 l_c 为船舶（队）换算长度（m）。

3. 流速力

船闸输水时，闸室内水流纵向流动对船舶所产生的作用力与船舶在静水中航行时所受的阻力相仿。对于集中输水系统，闸室灌水水流向下闸首推进时，部分流量将用于抬高沿程水位，因而流量沿程逐渐减小。考虑到该情况以及流速在闸室断面分布的不均匀性，流速力可按船舶阻力的计算公式引入相应的系数而得：

$$P_u = \left\{\delta\varphi\chi[1 + (m_c - 1)\alpha^2] + \frac{1}{3}\left(fO + \frac{W}{C^2R}\right)\right\}\frac{gQ_t^2}{(\omega_t - \chi)^2} \tag{5-30}$$

式中：P_u——闸室内流速力（kN）；

δ——船舶（队）排水量方形系数，可取 0.8 左右；

φ——剩余阻力系数，对非自航楔形木船和金属船为 10.5×10^{-3}，对非自航式勺形铁壳船为 8×10^{-3}；

m_c——船前流速不均匀系数，对闸室泄水及引航道可取为 1.0；对闸室灌水，当采用复杂消能措施时为 2.0 ~ 2.5；当采用简单消能措施时为 3.0 ~ 4.0；

f——摩擦系数，对金属船为 0.17×10^{-3}，对木船为 0.25×10^{-3}；

O——船舶浸水表面面积（m^2）；

α——系数，$\alpha = \dfrac{\omega_t - \chi}{\omega_t}$，其中 ω_t 为闸室 t 时刻的过水横断面面积（m^2）；

R——水力半径（m）；

C——谢才系数；

其余符号意义同前。

分散输水系统闸室的纵向水流是由于出水支孔出流不均匀产生的，其值很小，因而在一般情况下，分散输水系统产生的流速力可忽略不计。

4. 局部力

闸室输水时,各种局部水流(如漩滚、涡流、紊动等)对停泊船舶的作用力,称为局部力。由于局部水流的作用非常复杂,至今尚无完善的计算方法,须由水工模型试验加以确定。减小局部力,对集中输水系统主要应从消能措施上加以考虑,若消能措施较好,则局部力较小。对分散输水系统主要应从出水支孔的布置及消能措施上考虑,出水支孔应分布在闸室较大的范围内,各支孔出流尽可能均匀,并充分消能。

5. 闸室灌水时船舶的停泊条件校核

闸室灌水时,闸室内船舶将受到波浪力、流速力以及局部水流所产生的动水作用力。由于局部力主要从消能措施上加以考虑,若消能措施较好,则局部力较小。同时根据闸室灌水时波浪力、流速力大小及变化规律来看,灌水初期波浪力最大、流速力很小;以后阶段波浪力逐渐减小、流速力有所增大,但两者叠加仍然比灌水开始阶段波浪力小。因此闸室灌水时,过闸船舶的停泊条件,按灌水初期波浪力进行校核:

$$P_b \leqslant P_L \tag{5-31}$$

式中:P_L——船舶(队)允许系缆力的纵向水平分力(kN)。

6. 闸室泄水时船舶的停泊条件校核

闸室泄水时,闸室内船舶所受的动水作用力主要为泄水水面坡降所产生的作用力 P_i 以及纵向水流的流速力 P_u。因此,闸室泄水时过闸船舶的停泊条件按下式核算:

$$P_i + P_u \leqslant P_L \tag{5-32}$$

(二)引航道内船舶的停泊条件估算

闸室灌、泄水时,在上下游引航道产生的非恒定流,同样会对在引航道中等待过闸的船舶产生动水作用力。由于停泊在引航道中的船舶离闸首一般较远,局部水流对船舶的作用力很小。因此,引航道中船舶所受的动力作用为波浪力 P'_b 和流速力 P'_u 之和。因此,船舶(队)在上、下游引航道的停泊条件按下式核算:

$$P'_b + P'_u \leqslant P_L \tag{5-33}$$

波浪力 P'_b 和流速力 P'_u 的计算可参考《船闸输水系统设计规范》附录进行计算。

四、输水阀门后廊道的水力条件复核

船闸输水廊道的阀门通常是在有水位差作用下工作。当阀门局部开启时,水流通过阀门断面后产生收缩,然后扩大到整个廊道。这时阀门后的水力条件主要决定于阀门的淹没水深以及阀门后的通气条件。根据阀门的通气情况,可分为开敞式阀门(图5-26a)及密封式阀门(图5-26b)两种。

(一)开敞式阀门后水跃条件的验算

由于输水阀门后水流收缩及高速水流作用,会造成阀门后廊道内压力下降。但对于开敞式阀门,由于有足够的空气从输水阀门的阀门井或检修井进入廊道中,因此不可能产生很大的负压,反而由于有足够的空气进入,可能在阀门后发生远驱式水跃。这种远驱式水跃对于输水阀门和廊道来说都是不利的,因为相当长的一段廊道内流速过大,水跃的位置不稳定，容易碰撞阀门而引起阀门的振动。因此，对于开敞式阀门需核算输水阀门后是否产生远驱式水跃。

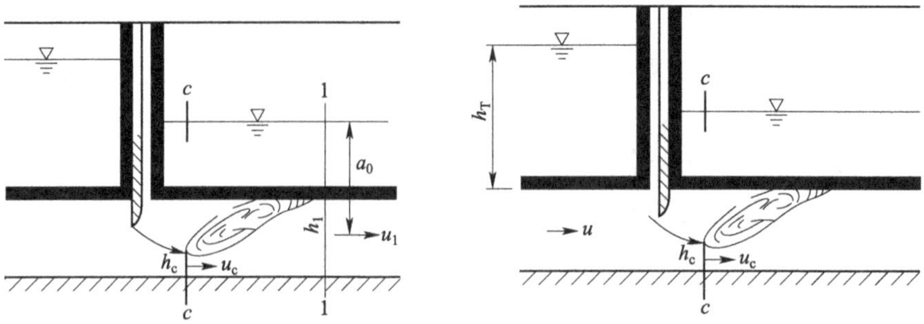

a) 开敞式　　b) 密封式

图 5-26　船闸输水闸门通气情况

根据图 5-26a）可以写出阀门后水流收缩断面 $c-c$ 与水流扩散断面 1－1 之间廊道内水体的动量方程式，从而可推得：

$$[P_1]=P_c+\frac{q^2}{gh_1^2}\left(\frac{1}{\varepsilon_n n}-1\right)-\frac{h_1}{2}(1-\varepsilon_n^2n^2) \tag{5-34}$$

另一方面，建立水流扩散断面 1－1 与下游水面之间的能量方程，从而可推得：

$$P_1=\frac{q^2}{2gh_1^2}(\xi_2-1)+\left(a_0-\frac{h_1}{2}\right) \tag{5-35}$$

式中：$[P_1]$、P_1——阀门后水流充分扩散处廊道顶部的压力水头（m）；

P_c——阀门后水流收缩断面处廊道顶部的压力水头（m），当通气充分时 $P_c=0$；

q——廊道的单宽流量（m^2/s），$q=\frac{Q_t}{b}$，Q_t 为一条廊道 t 时刻的流量（m^3/s），b 为阀门处廊道的宽度（m）；

h_1——阀门后水流充分扩散处的廊道高度（m）；

ε_n——收缩系数，按表 5-5 选用；

n——阀门开度；

ξ_2——阀门后输水系统的阻力系数之和，按表 5-4 计算；

a_0——阀门处廊道断面中心在闸室（灌水时）或下游（泄水时）水位以下的深度（m）。

可以这样通俗地理解：式（5-34）表示水流在扩散断面 1－1 具有的“能量”，而式（5-35）表示扩散断面 1－1 至下游水面之间能够消耗的“能量”，当水流具有的“能量”大于能够消耗的“能量”时，则在阀门后会发生远驱式水跃。因此，考虑一定安全系数的情况下，开敞式阀门后不发生远驱式水跃的条件为：

$$P_1\geqslant K_0[P_1] \tag{5-36}$$

式中：K_0——安全系数，可取 $K_0=1.1$。

在计算校核时，应对整个输水过程进行复核。

（二）密封式阀门后压力的计算

对于密封式阀门，由于没有足够的空气进入廊道，在输水阀门后水流收缩及高速水流作用下，廊道内可能产生负压，若压力过低就可能出现气蚀现象，这对阀门及阀门后一段廊道产生不利作用。对于短廊道输水，由于水位差较小，一般不致产生气蚀，因而只需核算阀门后水流收缩断面处廊道顶部的压力水头。

为了求得密封式阀门后水流收缩断面处廊道顶部的压力，可建立收缩断面 $c-c$ 与上游水面或下游水面之间的能量方程。如图 5-26b）所示，以廊道顶面为基准面，建立收缩断面 $c-c$ 与上游水面之间的能量方程，由此可得出阀门后廊道顶部压力水头 P_c 的计算公式。

$$P_c = h_T - \xi_1 \frac{u^2}{2g} - \frac{u_c^2}{2g} \tag{5-37}$$

式中：P_c——阀门后水流收缩断面廊道顶部的压力水头（m）；

h_T——上游水位与阀门后廊道顶部高程的差值（m）；

u——相对于阀门处廊道面积的廊道水流平均流速（m/s）；

ξ_1——输水阀门前廊道段的阻力系数之和，按表 5-4 计算；

u_c——水流收缩断面的平均流速（m/s），$u_c = u/n\varepsilon_n$，其中 n 为阀门开度，ε_n 为收缩系数，可按表 5-5 选用。

在计算校核时，应对整个输水过程进行复核。船闸正常运转时，输水系统各部位不宜出现负压，在特殊情况下，其局部压力不宜产生超过 3m 水柱的负压。

五、分散输水系统水力计算的其它问题

分散输水系统的布置及水力特点与集中输水系统有所不同，因此，其水力计算也与集中输水系统有些区别。首先，由于分散输水系统的廊道较长，因而计算时必须考虑其摩擦阻力以及水流的惯性影响；其次，在计算内容上，有一些针对分散输水系统水力特点的计算内容，如闸室内水面惯性超高（超降）、闸室廊道内最大剩余压力、廊道转弯段压力以及阀门工作空化数等。

（一）水流惯性对水力计算的影响

分散输水系统廊道内水流惯性对船闸水力计算的影响有以下几方面：

（1）水流惯性将缩短闸室的灌泄水时间。在闸室灌、泄水初期，由于输水有效水头较大，水流惯性对输水时间的影响较小，而灌、泄水后期，输水有效水头较小，水流惯性对输水时间的影响相对也就比较显著，大大加快了水面变化速度，因而缩短了闸室的灌、泄水时间。另一方面，水流惯性也造成闸室水面在灌、泄水末期上（下）游的齐平水位为中心波动（图 5-27）。

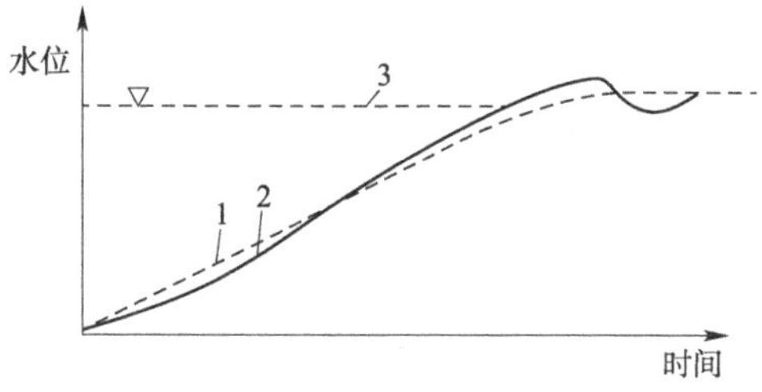

图 5-27　灌泄水末期的惯性水头波动

1-未考虑惯性的曲线；2-考虑惯性的曲线；3-上游水位

（2）不同的分散输水系统布置，其水流惯性在船闸闸室内传播及对船舶受力影响是不同的。

（3）廊道内水流惯性还将使阀门后水流收缩断面处的压力有所升高。

(二)分散输水系统水力计算的有关问题

1. 闸室水面的惯性超高(降)值

阀门全开后,分散输水系统的惯性超高(降)值可按下式计算。

$$d = \frac{\mu^2 \omega l_p}{C}$$

式中:l_p——输水廊道的换算长度(m);

其余符号意义同前。

2. 输水廊道的换算长度

前面式(5-8)$l_p = \sum_{i=1}^{m} \frac{\omega}{\omega_i} l_i$ 为流量沿程不变情况下,串联廊道换算长度的计算公式。以下介绍分散输水系统中,两种典型的廊道系统换算长度的计算。

(1)具有出水支孔段的廊道换算长度

由于出水支孔出流的影响,沿出水支孔段廊道的流量是变化的(图5-28),廊道换算长度可按下式计算:

$$l_p = \sum_{i=1}^{n-1} \frac{u_i}{u} l_i$$

式中:l_p——出水支孔段廊道的换算长度(m);

u_i——出水支孔廊道第 i 段的流速(m/s);

u——出水支孔段前主廊道的流速(m/s);

n——出水支孔数。

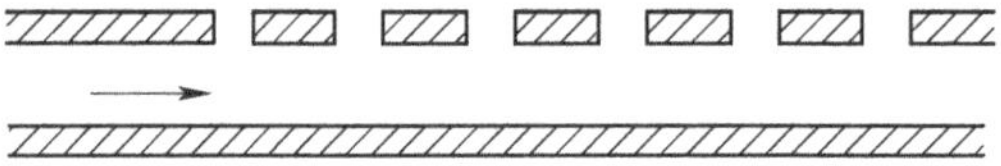

图5-28 出水支孔段的廊道换算长度

由于分散输水系统中各支孔出流是不均匀的,而且是非恒定的,因而精确计算出水支孔段廊道的换算长度是比较困难的。在实际工作中,当出水支孔数 n 大于15时,出水支孔段廊道的换算长度 l_p 可取为该段廊道长度的一半,即 $l_p = \frac{1}{2}L$(L 为出水支孔段的廊道长度)。

(2)具有分支廊道的廊道段换算长度

对具有分支廊道的廊道段换算长度,其主廊道段的换算长度和上述具有出水支孔段的廊道计算方法相同,只是将各分支廊道作为出水支孔考虑。分支廊道相当于并联管道(图5-29),并联分支廊道换算长度为:

$$l_p = \frac{1}{n} \sum_{i=1}^{n} \frac{u_i}{u} l_i$$

式中:l_p——并联分支廊道的换算长度(m);

u_i——第 i 根分支廊道的流速(m/s);

u——主廊流速(m/s);

l_i——第 i 根分支廊道长度(m);

n——分支廊道数。

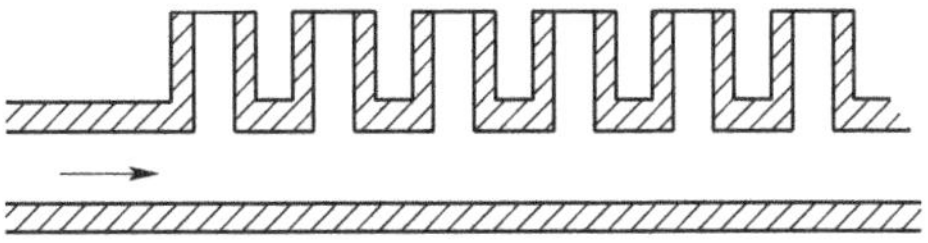

图 5-29 并联分支廊道的换算长度

当各分支廊道长度、流量及断面均相等时,可得:

$$l_p = \frac{u_i}{u} l_i$$

亦即并联分支廊道的总换算长度等于任一根分支廊道的换算长度。

3. 廊道转弯段内侧的最低压力水头

由于分散输水系统的水头较高,廊道内流速较大,若廊道曲率过小,廊道转弯段内侧压力有可能很低而发生气蚀,因此,须核算其转弯段内侧的最低压力水头。对矩形断面廊道,计算公式如下:

$$H_i = H_p - C_p \frac{u^2}{2g}$$

式中:H_i——廊道转弯段内侧最低压力水头(m);

H_p——廊道转弯段45°处按上游压力坡度直线延长计算的平均压力水头(m);

u——廊道转弯段的平均流速(m/s);

C_p——压降参数,可由图5-30查得,图中R为廊道转弯段中心线的曲率半径(m),$c = b/2$,b为廊道宽度(m)。

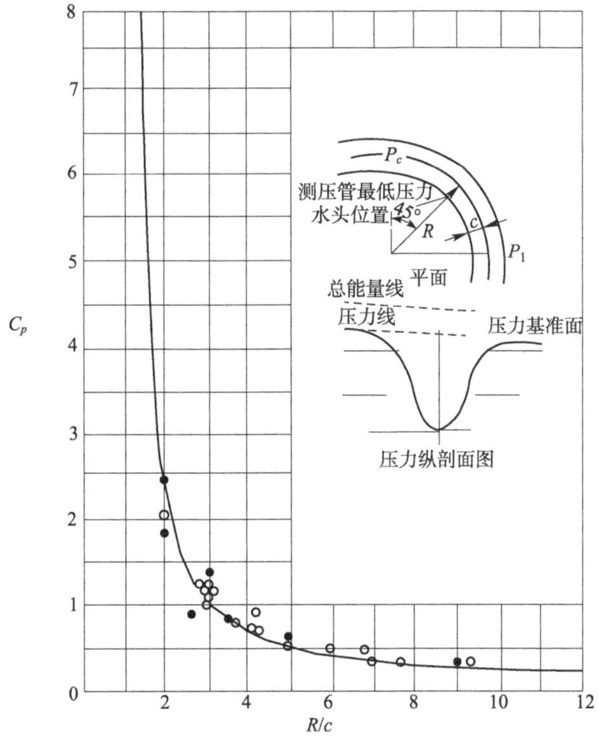

图 5-30 C_p 与 R/c 关系曲线

由图 5-30 可见，R/c 越小，C_p 越大，则压力也越低，当 $R/c<3$（即 $R/b<1.5$）时，C_p 值增加很快。因此，要提高转弯段内侧压力，以采用 $R/b>1.3\sim1.5$ 为宜。

4. 分散输水系统输水阀门底缘空化数的计算

分散输水系统的灌水阀门一般应采用密封式阀门，以防止灌水过程中空气进入闸室，恶化船舶停泊条件。由于分散输水系统的水头较高，因此除了应计算阀门后水流收缩处的压力外，尚应进行阀门底缘空化数计算，以判断是否会发生空化，并采取相应的措施。

密封式输水阀门底缘工作空化数定义为：

$$K=\frac{p+(p_a-p_u)}{u^2/2g}$$

式中：K——阀门底缘工作空化数；

p——阀门底缘的压力水头（m），p 等于上游水位减去底缘高程、输水阀门前廊道段的水头损失和开启断面的平均流速水头；

p_a——以水头表示的大气压力（m），按图 5-31 选用；

p_u——以水头表示的水的蒸气压力（m），按图 5-32 选用；

u——阀门开启断面的平均流速（m/s）。

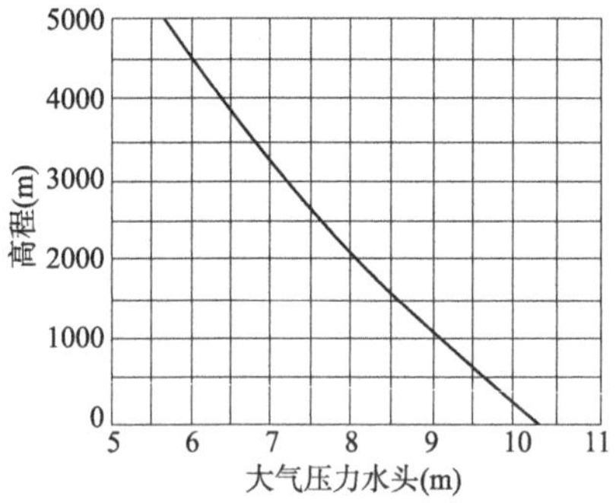

图 5-31　大气压力与高程的关系曲线

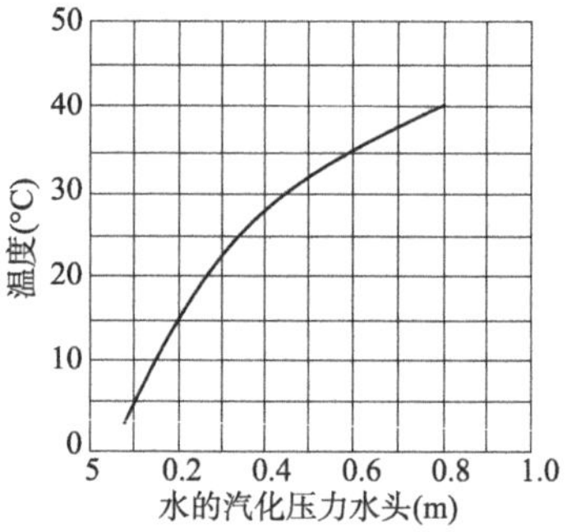

图 5-32　水的汽化压力与温度的关系曲线

底缘工作空化数 K 越小，产生空化的可能性则越大。当底缘工作空化数 K 小于其相应的临界空化数 K_0 时，阀门底缘将产生空化。为抑制空化的发生，可采用改变阀门开启方式，降低阀门高程以及优化阀门段廊道体型等措施，必要时可通入适量的空气。临界空化数 K_0 可通过减压模型试验或参考类似工程确定。

第六章　船闸水工建筑物

第一节　概　　述

船闸水工建筑物是船闸工程的主体结构建筑物，包括闸首、闸室、导航及靠船建筑物等。

一、船闸水工建筑物设计的基本要求

进行船闸水工建筑物设计时，首先需考虑以下的基本要求：

(1)在选择结构型式时，需根据船闸所处的自然条件、地质条件、建筑材料来源情况、受力特征、对结构的使用要求以及施工条件等因素进行综合考虑并通过技术经济比较确定。

(2)闸首、闸室等挡水建筑物，因其失事将导致严重后果或因经常检修而影响运输，必须满足稳定和强度要求。当闸室采用透水闸底，闸室灌、泄水时，其渗流方向将频繁变换，为防止地基破坏及保证船闸水工建筑物正常工作，须认真做好防渗排水设计。

(3)溢洪船闸在布置和结构上须有相应的安全措施，如闸门锁定、墙后填土、表面防护等，以确保建筑物及各设备不被破坏。

(4)对损坏后难以修复的隐蔽工程和水下工程，如排水、止水设施等，设计时须周密考虑，确保其运行安全。

(5)为掌握施工期结构工作状态，监视船闸安全运转，总结和提高船闸设计水平，船闸结构的原型观测是十分必要的，可根据具体情况布置和埋设观测设备。

二、建筑物级别的划分

根据船闸级别及各部位建筑物在工程中的作用和重要性，船闸水工建筑物划分为5级(表6-1)。

船闸水工建筑物级别　　表6-1

船闸级别	水工建筑物级别		
	永久性建筑物		临时性建筑物
	闸首、闸室	导航、靠船建筑物	
Ⅰ	1	3	4
Ⅱ、Ⅲ	2	3	4
Ⅳ、Ⅴ	3	4	5
Ⅵ、Ⅶ	4	5	-

在综合性水利枢纽中，挡水的闸首和闸室级别应与枢纽中的其它挡水工建筑物的级别一致。

对船闸水工建筑物级别的划分，还须考虑建筑物作用水头大小、结构和地基特征、工程所处的地理位置等因素。为提高结构的可靠性，如有下列情况出现，宜按表6-1所列建筑物级别提高一级。

(1)当最大水头超过15m。

(2)当建筑物失事后，将使下游城镇、田地、工矿区或其它国民经济部门遭受严重灾害或带来巨大损失，以及临时性建筑物失事可能引起永久性建筑物遭受严重破坏。

(3)水工建筑物的工程地质条件特别复杂，或采用实践经验较少的新型结构。

第二节　作用在船闸结构上的荷载及组合

在船闸水工建筑物设计时，须根据建筑物在施工、完建、运用及检修等不同时期所承受的荷载，并按各种可能的最不利组合进行计算。

一、作用荷载

(一)建筑物(含内部或上部填料)重力

建筑物的自重力以及其填料的重力根据建筑物尺寸和材料的重度计算。一般钢筋混凝土结构的重度采用24～25kN/m^3，浆砌块石的重度采用21～22kN/m^3。重要工程的各种建筑材料的重度应通过试验确定。

(二)闸(阀)门及其它设备重力

闸门、阀门、启闭机及其它设备的重力可按有关经验公式(见第七章第三节或《船闸闸阀门设计规范》)，或参照类似工程进行估算。

(三)土压力

土压力是作用在船闸结构上的主要荷载之一。计算土压力时，应根据地基性质、结构类型及回填土性质、墙体刚度以及荷载作用后可能的变形和位移状态等因素判别土压力的计算状态。

结合我国船闸建设经验，作用在船闸结构上的土压力状态应根据以下不同情况分别考虑：

(1)土基上的重力式、扶壁式、悬臂式等结构，墙后填土应按主动土压力计算；

(2)土基上设斜桩和带横撑的直桩基础上或岩基上的重力式、扶壁式、悬臂式、混合式等结构，由于墙身变位受到限制，主动极限平衡状态一般难以发生，墙后填土应按静止土压力计算；

(3)一般的整体式结构，不论是建在土基上还是岩基上，墙后土压力均按静止土压力计算。但对于墙高大于15m的整体式及悬臂式钢筋混凝土结构，由于结构上部一般会产生大于静止土压力的附加土压力，因此应对附加土压力的影响进行分析研究，确定土压力计算值。

1. 主动土压力计算

(1)对于无粘性多层土或折线墙背(图6-1)，当 $-15° \leqslant \alpha \leqslant \theta'$ 时，第 n 层填料的土压力可按式(6-1)计算。其水平及垂直分土压力分别按式(6-2)及式(6-3)计算。θ' 为第二破裂面与垂线的夹角。

$$E_n = \frac{1}{2}(e'_n + e''_n)\frac{h_n}{\cos\alpha} \tag{6-1}$$

$$E_{nx} = \frac{1}{2}(e'_{nx} + e''_{nx})h_n \tag{6-2}$$

$$E_{ny} = \frac{1}{2}(e'_{ny} + e''_{ny})h_n \tan\alpha \tag{6-3}$$

$$\theta' = \frac{1}{2}(90° - \varphi) - \frac{1}{2}(\varepsilon - \beta) \tag{6-4}$$

$$\varepsilon = \sin^{-1}\frac{\sin\beta}{\sin\varphi}$$

其中，作用在墙背上第 n 层土上、下端处单位面积上的土压力强度 e'_n、e''_n 为：

$$e'_n = (K_q q + \sum_{i=1}^{n-1} r_i h_i)K_a \cos\alpha \tag{6-5}$$

$$e''_n = (K_q q + \sum_{i=1}^{n} r_i h_i)K_a \cos\alpha \tag{6-6}$$

作用在垂直面上第 n 层土上、下端处的水平分土压力强度 e'_{nx}、e''_{nx} 为：

$$e'_{nx} = (K_q q + \sum_{i=1}^{n-1} r_i h_i)K_{ax} \tag{6-7}$$

$$e''_{nx} = (K_q q + \sum_{i=1}^{n} r_i h_i)K_{ax} \tag{6-8}$$

作用在水平面上第 n 层土上、下端处的垂直分土压力强度 e'_{ny}、e''_{ny} 为：

$$e'_{ny} = (K_q q + \sum_{i=1}^{n-1} r_i h_i)K_{ay} \tag{6-9}$$

$$e''_{ny} = (K_q q + \sum_{i=1}^{n} r_i h_i)K_{ay} \tag{6-10}$$

式中：$K_q = \dfrac{\cos\alpha}{\cos(\alpha - \beta)}$；

$$K_a = \frac{\cos^2(\varphi_i - \alpha)}{\cos^2\alpha\cos(\alpha + \delta)\left[1 + \sqrt{\dfrac{\sin(\varphi_i + \delta)\sin(\varphi_i - \beta)}{\cos(\alpha + \delta)\cos(\alpha - \beta)}}\right]^2};$$

$K_{ax} = K_a \cos(\alpha + \delta)$；

$K_{ay} = K_a \sin(\alpha + \delta)/\tan\alpha$；

h_i——第 i 层土的厚度(m)；

q——地面均布荷载(kPa)；

α——墙背与垂线的夹角(°)，仰斜为正(图6-1状态)，俯斜为负；

r_i——第 i 层土的重度(kN/m³)，水下取浮重度；

φ_i——第 i 层土的内摩擦角(°)；

δ——填料与墙背的摩擦角(°)；

β——地面与水平面的夹角(°)，在水平面以上为正，水平面以下为负，且 $|\beta| \leqslant \varphi$。

墙背外摩擦角 δ 对土压力的数值和作用方向影响较大，应根据填土性质、墙背型式、粗糙程度等慎重选定，一般不宜大于下列规定值：(1)仰斜的混凝土或砌体墙背采用 $(1/2 \sim 2/3)\varphi$，阶梯型采用 $(2/3 \sim 1)\varphi$；(2)垂直的混凝土或砌体墙背采用 $(1/3 \sim 1/2)\varphi$；(3)俯斜的混凝土或砌体墙背采用 $(0 \sim 1/3)\varphi$。

(2)对无粘性土，当 $\beta = 0, \alpha \geqslant 45° - \dfrac{\varphi}{2}$ 或闸墙为后趾较长的 L 型结构时，其主动土压力可按朗肯公式计算。如图 6-2 所示，从墙的后趾端作垂线，垂线上的土压力为主动土压力的水平分力，墙背与垂直面间的土重量 G 作为土压力的垂直分力。

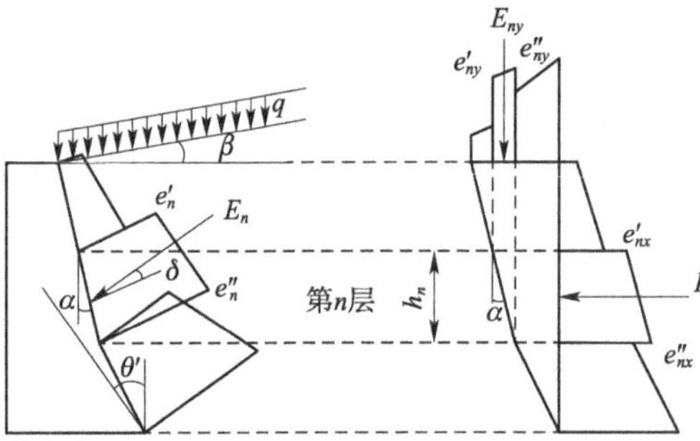

图 6-1　主动土压力计算图(库仑法)

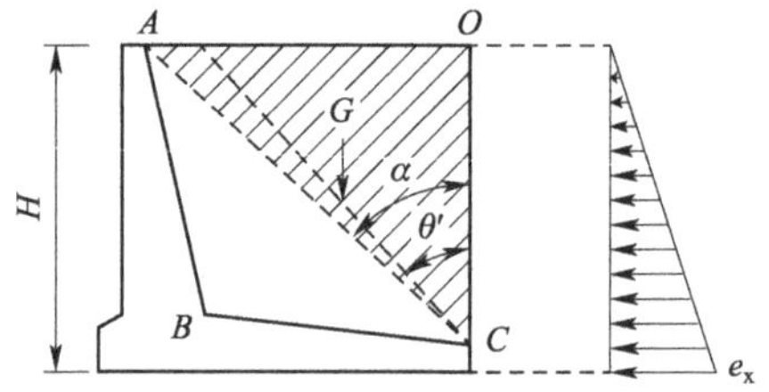

图 6-2　L 型闸墙结构墙后主动土压力计算简图

水平向的土压力强度可按下式计算：

$$e_x = \gamma H K_{ax} \tag{6-11}$$

$$K_{ax} = \tan^2\left(45° - \frac{\varphi}{2}\right)$$

(3)粘性土主动土压力根据经验可采用楔体极限平衡图解法确定；当有经验时，也可按等代内摩擦角法，按无粘性土计算主动土压力。土质较差或回填不密实的粘性土，可不计粘聚力。当地面为水平时，在计算垂直面上粘性土的主动土压力强度也可按下式计算：

$$e_{aH} = (q + \sum_{i=1}^{n} \gamma_i h_i) K_a - 2c\sqrt{K_a} \tag{6-12}$$

式中：e_{aH}——主动土压力强度(kPa)，当 e_{aH} 小于等于 0 时取 0；

q——地面均布荷载(kPa)；

γ_i——第 i 层土的重度(kN/m^3)，水下取浮重度；

h_i——第 i 层土的厚度(m)；

K_a——第 i 层土主动土压力系数，$K_a = \tan^2\left(45° - \dfrac{\varphi}{2}\right)$；

c——第 i 层土的粘聚力(kN/m^2)；

φ——第 i 层土的内摩擦角(°)。

2. 静止土压力计算

静止土压力是指墙体没有位移时的土压力，一般为墙身刚度较大及地基不发生沉降情况下产生的土压力。

在船闸设计中，关于静止土压力计算，《船闸水工建筑物设计规范》(JTJ 307—2001)只有第6.1.11条规定，即"静止土压力系数，按主动土压力系数的1.25～1.5倍采用"，并没有明确静止土压力计算方法，不同设计人员有不同的理解，大概有以下三种：

(1)因为土力学中有明确的静止土压力强度计算式，因此，先根据《船闸水工建筑物设计规范》(JTJ 307—2001)计算主动土压力系数 K_a，取静止土压力系数 $K_0=(1.25\sim1.5)K_a$，然后按照相关文献计算静止土压力强度及静止土压力。

(2)先根据《船闸水工建筑物设计规范》(JTJ 307—2001)计算主动土压力系数 K_a，将该系数扩大(1.25～1.5)倍，再代入《船闸水工建筑物设计规范》(JTJ 307—2001)中的主动土压力计算公式，认为计算结果是静止土压力。

(3)先根据《船闸水工建筑物设计规范》(JTJ 307—2001)计算主动土压力，然后将计算结果扩大1.25～1.5倍，认为该结果是静止土压力。

上述三种方法计算结果差别较大。由于在我国船闸设计相关规范出来之前的教科书和相关文献多采用的是第三种方法。该方法简单方便，因此，传统上我国工程技术人员已经习惯采用第三种方法，且现在一直沿用。但第三种方法与现行规范不符，因此关于静止土压力计算方法，有待进一步规范明确。

3. 附加土压力问题

规范规定，对于墙高大于15m的整体式及悬臂式钢筋混凝土结构，由于结构上部一般会产生大于静止土压力的附加土压力，因此应对附加土压力的影响进行分析研究，确定土压力。

(四)静水压力

作用于建筑物表面的静水压力根据不同的水位组合情况进行计算。作用于衬砌式闸墙背后的水压力，按静水压力乘以折减系数 α 计，其 α 值应与墙底的渗压折减系数相协调，取 $\alpha=0.3\sim1.0$。

(五)扬压力

作用于建筑物基础底面垂直向上的总水压力称为扬压力，包括浮托力和渗透压力(图6-3)。

1. 浮托力

对于设置透水闸底的分离式闸室结构以及闸首结构，其建筑物基底浮托力的强度等于低水一侧水位与建筑物基底的高程差乘以水的重度；当闸室底板不透水时，应将船闸结构视为一个整体不透水结构考虑。

2. 渗透压力

渗透压力的确定取决于地基的性质。

(1)土基上建筑物基底渗透压力

土基上建筑物的渗透压力可根据渗径系数

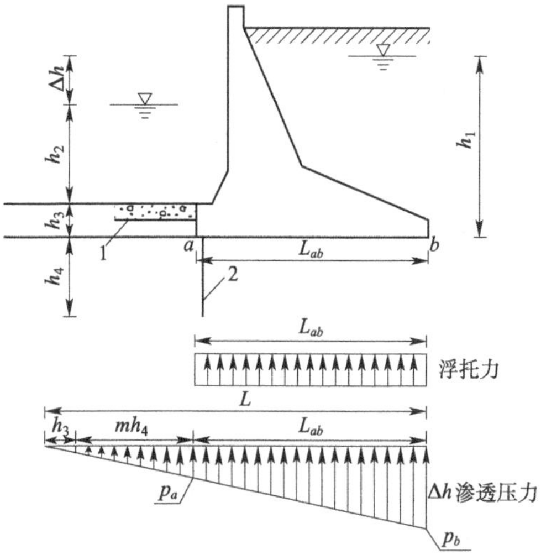

图6-3 土基上闸室结构的扬压力分布示意图

1-护底；2-防渗板桩

法进行计算。将建筑物地下轮廓线的化引长度(渗径长度)水平展开,高水一侧取渗透水头 Δh,低水一侧取零,其间用直线相连,分布于建筑物基底的部分即为作用于建筑物基底的渗透压力(图6-3)。有关渗径长度计算见本章第六节内容。

如图6-3所示,Δh 为墙前与墙后的水位差(渗透水头),a 点和 b 点的渗透压力强度分别可按下式计算:

$$p_a = \frac{h_3 + mh_4}{L}\gamma\Delta h$$

$$p_b = \gamma\Delta h$$

(2)岩基上建筑物基底渗透压力

岩基上建筑物基底渗流的沿程水头损失比较复杂,它与基岩特性、裂隙程度、节理分布、建筑物与基岩接触面材料和施工质量、防渗和排水效果等多种因素有关。在工程实践,常根据已建类似工程的观测资料,归纳出经验算法,求得近似结果。岩基上重要船闸,其渗透压力可参照现行行业标准《混凝土重力坝设计规范》有关规定计算。

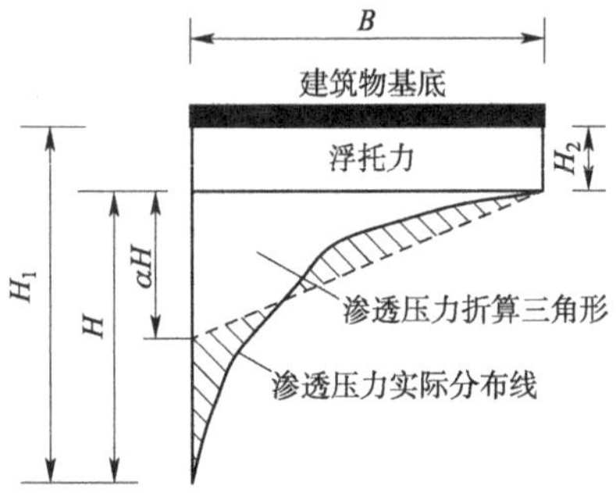

图6-4 未设帷幕或排水设施的扬压力分布示意图

对岩基上未设帷幕、排水设施的船闸,观测资料表明,渗透压力线的变化往往不是一条直线,而是曲线。为了便于计算,一般假定渗透压力呈三角形分布(图6-4),图中 H_1 为上游水深,H_2 为下游水深,H 为渗透水头。将渗透水头 H 乘以折减系数 α,使三角形面积与按曲线变化的面积近似相等,则沿建筑物纵向单位长度上总渗透压力为:

$$V_s = \frac{1}{2}\alpha\gamma HB \tag{6-13}$$

式中:V_s——单位长度上的总渗透压力(kN/m);

α——渗压折减系数;

γ——水的重度(kN/m^3);

H——渗透水头(m);

B——建筑物基底的宽度(m)。

岩基上的渗压折减系数 α 一般根据地质条件、建筑物等级、承受水头的大小、建筑材料、施工条件及质量等因素综合考虑,按0.3~1.0选用。地质条件好、节理裂隙不发育的基岩取小值;船闸承受水头高时,或者建筑物级别较高时取较大值;建筑物采用的材料为混凝土取小值;采用浆砌块石取较大值;施工质量好取小值。

(六)船舶荷载

船舶荷载包括:船舶行进时,船舶对建筑物的撞击力;船舶停靠时,由系船设备传到建筑物上的系缆力。至于停靠在建筑物前的船舶受风力作用而产生的横挤力,一般比撞击力小,在船闸设计中多不予以考虑。

1.撞击力

船舶行进时对建筑物的撞击力是一动力荷载,它与船舶排水量、撞击速度及角度、船舶和建筑物及其上防撞设施的变形特性等因素有关，目前在港口工程中广泛采用能量公式计算。由于船闸工程缺乏足够的观测和研究以及船闸闸墙一般不设防撞设施等原因，因此，一般的能量公式在船闸中尚不适用，故仍采用经验公式计算船舶的撞击力，其计算公式为：

$$P_c = 0.9KW^{2/3} \tag{6-14}$$

式中：P_c——船舶撞击力（kN）；

W——船舶（队）排水量（t）；

K——系数，对闸室 $K=1.0$，对引航道中导航建筑物的直线段 $K=1.67$，曲线段 $K=2.0$。

2. 系缆力

船舶系缆力由配缆破断力计算确定。设计时可根据过闸船舶的载重吨按表 6-2 选用。

内河货船、驳船系缆力　　表 6-2

船舶载重吨 DWT（t）	系缆力值（kN）	船舶载重吨 DWT（t）	系缆力值（kN）
DWT≤100	30	1000 < DWT≤2000	150
100 < DWT≤500	50	2000 < DWT≤3000	200
500 < DWT≤1000	100	3000 < DWT≤5000	250

3. 船舶荷载分布长度

船舶荷载可认为垂直作用于建筑物表面的某一点，由于力的扩散作用，船舶荷载由建筑物长度方向上一定范围来承受，而对长度方向较长的船闸结构往往取单宽结构进行计算。因此，取单宽进行结构计算时，应考虑船舶荷载的分布长度问题（图 6-5）。

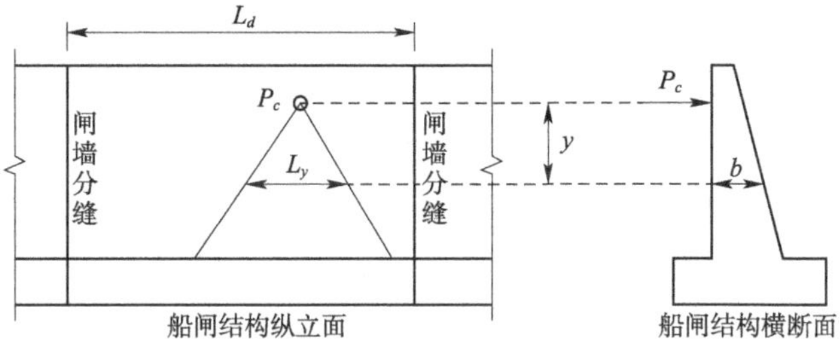

图 6-5　船舶荷载分布长度示意图

船舶荷载分布长度可按下列公式确定：

$$L_y = \frac{2}{3}y \tag{6-15}$$

$$2b \le L_y \le L_d \tag{6-16}$$

式中：L_y——沿闸墙长度方向的分布长度（m）；

y——撞击点至计算截面的高度（m）；

b——计算截面处的墙厚度（m）；

L_d——闸墙分段长度（m）。

对于连续的闸墙及导航墙，由于力的扩散作用，船舶荷载将分布在一定的长度范围内，因此单宽上的力往往不大，对结构影响较小。而对独立建筑物或轻型结构，如墩柱式或框架式等结构，则影响较大。

(七)闸面活荷载

闸面活荷载的大小决定于船闸的施工和运转方式。通常情况下,过闸船舶不用岸上曳引设备,可只考虑人群荷载,并考虑船闸检修期墙后堆放少量材料或使用轻便设备机械的要求,闸面活荷载通常取为2~5kPa。当闸面有汽车、牵引车通行或堆放材料时,应根据具体情况确定。

(八)波浪压力

枢纽建成蓄水后,上游水面在风力的推动下形成波浪,当波浪与建筑物相遇,产生波浪压力。波浪压力的大小取决于波浪的大小、建筑物前水深以及建筑物的迎水面坡度等。

1. 波浪要素确定

计算波浪压力,首先要确定波浪要素(波高和波长)。受风浪作用的船闸建筑物,当无可靠波高、波长资料时,根据船闸所处的位置,可参照下列方法进行计算。

(1)平原地区船闸,按西晓夫公式计算:

$$2h_w = 0.0151W(HD)^{0.33} \tag{6-17}$$

$$2L_w = 0.104WH^{0.57}D^{0.33} \tag{6-18}$$

(2)狭长山谷地带的船闸,按官厅水库公式计算:

$$2h_w = 0.0166W^{1.25}D^{0.33} \tag{6-19}$$

$$2L_w = 10.4(2h_w)^{0.8} \tag{6-20}$$

式中:$2h_w$——波高(m);

$2L_w$——波长(m);

W——计算风速(m/s);

H——水深(m);

D——吹程(km),河道船闸宜取5倍闸前水面宽度,库区船闸取闸前沿水面至对岸的最大直线距离。

(3)港口附近的船闸也可参照现行行业标准《内河航道与港口水文规范》的有关规定估算。

2. 波浪压力计算

波浪要素确定后,可根据建筑物轮廓形状(直立、斜坡,或孤立墩柱)和计算情况的相应水深,选用有关公式计算波浪压力。

(九)水流力

处于流水中的建筑物将受到水流力的作用。影响水流力的因素较复杂,迄今未获得较满意的理论解答,一般多借助于试验确定。在初步计算时,作用于建筑物各部件上的水流力可按下式计算:

$$F = C_\omega \frac{\gamma u^2}{2g}A \tag{6-21}$$

式中:F——水流力(kN);

u——计算流速(m/s),采用建筑物使用期间,在其所处范围内可能出现的最大平均流速;

C_ω——水流力系数,与计算构件的断面形状等因素有关,可取为1.2~2.0;

γ——水的重度(kN/m^3);

g——重力加速度(m/s^2);

A——构件在与水流流向垂直的平面上的投影面积(m^2)。

(十)地震力

当发生地震时,作用于建筑物上的地震力有:由建筑物自重及其上的垂直荷载所引起的地震惯性力;建筑物与土接触,而由土所产生的地震土压力;建筑物与水接触,由水所产生的地震动水压力。这些荷载的大小主要取决于地震烈度。衡量地震烈度的标准各国都不一致,我国使用的是12度烈度表。当抗震设防烈度为6度时,可不进行抗震计算,但应适当采取抗震构造措施;抗震设防烈度为7~9度的船闸应进行抗震设计。船闸的施工期间可不考虑地震作用,船闸检修情况宜按抗震设防烈度降低一度进行验算。对抗震设防烈度高于9度的水运工程建筑物,其抗震设计应作专门的研究讨论。一般情况下,临时性建筑物可不进行抗震设计。

有关地震力的计算按照现行行业标准《水运工程抗震设计规范》进行。

二、计算情况及荷载组合

(一)计算情况

作用在船闸结构上的荷载,可能以不同组合方式出现。在设计计算时,不可能也不必要对所有的组合方式都进行计算,一般都选取起控制作用的组合方式进行计算。

所谓起控制作用的组合方式,就是在施工、运用、检修等各个时期,影响结构与地基强度和稳定性,作用在船闸结构上的外荷载所可能出现的最不利组合。出现这种荷载组合的工作情况通常称为计算情况。

船闸结构的计算情况,主要有运用、检修、完建、施工和特殊工况等,可根据工程的具体情况分析选取。

1. 运用情况

在船闸运转过程中,闸室内的水面可能与上游水位或下游水位齐平;若为多级船闸时,则为闸室的高水位或低水位。在设计时,应研究以下几种可能发生的最不利水位组合。

(1)高水运用情况

闸室内为上游最高通航水位,墙后地下水位取可能出现的最低地下水位或墙后排水管水位。此时,除水压力,土压力及自重力等荷载外,还应考虑船舶撞击力的作用。这种计算情况的特点是指向回填土方向的水平力较大。

(2)低水运用情况

闸室内为下游最低通航水位,墙后取可能出现的最高地下水位或墙后排水管水位。此时,除水压力,土压力及自重力等荷载外,还应考虑系缆力及闸面活荷载的作用。这种计算情况的特点是指向闸室方向的水平力较大。

(3)运用期其它不利情况

①当船闸与其它水工建筑物并列布置时,相邻建筑物进行检修的不利水位;

②可能出现的最大水位差的其它不利组合。

2. 检修情况

船闸检修时，可能的最不利水位组合，是将闸室内的水完全抽干，墙后地下水位取检修期可能出现的最高水位，并有闸面活荷载的作用。这种计算情况的特点是指向闸室方向的水平力较大，对于透水闸底的闸室，其渗透水头也较大。

3. 完建情况

闸室全部建成尚未放水的情况。此时闸墙已浇筑到顶，墙后填土已达到设计标高，并有闸面活荷载，地下水位尚未抬升，取与底板底面齐平。这种计算情况的特点是作用在地基上的垂直荷载较大。

4. 施工情况

在施工期，闸室结构的受力状况与施工程序和方法有密切关系。根据船闸修筑和墙后回填处于不利情况确定。如：

(1)对于混凝土闸室结构，由于采用滑升模板和机械化浇筑系统，混凝土浇筑生产率很高，可能出现闸墙的混凝土已浇筑到顶，墙后填土尚未填到设计标高，地下水也在闸墙底面以下，这时对整体式闸室底板的工作条件可能最为不利。

(2)对于施工期间临时分缝的整体式闸室底板，还必须计算临时缝浇筑前、浇筑后的两种情况。

5. 特殊情况

(1)特殊工况应考虑校核洪水、排水管堵塞和止水破坏情况。

(2)对处于地震区的船闸，应进行地震情况的计算。

6. 其它情况

(1)溢洪船闸除应考虑以上1~5计算情况外，尚应根据可能发生的最不利水位组合，进行溢洪情况的计算。

(2)闸首结构除应考虑以上1~5计算情况外，还应考虑闸首本身工作特点的不利情况。

(二)荷载组合

船闸结构设计时，应根据建筑物的工作条件及各种荷载同时作用的实际可能性来确定最不利的荷载组合，选用相应的安全系数。各种荷载组合见表6-3。

荷载组合表　　表6-3

荷载组合	计算情况	自重	设备重	土压力	水压力	扬压力	船舶荷载	水流力	波浪力	活荷载	地震力
基本组合	运用情况	√	√	√	√	√	√	√	√	√	
	检修情况	√	√	√	√	√				√	
	施工情况	√		√						√	
	完建情况	√	√	√							
特殊组合	校核洪水	√	√	√	√	√		√	√	√	
	排水管堵塞或止水局部破坏	√	√	√	√	√	√			√	
	运用情况+地震	√	√	√	√	√	√			√	√
	检修情况+地震	√	√	√	√	√				√	√

1. 基本组合

基本组合是指经常作用的或在建筑物出现机率较多的作用荷载的组合。

(1)基本组合①

通常根据闸室、闸首各种计算情况的荷载性质，以运用情况作为基本组合①，当设计上考虑船闸参与枢纽溢洪时，溢洪情况也列入基本组合①。

(2)基本组合②

检修情况、完建情况及施工情况作为基本组合②，其安全系数比基本组合①可适当降低。

2. 特殊组合

特殊组合是指建筑物偶然发生的或出现机率较少的工作情况下的作用荷载的组合。

(1)特殊组合①

特殊组合①为相应于校核洪水、排水管堵塞或止水破坏情况的荷载组合。

(2)特殊组合②

特殊组合②为相应于运用期和检修期地震情况的荷载组合。

第三节　船闸闸室结构

一、闸室结构型式及其构造

(一)结构型式

船闸闸室结构主要由闸墙和底板构成，为保证过闸船舶能随闸室水面安全地升降及可靠停泊，闸室结构上还有系船设备和其它辅助设备。

闸室结构按其受力状态可分为整体式结构和分离式结构两大类，传统上将两侧闸墙与底板浇筑在一起刚性连接的结构称为整体式结构，其它则称为分离式结构。闸室主要结构型式见表6-4及图6-6～图6-9。

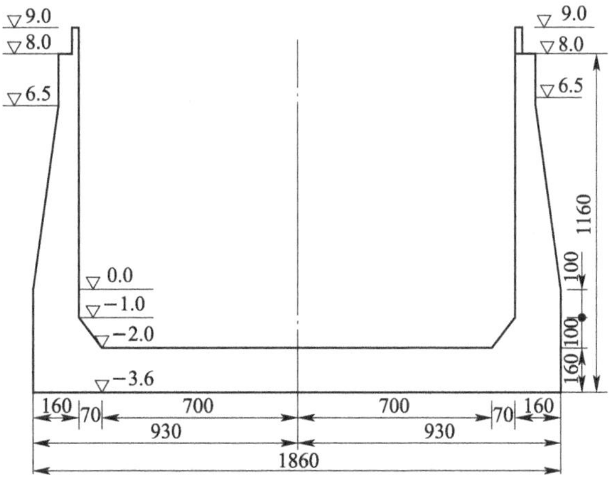

图6-6　坞式闸室结构(平底板)

闸室主要结构型式　　表 6-4

<table>
<tr><th>地基条件</th><th colspan="4">闸室结构型式</th></tr>
<tr><td rowspan="6">土基</td><td>整体式</td><td colspan="3">坞式</td></tr>
<tr><td rowspan="5">分离式</td><td rowspan="3">闸墙</td><td rowspan="2">重力式</td><td>按照材料分为:混凝土;钢筋混凝土;浆砌石</td></tr>
<tr><td>按照断面分为:梯形;衡重式</td></tr>
<tr><td colspan="2">悬臂式;扶壁式;板桩式;地连续墙式;桩台式</td></tr>
<tr><td rowspan="2">底板</td><td colspan="2">双铰式底板(不透水)</td></tr>
<tr><td colspan="2">透水底板(设置纵横格梁的干(浆)砌石或混凝土开孔底板)</td></tr>
<tr><td rowspan="9">岩基</td><td>整体式</td><td colspan="3">坞式</td></tr>
<tr><td rowspan="8">分离式</td><td rowspan="6">闸墙</td><td rowspan="2">重力式</td><td>按照材料分为:混凝土;钢筋混凝土;浆砌石</td></tr>
<tr><td>按照断面分为:梯形</td></tr>
<tr><td rowspan="3">衬砌式</td><td>按照材料分为:混凝土;钢筋混凝土</td></tr>
<tr><td>按照断面分为:倒梯形;倒阶梯形</td></tr>
<tr><td>按照锚固情况分为:有锚;无锚</td></tr>
<tr><td>混合式</td><td>上部采用重力式、下部采用衬砌式的结构</td></tr>
<tr><td rowspan="2">底板</td><td colspan="2">双铰式底板(当闸底需设输水廊道或岩基不耐冲刷时)</td></tr>
<tr><td colspan="2">无底板(当岩基坚硬、完整且底板上不设输水廊道时)</td></tr>
</table>

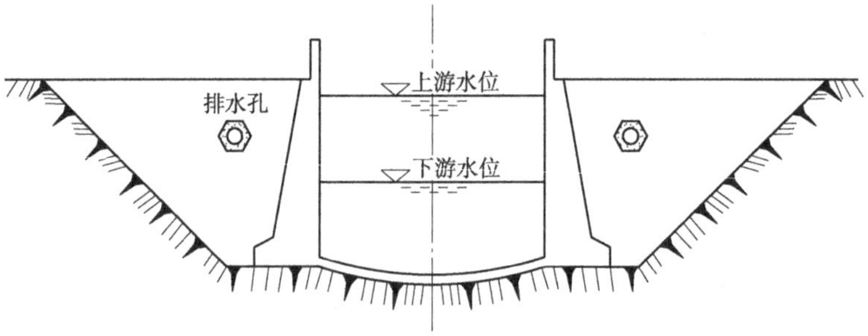

图 6-7　坞式闸室结构(反拱底板)

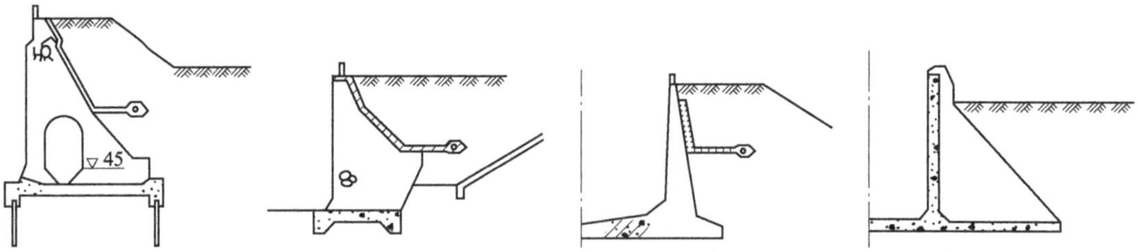

a) 重力式　b) 衡重式　c) 悬臂式　d) 扶臂式

图 6-8　分离式闸室结构

1. 整体式结构

整体式闸室系由两侧闸墙与底板连接在一起的槽形结构，又称为坞式结构(图 6-6)。其工作状态如同弹性地基上的 U 形刚架。整体式闸室的地基反力分布比较均匀，两侧闸墙相对变位小。一般情况下，无需考虑闸墙的滑移稳定及闸室的渗流稳定问题。由于闸墙与底板刚性连接,可以适应不均匀沉陷。但底板与闸墙刚性连接对底板的工作条件不利,若有不均匀沉陷,将在底板内产生附加应力。整体式闸室结构适用于水头较大、闸墙较高、对抗震要求较高、地基较差或具有软弱夹层的情况。

有些船闸利用拱结构截面主要承受压应力的特点,采用反拱底板(图6-7)来代替整体式闸室的平底板,以充分发挥混凝土的抗压性能,达到减小底板断面尺寸,节约钢材的目的。但支撑在闸墙上的反拱底板,对闸墙的不均匀沉陷、相对水平位移和转角相当敏感,即使较小的变位也可能会使反拱产生较大的附加内力。

2. 分离式结构

分离式结构一般要求地基条件较好。土基上的分离式闸室结构主要有为重力式、悬臂式、扶壁式等(图6-8);岩基上分离式闸室结构常用的型式有重力式、衬砌式和混合式(图6-9)。

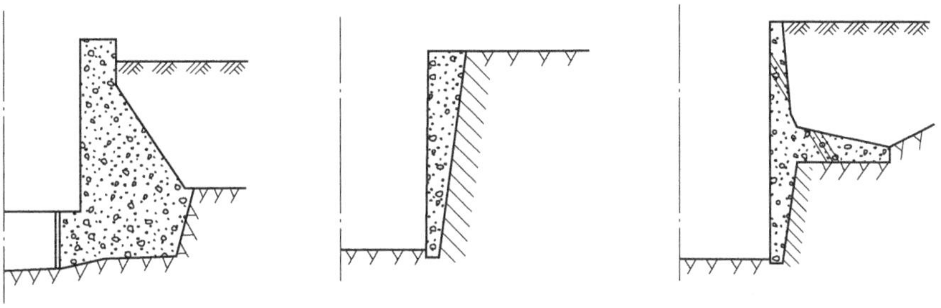

a) 重力式　　b) 衬砌式　　c) 混合式

图6-9　岩基上的闸墙结构

(二)结构构造

1. 闸墙构造

(1)坞式及悬臂式闸墙

坞式(图6-6)及悬臂式(图6-8c)闸墙一般为钢筋混凝土结构,断面尺寸根据强度计算确定,闸墙顶的宽度一般可取40~60cm,墙根宽度一般可取为0.16~0.25倍墙高。

(2)重力式闸墙

重力式闸墙是靠自重维持稳定,地基反力较大,且又承受有水平力,对地基承载能力要求较高,因此重力式结构只适用于较好的地基。

重力式闸墙按材料可分为浆砌石结构、混凝土结构、钢筋混凝土结构。浆砌石重力式结构适用于盛产石料的地区;混凝土和钢筋混凝土结构,适用于船闸设计水头较高情况。

重力式结构按断面型式可分为梯形和衡重式两种(图6-8a和图6-8b)。梯形断面结构底宽大,能适应荷载变化,稳定可靠,适用较广,但不能充分发挥墙身材料的强度,工程量大,投资亦大。衡重式断面,由于下部为倒梯形断面,能减小土压力的作用,地基应力分布均匀,且比梯形断面可节省工程量10%左右,但衡重式对地基要求较高,荷载变化反应灵敏。

重力式闸墙的顶宽主要根据交通安全要求、回填土是否到顶、砌筑石料尺度等因素确定。一般墙顶宽度不小于0.6m。若回填土不到顶,则墙顶面作为人行通道应适当放宽,不应小于1.0m。在有行车或其它要求时,则应根据具体情况确定。闸墙底宽可根据墙高、水头、地基条件、荷载条件、回填土材料等因素确定。对于混凝土和浆砌石梯形断面闸墙,底板宽度一般取墙高的0.7~1.3倍,墙根宽度约为墙高的0.5~0.8倍,前趾宽度一般取为

0.15 ~0.25 倍墙高。

当闸墙采用钢筋混凝土结构时(图 6-10),由于钢筋混凝土材料本身能够承受一定的拉力,因此其断面比混凝土闸墙小。结构底宽取决于闸墙的水平滑移稳定性要求,一般可取为 0.7 ~1.3 倍墙高,前趾长度取决于地基反力分布情况,通常取为 0.1 ~0.3 倍墙高,墙顶宽度不小于 0.6m,墙顶以下深度 y 处的闸墙厚度一般取为(0.16 ~0.22)y。

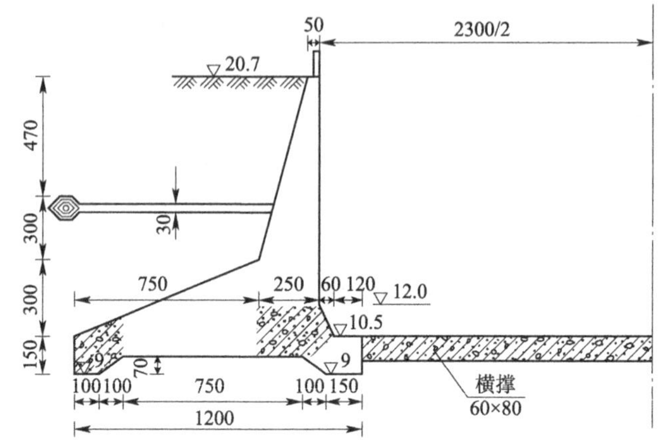

图 6-10　钢筋混凝土闸墙

对于衡重式闸墙(图 6-8b),底宽约为墙高的 0.5 ~0.7 倍。一般在 0.4 ~0.5 倍墙高处设置卸荷平台,平台以上为梯形断面,平台以下设 1:0.2 ~1:0.25 的倒坡。平台宽度取决于平台以下墙身的断面应力和地基反力,初步设计时可取为 0.15 ~0.25 倍墙高。

(3)扶壁式闸墙

扶壁式闸墙结构由立板、肋板和底板组成(图 6-11)。底板分趾板和内底板。立板、肋板和底板等连接部位须设置斜托。立板厚度一般不小于 30cm;肋板厚度不小于 30cm;顶宽不小于 0.8m;每个扶壁底宽与底板长度应相同;趾板前端厚度不小于 25cm;内底板厚度不小于 30cm;肋板间距一般为 2 ~5m。

建于土基上的扶壁式闸墙,由于地基的承载能力一般较小,因此一般不设尾板。扶壁式闸墙的工作特点是依靠底板上的回填土重力和结构自重力来维持墙身稳定。由于利用肋板和立板构成薄壁 T 型断面,结构断面较小,地基反力也较小,因此对地基承载能力要求较低。其缺点是结构形态较复杂,钢筋用量大,施工技术要求较高。图 6-12 为某扶壁式闸墙结构的船闸。

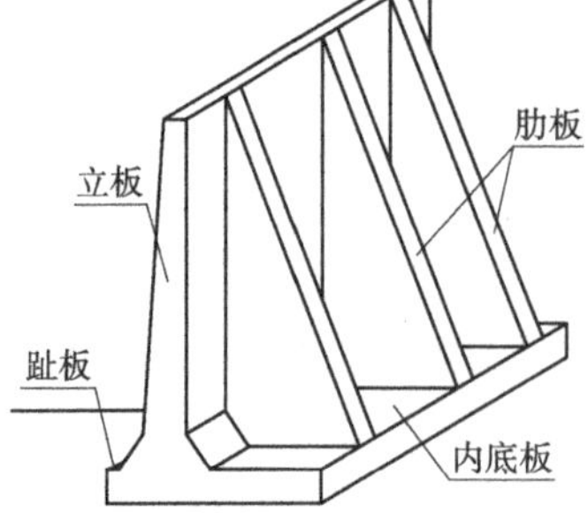

图 6-11　扶壁式闸墙

图 6-12　扶壁式闸墙结构实例

(4)衬砌式及混合式闸墙

①在岩基上，当基岩顶面高程高于闸墙顶高程时，可采用衬砌式闸室结构(图 6-9b 和图 6-13)。衬砌式结构有重力式衬砌和带锚筋的薄壁衬砌。当基岩质地松软、裂隙发育，或在衬砌墙后设置排水可能引起较大渗透水流冲蚀岩石而使衬砌承受较大的水压力时，宜采用重力式衬砌(图 6-13)；基岩质地较好、裂隙少，锚筋能可靠地嵌固在基岩里，墙后又设有排水，则可采用带锚筋的衬砌墙；基岩坚硬，裂隙很少，岩面较高时，闸室也可直接由岩石开挖平整形成。我国小型船闸，多采用砌石倒梯形重力式衬砌；中大型船闸则采用混凝土和钢筋混凝土衬砌。

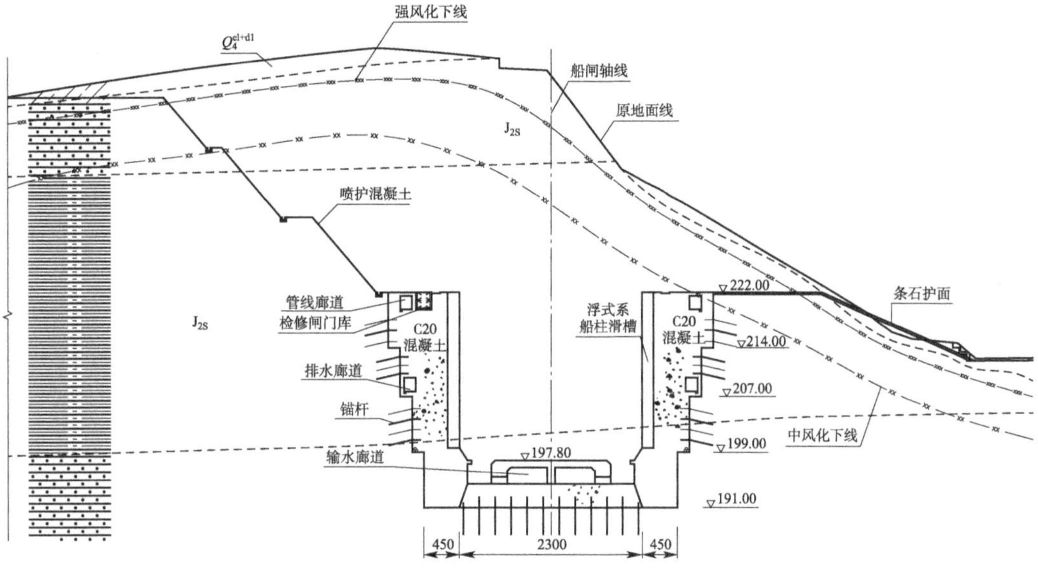

图 6-13 衬砌式闸墙结构实例(有锚)

衬砌式闸墙的断面尺寸，应由稳定和强度计算确定。混凝土重力式衬砌墙宜采用倒梯形断面，其底宽一般大于或等于 0.4m，反坡坡度可取 1:0.1 ~ 1:0.4；一般将衬砌墙底部嵌入基岩内不小于 0.5m。浆砌条石重力式衬砌墙墙背宜采用阶梯形，其底宽不小于 0.8m，台阶高度一般为 2.0m，台阶宽度不小于 0.4m，墙底部嵌入基岩内不小于 0.5m。

对于有锚筋的混凝土衬砌墙，墙高大于或等于 8.0m 时，底宽一般均大于 1.0m，对无锚筋混凝土衬砌，墙高大于 2.0m 时，底宽应大于 0.4m；反坡一般为 1:0.1 ~ 1:0.4；对于有锚筋混凝土衬砌的边坡可取小值，混凝土衬砌可取大值。设有锚筋的衬砌墙，其断面厚度一般不小于 40cm。锚筋一般沿衬砌墙高度按等间距设置，为方便施工，往往将锚筋布置成水平或与水平成不大的夹角。锚筋的锚固深度一般为 1.0 ~ 2.0m，埋入衬砌墙内至少为 30 倍锚筋直径，基岩中的锚孔直径至少是锚筋直径的 3 倍。

裂隙比较发育时，可以在衬砌墙后设排水。一般将竖向、横向及纵向排水管相连组成排水系统，排水管的纵坡可取为 1/200 ~ 1/500，排水管的直径不小于 25 ~ 30cm。

②基岩顶面低于闸墙顶高程但又高于闸室底板高程时，可采用混合式结构(图 6-9c)。即基岩以上采用重力式，基岩以下采用衬砌式结构，其构造分别按重力式和衬砌式确定。

(5)板桩式闸墙

板桩式闸墙系由板桩、拉杆及锚锭结构等构成(图6-14)。其特点是依靠板桩入土部分的嵌固作用,通过锚锭结构把一部分荷载传至后方土体中来维持其稳定。为改善板桩结构的工作条件与板桩的应力条件,减少板桩的厚度和入土深度,通常在闸室底部设置横向支撑。作用于板桩式闸墙上的荷载由横撑、墙前土抗力、拉杆共同承受。板桩式闸墙系采用预制件,施工进度快,打入闸底以下的板桩可以增加闸墙的防渗长度,但需具备打桩设备,同时板桩之间的接缝要求密实,以防渗漏,造成填土的流失。

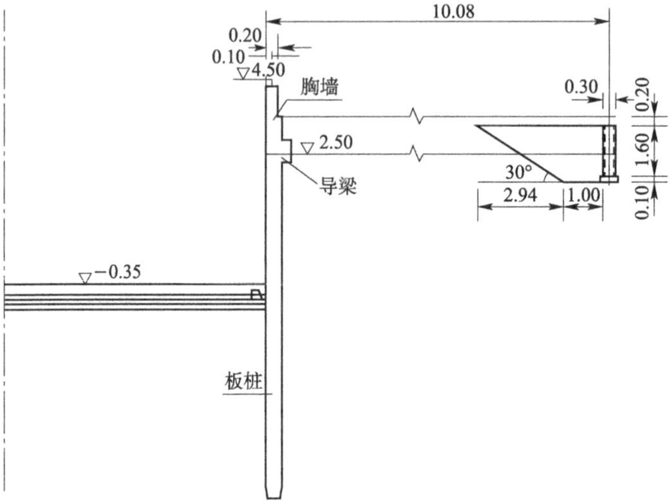

图6-14　板桩式闸室墙

根据板桩材料的不同,有钢筋混凝土板桩和钢板桩。板桩式闸墙可适用于各种地基条件,特别适用于较弱地基。2003年我国在京杭运河上建成国内首座土锚钢板桩船闸(图6-15)。根据我国工程实践,当墙高在8m以内时,板桩式闸墙结构是一种比较经济的结构型式。

图6-15　土锚钢板桩式闸室墙结构实例

有关板桩式闸墙结构构造及要求,可参考《板桩码头设计与施工规范》。

2.底板构造

(1)坞式底板

坞式闸室底板与两侧闸墙联结在一起的槽形结构,底板一般为钢筋混凝土结构,以平底板为主,少数采用反拱底板(图6-7),主要目的是利用拱结构截面主要承受压应力的特点,充分发挥混凝土的抗压性能,达到减小底板断面尺寸,节约钢材的目的。

坞式闸室底板厚度根据强度计算确定,如果底板内布置输水廊道时,其厚度还应考虑输水廊道的布置要求。对不布置输水廊道的坞式闸室底板,厚度一般可取为0.16~0.25倍的墙高。

(2)悬臂式底板

悬臂式闸室是由闸墙、底板和后悬臂组成(图6-8c)。悬臂式闸室由于底板中间设有纵缝，将闸室分为对称的两半，在底板纵缝处相互支撑，只传递水平推力，不传递弯矩和剪力，因此底板的工作条件得到改善，使它不致由于不均匀沉降产生附加应力。同时底板最大弯矩的绝对值相对于坞式结构减小，因此底板厚度及配筋量均可减小。悬臂式结构地基反力较小，一般适用于承载能力较低、闸室高度与闸室宽度之比大于0.5且两侧荷载对称的情况。

在底板中缝处设有止水，形成不透水闸底，底板厚度一般可取0.16～0.25倍的墙高，同时底板中缝处的厚度应满足止水构造的要求，一般不小于0.6m。

(3)双铰底板

在地基土质较差或防渗难以满足的细砂、粉砂、粉质土等地区，可采用双铰式底板。

双铰式底板由两边闸墙的前趾与中间底板以斜接或搭接组成两个假想铰(图6-16)，并在铰接处设止水以形成不透水的分离式结构。接缝宽20～30mm，接缝处设1～2道止水(图6-17)，缝中可填以沥青油毛毡。与分离式闸室结构的透水闸底相比，双铰式底板闸室结构不透水，抗渗性能好，节省防渗设施；由于闸墙与底板分缝，闸墙不向中间底板传递弯矩，相互间只传递水平力和剪切力，可减小中底板的弯矩；双铰底板使闸墙与底板共同工作，可降低对闸墙抗滑安全度的要求，因而闸墙的断面可比一般重力式闸墙断面小。由于双铰的设置，当两侧闸墙发生变位时对底板的内力影响较大，双铰处的止水也较为复杂。

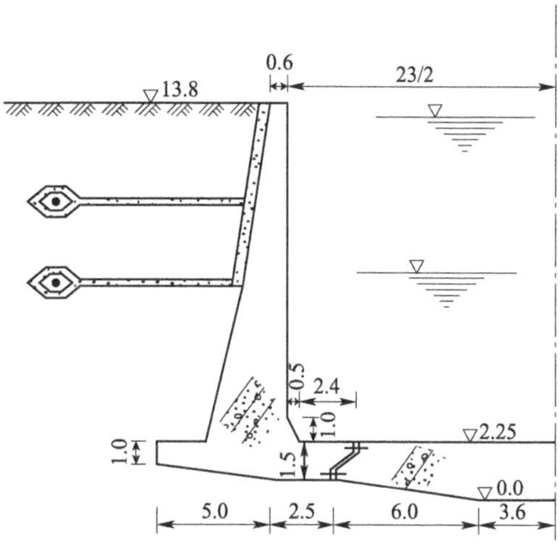

图6-16　双铰式底板闸室断面图

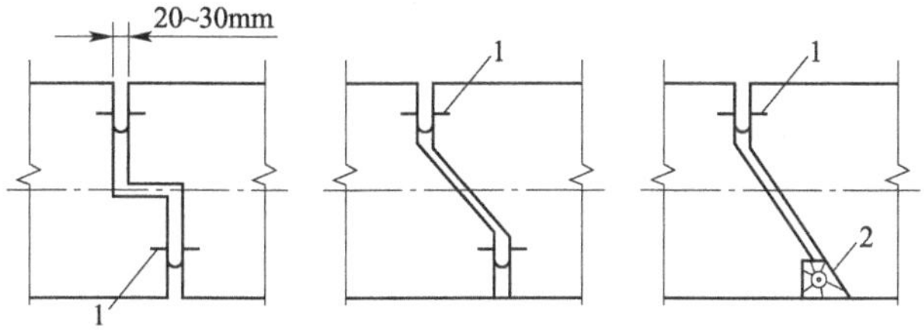

图6-17　双铰式底板铰的型式

1-止水；2-垫木

双铰的位置可根据中间底板的弯矩与闸墙前趾的最大弯矩相近的原则确定，中底板的厚度一般为闸室宽度的1/12～1/8；中底板的宽度一般取闸室宽度的3/5～4/5。

图6-18　闸室透水底板实例

(4)透水底板

透水底板是在闸底采用混凝土(或钢筋混凝土)纵横格梁，格梁间干砌石、浆砌石或混凝土(开孔)的船闸底板型式(图6-18)。

①透水底板应布置纵横格梁，每个梁格控制的平面尺度不宜大于30m^2，纵横格梁断面尺寸

不宜小于0.4m×0.4m。当利用格梁起横撑作用时,格梁宜采用钢筋混凝土结构。

②透水底板下部应设反滤层,反滤层采用中石、小石、中粗砂构成,砂性地基上反滤层多为3~4层(图6-19),其中19~40mm中石子厚约20cm,2~10mm小石子厚约20cm,中砂层厚约20cm,细砂层厚约20cm。粘性地基反滤层多为2~3层。对于小型船闸可采用2层,即碎石和中砂分别取10cm即可。

③透水底板护面层一般采用干砌块石,干砌块石厚度为25~40cm。当顶层采用浆砌石或混凝土护面结构时,应设排水孔,排水孔间距可取2~3m,孔内应采用碎石填充。

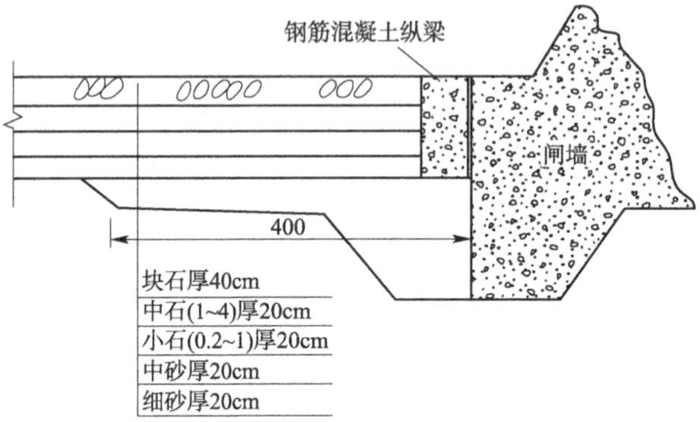

图6-19 透水底板构造

3.闸室结构的其它构造要求

(1)闸墙的保护措施。过闸船舶在进出船闸的过程和停靠于闸室时,对闸墙可能产生摩擦和撞击。当闸室泄水时,干舷较大的非满载船舶的护舷木也易挂在闸墙顶面,以致引起闸墙和船舶的损坏,因此应当采取保护措施。目前一般采用提高闸墙表面的平整度和强度等措施。墙面采用不低于MU40细料石砌筑,或采用不低于C30的混凝土抹面。运输繁忙的船闸,在最低通航水位以上的闸墙应采用钢护肋或耐磨损材料护面。

(2)胸墙。为保证闸上工作人员的安全,并减少实体闸墙的高度,沿墙顶部可设置与墙正面齐平的胸墙。胸墙的高度一般为0.9~1.2m,厚度根据船舶撞击力而定,一般为0.2~0.5m。

(3)建筑物分缝。混凝土和钢筋混凝土的闸墙和闸底,沿闸室长度应设置伸缩、沉降缝,以防止混凝土收缩,温度变化和船闸纵向不均匀沉陷引起的附加应力,导致结构发生裂缝。伸缩、沉降缝的间距可根据地基条件、结构型式及其尺寸、气温情况和施工条件等因素确定,一般为15~20m,缝宽一般1.5~3.0cm。伸缩、沉降缝一般布置在结构型式改变处,如闸室和闸首、导航墙和闸首间;新旧建筑物之间;地基性质变化处或高程突变处。伸缩、沉降缝一般做成垂直贯通的永久缝,缝内应设置垂直和水平止水。垂直止水布置在闸墙内,水平止水布置在闸底板内。止水片材料有金属止水片和橡胶或塑料止水片,国内已有定型产品。

(4)闸墙底部前趾可设有利于结构受力的斜托,斜托的宽度可取50~80cm,高度可100~150cm,但不得妨碍船舶在最低通航水位时的运行。

二、闸室结构计算

闸室结构计算的任务,就是计算各种荷载组合情况下,船闸闸室结构的稳定性和强度能满足设计要求,从而保证闸室结构安全可靠。闸室结构计算一般包括:抗滑、抗倾、抗浮稳定性验算;渗透稳定性验算;地基承载力验算、地基沉降计算;结构各部位强度计算和限裂计算等。不同的闸室结构型式,验算内容略有差别。

根据闸室结构的上述计算内容,下面按照“整体稳定及地基验算”、“闸墙结构计算”、“底板结构计算”三大方面进行介绍。

(一)整体稳定及地基验算

1.抗滑稳定验算

对于分离式闸室结构一般均要进行抗滑稳定性验算;对于整体式、悬臂式闸室结构,当闸墙两侧填土高度相差较大时或采用宽缝法施工的施工期,应进行抗滑稳定性验算,否则可不进行抗滑稳定性验算。

(1)土基上闸室结构的抗滑稳定性验算。作用在闸室墙的荷载系倾斜荷载,即既有垂直荷载又有水平荷载。当水平荷载较大,而垂直荷载相对较小时,闸室墙可能沿地基表层产生水平滑移。

土基上闸室结构抗滑稳定性一般可采用式(6-22)进行计算:

$$K_c = \frac{f \cdot \Sigma V}{\Sigma H} \tag{6-22}$$

当粘性土地基的粘聚力不可忽略时,其沿闸室结构基底面的抗滑稳定性宜按式(6-23)进行计算:

$$K_c = \frac{\tan\varphi_0 \sum V + c_0 A}{\sum H} \tag{6-23}$$

式中:K_c——计算的抗滑稳定安全系数,应不小于规范允许值;

ΣV——作用于墙体上全部荷载对滑动面法向投影的总和(kN);

ΣH——作用于墙体上全部荷载对滑动面切向投影的总和(kN);

f——抗滑摩擦系数;

φ_0——结构与土基之间的内摩擦角(°);

c_0——结构与土基之间的粘聚力(kPa);

A——结构与土基的接触面积(m^2)。

当闸室墙抗滑稳定性的验算结果不能满足规范规定的要求时,可采取适当措施提高闸室的抗滑稳定性。其措施有:在两侧闸墙之间的闸底处设置横撑;在闸墙基底设置齿墙;降低墙后地下水位和填土高度;或在基底更换摩擦系数较大的砂土(砂垫层)等。

按式(6-23)计算结构抗滑稳定性时,应首先计算地基折算的综合摩擦系数:

$$f_0 = \frac{\tan\varphi_0 \sum V + c_0 A}{\sum V} \tag{6-24}$$

式中:f_0——综合摩擦系数;

其余符号同前。

当粘性地基 f_0 大于 0.45 或砂性地基 f_0 大于 0.5 时,其 φ_0 值和 c_0 值应进行论证确定。

带有横撑或底板的分离式闸墙抗滑稳定,可计入横撑或底板的作用。在闸墙与横撑或底板共同作用下,其安全系数应满足规范要求。在地基中有软弱夹层时,尚应验算结构沿软弱夹层面的抗滑稳定性。

(2)岩基上闸室结构的抗滑稳定验算。岩基上闸室结构的抗滑稳定计算，主要计算沿地基面的抗滑条件，按抗剪强度计算公式或按抗剪断强度计算公式进行计算。

抗剪强度计算公式是把滑动面视为一种接触面，而不是胶结面，滑动面上的阻力只计摩擦力，不计凝聚力，当滑动面为水平面时，其抗滑稳定安全系数可按下式计算：

$$K_c = \frac{f \cdot \Sigma V}{\Sigma H} \tag{6-25}$$

式中：K_c——按抗剪强度计算公式计算的抗滑稳定的安全系数，应不小于规范允许值；

f——墙体与地基接触面的抗剪摩擦系数，可由试验测定；无实测资料时，可参照《船闸水工建筑物设计规范》选用；

其余符号同前。

抗剪断强度计算公式，认为闸墙与基岩胶结良好，滑动面上的阻力包括摩擦力和凝聚力。当滑动面为水平时，其抗滑稳定安全系数按下式计算：

$$K'_c = \frac{f' \cdot \Sigma V + c' \cdot A}{\Sigma H} \tag{6-26}$$

式中：K'_c——抗剪断计算的抗滑稳定安全系数，应不小于规范允许值；

f'——墙体与地基接触面的抗剪断摩擦系数，由试验测定；

c'——墙体与地基接触面的抗剪断粘结力(kPa)；

其余符号同前。

式(6-25)简单方便，在选择f值方面也积累了丰富的经验，在国内外船闸工程中得到广泛运用。式(6-26)虽更为合理，但在多数情况下c'的现场量测值不很稳定，目前该公式在船闸工程中采用尚不普遍。

2. 抗倾稳定性验算

对于分离式闸室结构一般均要进行抗倾稳定性验算；对于整体式闸室结构，当采用宽缝法施工的施工期，应进行抗倾稳定性验算，否则可不进行抗倾稳定性验算。闸室墙的抗倾稳定性按下式计算：

$$K_0 = \frac{M_R}{M_0} \tag{6-27}$$

式中：K_0——计算的抗倾稳定安全系数，应不小于规范允许值；

M_R——对计算截面前趾的稳定力矩之和(kN·m)，规范规定将浮托力产生的力矩计入M_R之中；

M_0——对计算截面前趾的倾覆力矩之和(kN·m)，规范规定将渗透压力产生的力矩计入M_0之中。

需要特别强调的是：规范给定的抗倾稳定安全系数允许值，是按照“将浮托力产生的力矩计入M_R之中、将渗透压力产生的力矩计入M_0之中”的条件下给定的。某个荷载对前趾产生的力矩使结构倾覆，应放入式(6-27)的分母(倾覆力矩)，但如果是以带负号的稳定力矩放入分子，K_0值计算结果就不同。因此，应严格按照规范的规定将浮托力产生的力矩计入M_R之中，将渗透压力产生的力矩计入M_0之中。

3. 抗浮稳定性验算

当闸室结构采用不透水底板时，须进行抗浮稳定验算。抗浮稳定按下式计算：

$$K_f = \frac{V}{U} \tag{6-28}$$

式中：K_f——计算的抗浮稳定安全系数，应不小于规范允许值；

V——向下的垂直力总和(kN)；

U——扬压力总和(kN)。

4. 渗透稳定性验算

当闸室结构采用透水底板或采用不透水底板的止水破坏工况，均应进行渗透稳定性验算。

土基上船闸结构的渗透稳定性计算，一般采用渗径系数法进行计算，计算过程见本章第六节内容。

5. 地基承载力验算

地基在荷载作用下，支承基础的土体不应发生剪切破坏而失去稳定，地基的稳定性通常用地基的容许承载力来衡量。当作用在船闸地基上的荷载小于地基的容许承载力时，表示地基是稳定的，否则地基是不稳定的。验算地基承载力，一般采用查表法或计算法，对于重要建筑物还应进行野外荷载试验。

查表法建立在一定试验基础上，设计时可从有关规范中直接查得地基的容许承载力。该方法一般适用于非粘性土地基上的小型工程。

计算法按极限平衡理论确定地基承载力，采用《船闸水工建筑物设计规范》推荐公式进行计算。该方法采用以外荷载作用下出现极限平衡状态时的滑动面为依据，把滑动面所包围的土体当作刚塑性体，建立平衡方程，分别考虑基础形状、基础两侧边载、基础底面合力的偏心及倾斜等因素的影响，得到相应的极限承载力计算公式。

当持力层由多层土组成，各土层的抗剪强度指标相差不大时，其抗剪强度指标和土的重度，可按土层厚度加权平均后再计算地基承载力。当受力土层抗剪强度指标相差较大时，确定成层土地基承载力应进行专门研究。

地基承载力的安全系数可按下式计算：

$$K = \frac{F_k}{V_d} \geqslant [K] \tag{6-29}$$

式中：K——计算的地基承载力安全系数，应不小于规范允许值；

F_k——地基极限承载力的竖向分力(kN)，其计算确定方法见《船闸水工建筑物设计规范》；

V_d——作用于墙底面或基础底面上的竖向合力(kN)；

$[K]$——地基承载力安全系数允许值。

6. 基底应力验算

(1)对于重力式、扶壁式、悬臂式等闸室结构的基底应力一般可用偏心受压公式进行计算：

$$\sigma_{\min}^{\max} = \frac{N}{B}\left(1 \pm \frac{6e}{B}\right) \tag{6-30}$$

$$e = \frac{B}{2} - \delta$$

式中：N——作用在闸墙上外荷载的合力的垂直分力(kN)；

B——基底宽度(m)；

e——合力的偏心矩(m)；

δ——合力作用点距前趾的距离(m)。

(2)对于整体式闸室的基底应力,通常简化为平面变形问题按照弹性地基梁进行计算。计算方法见后面的“坞式底板计算”。

(3)对双铰底板结构的基底应力,一般假设基底应力按照折线分布进行计算,也可采用带双铰的弹性地基梁进行计算。计算方法见后面的“双铰底板计算”。

闸室结构基底最大应力应在地基土所容许的承载应力之内。分离式闸墙结构基底最小应力应大于0,不得出现拉应力;在施工期或检修期,岩基上分离式闸墙结构背水面基底可出现不大于0.1MPa的拉应力。

7.沉降计算

船闸结构沉降计算的目的,是计算地基沉降量和沉降差,防止沉降量过多而引起的危害,并为确定船闸结构墙顶高程、止水构造及某些结构构造提供设计依据。当地基为岩石、碎石土、密实砂土和老粘土时,可不进行沉降计算。地基最终沉降量,一般可采用在有侧限条件下的单向分层总和法进行计算。按照土的压缩试验成果,可用 $e\sim p$ 曲线或 $e\sim lgp$ 曲线表示。由于 $e\sim p$ 曲线简便易行,目前在船闸地基设计中得到广泛应用,其计算公式如下:

$$S = m_s \Sigma \frac{e_{1i} - e_{2i}}{1 + e_{1i}} h_i \tag{6-31}$$

式中:S——地基最终沉降量(m);

h_i——第 i 层土的厚度(m);

e_{1i}、e_{2i}——第 i 层土受到平均自重压力 σ_{ci} 和平均最终压力 $\sigma_{ci}+\sigma_{zi}$ 作用下由 $e\sim p$ 曲线查得的相应孔隙比;

σ_{ci}——第 i 层土顶面与底面的地基自重压力平均值(kPa);

σ_{zi}——第 i 层土顶面与底面的地基垂直附加应力平均值(kPa);

m_s——经验修正系数,按地区经验选取。

地基压缩层的计算深度 Z_n 取值的大小,影响地基最终沉降量计算值。目前工程中通常按竖向附加应力 σ_z 与自重应力 σ_c 之比来确定。当地基某深度的附加应力 σ_z 与自重应力 σ_c 之比等于0.2时,该深度范围内的土层即为压缩层。在计算深度以下有软弱土层时,应将计算深度加大。

(二)闸墙结构计算

1.重力式闸墙计算

(1)混凝土和浆砌石闸墙

对于混凝土和浆砌石闸墙,沿墙高每3~5m选取一个截面(且不少于3~5个截面),在断面变化、荷载变化处应增加截面,按照材料力学方法计算出闸墙各截面外侧的主应力。主应力不应超过混凝土或浆砌石强度设计值;浆砌石结构不宜出现拉应力;大型船闸的混凝土结构挡水前沿不应出现拉应力,背水面可出现不大于0.05MPa的拉应力。

(2)钢筋混凝土闸墙

对于钢筋混凝土重力墙(图6-20),其闸墙按固定在底板的悬臂梁计算内力,按偏心受压构件进行截面强度计算和配筋。对于前趾和后趾，可按固定在闸墙上的悬臂梁计算内力，按偏心受压构件进行截面强度计算和配筋。

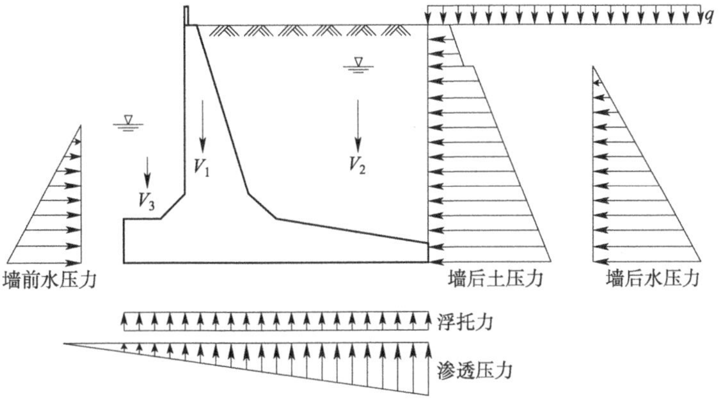

图 6-20　钢筋混凝土重力式闸墙荷载图式

2. 坞式和悬臂式闸墙

(1) 无输水廊道的闸墙

对于无输水廊道的坞式和悬臂式闸墙（图 6-21），可按嵌固于底板上悬臂梁计算内力，然后按照偏心受压构件计算截面强度和配筋。

(2) 设置输水廊道的闸墙

对于设置输水廊道的坞式和悬臂式闸墙（图 6-22），输水廊道以上部分闸墙可按嵌固于下部的悬臂梁计算内力；有输水廊道部分的闸墙，按照嵌固于底板上的刚架结构计算内力；按照偏心受压构件计算截面强度和配筋。

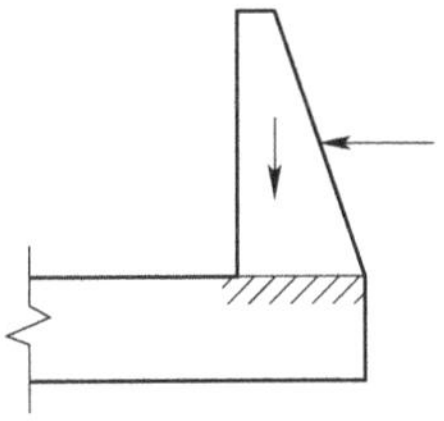

图 6-21　无输水廊道的坞式和悬臂式闸墙计算简图

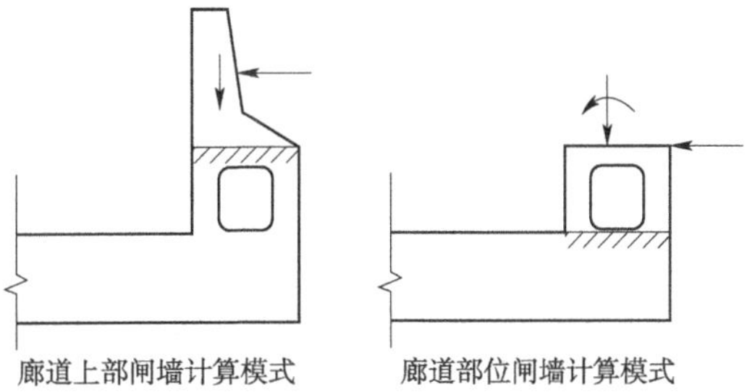

图 6-22　设置输水廊道的坞式和悬臂式闸墙计算简图

3. 扶壁式闸墙计算

扶壁式闸墙强度计算包括立板、肋板、内底板、趾板等四个部分，除此以外，还应计算各构件之间的连接强度。扶壁结构各构件可按图 6-23 所示计算。

(1) 立板计算。作用在立板上的荷载主要有土压力、水压力、船舶荷载，当船舶荷载较小时可忽略不计。考虑到底板对立板的嵌固作用，多肋扶壁的立板在距立板与底板交线 $1.5l$（l 为肋板间距）区段内，按三边固定一边简支的双向板计算，在 $1.5l$ 以外的区段沿墙高取单宽按多跨连续板计算；计算荷载可沿墙高取单宽范围内的平均荷载。

(2) 内底板计算。作用在底板上的外力主要有底板自重、底板上的回填土重、墙后水重力、扬压力和地基反力。内底板的计算方法与立板相同，距立板与底板交线 1.5l 区段内，按三边固定一边简支的双向板计算，在 1.5l 以外的区段按多跨连续板计算。

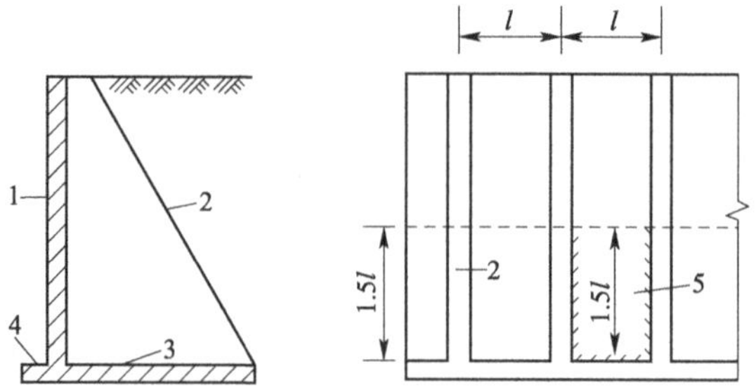

图 6-23　扶壁式闸墙结构计算图式

1-立板；2-肋板；3-内底板；4-趾板；5-靠近底板区段立板的计算简图

(3)趾板计算。趾板一般可按按固定在立板上的悬臂板计算。荷载主要有趾板自重、水重力、扬压力和地基反力。

(4)肋板计算。肋板按固定在底板上的悬臂梁计算。作用在肋板上的荷载主要是由立板传来的水压力和土压力以及船舶荷载，其荷载作用宽度等于肋板间距，此外还包括肋板及立板的自重力。肋板与立板共同构成一固定在底板上的 T 型断面的悬臂梁。

(5)构件之间的连接强度计算。肋板与立板、肋板与底板的连接按轴心受拉构件计算，由此确定连接处正截面受拉承载力。

4. 衬砌式闸墙计算

(1)无锚衬砌式闸墙

对于无锚衬砌式闸墙，其断面有倒梯形及倒阶梯型两种断面。

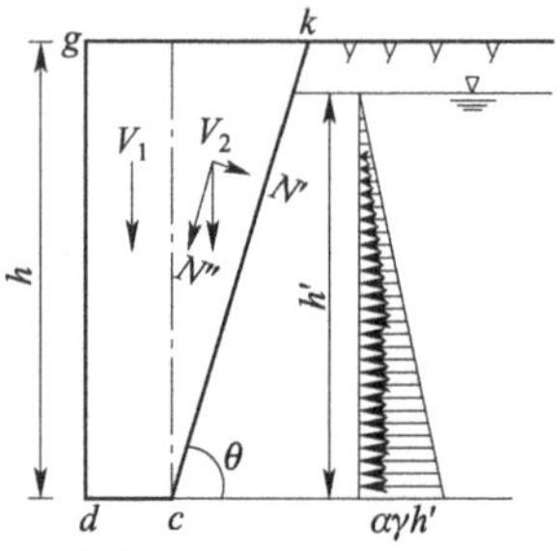

图 6-24　倒梯形衬砌墙计算图式

倒梯形衬砌墙整体抗滑稳定，目前工程上有两种计算方法。一种是忽略斜坡面(kc)的作用，不考虑衬砌体斜坡部分下滑力的不利影响，假定衬砌体在荷载作用下沿衬砌的基底面(dc)滑动，此种计算法与常规重力式闸墙抗滑稳定计算一样。另一种是考虑斜坡面的作用，并计及衬砌体斜坡部分下滑力的不利影响，仍假定衬砌体在荷载作用下沿衬砌基底面(dc)滑动(图 6-24)。

先将斜坡部分垂直力 V_2 分解为垂直与平行斜坡面的两个分力 N' 和 N''，斜坡上的剩余下滑力为：

$$N_1 = N'' - f \cdot N'$$

$$\left.\begin{aligned} N_{1x} &= N_1\cos\theta \\ N_{1y} &= N_1\sin\theta \end{aligned}\right\} \tag{6-32}$$

式中：f——摩擦系数；

θ——衬砌斜面与水平面夹角。

将有关荷载分别合并后，按常规方法计算衬砌体沿基底的抗滑稳定。

衬砌墙的断面强度核算有两种方法，一种是材料力学方法分层校核强度；另一种是将衬砌墙与基岩视作两种不同介质，考虑其弹性接触的特性，用弹性力学的有限单元法求得断面的应力值,据此核算断面强度并配置必要的钢筋。

(2)有锚衬砌式闸墙

对于有锚筋的衬砌闸墙,可把衬砌墙视为支承在锚筋上的无梁楼盖板或弹性支承上的多跨连续梁方法验算强度。边长为 L_a 的正方形无梁楼盖板最大应力 σ_{max} 发生在支点处,其值按下式计算:

$$\sigma_{max}=p_w\frac{L_a^2}{4t^2}\left[2.4\ln\left(\frac{L_a}{2t}\right)+1.1\right] \tag{6-33}$$

式中:p_w——作用于正方形板中心处的水压力强度(kPa);

t——衬砌墙的计算厚度(m),初步计算时按 $t=0.05L_a+0.2$ 估算;

L_a——锚筋间距(m)。

当锚筋间距和衬砌墙的厚度拟定后,可直接求得支点处的最大应力,据此即可进行强度验算和配筋计算。

锚筋设计可按以下公式进行计算:

①锚筋断面面积: $F_a=\dfrac{Z_i}{[\sigma]}$

式中:F_a——锚筋断面面积(mm^2);

$[\sigma]$——锚筋容许拉应力(MPa);

Z_i——第 i 根锚筋所受的拉力(N)。

②锚筋长度: $L_0=\dfrac{KZ_i}{\pi d_a R_a}$

③锚孔深度: $L_c=\dfrac{KZ_i}{\pi d_c R_c}$

式中:K——安全系数,一般取2.0;

d_a、d_c——锚筋直径及锚孔直径(mm);

R_a、R_c——锚筋与水泥砂浆及水泥砂浆与岩石间的极限粘结力(MPa),根据试验确定,当无试验资料时一般可取 $R_a=0.6\sim0.8$MPa,$R_c=0.2\sim0.4$MPa。

5.混合式闸墙计算

混合式闸墙除应满足整体抗倾稳定外,并假定上部重力墙和下部衬砌墙用缝分开各自成为独立体,分别进行稳定和强度验算。

混合式闸墙的应力分布状态与基岩的特性,闸墙的结构型式和尺度有密切的关系。目前除按有限元法进行数值分析外,尚无完善的计算方法。在工程设计中,常常作一些假定,用材料力学的方法求得近似的结果。

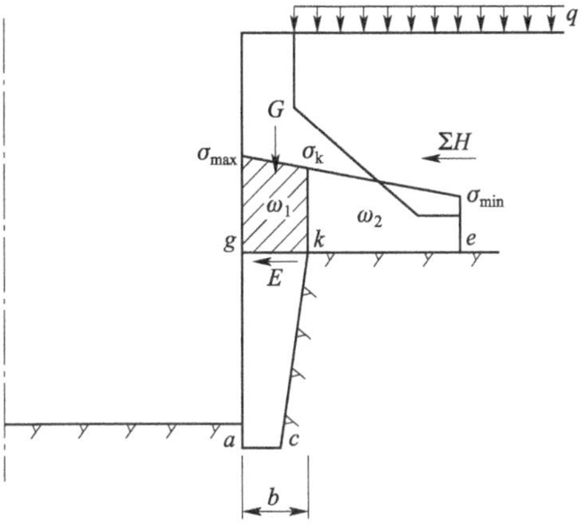

图6-25　混合式结构计算图

整体抗倾稳定计算时,假设上部重力墙和下部衬砌墙为一刚性整体,核算在外力作用下整个闸墙绕基底 a 点的抗倾稳定性(图6-25)。闸墙处于极限平衡状态下，重力墙的后悬臂板有与岩面脱离的趋势，因此在计算中一般不考虑后悬臂板与岩面水平反力的抗倾作用。

将上部重力墙与下部衬砌墙分别作为独立体，进行稳定和强度核算时，上部重力墙按一般的重力墙计算方法进行抗滑、抗倾稳定性和强度计算。对下部衬砌墙则将上部重力墙作为独立结构，计算出重力墙传给衬砌墙顶面的垂直力与水平力，然后将此垂直力和水平力作为外力作用在衬砌墙顶面，进行衬砌墙稳定和强度计算。

上部重力墙传给下部衬砌墙上的垂直力（图6-25）可按下式计算：

$$G=\frac{(\sigma_{max}+\sigma_k)b}{2} \tag{6-34}$$

式中：G——上部重力墙传给下部衬砌墙上的垂直力（kN）；

b——衬砌墙顶宽（m）；

σ_{max}——重力墙基底面最大应力（kPa）；

σ_k——重力墙基底面 k 点处的应力（kPa）。

当基岩较坚硬时，上部重力墙传给下部衬砌墙上的水平力可按下式进行计算：

$$E=\frac{\omega_1}{\omega_1+\omega_2}\Sigma H \tag{6-35}$$

式中：E——上部重力墙传给下部衬砌墙上的水平力（kN）；

ω_1——作用于衬砌墙顶面正应力图形面积（m^2）；

ω_2——作用于基岩面正应力图形面积（m^2）；

ΣH——作用于上部重力墙的水平力总和（kN）。

（三）底板结构计算

1. 坞式底板计算

整体式闸室底板（坞式底板）通常简化为平面变形问题的地基梁进行计算。地基梁分析是以地基与地基梁（即闸室底板）共同工作的假设为前提，来确定地基梁与地基之间接触压力（地基反力）的分布，从而可求得地基梁的内力。因此，进行地基梁计算时，首先必须选择或建立某种理想化的地基计算模型。这种模型应能较准确地模拟地基和地基梁共同工作时表现的主要力学性状，同时又要便于利用已有的数学方法进行分析。

（1）地基模型

目前工程上常用的地基模型有文克尔地基模型、半无限大的理想弹性体地基模型、有限压缩层地基模型。当闸室结构承受荷载较大，地基条件较为复杂时可采用非线性地基模型。

①文克尔模型。文克尔地基模型假定地基任一点所受的压力强度 p 与该点的地基沉降 y 成正比，即 $p=ky$。式中 k 为地基基床系数。根据这个假设，地基的沉降只发生在基底范围以内，因而不能考虑边载对底板内力的影响，这与实际情况不符。此外，基床系数 k 由于受试验条件的影响变化较大。该法一般仅在地基可压缩层厚度小于 $0.25L$（L 为闸底板半宽）的情况下采用。

②半无限理想弹性体模型。假定地基为均匀的、各向同性的半无限理想弹性体，用弹性理论计算地基变形。半无限弹性体计算模型用变形模量 E_0 和泊松比 μ_0 来表征地基土壤的

特性，E_0与基础尺寸无关，较易确定；可以考虑地基各点的反力与沉降的相互影响，因此可以考虑边载的作用。但实际地基很少是均质的连续弹性体，只是在地基应力水平较低时，才能近似反映实际情况。当可压缩层厚度大于3L时，可按半无限理想弹性体进行计算。

③有限深度的理想弹性体。有限深弹性体假定可以根据地基土层分布情况，较合理确定可压缩层深度，然后用有限深弹性体假定计算。一般认为当可压缩层厚度小于3L，而大于0.4L时，采用有限压缩层假定计算较为合适。

(2)弹性地基梁计算方法

弹性地基梁的计算方法很多，目前最常用的是链杆法和郭尔布诺夫—波萨多夫方法（简称郭氏法）。对于较大型或较重要的工程，近年来也开始采用有限元方法，见本章第七节内容。

①链杆法。链杆法将底板与地基之间的接触代以绝对刚性的链杆连接，然后用结构力学方法求解链杆内力，即得地基反力。

坞式闸室结构的底板通常都具有对称的特性，在采用链杆法计算时，其计算图式一般采用对称形式，把固定截面选在闸室纵轴线处，计算图式如图6-26所示。链杆数目根据需要的计算精度而定，一般链杆数取10～15根。

根据这一方法的基本原理，如果链杆数取为10（图6-26），由于结构对称，取右梁进行分析，梁的中间截面不会转动，即转角$\varphi_0=0$，相当于固定端。设中间截面处的垂直位移为y_0，根据每一链杆切口处的相对位移为零的变位协调条件及竖向静力平衡条件可列出下列方程组：

$$\left.\begin{aligned}X_1\delta_{11}+X_2\delta_{12}+X_3\delta_{13}+X_4\delta_{14}+X_5\delta_{15}-y_0+\Delta_{1\mathrm{p}}=0\\X_1\delta_{21}+X_2\delta_{22}+X_3\delta_{23}+X_4\delta_{24}+X_5\delta_{25}-y_0+\Delta_{2\mathrm{p}}=0\\X_1\delta_{31}+X_2\delta_{32}+X_3\delta_{33}+X_4\delta_{34}+X_5\delta_{35}-y_0+\Delta_{3\mathrm{p}}=0\\X_1\delta_{41}+X_2\delta_{42}+X_3\delta_{43}+X_4\delta_{44}+X_5\delta_{45}-y_0+\Delta_{4\mathrm{p}}=0\\X_1\delta_{51}+X_2\delta_{52}+X_3\delta_{53}+X_4\delta_{54}+X_5\delta_{55}-y_0+\Delta_{5\mathrm{p}}=0\\-X_1-X_2-X_3-X_4-X_5+N=0\end{aligned}\right\}\tag{6-36}$$

式中：X_k——k链杆的内力；

y_0——闸室轴线处固定截面的位移，以向上为正；

Δ_{kp}——k链杆切口处由于外荷载产生的相对变位；

N——作用于半梁上的垂直力总和；

δ_{ki}——i点处在单位力作用下使链杆k切口处产生的相对变位。由地基的弹性变形及梁的挠度组成，δ_{ki}由式(6-37)确定，即：

$$\left.\begin{aligned}\delta_{ki}=\delta_{ik}=F_{ki}+\alpha\omega_{ki}\\\alpha=\frac{\pi E_0(1-\mu^2)c^3}{6EI(1-\mu_0^2)}\end{aligned}\right\}\tag{6-37}$$

式中：c——链杆间距；

F_{ki}——由i链杆处单位力在k链杆X方向上引起的地基变位，可根据不同的地基模型选用相应公式计算；

ω_{ki}——由i链杆处单位力所引起的K链杆处梁的挠度，可由结构力学方法求得。

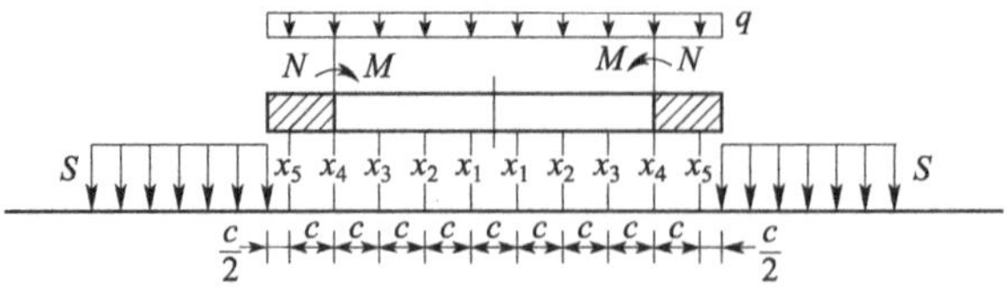

图 6-26　链杆法计算图式

由于边荷载不直接作用于梁上，因此边荷载对 k 链杆处的相对变位的作用，仅使 k 链杆处的地基产生沉降，可将边荷载分成长度为 c 的小段，每段以集中力 S_i 表示，边荷载的作用可计入 Δ_{kp} 的自由项中。如：

$$\Delta_{ks} = \sum S_i \cdot F_{ki} \tag{6-38}$$

求解方程组(6-36)，得各链杆内力，即可求得地基梁的地基反力，从而可求任一断面内力。

②郭氏法。郭氏法假定地基为半无限的理想弹性体，并假定梁底的地基反力呈幂级数规律分布，然后根据梁的静力平衡条件以及梁和地基的变形连续条件求出幂级数中的待定常数，从而求得地基反力分布和地基梁的内力。该法已编制成计算各种典型荷载作用下弹性地基梁的计算用表，设计中可根据荷载的特点和地基特性，查表进行计算。因此，该方法的关键是如何将闸室结构上作用的各种荷载简化到图 6-27 的计算图式中。

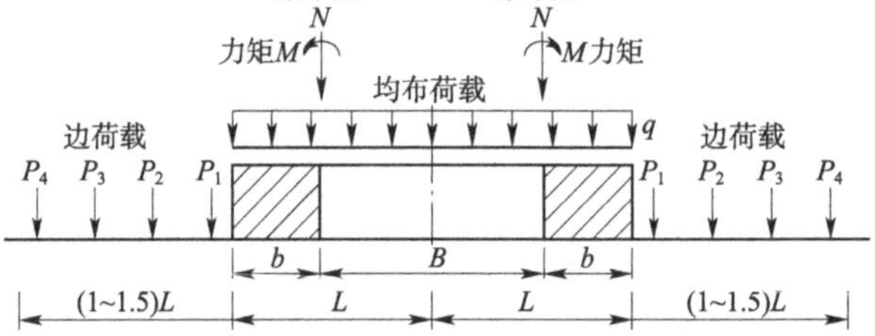

图 6-27　郭氏法查表计算图式

不同的计算方法，具有各自的特点及适用条件。链杆法可考虑底板变刚度影响以及可考虑边载的作用，目前已编制有相应的计算程序，在工程上已得到广泛应用。郭氏法只适用半无限大弹性地基条件，并不能考虑底板变断面影响，但计算分析表明，忽略变刚度影响对闸室底板内力产生的误差是不大的，郭氏法有现成的表格可以查用，计算比较简单，在工程实践中得到广泛应用。岩基上的闸室底板，由于地基与基础梁之间的切向反力较大，而且分布很不均匀，计算时应考虑切向反力的影响，宜用设双向链杆的链杆法或有限元法进行计算。

(3) 边载的影响

船闸墙后填土所形成的边荷载对底板内力影响较大，在采用半无限大弹性地基或有限压缩层地基假定计算地基梁时，应慎重确定其大小及范围。边荷载的大小与回填土的填筑、施工程序、地基特性等因素有关，精确计算边载大小是十分困难的，只能作近似的假定。据有关研究资料表明，当边荷载作用长度大于底板 1.5 倍半宽，其长度在 1.5 倍半宽以外的边载对底板内力影响已不明显。

因此边载的计算长度可取为底板的 1 ~ 1.5 倍半宽。边载的分布形状，视回填土断面形状而定，一般取为三角形分布或矩形分布或梯形分布。具体计算时，可将边荷载简化为若干个集中力(图 6-27),分别计算对底板的内力值,然后叠加为整个边荷载作用下底板的各种内力值。

边荷载作用对底板内力的影响,在设计中应该计入多少,主要根据地基的性质而定。一般砂性地基的沉降往往在施工期间可以完成总沉降量的 80% 左右,而粘土地基的沉降则需要经历相当长的时间才能完成,在实际工程中须考虑这个特点。为确保建筑物的安全,当边载使底板弯矩增加时,砂性地基可取影响值的 50% ~100%,粘性地基可取影响值的 70% ~100%;当边载使底板弯矩减小时,砂性地基可取影响值的 30% ~50%,粘性地基可取影响值的 20% ~30%。

2. 悬臂式底板计算

悬臂式结构的底板和后悬臂可按嵌固于闸墙上的悬臂梁计算内力。在计算底板的截面强度时,应考虑底板自重、闸室水重、作用于底板上的扬压力及地基反力。此外,还应计入闸底和地基间的摩擦力和作用在底板中缝处的水平力(图 6-28)。

底板和地基之间的摩擦力按式(6-39)计算,作用在底板中缝处水平力按式(6-40)计算。

$$E_f = f\Sigma V \tag{6-39}$$

$$E_p = \Sigma H - f\Sigma V \tag{6-40}$$

式中:E_f——底板和地基之间的摩擦力(kN),在底板上的分布与地基反力分布成正比;

E_p——作用在底板中缝处水平力(kN),闸室中缝处的水平力分布尚无法确定,在核算底板截面强度时,从偏于安全出发可假定作用在底板中心线向上 1/4 底板厚度处;

f——底板与地基间的摩擦系数;

ΣV——作用于半个悬臂式结构上的垂直力的总和(kN),包括扬压力;

ΣH——作用于半个悬臂式结构上水平力的总和(kN)。

3. 双铰底板计算

分离式闸室的闸底型式可根据地基条件、水头大小等因素确定。当重力式、扶壁式等闸室结构采用不透水闸底时,常采用双铰底板。

(1)传统计算方法

双铰底板一般采用地基反力折线分布假设进行计算,在铰接处只传递水平力和垂直力,不传递弯矩,其计算图式如图 6-29 所示。

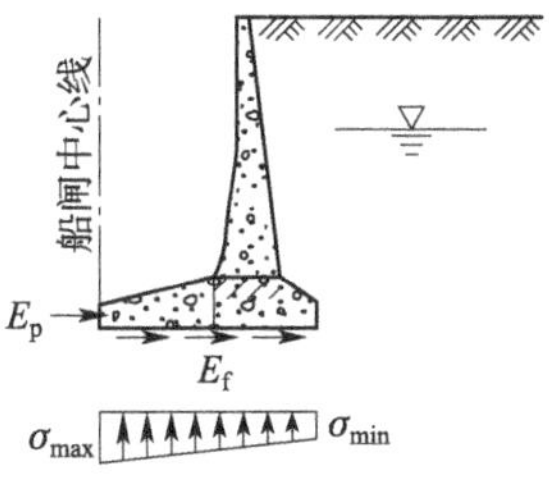

图 6-28 悬臂式闸室底板计算图式

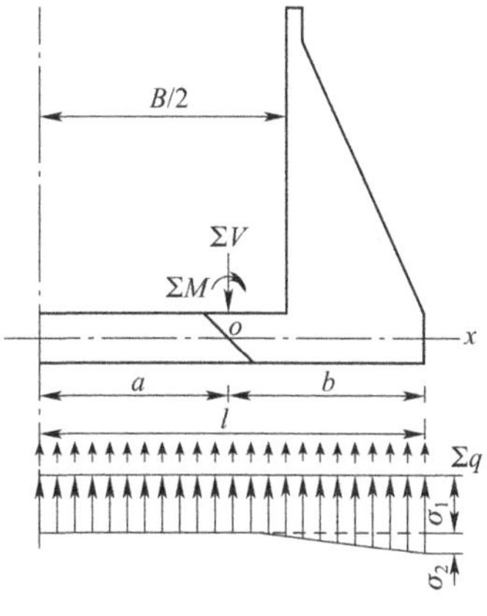

图 6-29 双铰底板计算图式

根据闸墙部分的静力平衡条件可得：

$$\left.\begin{aligned}\Sigma M-(\sigma_1+\Sigma q)\frac{b^2}{2}-\frac{b^2\sigma_2}{3}=0\\ \Sigma V-P-(\sigma_1+\Sigma q)b-\frac{b\sigma_2}{2}=0\end{aligned}\right\}\qquad(6\text{-}41)$$

式中：Σq——作用在底板上的均布荷载（包括底板自重力，底板上的水重力，浮托力和渗透压力等）（kN/m^2）。由于闸墙范围没有水重，应将底板以上闸墙自重的一部分计入该荷载，使该荷载为均布荷载，方便计算；

ΣV——作用在闸墙段上的向下的垂直力总和，计算时将闸墙与底板分开，底板以上闸墙自重一部分计入水重，剩余部分荷载计入闸墙垂直力，闸墙以下底板自重计入底板的均布荷载 Σq 中（kN）；

ΣM——作用在闸墙段上所有荷载对铰点 o 的力矩总和（顺时针为正）（kN · m）；

b——闸墙底板宽（m）；

P——闸墙与中底板在铰接处相互传递的垂直力（kN），见图 6-30。

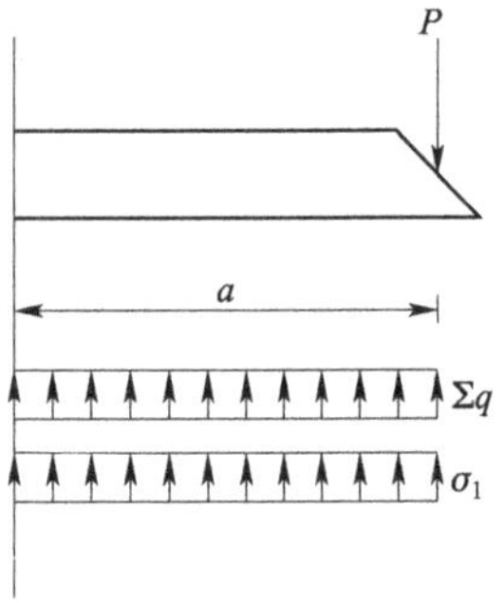

图 6-30　双铰底板的中底板受力简图

由图 6-30 可得中间底板的静力平衡条件如下：

$$P=(\sigma_1+\Sigma q)\cdot a\qquad(6\text{-}42)$$

由式（6-41）和式（6-42）求解，可得双铰底板地基反力分布值：

$$\sigma_1=\frac{\Sigma V-ql-\dfrac{b\sigma_2}{2}}{l}\qquad(6\text{-}43)$$

$$\sigma_2=\frac{6\left(\dfrac{2l\Sigma M}{b^2}-\Sigma V\right)}{4a+b}\qquad(6\text{-}44)$$

式中：σ_1——闸墙底板前趾处地基反力（kN/m^2）；

σ_2——闸墙底板后趾与前趾地基反力的差值（kN/m^2）；

a——中底板半宽（m）；

l——闸墙底板宽与中底板半宽之和（m）；

其它符号意义同前。

作用于双铰底板上的水平力可按下式计算：

$$E=\Sigma H-f\cdot(\Sigma V-P)\qquad(6\text{-}45)$$

式中：f——闸墙与地基的摩擦系数；

其它符号意义同前。

水平力的作用点位置与施工、回填、运转工况、边载等诸多因素有关。为安全计，取水平力的作用点位于底板中心以下 1/6 ~ 1/4 底板厚度处。

求得地基反力和其它荷载后，即可计算双铰底板内力。双铰底板的铰接段尚需进行局部强度验算。

（2）弹性地基梁计算方法

对大型船闸工程，其双铰底板也可按弹性地基梁进行计算，即假定闸墙与中间底板为不同刚度以铰相联接的弹性地基梁，采用链杆法进行计算，其计算图式如图6-31所示。

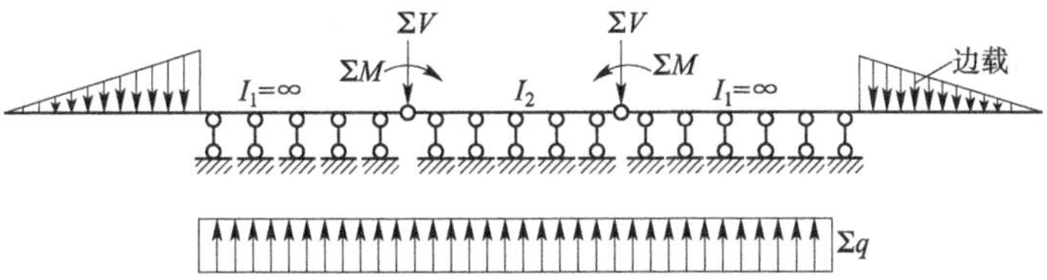

图6-31　链杆法计算双铰底板图式

4. 透水底板计算

分离式闸室结构透水底板见图6-18。其计算内容主要有格梁计算和护面层盖重等计算。

(1) 格梁计算

当利用格梁起横撑作用时，格梁宜采用钢筋混凝土结构。格梁设计应考虑闸墙不均匀沉降的影响。

当格梁起横撑作用时，格梁计算一般按照刚架进行计算，刚架的顶部承受一侧闸墙传来的荷载（均布荷载 q）、底部支承于另外一侧闸墙（图6-32）。

当只布置有一条中纵梁和两条边纵梁，且闸室结构受力对称时，也可采用边纵梁支承于横撑上的连续梁对边纵梁进行计算（图6-33）；中纵梁不参与计算、按照构造配筋；横撑根据边纵梁计算的支座反力按偏心受压构件计算。

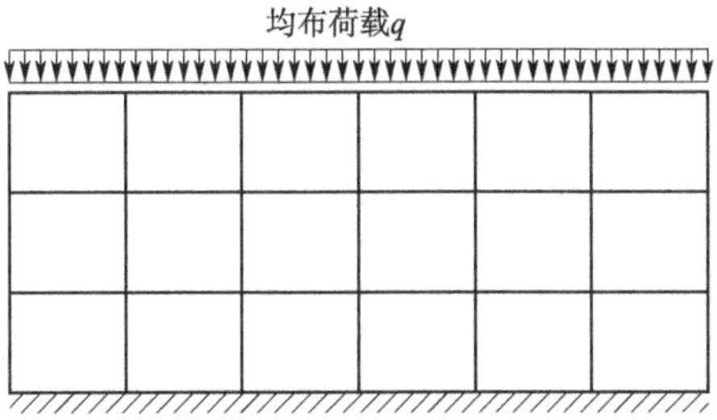

图6-32　刚架计算图式

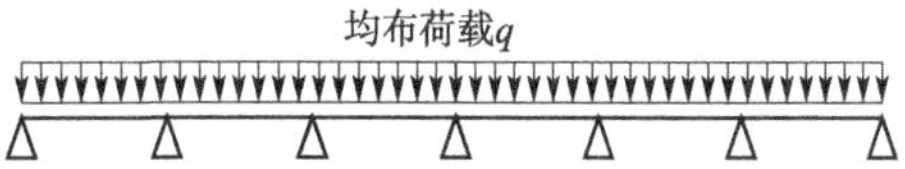

图6-33　连续梁计算图式

由于格梁起横撑作用，此时闸墙的抗滑稳定计算公式为：

$$K_c = \frac{f \cdot \Sigma V + q}{\Sigma H} \geqslant [K_c]$$

由此可知每米闸墙传给格梁的均布荷载 q 为：

$$q \geqslant [K_c]\Sigma H - f\Sigma V \tag{6-46}$$

式中：q——闸墙传给格梁的均布荷载(kN/m)；

$[K_c]$——闸墙抗滑稳定容许安全系数；

其余符号意义同前。

当式(6-46)右边计算为负时，说明闸墙本身能够维持抗滑稳定，格梁对闸墙抗滑只起富余作用。

(2) 护面层盖重等计算

透水底板格梁内应设反滤层、护面层等。反滤层构造见前面介绍，护面层盖重依据渗透稳定性要求和抗冲要求确定，可参考相关文献。

第四节　船闸闸首结构

一、闸首结构构造

（一）闸首结构布置

闸首是将闸室和上、下游引航道分隔开的挡水建筑物，其上一般设有输水廊道、闸门、阀门、启闭机械及其相应的设备等。闸首结构由边墩和底板所构成，闸首结构按其边墩与底板是否刚性连接分为整体式结构和分离式结构。闸首结构宜采用整体式，在岩石地基上，经论证也可采用分离式。

1. 整体式闸首

船闸闸首结构的轮廓形状不规则，承受的荷载大且复杂，为避免由于边墩不均匀沉降而影响闸门正常工作，船闸闸首结构一般采用整体式结构。

闸首布置及尺寸与所选用的闸门型式、输水系统型式及有无帷墙等有密切关系。图6-34为某人字门整体式闸首布置及尺寸，图6-35为某三角闸门整体式闸首布置及尺寸。

在较好的地基上的闸首边墩一般均采用混凝土或钢筋混凝土重力式边墩，当地基较差时，闸首边墩可采用轻型结构，如空箱结构（图6-36）。空箱式边墩结构的自重小，底面积大，地基反力相应减小，当地基反力不均匀时，空箱式结构还可以在空箱中充填部分砂石料或水，以调节各种情况下的地基反力，但空箱式结构施工较复杂，钢材和模板耗费较多。

2. 分离式闸首

从前面已经知道，闸首结构一般为整体式，但在地基条件特别好的岩石地基上，经论证也可采用分离式结构。

分离式结构闸首边墩一般均采用重力式结构，当岩石顶面较高时也可采用衬砌式结构（图6-37）。当岩石较完整时，可不设底板；当岩石裂隙较多或岩石较软弱时，应加设底板或护底，必要时也可采用整体式结构。

（二）闸首结构尺度确定

闸首的轮廓尺寸根据闸阀门型式、输水系统布置、启闭机械布置及地基条件等因素确定，须满足使用要求及结构稳定和强度要求。

1. 闸首长度

闸首在长度方向上一般由门前段、门龛段、支持段组成，对于不同的工作闸门，各段尺寸也各不相同。

(1)门前段长度 l_1

门前段长度 l_1，主要根据工作闸门型式，检修门尺度、门槽构造及检修要求确定。图6-38为人字门及横拉门的闸首分段图式。

当检修门槽设于闸首外与导航墙接缝处时，门前段的长度最小，一般为1.0m左右。该种布置方式能减小闸首长度，但因门槽设在两结构物的缝间，当两结构变位不同时，可能造成门槽不规整,给维修带来不便。在设置检修门槽不增加闸首长度的情况下,应尽量使检修门槽布置在闸首范围内。对横拉闸门的闸首门前段,尚应考虑输水廊道进口的布置要求。

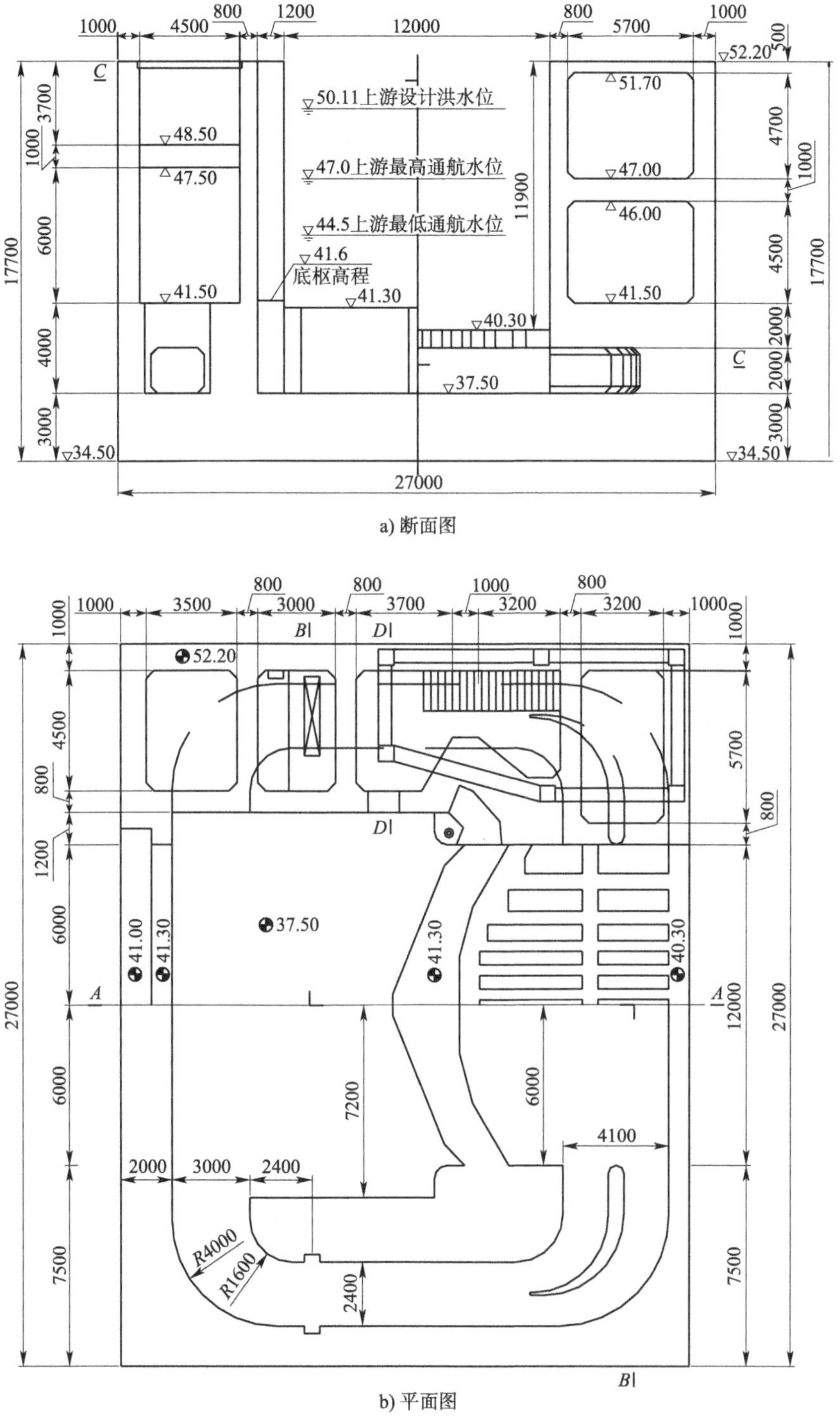

图 6-34 人字门闸首平面布置实例

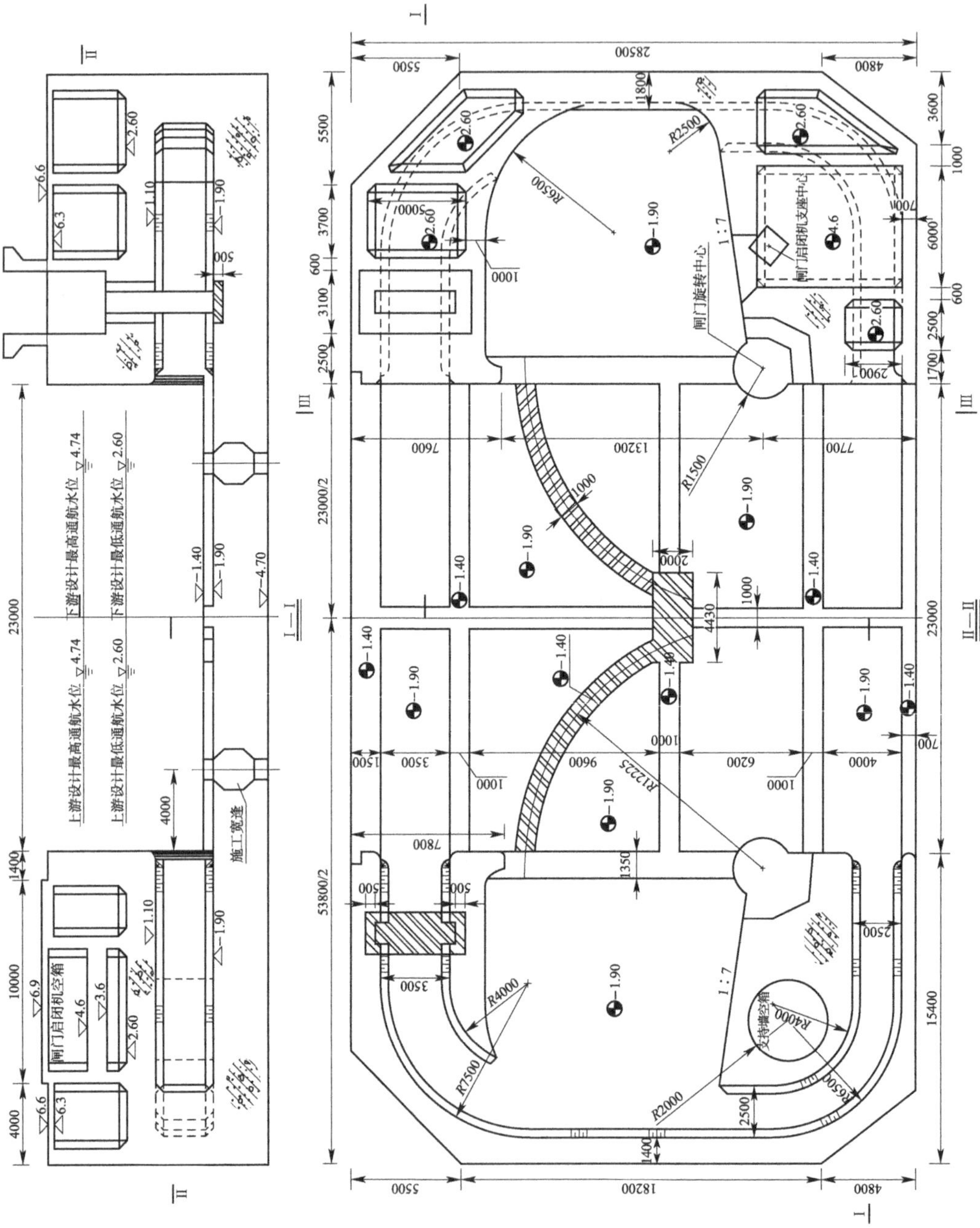

图 6-35　三角闸门闸首平面布置实例

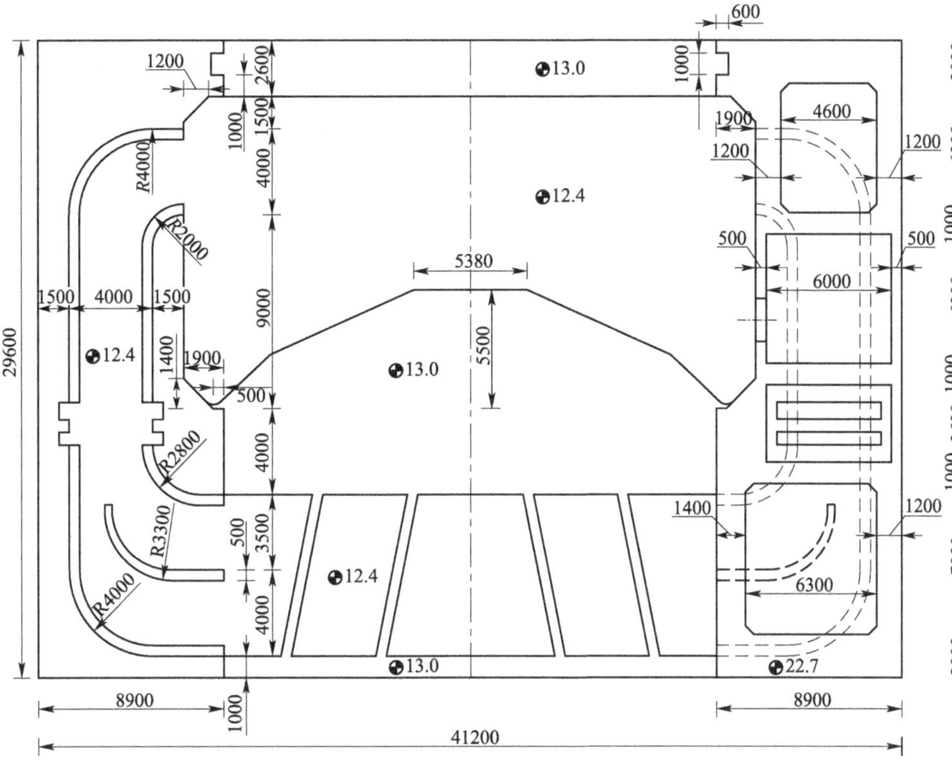

图6-36　人字门闸首平面布置图

①对人字门闸首：　　　　　$l_1=(1.0\sim2.0)+C_1$　　　　　(6-47)

②对横拉门闸首：　　　　　$l_1=(1.0\sim2.0)+C_1+b$　　　　　(6-48)

式中：C_1——检修门槽宽度(m)，可根据检修闸门的经济梁高及止水布置要求确定，初步确定时可取0.8~1.0m；

b——输水廊道进口断面宽度(m)。

(2)门龛段长度 l_2

①人字闸门闸首门龛段长度 l_2 为：

$$l_2=(1.1\sim1.2)\frac{B_x+2c}{2\cos\theta} \tag{6-49}$$

式中：B_x——闸首口门宽度(m)，一般与闸室有效宽度相同；

c——门扇的支垫座与枕垫座的支承面至门龛外缘的距离，通常取 $c=(0.05\sim0.07)B_x$；

θ——闸门关闭时门扇轴线与船闸横轴线的夹角，国内已建船闸中，一般选用22.5°或20°。

②横拉闸门闸首门龛段长度，主要由横拉闸门厚、上下游支承木的厚度及闸墩楔形支承厚度组成(图6-39)。

$$l_2=h+2d \tag{6-50}$$

式中：h——横拉门厚度(m)；

d——闸门支承木与闸墩楔形支承总厚度(m)，闸门支承木厚度可取0.2m，闸墩楔形支承厚度可取0.25m。

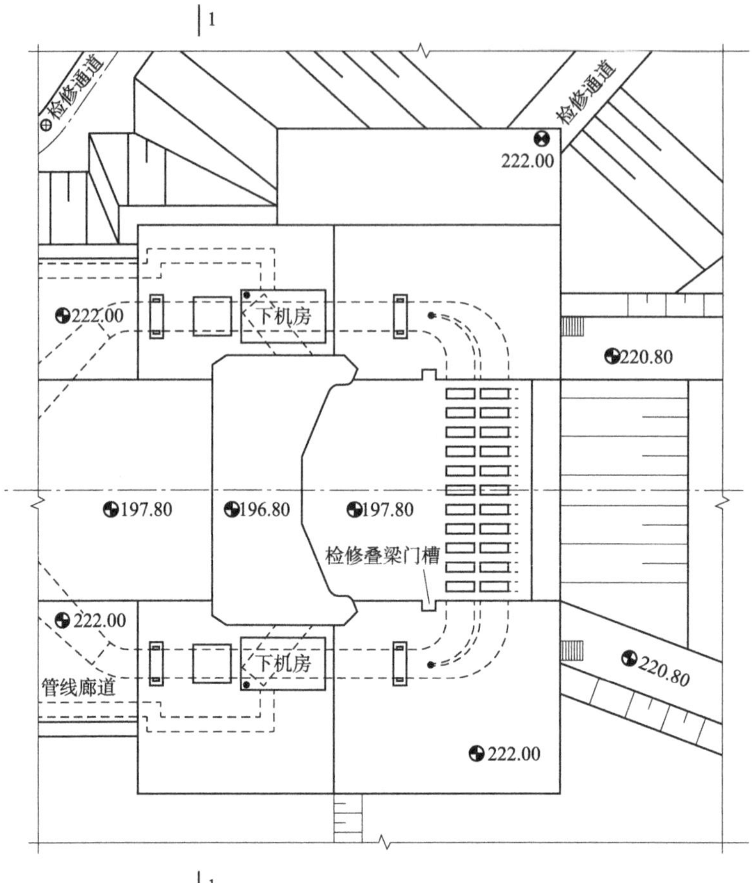

a) 平面图

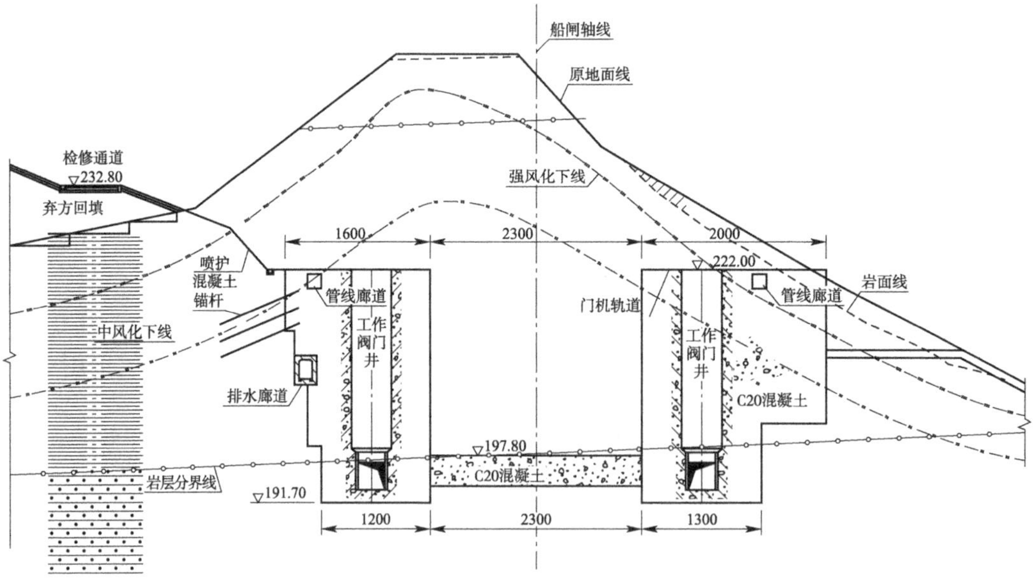

b) 1—1断面图

图 6-37　分离式闸首结构(衬砌式结构)

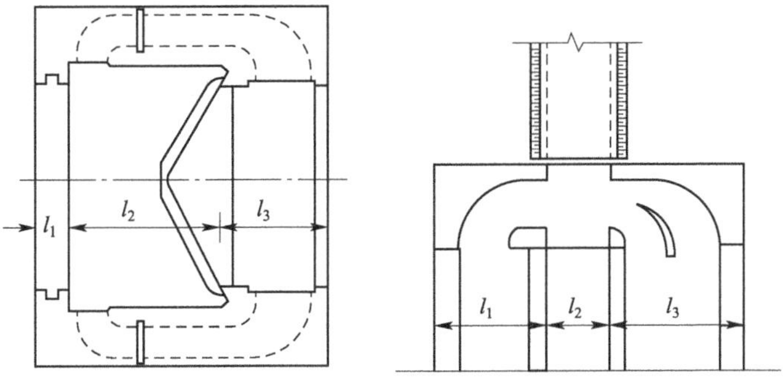

a) 人字门闸首　　b) 横拉门闸首

图 6-38　人字门及横拉门的闸首分段图式

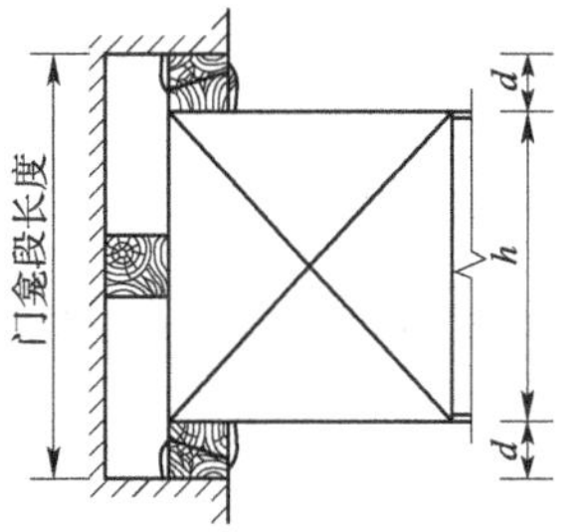

图 6-39　横拉闸门的门槽布置

③三角闸门闸首门龛段长度。三角闸门门库较大,其外形尺寸除要满足闸门尺度及构造要求外,还应满足输水消能的要求。据已建三角门船闸门库尺度的统计,其门龛长度可取为:

$$l_2 = (0.5 \sim 0.7)B_x \tag{6-51}$$

式中:B_x——闸首口门宽度(m),一般与闸室有效宽度相同。

④升降式平面闸门闸首门龛段长度。升降式平面闸门的门槽与前几种门型相比是最小的,在闸首布置中不会因门槽的尺寸而增加闸首的长度,主要视门体结构尺度而定。

(3) 支持段长度 l_3

支持段是指支持闸门并承受闸门推力的闸首部分长度,主要应满足结构稳定及强度的要求,并应考虑输水廊道进出口布置的要求。

人字闸门闸首的支持段长度,可根据输水廊道出口布置要求(图 6-40),按式(6-52)初步拟定,通过结构稳定与强度校核最终确定其长度。

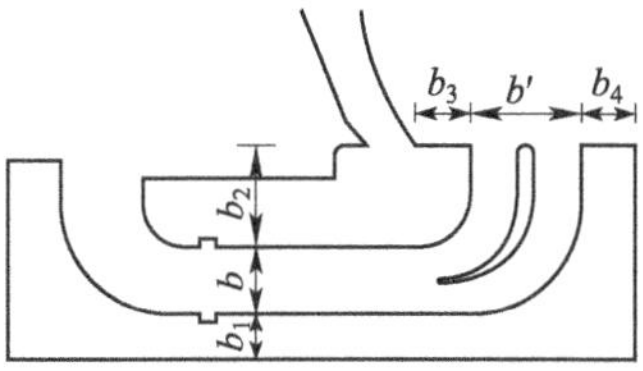

图 6-40　支持段长度及边墩厚度示意图

$$l_3 = b_3 + b' + b_4 \tag{6-52}$$

式中:b'——输水廊道出口宽度(m);

b_3、b_4——见图 6-40,可取 1.0 ~ 2.0m。

2. 闸首宽度

闸首的宽度等于闸首的口门宽度与两侧边墩厚度的总和。闸首的口门宽度一般与闸室有效宽度相同;闸首的边墩厚度取决于门龛深度、廊道宽度、阀门井尺度等因素。门龛深度应按门厚、缓冲垫块厚度和富余宽度之和确定,富余宽度可取 0.1 ~ 0.2m,缓冲垫块厚度一般为 0.2 ~ 0.3m。据已建船闸的统计,边墩厚度一般取为 2 ~ 3 倍廊道宽度(图 6-40),图 6-40 中 b_1、b_2 可取$(0.5 \sim 1.0)b$(b 为输水廊道宽度)。边墩的顶部宽度主要考虑使用要求,包括启闭机房布置、交道通道的布置、管理及维修场地、其它设备等的布置要求。为节省工程造价也可在闸首边墩顶部设悬臂加宽。

3. 闸首底板厚度

在整体式闸首结构中,闸首底板一般采用平底板。底板厚度可取等于 1/3 ~ 1/4.5 边墩的自由高度,但不应小于其净跨的 1/6 ~ 1/7,在粘性地基上取较大值,在砂性地基上可取小值。为了充分利用混凝土的抗压性能,在一些船闸上采用了倒拱底板。以倒拱底板代替平底板能节省工程投资，在相同条件下，底板的厚度可比平底板的薄。倒拱底板的拱厚一般取为口门宽度的1/15～1/20，矢跨比一般为1/7～1/10。但是倒拱底板对边墩的不均匀沉降、相对水平位移和转角相当敏感，边墩即使只产生较小的变位，也会使倒拱产生较大的附加内力。因此，倒拱底板一般用于地基条件好，边墩高度不大的闸首。

二、闸首结构计算

闸首结构按其边墩与底板是否刚性连接分为整体式结构和分离式结构。闸首结构一般采用整体式，在岩石地基上，经论证也可采用分离式。

分离式闸首结构计算方法，根据其计算内容，分别与整体式闸首结构或本章第三节闸室结构计算方法基本相同。因此，下面重点介绍整体式闸首结构计算内容与方法，且主要介绍人字门闸首结构计算。

闸首结构须根据结构特点进行稳定性和强度计算。稳定验算包括：整体抗滑、抗倾、抗浮、渗流稳定性和地基承载力等验算。强度验算包括：边墩强度、底板强度、局部强度等验算。

船闸闸首结构的轮廓形状不规则，且承受的荷载较复杂，既有垂直于船闸纵轴线方向的横向荷载，又有平行于船闸纵轴线方向的纵向荷载，其中还有由闸门传来的较大集中荷载。因此，闸首结构的计算属空间问题，目前尚无精确的手工计算方法，通常是将空间问题简化为平面问题，分段进行计算，即将边墩和底板分别分段进行计算。对重要工程的闸首结构应进行空间有限元计算（见本章第七节），并配合模型试验分析研究。

（一）整体稳定及地基验算

1.整体抗滑稳定计算

在一般情况下，作用于闸首上的荷载均对称于船闸纵轴线，因此对整体式闸首可只进行沿船闸纵轴线方向的水平滑移稳定验算。在验算时，考虑它的空间受力状态，将两侧边墩墙背与回填土之间的摩擦力计入阻滑力中。其抗滑稳定安全系数按下式计算：

$$K_c = \frac{(\sum V - U)f + E_t + E_p}{(H_1 - H_2) + (E_1 - E_2)} \tag{6-53}$$

$$E_t = 2k_t E\tan\delta$$

式中：K_c——计算的抗滑稳定安全系数，应不小于规范允许值；

ΣV——作用于闸首上的垂直力总和（kN）；

U——作用于闸首底板上的扬压力（kN）；

f——闸首沿地基面的摩擦系数；

H_1、H_2——作用于闸首上、下游端面的水压力（kN）；

E_1、E_2——作用于闸首上、下端面的静止土压力（kN）；

E_p——作用于闸首下游端面埋深部分的抗力（kN），土基上或埋置不深的岩基上可不计；

E_t——边墩背面与回填料间的摩擦力（kN），在粘性填土段可不计；

k_t——摩擦力折减系数，上、中闸首可取0.6，下闸首可取0.4；

E——边墩背面的土压力（kN）；

δ——回填料与边墩背面间的摩擦角（°），取$\delta=\varphi/2$，φ为土的内摩擦角（°）。

2. 其它方面的验算

闸首结构其它方面的稳定验算及地基验算，包括抗倾（宽缝施工的施工期）、抗浮、渗流稳定性、地基承载力、基底应力、沉降等验算，可按本章第三节的相关计算方法进行，不再赘述。

但闸首结构基底应力与闸室结构的要求有所不同，为防止土基上闸首结构产生过大的不均匀沉陷，应控制基底应力的不均匀性。通常情况下，对砂性地基，要求地基反力的最大值与最小值之比应不大于5；对粘性地基，则应不大于3。

（二）闸首边墩结构计算

闸首边墩一般采用分段计算法。分段计算时一般将支持段与前面分开，此时闸首边墩成为两段，即支持段、门前＋门龛段。由于门前＋门龛段尺度与支持段尺度相当（甚至更大），但门前＋门龛段受力远比支持段受力小且相对简单。因此，闸首边墩结构计算时一般只计算支持段，当支持段满足要求时，认为门前＋门龛段自然满足要求。当然，门前＋门龛段也可按平面问题进行计算。

1. 支持段所受荷载

当假定支持段与门龛段用缝分开、支持段底部与闸首底板也用缝分开后，支持段即为一独立体，独立承受全部闸门推力和其它荷载（图6-41）。

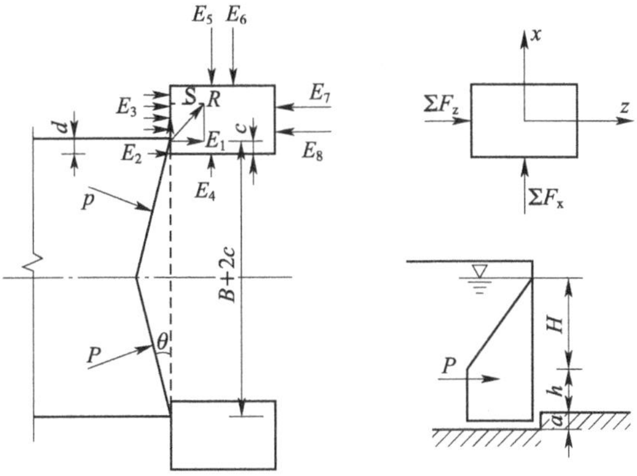

图6-41　人字闸门闸首支持段荷载示意图

（1）建筑物（含内部或上部填料）重力。

（2）闸门推力。传到支持段上的闸门推力，与闸门型式有关。对于平面闸门及横拉闸门，其值等于作用在闸门上的水压力总和的一半。对于人字闸门，由于门扇结构为三铰拱受力状态，传到支持段上的闸门推力为：

$$R = \frac{P}{2\sin\theta} \tag{6-54}$$

式中：R——闸门推力（kN）；

P——作用于每扇闸门上的总水压力（kN）；

θ——闸门关闭时门扇轴线与船闸横轴线的夹角（°）。

将闸门推力 R 分解为平行于船闸轴线的纵向分力 E_1 及垂直于船闸轴线的横向分力 S，即：

$$\left.\begin{aligned} E_1 &= R\sin 2\theta \\ S &= R\cos 2\theta \end{aligned}\right\} \tag{6-55}$$

(3)门龛段凹入部分位于支持段上游面的水压力 E_2。

(4)支持段与门龛段分缝间的水压力 E_3。由于是假定支持段与门龛段用缝分开,因此,该水压力为正常水压力乘以小于1.0的折减系数(一般取为0.5)。

(5)支持段墙前水压力 E_4。

(6)支持段墙后水压力 E_5。

(7)支持段墙后土压力 E_6。

(8)支持段下游面水压力 E_7。一般情况下,闸首支持段与闸室墙(对上闸首)或与导航建筑物(对下闸首)断面尺寸不一致,即使断面尺寸一致,该部位有人为分缝。

(9)支持段下游面土压力 E_8。闸首支持段与闸室墙(对上闸首)或与导航建筑物(对下闸首)断面尺寸不一致,断面不重叠部位上产生的土压力。

(10)支持段底部与闸首底板缝间扬压力 U(包括浮托力和渗透压力)。浮托力按照本章第二节方法计算;由于是假定支持段底部与闸首底板用缝分开,因此,采用正常渗透压力乘以小于1.0的折减系数(一般取为0.5)。

2. 支持段抗滑稳定性验算

(1)支持段在上述荷载作用下,沿底板顶面的抗滑稳定安全系数为:

$$K_c=\frac{f\sum V}{R'} \tag{6-56}$$

式中:K_c——计算的抗滑稳定安全系数,应不小于规范允许值;

$\sum V$——作用于支持段全部垂直力的总和(包括墙底缝内的扬压力 U)(kN);

f——支持段底面的摩擦系数,一般取0.7~0.75;

R'——作用于支持段上全部水平力的合力(kN),$R'=\sqrt{(\sum F_X)^2+(\sum F_Z)^2}$,其中$\sum F_Z$为纵向水平力的总和,$\sum F_X$为横向水平力的总和(图6-41)。

(2)支持段主要依靠自身重量维持稳定性。当支持段能够独立满足水平抗滑稳定时,则按构造要求配置带形钢筋;当支持段不能独立满足水平抗滑稳定要求时,则须设置纵向带形钢筋,使支持段与门龛段相连接,以确保支持段的稳定安全。带形钢筋所受的力可按下式计算:

$$E_g=\sum F_Z-\frac{f\sum V}{[K_c]} \tag{6-57}$$

式中:E_g——带形钢筋所受的力(kN);

$[K_c]$——支持段抗滑稳定安全系数,取为1.4~1.5;

其余符号意义同前。

需要说明的是:有些文献在进行上述计算时,不考虑支持段墙后及支持段下游面的作用力,即不考虑支持段墙后土压力、水压力以及支持段下游面的土压力、水压力,是偏更安全的考虑。

3. 支持段的强度计算

支持段的强度计算,采用双向弯曲受压公式,即支持段在各种荷载作用下计算截面四角点应力按下式计算:

$$\sigma_{\min}^{\max}=\frac{\sum V}{F}\pm\frac{\sum M_x}{W_x}\pm\frac{\sum M_z}{W_z} \tag{6-58}$$

式中：σ_{max}——支持段计算截面的最大应力，$\sigma_{max}<[\sigma]$，$[\sigma]$为材料允许抗压强度；

σ_{min}——支持段计算截面的最小应力，$\sigma_{min}>0$；

$\sum V$——支持段计算截面以上垂直力的总和(kN)；

F——支持段计算截面的面积(m^2)；

W_x、W_z——支持段计算截面对 x、z 轴的截面模量(m^3)；

M_x、M_z——计算截面以上纵向水平力对计算截面 x 轴的力矩与横向水平力对计算截面 z 轴的力矩(kN·m)，如果垂直力对 x 轴和 z 轴分布不对称，则还应包括垂直力对相关轴产生的力矩。

(三)闸首底板结构计算

1.闸首底板计算的流程与方法

闸首底板除受力属于空间状态外，其断面也因在闸首上设置闸门门龛及输水消能设施等而发生变化，因而闸首底板实际上为一变断面的空间结构。对于闸首底板，由于纵向有刚度较大的边墩存在，闸首底板纵向变形很小，因此闸首底板计算以横向计算为主。

为简化计算，一般将底板纵向划分为几个特征段，计入不平衡剪力，按平面问题分段进行计算。闸首底板计算的一般流程与方法见表6-5和图6-42。从表6-5可知，横向荷载分配与内力调整是二选一的过程。

闸首底板简化计算方法与步骤 表6-5

<table>
<tr><th>船闸类型</th><th colspan="5">简化计算步骤</th></tr>
<tr><td>大型船闸(可采用方法)</td><td rowspan="2">底板纵向分段</td><td rowspan="2">不平衡剪力计算</td><td>横向荷载分配</td><td>计算内力</td><td rowspan="2">强度校核和配筋</td></tr>
<tr><td>所有船闸</td><td>计算内力</td><td>内力调整</td></tr>
</table>

2.闸首底板的纵向分段

闸首底板的纵向分段，一般可根据荷载、刚度及跨度等因素划分。分段原则是使各特征段的底板有大致相同的断面；各段内边墩的间距基本一致；作用在各段内的荷载沿纵向变化较小。人字闸门的闸首底板，一般分为门前段、门龛段和支持段；有帷墙的平面闸门闸首，一般也分三段；有帷墙的弧形闸门闸首，可分为两段(图6-43)。

3.不平衡剪力计算与分配

闸首底板在整体工作时，作用在其上的垂直力与地基反力是平衡的。闸首底板划分为几个特征段后，对每一特征段，作用在各段的垂直力与地基反力也应该是平衡的，因此相邻段分隔的截面上必然存在剪力，只是习惯上称该剪力为不平衡剪力(图6-44)。

(1)不平衡剪力的计算。闸首横截面上的不平衡剪力，其值可按下式计算：

$$Q_i = R_i - V_i \tag{6-59}$$

式中：Q_i——不平衡剪力(kN)；

R_i——闸首沿纵向按直线反力分布计算所得的作用于该特征段上的地基反力(kN)；

V_i——该特征段上的垂直力总和(kN)，包括自重、水重、浮托力、渗透压力。

(2)不平衡剪力的分配。各特征段不平衡剪力值在闸首横截面中的分配，按弹性力学方法进行分配，可参考《船闸水工建筑物设计规范》。

对于人字闸门闸首边墩和底板一般不进行不平衡剪力的分配计算，而采用固定的百分比进行分配，通常按相应特征段的总不平衡剪力的 85% 作用于边墩、15% 作用于底板上考虑。其中，作用于边墩的不平衡剪力以集中力的方式作用于两边墩的中点上；作用于底板的不平衡剪力以均布力的方式作用于底板上。

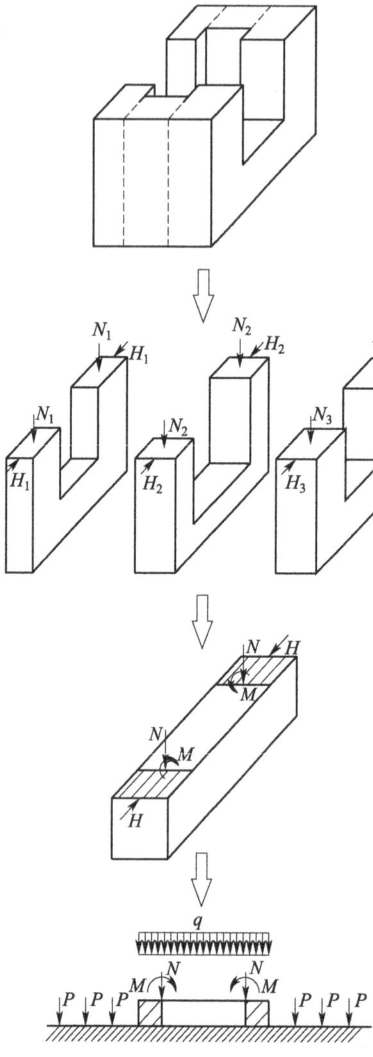

图 6-42　闸首底板简化计算流程示意图

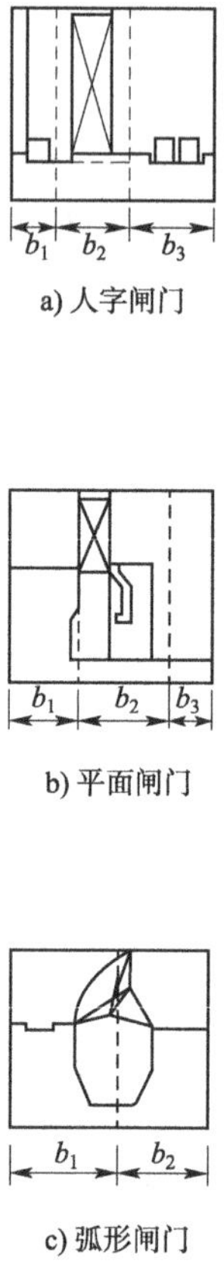

图 6-43　闸首底板特征段划分

4. 横向荷载的分配

闸首边墩所受荷载中，大部分荷载沿船闸轴线方向分布是较均匀的，如墙后水压力、土压力等。但有两个荷载沿船闸轴线方向分布是非常不均匀的，即闸门推力和墙前水压力（闸门关闭时，闸门上下游有水位差）。由于闸首结构的整体作用，这些荷载必然通过闸首边墩传递到底板的一定范围内，而不是仅仅传给对应的特征段底板。

因此，将底板纵向划分为几个特征段分段计算时，对于大型船闸闸首底板，可将闸门推力和墙前水压力等荷载先行分配于各特征段底板上，与各特征段自身所受荷载叠加，再进行各特征段底板内力的计算。各特征段底板内力计算结果作为本段底板强度校核和配筋依据，各特征段底板之间无需再进行内力调整。

目前在工程设计中考虑到横向荷载的分配,对底板内力的计算值影响不大。因此,对中小型船闸的闸首底板通常不进行横向荷载的分配,而是认为这些横向荷载直接传递到对应特征段底板上,与其它荷载叠加后直接计算各特征段底板内力,然后对各特征段内力计算的结果进行调整。

(1)闸门推力的分配

对于人字闸门的闸首,在闸首的支持段作用有闸门推力。闸门推力的横向分力(即垂直于船闸轴线)沿闸首长度按以下办法分配:将闸门推力的横向分力沿边墩高度分为若干个集中力 S_{yi},每个集中力按45°方向沿边墩自上而下扩散分布在一定范围内(图6-45)。通过闸首边墩传递到单位长度底板上的横向力 T 及其所产生的弯矩 M 为(图6-46):

$$\left.\begin{aligned} T &= \sum_{i=1}^{n}\frac{S_{yi}}{l_i} \\ M &= \sum_{i=1}^{n}\frac{S_{yi}h_i}{l_i} \end{aligned}\right\} \tag{6-60}$$

式中:h_i——横向力 S_{yi} 距闸首底板中心轴的距离(m);

l_i——横向力 S_{yi} 在闸首底板处的分布长度(m)。

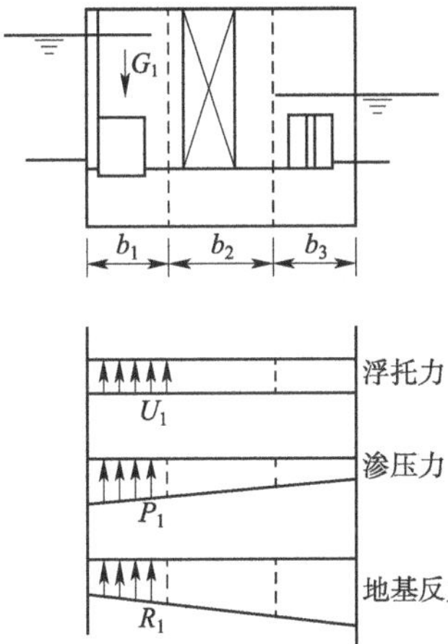

图6-44　不平衡剪力计算图

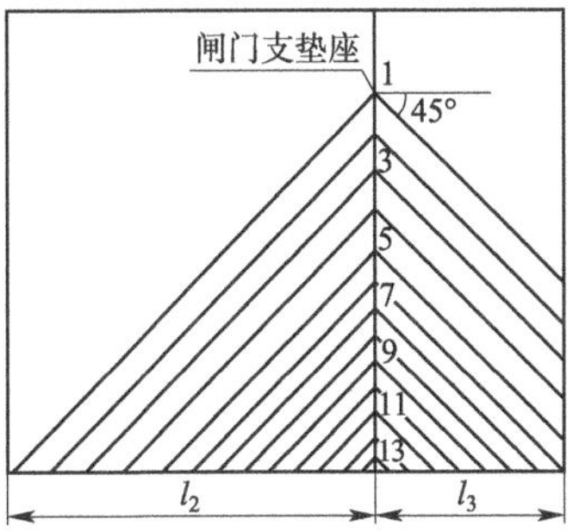

图6-45　人字闸门横向推力沿高度分布

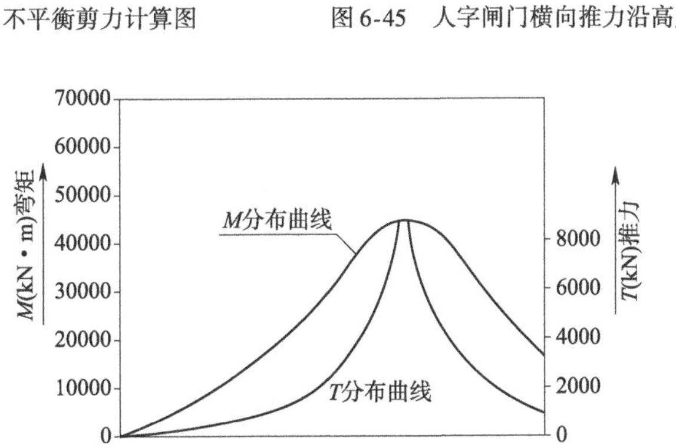

图6-46　闸门推力的横向分力沿闸首长度分布示意图

(2)墙前水压力分配

由于横向静水压力沿闸首长度分布不均匀，而使边墩发生扭转变形。因此，横向水压力沿闸首长度的分配，可按边墩承受的横向水压力与截面受弯扭时所产生的横向变形成正比的假定求得(图6-47)。

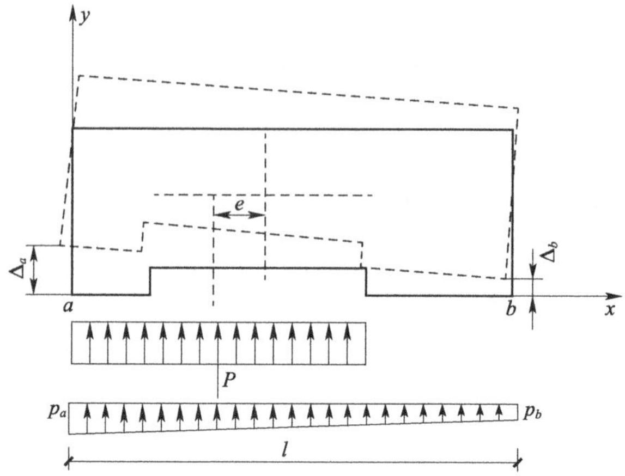

图6-47 墙前水压力分配示意图

$$\left.\begin{aligned} p_a/\Delta_a &= p_b/\Delta_b \\ P &= \frac{1}{2}(p_a + p_b)l \end{aligned}\right\} \tag{6-61}$$

式中：P——作用在闸门上游横向水压力总和(kN)；

l——闸首长度(m)；

p_a、p_b——闸首边墩上、下游端面经分配所得的横向水压力强度(kN)；

Δ_a、Δ_b——闸首边墩上、下游端的变位值(水压力合力作用点高程处的断面)，按匀质材料的边墩在水压力作用下的弯扭变形公式(6-62)求得。

$$\Delta_a(\Delta_b) = \frac{Py^3}{3EJ} \pm m\tan\left(\frac{7200M_k y}{17\pi EJ_k}\right) \tag{6-62}$$

式中：P——水压力总和(kN)；

y——水压力合力作用点至底板面的距离(m)；

E——混凝土弹性模量(kPa)；

J——边墩的惯性矩(m^4)；

m——边墩形心至上游端面或下游端面的最大距离(m)；

M_k——扭矩(kN·m)，为总水压力合力与形心距离的乘积；

J_k——扭转时的惯性矩(m^4)。

5. 内力计算

当荷载确定后，各特征段的底板内力，可按一般弹性地基梁方法计算(各特征段均取单位条宽进行计算)，具体可参照本章第三节坞式底板的计算。

6. 计算内力的调整

大型船闸整体式闸首底板强度计算时，当对闸门前后的侧向水压及闸门推力等荷载先行分配，经计算求得的各特征段内力，则不再进行内力调整。

如果未进行横向荷载分配，则为了更好地考虑底板的整体工作，各特征段底板的计算内力结果，应根据底板的结构特征进行调整。

对纵向断面变化不大的闸首底板可采用加权平均法，进行底板内力的调整。将各段求出的内力值加权平均后得出加权平均值，然后将底板内力的加权平均值与各段计算内力值算术平均，即得到该段调整后的计算内力值。即：

$$\left.\begin{aligned} M_c &= \frac{\sum M_i b_i}{\sum b_i} \\ Q_c &= \frac{\sum Q_i b_i}{\sum b_i} \\ M_{ip} &= \frac{M_i + M_c}{2} \\ Q_{ip} &= \frac{Q_i + Q_c}{2} \end{aligned}\right\} \tag{6-63}$$

式中：M_i、Q_i——各特征段单位条宽的弯矩和剪力值计算值；

M_c、Q_c——闸首底板单位条宽的弯矩和剪力加权平均值；

M_{ip}、Q_{ip}——调整后各特征段单位条宽的弯矩和剪力值；

b_i——各特征段长度。

7. 强度校核和配筋

根据各特征段底板内力计算结果或内力调整结果，进行底板结构强度校核和配筋。

第五节　引航道上的建筑物

引航道上的建筑物主要有导航建筑物和靠船建筑物以及护坡护底等。它们的结构型式主要取决于建筑物的高度、水位变化的幅度、材料来源、施工条件、使用要求和地基土壤的性质等。应尽可能采用结构简单、便于施工、使用方便、经济合理的结构型式。

一、导航和靠船建筑物

（一）布置

为引导船舶从水域宽度较大的引航道安全通畅地进入宽度较窄的船闸，在引航道的导航段内应布设导航建筑物，位于进闸航线一侧引导船舶进闸的称主导航建筑物，位于主导航建筑物对面，用以引导受侧向风、水流等影响而偏离航线船舶的建筑物称辅导航建筑物。为供进闸船舶在进闸前停泊系靠，在引航道停泊段内应布设系靠船建筑物（图 6-48）。

导航和靠船建筑物是船闸引航道的重要建筑物，对保证船舶安全通畅地过闸起重要作用，其布置依引航道布置型式不同而异（图 6-49 和图 6-50）。

主导航建筑物可兼作反对称型、不对称型引航道单向过闸的靠船建筑物。主导航建筑物长度应与导航段长度相同,辅导航建筑物的长度可根据具体情况确定。

图 6-48　某船闸导航和靠船建筑物布置效果图

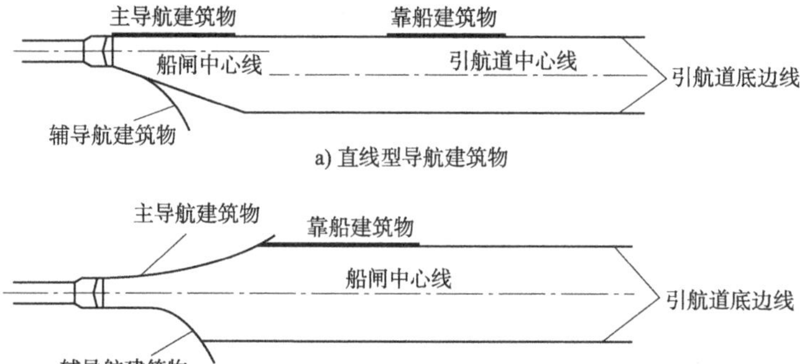

a) 直线型导航建筑物

b) 曲线型导航建筑物

图 6-49　单线船闸导航和靠船建筑物布置示意图

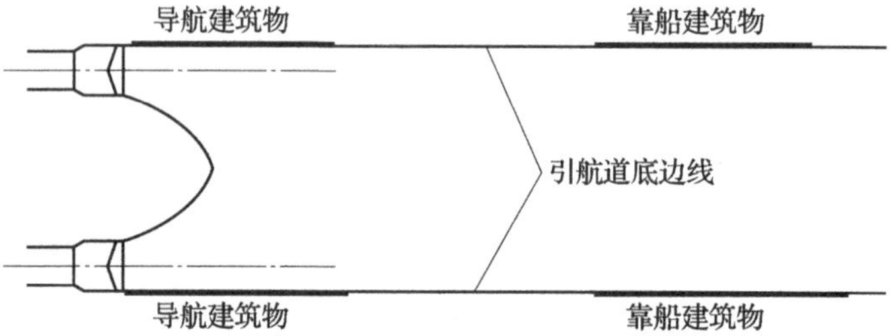

图 6-50　双线船闸共用引航道导航和靠船建筑物布置示意图

引航道停泊段内,应布置船舶(队)双向过闸用的靠船建筑物。靠船建筑物的长度应采用一个设计最大船舶(队)长度。通过论证,顶推船队可采用 2/3 设计船队最大长度。当过闸船舶(队)密度较大时,需要增加的长度可通过论证确定。

双线船闸共用引航道时,Ⅰ～Ⅴ级船闸,均应按双向过闸布置导航和靠地建筑物(图 6-50),Ⅵ～Ⅶ级船闸至少应有一线船闸按双向过闸布置导航和靠船建筑物。有危险品船舶(队)过闸的船闸,应在停泊段外另设危险品船舶(队)停泊区。

(二)结构型式

导航及靠船建筑物的结构型式较多,一般可采用固定式导航和靠船结构,当水深或水位变幅较大时,可采用浮式导航和靠船建筑物。固定式导航和靠船结构一般有重力式、墩式、桩墩式、空箱式、扶壁式等。当导航及靠船建筑物有隔流或挡土要求时，一般采用连续的结构，其型式和普通挡土墙结构基本相同。

重力式一般采用混凝土或浆砌块石材料。浆砌块石结构具有就地取材、施工简单、维修方便、造价较低等优点，但其施工进度慢、质量不易保证、耐久性差、对地基承载力要求较高等缺点，一般适用于石料较为丰富，建筑物等级较低的地区。浆砌块石重力式导墙如图6-51所示。混凝土重力式结构，适用于水深较大和地基承载力较好地区（图6-52）。

墩式结构（图6-53）一般适用于大、中型船闸中的靠船建筑物，墩式结构一般等间距布置，中心距根据船舶的靠泊要求。一般取15～25m，并在其上设置系缆、导航设备、爬梯、交通桥和照明等设施。

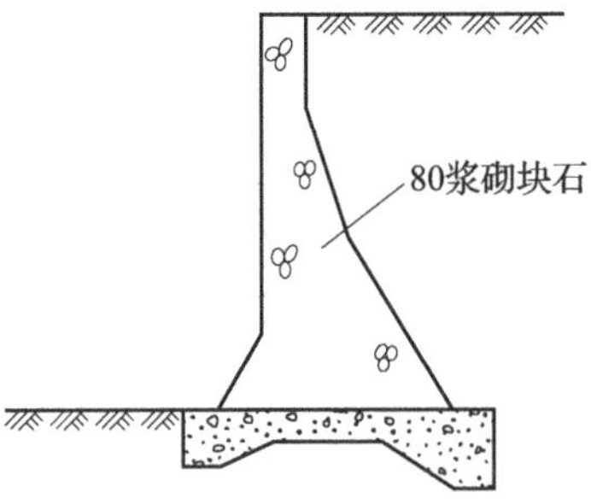

图6-51　重力式导航墙

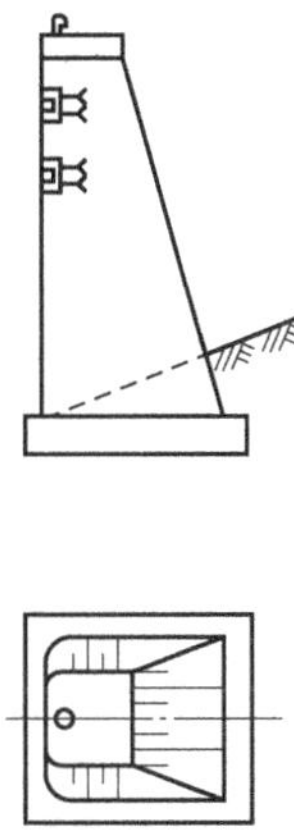

图6-52　重力式靠船墩

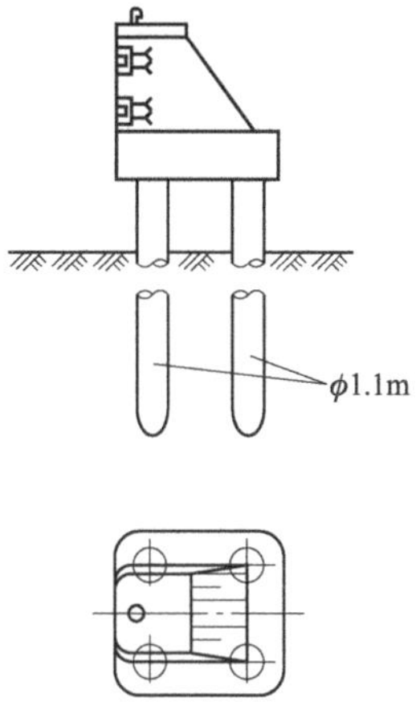

图6-53　桩式靠船墩

浮式导航墙适用于库区或水深较大的河流中，但使用操作较麻烦、维护工作量大、容易受水流及风向等自然因素的影响。我国三峡永久船闸上游导航墙采用浮式导墙，采用多组浮箱，分别与闸首及钢筋混凝土墩柱连接，浮箱尺度为250m×10m×2.5m×2.0m（长×宽×型深×吃水）（图6-54）。

图6-54　三峡船闸上游浮式导航建筑物

导航及靠船建筑物的前沿应设计为垂直平整面，以利于船舶停靠及系泊安全。当引航道水位变幅较大时，可在靠船建筑物正面分层设置系船钩。墩与墩间一般设有人行引桥供管理人员工作及船员上、下岸之用。

导航及靠船建筑物的计算，可参照类似结构，按实际荷载及计算情况进行计算。导航及靠船建筑物主要承受船舶撞击力，其尺度一般根据稳定和强度计算确定。并应满足系船、照明及信号装置等布置要求。

二、护坡和护底

引航道的岸坡和底部，由于经常受到船闸灌泄水和溢洪时水流的冲刷，以及暴雨、风浪、船行波的影响等，容易造成岸坡崩塌，引起引航道泥沙大量淤积，妨碍船舶航行。因此靠近闸首附近的一段引航道的边坡和底部，须适当加以保护。已建船闸一般采用浆砌块石、干砌块石、混凝土板及草皮等护坡。

根据船闸运用实践经验，在闸首外底部和辅导墙外铺砌 30m 至 50m 左右长度的护底或护坡是十分必要的。

护坡结构的护面厚度应通过计算确定，浆砌石和干砌石护面厚度不宜小于 30cm；混凝土护面板厚度不宜小于 8cm。护面层以下设反滤层，分层反滤层可由碎石层和粗砂层或砾砂层组成，每层厚度不宜小于 15cm；当采用浆砌石和混凝土板护坡时，应设置排水孔，其纵横向间距可取 2 ~ 5m，孔径可取 5 ~ 10cm。

通常浆砌块石或干砌块石护坡至正常通航水位以上 0.5m 左右或戗台面上，砌石护坡以上至坡顶则可加铺草皮保护。为便于人行，在铺设浆砌块石或干砌块石范围内铺设混凝土辅道。粉砂地基的护坡如图 6-55 所示。

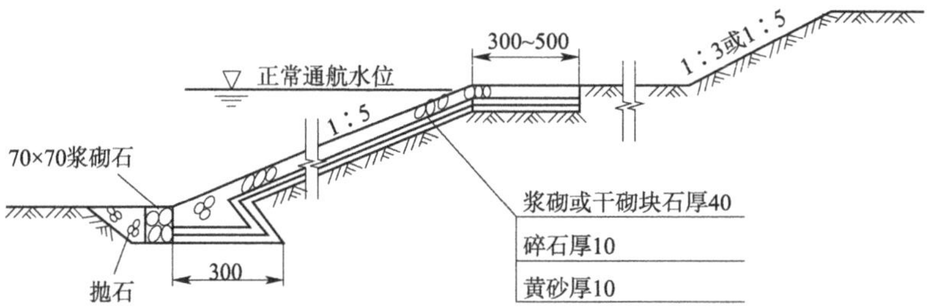

图 6-55　粉砂地基引航道护坡实例（单位：cm）

第六节　船闸防渗与排水

一、船闸的渗流特点

船闸作为挡水建筑物承受着水位差的作用。在水头的作用下，船闸的地基和其两侧的回填土内，产生渗透水流（简称渗流）（图 6-56）。渗流对建筑物产生渗透压力，降低建筑物抗滑稳定性；也可能引起地基土壤的渗透变形，甚至会引起建筑物失事。因此，研究渗流的运动规律，阐明它对船闸及其地基的影响，确定相应的防渗措施，对保证建筑物的安全具有重大意义。

船闸的渗流特点在很大程度上取决于闸室底板透水与否以及闸室相对于坝轴线位置。

（一）闸室底板不透水时渗流特点

1. 空间性

当闸室为不透水闸底，且布置在坝轴线下游时，就渗流而言，整个船闸是一挡水建筑物。在渗透水头作用下，渗流从上游经过闸首和闸室底板下的地基，同时也绕过闸首边墩和闸室墙向下游渗出（图 6-56）。因此，其渗流具有空间性。

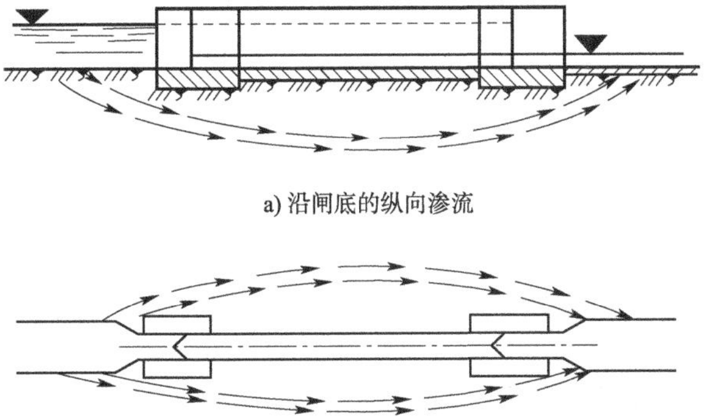

a) 沿闸底的纵向渗流

b) 沿两侧回填土内的渗流

图 6-56　船闸的渗流示意图

2. 相对稳定性

由于上下游水位在一段时间内基本稳定(相对于后面介绍的透水底板情况而言),因此,其渗流具有相对稳定性。

当闸室为不透水闸底时,由于渗径很长,渗流一般不致对建筑物产生危害。当闸室布置在坝轴线上游时,则下闸首位于挡水线上,其渗流情况在很大程度上取决于闸室墙后回填土的构筑方式。

(二)闸室底板透水时渗流特点

当闸室为透水闸底时,闸首和闸室均为独立的挡水建筑物,渗流特点也不同,应分别进行防渗设计。

1. 闸首渗流特点

(1)空间性

就闸首而言,渗流自上游(或闸室)经上(或下)闸首底板向闸室(或下游)渗出,同时它也绕过闸首两侧边墩向下游流动。因此,其渗流具有空间性。

(2)不稳定性

随着船闸的灌水和泄水,渗透水头在很短时间内将由最大值降为零,然后又由零增长到最大值,因此,其渗流具有不稳定性。

2. 闸室渗流特点

(1)双向平面渗流

渗透水流总是沿着最小阻力(或者说最短渗径长度)方向渗流的。就闸室而言,当闸室水位较低时,闸室墙后回填土中的地下水经过闸室墙底横向向闸室内渗出;当闸室水位较高时,渗流则向闸室墙后回填土渗出,因此闸室墙下的渗流为双向渗流。同时,由于闸室长度远比横向尺度大,因此沿闸室墙横向的渗流可以认为是平面渗流。

(2)不稳定性

随着船闸的灌水和泄水,作用在船闸上的渗透水头在很短时间内将由最大值降为零,然后又由零增长到最大值,闸室横向渗流的方向也随着改变,这就使得闸室渗流具有不稳定渗流特征。

二、地基渗流变形

在渗透水流的作用下，由于渗流流速或渗透坡降的增大，在建筑物下的地基土壤可能产生破坏性的渗流变形而危及建筑物的安全。渗流变形主要有流土和管涌两种。

（一）流土

在粘性土壤中，由于土壤颗粒之间存在粘着力，阻碍了渗透水流使土壤颗粒之间分离，因而不易产生土壤颗粒的单独移动，但是渗透水流在其逸出处却可能将部分土体顶起，使其处于悬浮状态，这种现象成为流土。

由于渗透水流的作用，将产生作用于土粒上的拖拽力，称为渗流力，渗流力的方向与渗流方向一致。在渗流的逸出处，渗流流线的方向一般是从下向上，此时土体在渗透水流作用下，主要是靠本身的重量来维持稳定，当向上的渗流力超过土体本身有效重量时，土体即被托起形成流土。

为了增加土壤抵抗流土的稳定性，除了应当控制渗流逸出处的渗透坡降小于临界坡降外，还可在渗流逸出处铺设块石等作为盖重，以保护地基土壤的稳定。有关盖重的确定可参考相关文献。

（二）管涌

在非粘性土中，由于土壤是散粒结构，其颗粒大小不匀，颗粒间存在有许多孔隙。当渗透坡降（或渗流流速）达到某一数值时，就有可能使那些微小颗粒开始移动，沿着渗流方向通过土体的孔隙被带走。由于小颗粒被带走，土体中孔隙的容积和尺寸增大，那些较大粒径的土粒将有可能继续被带走。发展下去，有可能把土体中承重的骨架颗粒带走，于是建筑物将因此而发生较大的沉陷，甚至地基因而发生破坏。这种管涌现象主要发生在无粘性或粘性很小的土壤（如砂土、砂壤土等）中。对于粘性土，由于土壤颗粒之间具有很大的粘着力，不大容易被渗流所带走，一般不会发生管涌。

管涌的产生和发展条件是非常复杂的。根据试验观测证明，管涌的发生主要与两个因素有关，一是渗透坡降的大小，另一个是土壤颗粒组成的不均匀程度。当地基土壤颗粒组成的不均匀程度一定时，渗透坡降达到一定的数值，就将会发生管涌。另一方面，在相同的渗透坡降作用下，土壤颗粒组成愈不均匀，愈容易发生管涌。根据试验资料，当渗流自下而上流动。渗流逸出处未加保护，判别无粘性土是否产生管涌，可以参考表6-6所列的数值。表中不均匀系数 $C_u = d_{60}/d_{10}$，d_{60} 及 d_{10} 分别表示土壤中有60%及10%重量的颗粒小于和等于这一粒径。

地基土壤的允许渗透坡降 表6-6

不均匀系数 C_u	土壤的允许渗透坡降	不均匀系数 C_u	土壤的允许渗透坡降
$C_u \leq 10$	0.3 ~0.4	$C_u \geq 20$	0.1
$10 < C_u < 20$	0.2		

由表6-6可知，为防止管涌的产生，应当控制渗透坡降。此外，试验观测还表明，管涌在发展过程中，也有可能由于颗粒间的孔隙被不能通过的小颗粒所堵塞，空隙随之变小，更细

小的颗粒又随着被堵拦下来，最后通路被堵塞，沿渗流方向土壤颗粒按由小到大的顺序停积，形成了天然的反滤层。因此为防止管涌的产生，设置反滤层是一项有效的措施。

三、船闸的防渗与排水布置

船闸的防渗布置，一般须根据所处地基的水文地质条件（土壤性质、土层的分布、不透水层存在情况等）、作用水头的大小、船闸结构型式以及船闸在枢纽中位置等因素，综合考虑确定。其中地基的水文地质条件是主要因素。

地基土壤主要可分为砂性和粘性两大类。砂性土壤，由于颗粒间无粘着力或粘着力很小，容易发生渗流变形。因而防渗布置时，除了考虑减少渗透压力外，还应注意防止渗流变形，尤其是在细砂和粉砂地基上更要特别注意。粘性土壤颗粒间具有粘着力，不易发生渗流变形，因而防渗布置主要是减少渗透压力，提高建筑物抗滑稳定性。

（一）闸室为透水闸底时船闸防渗布置

如前所述，当闸室为透水闸底时，闸首和闸室均是独立的挡水建筑物，它们各自都应设置防渗设备（图 6-57）。

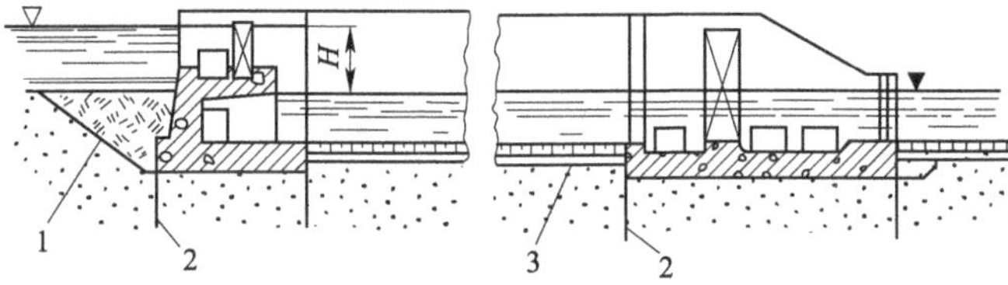

图 6-57　船闸为透水闸底的防渗布置

1-铺盖；2-板桩；3-反滤层

1. 闸首防渗布置

为减少渗流的不利影响，通常在船闸闸首前设置防渗铺盖；在底板下设置垂直防渗设备（如板桩、齿墙等）；在渗流逸出处设置反滤层。图 6-58 为一船闸闸首的纵剖面图，图中铺盖、板桩及底板等不透水部分与地基的接触线 $A-B-C-D-E-F-G-H-I-J-K-L$，称为地下轮廓线，亦即闸基渗流的第一根流线。该线长度称为防渗长度或渗径长度。

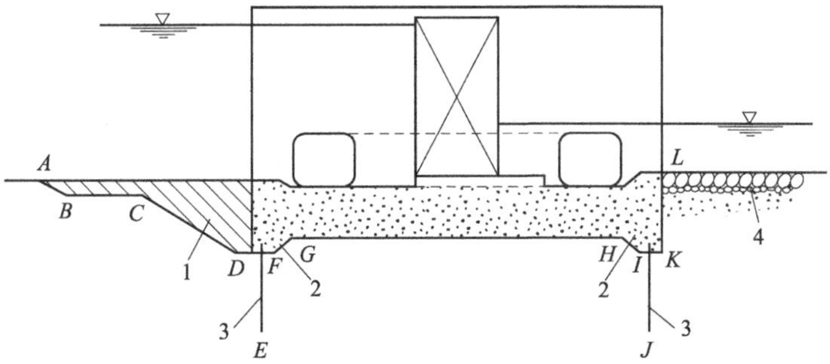

图 6-58　船闸闸首的地下轮廓线

1-铺盖；2-齿墙；3-板桩；4-反滤层

在砂性土地基上，当闸首底板的渗径长度不够时，可采用板桩及铺盖等防渗措施，并在渗流逸出的地方设置反滤层。一般多在闸首底板的前、后端打板桩，在易液化的粉砂地基上，宜采用封闭式防渗措施，即在闸首地基的四周用板桩包围。

在粘性土地基上，一般多采用齿墙和铺盖或防渗墙等设施。

至于闸首边墩两侧回填土内的渗流，主要应防止回填土与混凝土边墩接触处产生集中渗流。为防止产生集中渗流，可采用如下措施：(1)边墩背面不宜有向回填土侧的倒坡，水下部分沿墙高不宜有突出部分；(2)当闸首为挡水线的一部分时，在挡水线的上游侧宜设置粘土防渗墙，必要时还可设置刺墙等防渗设施。

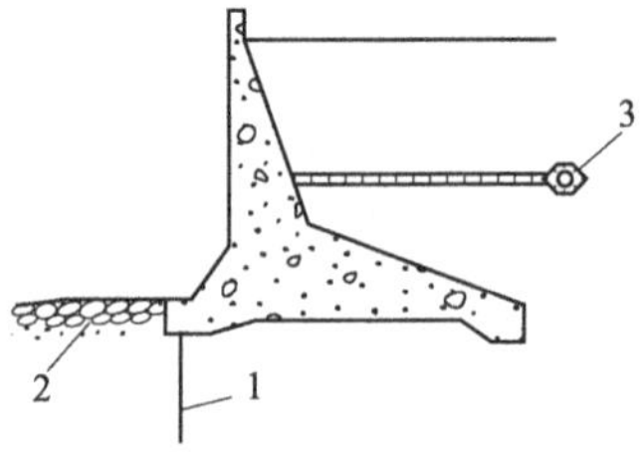

图6-59 透水闸底的闸室墙的防渗布置
1-板桩；2-反滤层；3-排水管

2. 闸室防渗布置

在粘性土地基上，一般多采用齿墙和铺盖或防渗墙等设施。

在砂性土地基上，最简单的防渗措施是设置齿墙，若还不能满足防渗要求时，则可在闸室内侧闸墙下渗流出口处设置一道防渗墙或板桩，在闸室内设置反滤层。为减小渗流水头和作用在闸墙的水压力，闸墙的回填土内，通常设置明沟或排水管（图6-59）。

（二）闸室为不透水闸底时船闸防渗布置

当闸室位于坝轴线的下游时，由于整个船闸是一个挡水建筑物，闸首和闸室的总渗径长度大大超过防渗所必须的安全长度，所以防渗布置比较简单。一般仅在闸室墙后回填土内设置明沟或排水管，以降低墙后地下水位，改善闸室结构工作条件。

当闸室位于坝轴线上游时，可以在闸室墙后填筑宽度较大的回填土体，并在回填土内设置排水管，以减少作用在闸室墙上的水压力。也可以在墙后只填筑较窄的回填土体，而不设置排水设施，或者在闸室墙后不填筑回填土或者不填筑到顶，此时整个渗流水头由位于坝轴线的下闸首承受，下闸首的防渗布置比较复杂。具体采用哪一种方案应根据枢纽布置情况，并进行技术经济比较确定。

四、防渗与排水设施的构造

（一）铺盖

1. 材料

防渗铺盖有柔性和刚性两大类，柔性铺盖主要采用粘土铺筑，刚性铺盖则采用混凝土或钢筋混凝土制成，其材料的渗透系数应小于地基的渗透系数的1/100。粘性铺盖适用于砂性土地基，当地基的透水性较小，缺乏填筑铺盖的天然材料时，可采用混凝土铺盖。

2. 长度

防渗铺盖的长度应根据地基特性以及其它防渗设施情况确定。一般采用设计水头的2～3倍，或地下轮廓线水平投影长度的25%～40%。

3. 厚度

(1)粘土铺盖的厚度，上游端采用0.5～1.0m，向下游逐渐加大，在与闸首接触处宜做成倾斜面接缝，并在其间设有止水，必要时也可将铺盖和底板均加深形成齿墙。为保护粘土铺盖,在铺盖层上设置反滤层及块石护面(图6-60)。

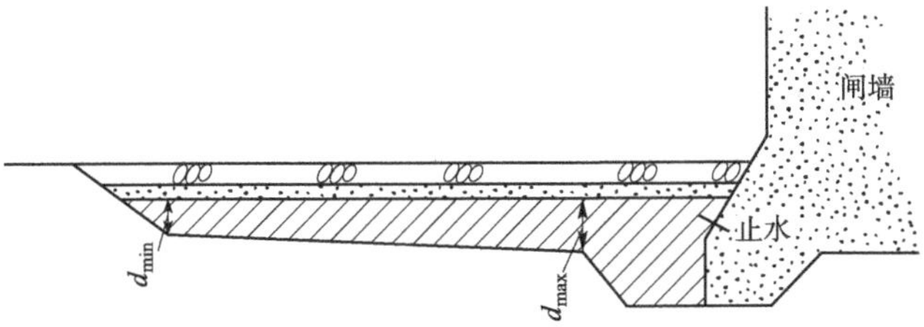

图6-60 粘土铺盖

(2)钢筋混凝土铺盖厚度约为30~50cm,一般采用C20混凝土,其表面可涂防水材料。为适应地基沉降,钢筋混凝土铺盖应用纵横缝分块,缝距可取10~20m,缝内设置止水。

(二)防渗板桩

防渗板桩可采用钢筋混凝土板桩,其厚度一般采用15~30cm,设在建筑物上游端的板桩的入土深度,一般不宜小于1.0~1.2倍水头且不小于2.5m,桩尖应埋入不透水层一定深度。在粘性地基中,由于板桩打入后粘性土被切断,板桩与粘土的接触面比较光滑容易产生集中渗流,因此在这类地基中一般不宜采用板桩,可采用防渗墙。

(三)防渗刺墙

防渗刺墙可用混凝土、钢筋混凝土、浆砌块石或粘土等材料筑成,刺墙与边墩间设止水,刺墙长度一般为水位差的1~3倍,或嵌入岩石0.5~1.0m。刺墙顶应高于侧向渗流面,墙底最低处与边墩底高程应相等,其厚度应根据防渗要求和受力情况确定。

(四)混凝土防渗墙

防渗墙是目前粒状地层施工中常用的一种防渗技术,使用专用机具钻凿圆孔或直接开挖槽孔,孔内浇灌混凝土、回填粘土或其它防渗材料等形成连续的地下墙体。

施工技术大体可分为:薄型抓斗法、多头深层搅拌法、锯槽法、射水法等。薄型抓斗法成墙厚约30~45cm,最大成墙深度为40m,该种方式可以广泛适用于粘土、砂土、卵石等具有一定量的土层及粘土的土质中。锯槽成墙防渗墙形成宽度为20~30cm,深度达40m,主要应用于黏土、粒径>10cm的鹅卵石或砂石构成的砂砾石土层中。多头深层搅拌水泥土最大成墙深度为22m左右,适用于粘土、淤泥、直径 <5cm的砂砾和砂性土中。射水法防渗墙成墙厚最大可达20~45cm,最深可达30m左右,主要适应于粘土、砂土和粒径<10cm的砂砾石地层。

(五)齿墙

在土基上,闸墙底板下多设齿墙,齿墙深度一般不大于2.0m;岩基上齿墙较浅,一般嵌入新鲜岩层0.5~1.0m。齿墙底宽不小于0.5m。

(六)反滤层

反滤层的作用主要是增加地基的抗渗能力和防止产生渗透变形,防止土壤颗粒被渗流带走,通常设置在渗流逸出处。反滤层可采用分层反滤层、混合反滤层或土工织物反滤层,并应符合以下要求。

(1)透水性应大于其所保护的土壤。

(2)较细一层的颗粒不应穿过颗粒较大一层的孔隙。

(3)被保护的土壤不应穿过反滤层被带走。

(4)同层必须稳定,颗粒在层内不发生移动。

(5)分层反滤层的每层厚度不宜小于0.15m,反滤层的铺设长度应使其末端的渗流坡降小于地基土在无反滤层时的允许坡降。

(6)混合反滤层的厚度不宜小于0.6m。

(七)明沟和排水管

明沟和排水管的起始点布置在闸室起点附近,其出口高程可根据检修要求确定。排水管及明沟的纵坡宜取为1:200～1:500。墙后回填土中的排水管距墙背的距离宜为2～3m。沿排水管每隔25～50m应设置检查井。对于双向水头的船闸,必要时可设置上、下两层排水管,在排水管出口处设置可控制阀门,以防止高水时水流进入墙后回填土内。

墙后填土中的排水暗管,一般采用预制混凝土管,管径大小与填土性质、排水量大小有关。直径一般为30cm,管壁厚约5cm,管的下半部开有小孔,孔径约为10mm,或采用透水混凝土管,管外做反滤层(图6-61)。

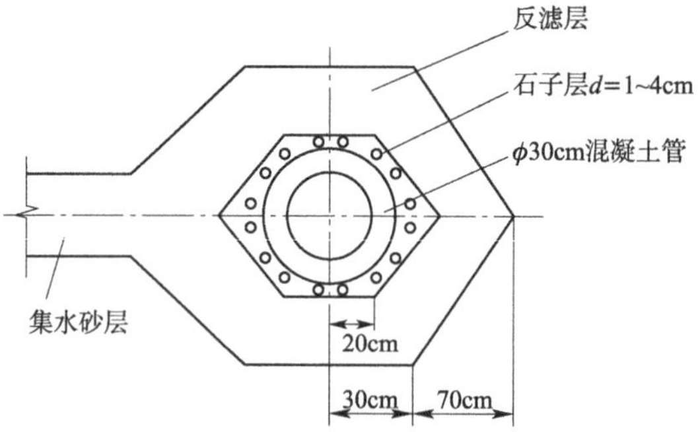

图6-61　排水暗管构造图

五、渗流计算

船闸渗流计算的目的是校核船闸结构的渗透稳定性和确定作用在船闸结构上的渗透压力荷载。

当船闸闸室为透水闸底时,为保证在渗透水头作用下,船闸地基不发生渗透破坏,船闸闸首及闸室均应分别进行渗流计算。

船闸的渗流计算可简化为平面问题。土基上船闸的渗流计算方法可采用渗径系数法,当水头较高或重要的船闸,宜同时采用阻力系数法、空间渗流计算法和三维电模拟试验法进行分析研究。

(一)渗透水头的确定

1.闸室为透水闸底的船闸

对于闸室为透水闸底的船闸,闸首和闸室的渗流计算的水头,应分别按最不利水位组合确定。

(1)闸首的渗透水头由闸首上、下游水位确定。对上闸首为上游的各种水位与之对应的闸室水位之差中的最大值，通常当闸室抽干检修时，渗透水头最大，为计算控制工况。对下闸首为闸室内各种水位与之对应的下游水位之差的最大值，同时应核算闸室抽干检修时，由下游向闸室的渗透稳定。

(2)闸室的渗流稳定主要计算垂直于船闸轴线的横向渗流稳定，渗透水头需根据墙前、墙后水位确定。墙后的地下水位取决于闸室与挡水线的相对位置。当闸室处于挡水线下游，墙后回填土中未设置排水管时，墙后地下水位纵向分布可简化为上、下游水位的直线连接分布；当墙后设有排水管时，地下水位一般取排水管中心高程，当此时下游水位超过排水管高程时，地下水位以下游水位计。当闸室处于挡水线上游，墙后无排水管时，墙后水位应按上游水位确定。

2. 闸室为不透水闸底的船闸

当闸室为不透水闸底，且布置在坝轴线下游时，整个船闸是一挡水建筑物，由于船闸长度较长，一般情况下能满足渗流稳定要求，不需进行计算。但在止水局部破坏的特殊组合时，考虑闸首与闸室之间止水破坏，此时渗透水头的确定方法与闸室为透水闸底的船闸相同。

(二)渗径系数法

渗径系数法是一种简化的方法。该法是将船闸的地下防渗轮廓线，化引为水平的计算轮廓线，即将板桩、齿墙等垂直的地下轮廓线按一定比例化引为水平长度而展开，然后绘制渗透压力图形，从而可以求出各相应段的渗透压力值，并进行地基的渗透稳定计算。地下轮廓线的化引长度计算简图见图 6-62。

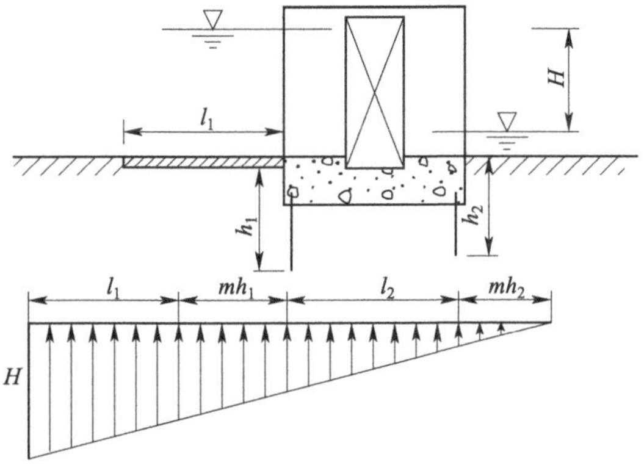

图 6-62　渗径系数法计算渗透压力图式

采用渗径系数法，其渗流稳定应满足下列公式要求：

$$L \geq CH \tag{6-64}$$

$$L = \sum L_l + \sum mL_V \tag{6-65}$$

式中：L——地下轮廓线的化引总长度(m)；

C——渗径系数，在出口处设有反滤层时，按表 6-7 选用；

H——计算水头(渗透水头)(m)；

L_l——地下轮廓线水平段长度(m)；

L_V——地下轮廓线垂直段长度(m)；

m——垂直段换算为水平段长度的换算系数；对多板桩（相邻板桩水平间距应大于两道板桩长度之和的1.5倍）m取2.0；对齿墙、单板桩m取1.5；对墙身垂直段m取小于等于1.0。

渗径系数C值 表6-7

土壤种类	渗径系数C	土壤种类	渗径系数C
粉砂	9~13	亚粘土和亚砂土	5~6
细砂	7~9	粘土	3~4
中砂和粗砂	6~7		

渗径系数法比较粗略，它没有考虑渗流区域的边界和地下轮廓形状的影响以及地基土壤的不均匀性等，这些必然影响到渗透压力和渗流坡降值。但该法计算简便，有一定的实践经验基础，目前在中小型工程中应用较广。

第七节　有限单元法在船闸工程中的应用

有限单元法是一种可以获得许多工程问题近似解的数值计算方法。最初用于研究复杂的航空结构物的强度问题，后来逐渐发展及推广应用于其它工程的技术问题领域。目前该法在航空、水利、土木建筑、机械等多方面得到广泛的应用。

一、有限单元法基本概念

有限单元法，是指将需要分析的连续区域通过几何剖分，使之成为若干个“单元”的结合，“单元”与“单元”之间通过结点相连。通过求解这些连接点的力学量，进而得到连续体的应变场和应力场。

用有限元方法解算结构应力问题，通常采用位移法。其步骤可概括如下：①将计算结构离散成有限个单元；②建立单元内任一点位移与结点位移的关系，即选择合理的形函数；③建立各单元结点力与结点位移的关系式，确定单元的刚度矩阵$[k]^e$；④叠加各单元的刚度矩阵成为结构的总刚度矩阵$[k]$；⑤形成所有结点力$\{F_S\}$与结点位移$\{\delta\}$之间的关系，即$[K]\{\delta\}=\{F_S\}$；⑥形成外荷载向量；⑦解线性方程组得到未知结点位移。据此求出单元应力、应变。

（一）连续介质的离散化

在一个连续介质中，互相连结的点是无限的，具有无限个自由度，使数值解法难以进行。有限单元法将所要分析的对象，用线和面划分成有限个互不重叠的单元，用有限个单元体所构成的离散化结构代替原来的连续体，这样一组单元只在有限个结点上相互连接，因而只包含有限个自由度，可用矩阵法进行分析。把连续体分割为离散体的工作，称为连续体离散化。对于平面问题，常用的单元有三角形单元和矩形单元。对于空间问题则通常采用六面体等参数单元。

(二)形函数的选择

在用有限元法进行结构分析时,通常将结点位移作为基本未知量,但如果只知道结点位移,并不能直接求出单元内的应变和应力。因此,为了用结点位移表示单元内应变和应力,需选择一个形函数,即把单元内任一点的位移描述为单元节点位移的函数。显然,形函数必须能正确反应弹性体中真实的位移形态。形函数的形式不仅取决于单元的形状,也取决于位移在单元内的分布方式的假定。单元内任一点的形函数可近似表达为坐标的函数,对平面三角形单元其形函数可用下式表示:

$$[N]=[N_iI,N_jI,N_mI] \tag{6-66}$$

$$N_i=\frac{1}{2A}(a_i+b_ix+c_iy)\qquad(i,j,m) \tag{6-67}$$

式中:

$$\begin{cases}a_i=x_jy_m-y_jx_m & (i,j,m)\\ b_i=y_j-y_m & (i,j,m)\\ c_i=-x_j+x_m & (i,j,m)\end{cases} \tag{6-68}$$

x_i,y_i,x_j,y_j,x_m,y_m为单元结点坐标,A 为三角形单元的面积,I 为二阶单元矩阵。则单元内任一点的位移可表示为:

$$\begin{Bmatrix}U\\V\end{Bmatrix}=[N]\{\delta\}^e \tag{6-69}$$

式中:$\{\delta\}^e$——单元结点位移列阵;

$[N]$——形函数,为坐标的函数。

(三)等效结点力与单元刚度矩阵

在外荷载作用下,每个单元都产生位移和应力。对于单元来说,结点力是指通过结点作用于本单元的力。利用虚功原理,可以导出单元的节点位移和节点力之间的关系。即:

$$\{F\}^e=[k]^e\{\delta\}^e \tag{6-70}$$

式中:$\{F\}^e$——单元等效结点力;

$[k]^e$——单元刚度矩阵,其物理意义是单位结点位移分量所引起的结点力分量,可根据单元的几何尺寸、结点坐标、材料的性质等确定。

(四)结点荷载

作用于结构上的荷载有两种,一种是集中荷载,另一种是分布荷载。对于集中荷载,在划分网格时应使集中荷载的作用点成为一个结点。对于分布荷载,应转换为等效的结点荷载,其荷载的移置应按静力等效原则进行,即原荷载和移置到结点上的荷载在任何虚位移上所作的虚功应相等。

(五)结点平衡方程与整体刚度矩阵

每个结点在结点力和结点荷载作用下应保持平衡,即有:

$$\sum_e \{F_i\}^e = \sum_e \{P_i\}^e \tag{6-71}$$

式中：F_i为i结点的结点力，P_i为i结点的结点荷载。以$\{F\}^e=[k]^e\{\delta\}^e$代入上式，即可得到用结点位移表示的结点平衡方程如下：

$$[k]\{\delta\}=\{P\} \tag{6-72}$$

式中：$[k]$ ——整体刚度矩阵，可由单元刚度矩阵叠加形成；

$\{\delta\}$ ——整体结构结点位移列阵；

$\{P\}$ ——作用在结构上所有结点的外荷载列阵。

（六）单元应力及应变

根据广义虎克定律，有：

$$[\sigma]=\{D\}\{\varepsilon\} \tag{6-73}$$

式中：$[D]$——弹性矩阵，取决于弹性常数E、μ；

$\{\varepsilon\}$ ——单元应变列阵；

$\{\sigma\}$ ——单元的应力列阵。

对于平面问题：

$$\{\varepsilon\}=\begin{Bmatrix}\varepsilon_x\\ \varepsilon_y\\ \gamma_{xy}\end{Bmatrix}=\begin{Bmatrix}\dfrac{\partial u}{\partial x}\\ \dfrac{\partial v}{\partial y}\\ \dfrac{\partial u}{\partial y}+\dfrac{\partial v}{\partial x}\end{Bmatrix} \tag{6-74}$$

将形函数代入上式，即可得：

$$\{\varepsilon\}=[B]\{\delta\}^e \tag{6-75}$$

将式(6-75)代入式(6-73)有：

$$[\sigma]=[D]\{\varepsilon\}=[D]\{B\}\{\delta\}^e=[s]\{\delta\}^e \tag{6-76}$$

式中：$[B]$称为应变矩阵，$[S]$称为应力矩阵，按上式即可由结点位移计算单元的应力和应变。

如上所述，有限单元法的特点是把被分析的整体对象离散化成由许多小单元组成的集合体。通过对集合整个离散化连续体的代数方程组的求解，而得到结构的应力应变，可以反映连续体各部分的共同作用和相互影响。因为它是离散的，所以允许各单元体根据各自的材料特性，所处的区域和受力条件的不同，采用不同的计算参数。基于上述特点，有限单元方法不但适用于分析匀质弹性体，也适用于分析非匀质的连续体；不但适用线性分析，也能进行非线性分析。对于船闸建筑物，应用有限单元法，可以求解多方面的问题，如基坑开挖问题，边坡稳定问题，地基承载力问题，渗流问题，模拟施工过程，土壤与结构的相互作用，结构的静、动力等问题。

二、船闸结构有限元分析

（一）确定计算范围

船闸的闸室和闸首结构，实质上是建筑在岩石地基或土壤地基上墙后有回填土体的半埋入结构。根据大量的计算和试验分析表明，有一部分地基及回填土参与结构的共同作用，其参与工作范围主要取决于结构的形态、荷载的性质和地基的特性。对于整体式闸室或闸首，地基的水平工作范围 L 可取闸室底部轮廓宽度 B 的 2～4 倍，即 $L=(2\sim4)B$，地基深度 H 可取 B 的 1.0～1.5 倍，即 $H=(1.0\sim1.5)B$，见图 6-63。

在上述范围以外的地基，其水平位移和垂直位移均很小，可以忽略不计，边界上的结点可作为固结点处理。

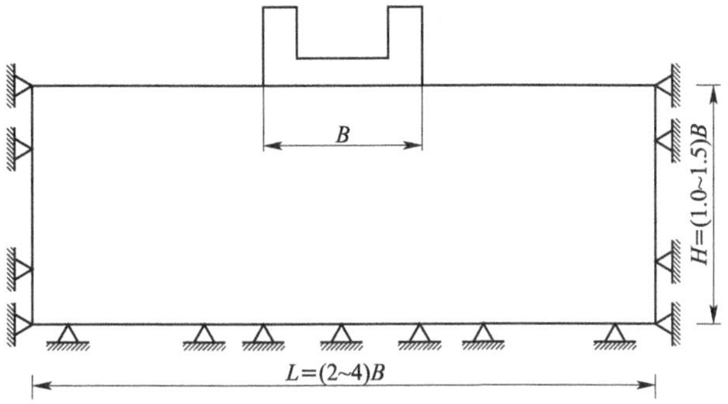

图 6-63　船闸结构计算范围

(二)剖分单元

对船闸结构，特别是闸首结构，由于其几何形体比较复杂，为获得有足够精度的数值解，在进行几何剖分时，对弯曲边界、材料常数、分布荷载的集度有突变的部位以及集中荷载作用的部位，单元网格应划分得细一点。为能较精确和有效地分析计算对象，一般认为采用高次参数单元较好，如二维问题，常用三角形六结点单元，四边形八结点单元；三维问题则常用八结点或二十结点的六面体单元(图 6-64)。

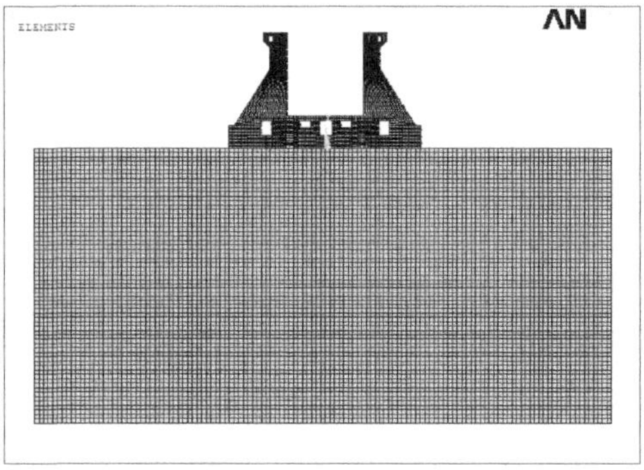

图 6-64　闸室单元剖分

(三)作用在船闸上的荷载向结点移置

作用于船闸上的荷载，不外乎是集中力、体力(自重、惯性力)、面力(水压力、土压力、扬压力)等几种。用有限单元法分析时，应把单元所受的荷载全部移置到结点上，成为结点荷载。荷载的移置按结点荷载与原荷载在弹性体的任何虚位移过程的虚功相等的原则进行。

(四)建立结构的整体平衡方程

将各单元劲度矩阵集合起来得到结构总劲度矩阵，将各单元结点荷载集合起来，得到作用于结构上的结点荷载列阵，并考虑虚位移边界约束条件，建立以结点位移为未知量的结构平衡方程，求解方程组，即可得到全部结点位移，进而可求得结构任一点的应力。

(五)船闸结构的非线性特性处理

1. 地基和回填土体的非线性特性处理

近年来的研究表明，船闸结构的应力状态，一方面与结构本身的变形有关，另一方面与结构和土体的相互作用有关。一般说来，无论岩石还是土壤，都具有明显的不均匀性，其应力应变和强度特性也具有随应力而变化的非线性特征。土体的应力应变关系呈非线性，反映到式$\{\sigma\} = [D]\{\varepsilon\}$中，矩阵$[D]$不是常数，而是随应力而变，由此推得的劲度矩阵$[K]$也随应力而变。因此在有限元计算时，应首先确定土的计算模型，即确定土体的应力应变关系。

土体的应力应变模型有非线性弹性模型和弹塑性模型两大类。弹塑性模型把总变形分为弹性部分和塑性部分，用虎克定律计弹性变形部分，用塑性理论来解塑性变形部分。非线性弹性模型假定全部变形都是弹性，但不同的应力阶段其弹性常数是不同的。目前工程中常采用的非线性弹性模型为邓肯（Duncan）和张（Chang）提出的双曲线模型。

邓肯（Duncan）和张（Chang）建议在加荷时用下列双曲函数拟合三轴试验应力应变曲线，即

$$\sigma_1 - \sigma_3 = \frac{\varepsilon_a}{a + b\varepsilon_a} \tag{6-77}$$

式中 a、b 为试验常数，ε_a为轴向应变，并利用上述关系推导出了弹性模量公式：

$$E_t = \left[1 - R_f \frac{(1-\sin\varphi)(\sigma_1 - \sigma_3)}{2c\cos\varphi + 2\sigma_3\sin\varphi}\right]^2 kP_a \left(\frac{\sigma_3}{P_a}\right)^n \tag{6-78}$$

$$\mu_t = \frac{G - F\lg\left(\frac{\sigma_3}{P_a}\right)}{(1-A)^2} \tag{6-79}$$

式中：E_t——切线弹性模量；

μ_t——切线泊松比；

σ_1、σ_3——大、小主应力；

R_f——破坏比，对不同的土约在0.75～1.0之间；

P_a——大气压力；

$$A = \frac{D(\sigma_1 - \sigma_3)}{kP_a\left(\frac{\sigma_3}{P_a}\right)^n\left[1 - \frac{R_f(1-\sin\varphi)(\sigma_1-\sigma_3)}{2c\cos\varphi + 2\sigma_3\sin\varphi}\right]} \tag{6-80}$$

φ——土壤的内摩擦角；

c——土壤凝聚力；

k、n、D、G、F 为计算常数，可由常规三轴试验确定。

利用式(6-76)和式(6-77)，即可计算在不同的应力水平下单元的E_t和μ_t，从而形成整体刚度矩阵，进行非线性有限元分析。

卸荷及再加荷阶段，弹性模量 E_{ur}可按下式确定：

$$E_{ur} = K_{ur}\left(\frac{\sigma_3}{P_a}\right)^n \tag{6-81}$$

式中：K_{ur}——由卸荷、再加荷试验确定的无因次数，一般 $K_{ur} = (1.2 \sim 3.0)k$。

2. 接触面特性

在结构分析中常假设土体与结构之间无滑动可能；或假设接触面十分光滑，不可能产生

剪应力。然而实际情况并非如此简单,为了充分反映接触面特性,应采用特殊的接触单元用以模拟接触面性状。目前工程中常用的接触单元有 Goodman 和 Decai 单元等。Goodman 单元为无厚度四结点单元(图 6-65),两接触面之间设想由无数的法向和切向微小弹簧所连接,其应力和相对位移关系为

$$\begin{Bmatrix} \sigma \\ \tau \end{Bmatrix} = \begin{bmatrix} K_n & 0 \\ 0 & K_s \end{bmatrix} \begin{Bmatrix} w_n \\ w_s \end{Bmatrix} \tag{6-82}$$

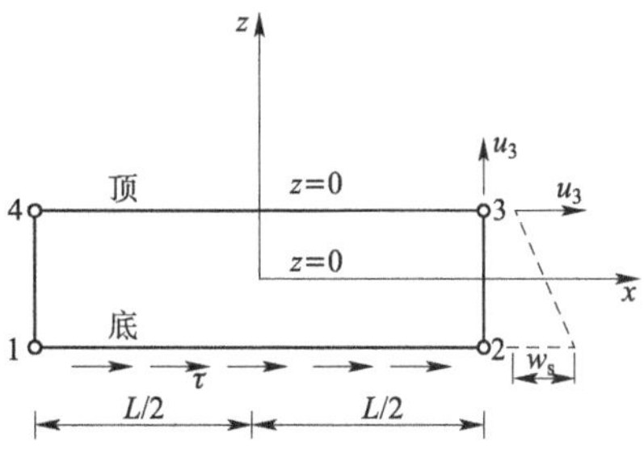

图 6-65 Goodman 单元

式中:w_s——切向相对位移;

w_n——法向相对位移;

K_s——切向弹簧系数;

K_n——法向弹簧系数。

K_s可由直剪试验确定:

$$K_s = \left(1 - \frac{R_f \tau}{\sigma_n \tan\delta}\right) K_1 r_w \left(\frac{\sigma_n}{P_a}\right)^n \tag{6-83}$$

式中:τ——接触面剪应力;

K_1——无因次劲度;

n——劲度指数;

r_w——水的容重;

P_a——大气压力,与法向应力 σ_n的单位相同;

R_f——破坏比;

δ——土体与结构物之间的摩擦角。

与上述其它单元一样,接触面单元的劲度矩阵,也可按结点平衡条件叠加到总的劲度矩阵上,求解位移,进而求解应力。

Goodman 单元能较好地模拟接触面上的错动、滑移或张开,能考虑接触面变形的非线性特征。其不足是法向劲度 K_n取值较为任意,有时会带来较大的误差。

Desai 单元为一薄层单元,类似于相邻的土单元,在本构矩阵中,将法向分量与切向分量分开考虑,即

$$[D] = \begin{bmatrix} D_{ss} & D_{sn} \\ D_{ns} & D_{nn} \end{bmatrix} \tag{6-84}$$

式中$[D_{ss}]$为剪切分量;$[D_{nn}]$为法向分量;$[D_{sn}]$和$[D_{ns}]$为考虑耦合效应的分量,鉴于目前没有好的试验方法,一般不予考虑。

从理论上分析,Desai 单元比 Goodman 单元更为合理,但计算研究表明,该种接触面单元的厚度与单元宽度之比(T/B)对位移影响很大。Desai 认为当 T/B 在 0.01 到 0.1 之间时可得到满意的结果。

(六)非线性方程的求解

有限元求解非线性问题通常可采用增量法求解。增量法的基本概念是:将总荷载按照

结构加载路线分成若干荷载增量，每级荷载增量不要太大，以保证本级荷载中，应力应变接近线性变化，这样便将一个非线性问题用若干段线性问题来近似处理。

基本增量法其非线性方程求解过程可用下列一组算式来表示：

1. 荷载分级

$$\{R\} = \sum_{1}^{m} \{\Delta R\} \tag{6-85}$$

式中：$\{R\}$——荷载全量列阵；

$\{\Delta R\}$——荷载增量列阵；

m——加载级数。

2. 计算

在每级荷载增量中进行下列运算：

$$[K]\{\Delta\delta\} = \{\Delta R\} \tag{6-86}$$

式中：$\{\Delta\delta\}$——某级荷载增量作用下的结点位移增量；

$[K]$——某级荷载作用时的整体劲度矩阵，本级荷载增量中的$[K]$则根据上级的荷载增量结束时应力状态来确定。

由式(6-86)解得$\{\Delta\delta\}$，即可求应力增量$\{\Delta\sigma\}$：

$$\{\Delta\sigma\} = [D]^e [B]^e \{\Delta\delta\}^e \tag{6-87}$$

式中：$\{\Delta\delta\}^e$——单元结点位移增量；

$[B]^e$——单元应变矩阵；

$[D]^e$——单元的弹性矩阵。

3. 应力和位移

完成每级荷载增量后，需逐级累加计算各级应力和位移值。

$$\begin{aligned} \{\sigma_i\} &= \{\sigma\}_{i-1} + \{\Delta\sigma\}_i \\ \{\delta_i\} &= \{\delta\}_{i-1} + \{\Delta\delta\}_i \end{aligned} \tag{6-88}$$

基本增量法是用初始应力求$[D]$，每级荷载都有一定的误差，累计起来的应力应变解与真实解有较大的偏离。事实上，对于某一级荷载，应力从初始状态变化到终了状态，弹性常数也是变化的，设想用该级荷载下的平均应力所对应的$[D]$进行计算，将会使结果有所改善，也即按基本增量法先算一次，得出应力与初始应力平均，就得该级荷载的平均应力，再求$[D]$，重新计算一次，这就是中点增量法。

增量法的优点能较好地反映加载历史和模拟实际施工过程，适用范围较广。

第七章　船闸闸(阀)门与启闭机械

第一节　闸(阀)门的类型与选型

闸门和阀门是封闭闸首通航孔口和输水廊道的挡水设施。启闭机械是用于操纵闸门和阀门的驱动设备。

一、闸(阀)门的组成

闸(阀)门一般由活动的门叶(扇)结构、埋固构件两大部分组成。

(一)门叶结构

门叶结构是用来封闭和开启船闸通航孔口或输水廊道的活动挡水结构。由梁格及面板等构成的承重结构体系、行走支承、止水部分和吊点(或油缸座)等组成。

(二)埋固构件

升降式平面闸(阀)门的埋固构件一般包括行走支承的轨道、侧轮和反轮的轨道、止水埋件、门槽的护角、护面和底槛等。人字门或三角门的埋固构件则包括底槛和顶(底)枢座和枕垫座等支承埋件。

二、闸(阀)门的类型

闸(阀)门的类型较多,一般可按其工作性质、门扇启闭方式、门扇结构型式和构造特征等加以分类。

(一)按工作性质分

船闸闸门可分为工作闸门、事故闸门和检修闸门;阀门可分为工作阀门和检修阀门。

(二)按门叶(扇)启闭方式分

闸(阀)门可分为直线移动式和绕轴转动式。

(三)按门叶(扇)结构型式和构造特征分

1. 平面形钢闸(阀)门

系指挡水面板形状为平面的一类闸(阀)门。根据门叶结构的运移方式又可分为:直升(降)式平面闸(阀)门;横拉式平面闸门;升卧式平面闸门;绕竖轴转动的平面闸门(如人字门)和一字闸门等。

2. 弧形钢闸(阀)门

系指挡水面板形状为弧形的一类钢闸(阀)门，又可分为绕水平轴转动的弧形闸(阀)门(如正向弧形闸(阀)门、反向弧形闸(阀)门)和绕竖轴转动的立轴式弧形闸门等。

三、闸(阀)门的工作特点与选型

(一)闸(阀)门的工作特点

船闸的工作闸门在船闸正常运用情况下用来封闭通航孔口，保证船舶安全进出闸室。除兼作输水用的闸门外，闸门一般都是在静水情况下启闭。

船闸的工作阀门是用来控制船闸灌泄水的输水系统设备。阀门一般是在动水情况下开启、在静水情况下关闭。船闸灌泄水过程中水流流速大，阀门工作时可能伴随超载、振动、气蚀(或空蚀)等问题。

在船闸通航期，闸(阀)门是在不间断地运转着，每天开关多达几十次，闸(阀)门的许多重要部件均位于水下，一旦发生故障，常需将闸室或闸首中的水抽干进行检修，从而造成断航。因此应特别注意闸(阀)门工作的可靠性。

(二)闸(阀)门选择

在工作闸门设计时，应满足其在使用、结构和经济上的要求。

在使用上，应满足启闭迅速、止水可靠、检修方便、闸门开启后具有足够的通航净空和水下航道尺度等要求。

闸门门叶结构应具有足够的强度和刚度，在静水压力、动水压力、自重、气温变化、闸门启闭的曳引力、船舶及漂浮物的撞击力、门顶上的活荷载、闸首底板和支座沉陷等作用下，闸门能够保持正常工作状态，不致发生不容许的变形。为了保证闸门工作的可靠性，必要时应增设保安装置等辅助设备。

在经济方面，应将闸门、闸首和输水系统三者综合考虑。在满足使用要求的前提下，总的工程量要小，构造简单，并应尽量减轻门重和埋设铸件的重量，以节省材料，减小启闭力，从而降低启闭机械的造价。此外，闸门还应便于制造、安装和检修。

目前，国内大、中型船闸中常用的闸门有人字闸门、横拉闸门、三角闸门、升降式平板闸门等；常用的阀门主要有平面阀门和反向弧形阀门等。

1. 人字闸门

人字闸门(图7-1)由两扇绕垂直轴转动的门叶组成。关门时两扇门叶互相支承在彼此的斜接柱上，构成三铰拱以封闭通航孔口。开启后两扇门叶分别隐藏在闸首边墩的门龛内。人字闸门能封闭高而宽的孔口，由于是以三铰拱的方式承受水压力，因而可以减小闸门的厚度，降低造价和减轻闸门自重。在高水头、大跨度的船闸中，上述优点尤其显著。启闭时两扇门叶分别绕垂直轴旋转，启闭迅速，启闭力较小，操作简便。

人字闸门不能承受反向水头，即使很小的水头，也会使闸门骤然打开而发生事故，因而需要布设保安装置；人字闸门也不能在有水位差的情况下启闭。此外，闸门水下支承部分易于损坏，检修困难。闸门的制造安装精度要求较高，止水线长，门底止水又是折线，易于漏水，这些是人字门存在的不足。

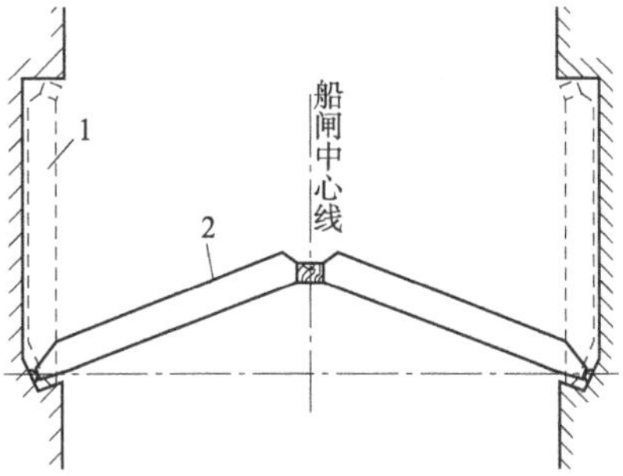

a) 平面简图

b) 三峡船闸人字门

图7-1　人字闸门
1-开门位置;2-关门位置

人字闸门在船闸中得到最广泛的应用,在静水条件下启闭的工作闸门,美国约有90%以上的船闸工作闸门采用了人字闸门,前苏联的船闸规范认为口门宽度在30m以内,采用人字闸门是经济可靠的。在我国船闸设计中,人字门也是多年来最普遍采用的船闸工作闸门门型之一,如三峡船闸、葛洲坝船闸和京杭大运河上的大部分船闸等均采用了人字闸门作为工作闸门。承受单向水头在静水条件下启闭的工作闸门,特别是中、高水头下工作的闸门宜选用人字闸门。

2. 横拉闸门

横拉闸门是沿水平方向移动的闸门(图7-2),开门时闸门横向移入闸首一侧的门库中。其主要优点是能承受双向水头、启门力较小。缺点是闸门的水下滚轮工作不可靠,常易发生故障,检修不便;必须设置门库,门库约占整个闸首工程量的1/3左右,使闸首工程量增大;同时由于设置门库,闸首平面布置因而不对称,也使闸首结构受力情况复杂化;闸门门叶的厚度通常不是由经济梁高决定,而是由横向倾覆稳定决定,致使闸门厚度较大。

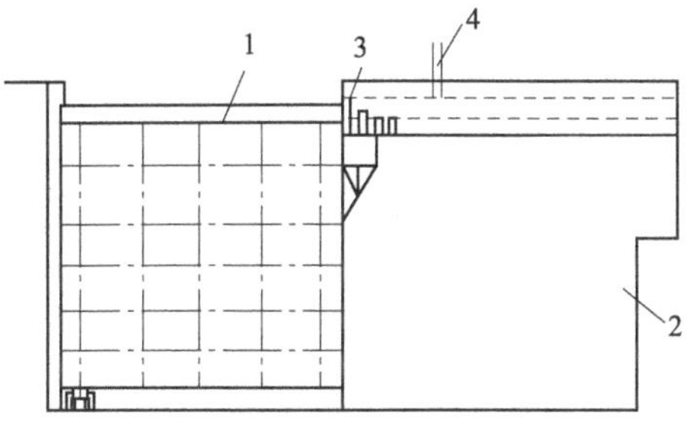

a) 横拉闸门组成

b) 巴拿马运河复线船闸横拉门

图7-2　横拉闸门
1-闸门;2-门库;3-顶轮小车;4-变向滑轮

横拉闸门适用于门宽较大的船闸上，如巴拿马跨洋运河船闸和位于我国长江口的长兴岛三号线船闸外闸口等大跨度船闸工作闸门均采用了横拉门结构型式。承受双向水头在静水条件下启闭的闸门宜选用横拉闸门。

3. 三角闸门

三角闸门（图 7-3）是由两扇绕垂直轴转动的竖向弧形门扇组成，向下俯视、犹如扇面，故也称为扇形闸门。在有的船闸上，为了加工制造方便，将挡水面板做成平面。

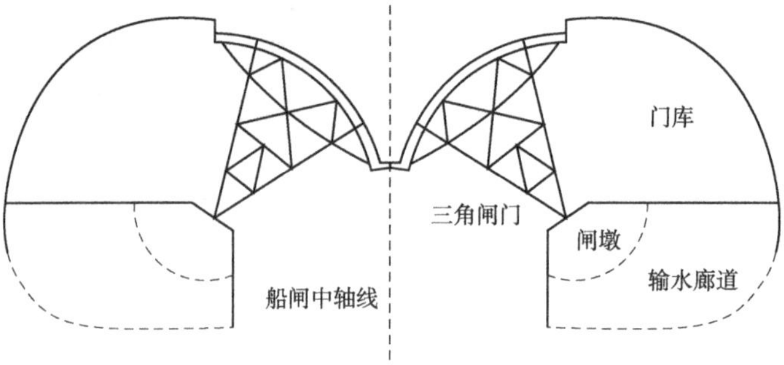

图 7-3　三角闸门

三角闸门所受的水压力的合力，原则上通过旋转轴中心，因而启门力较小，可以在有水位差的情况下启闭，能够承受双向水头，还可以利用闸门本身进行输水，所以常用在感潮河段的船闸上，利用平潮开通闸提高船闸的通过能力。

近年来在长江中上游地区的中高水头船闸建设中三角闸门也得到了应用，如引江济汉枢纽工程中的高石碑船闸等也采用了三角闸门。由于三角闸门可以在动水中启闭，所以可以兼做事故闸门。

三角闸门的主要缺点是闸门所占的空间比较大，而使闸首结构庞大，布置复杂；闸门门扇结构及支承部件的材料用量较多，工程造价较高；闸门的止水不易严密，容易漏水，有时因门底部漏水而引起闸门振动；闸门的安装也较困难。

承受双向水头在动水条件下启闭或在局部开启条件下输水的工作闸门宜选用三角闸门。

4. 升降式平板闸门

升降式平板闸门的结构和启闭方式简单、安全、可靠。能承受双向水头，在有水位差情况下，能将闸门逐渐缓慢提升进行门下输水，从而可省去其它的输水设备。由于门槽宽度较小，所以可缩短闸首长度，因而减少了闸首的工程量（图 7-4）。闸门安装方便，可提出于水面以上，便于检修；此外，闸首的沉陷和变形对它的影响较小。

平板闸门开启后限制了通航净空；同时，为了开启闸门，需要建筑高大的起重门架，因而增加了闸门的支承导向装置的工程量。为了避免闸门发生突然下降，引起闸门冲击水流或碰撞经过门下的过闸船舶，必须设置锁定装置；为了避免船舶通过门下时，门上水流下落，闸门上需设置排水装置，这样就使闸门增添了复杂的辅助装置。此外，由于启闭力较大，启闭机械也较笨重。如果设置平衡重，可减少启闭力，但却需增加装置。

上升式平板闸门适用于水头很大的下闸首，特别适用于井式船闸和升船机中，因为在这些场合下，易于满足通航净空的要求。如果门高及要求的通航净空不大时，在一般船闸的闸首上也可采用上升式平板闸门。

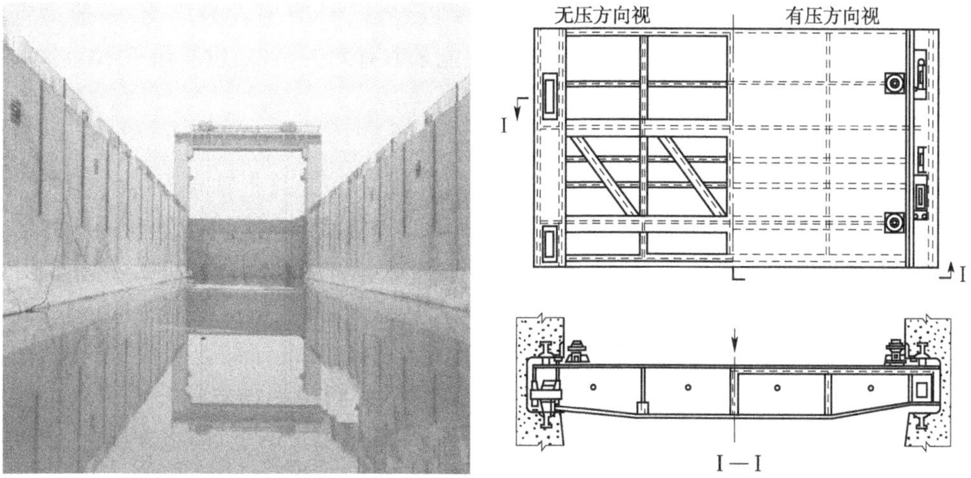

图 7-4 升降式平板闸门

5. 平面阀门

在国内已建船闸中,廊道输水系统的灌、泄水,一般常采用平面阀门(图 7-5)。它具有结构简单、门体刚度大,制造、安装和检修方便等优点。平面阀门的结构设计与升降式平板闸门相同,可参照升降式平板闸门的设计原则进行结构设计,但是,由于平面阀门需经常在动水条件下进行启闭,因此其在设计上与升降式闸门又有不同之处。主要表现在底缘形状和止水线的位置、门槽尺寸确定、门井布置和如何设法避免廊道顶出现负压等问题上。在实践上,上述问题往往需要通过大量的水力计算和模型试验研究才能得到合理的解决。

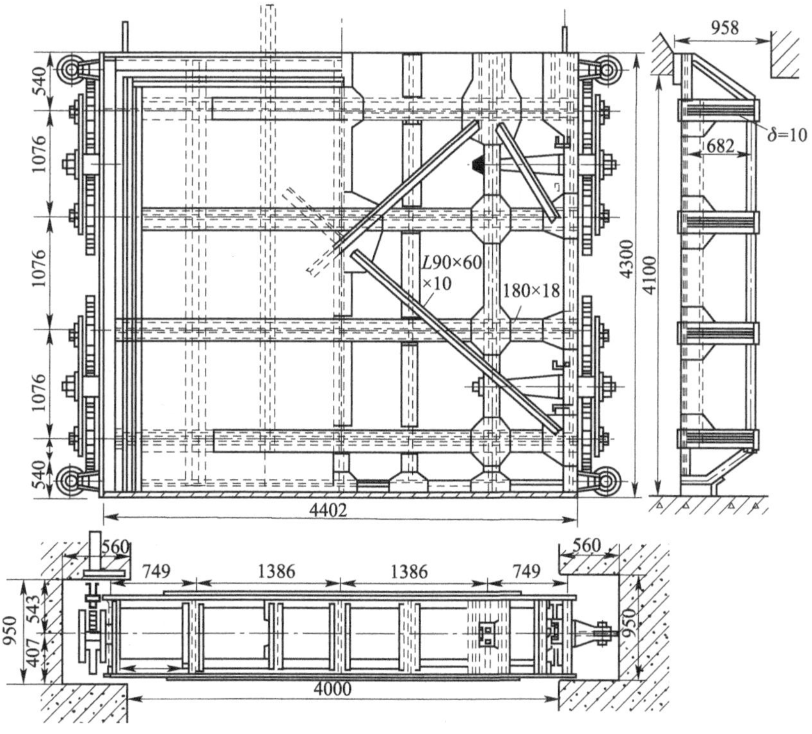

图 7-5 平面阀门

在我国平面阀门的设计和使用，已有多年实践经验，且应用较为广泛，一般适宜用于10m以下的低水头的船闸；如对门槽产生的气蚀能采取有效的措施，也能用于10～20m左右的中水头船闸。

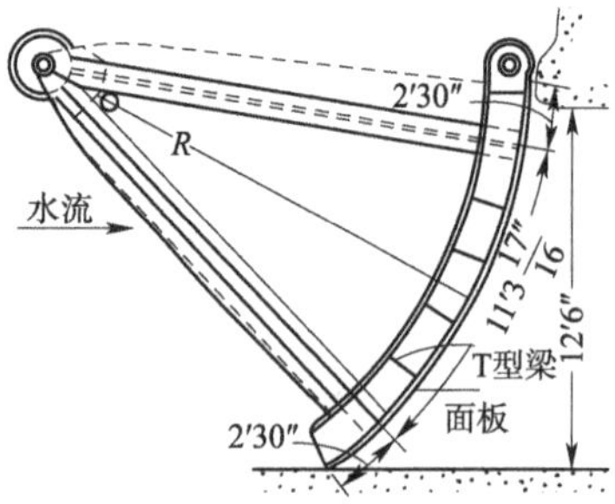

图7-6 反向弧形阀门

6. 反向弧形阀门

反向弧形阀门（图7-6）是将枢轴布置在水流的上游侧，阀门面板的凸面面向下游侧，止水线布置在阀门井的下游出口，使门井处于上游水位，可阻止灌水时空气由门井进入廊道。与平面阀门相比，反向弧形阀门需要的启闭力较小，由于门井处于水流上游侧，有利于防止水流掺气，阀门不需要设置门槽，可避免平面阀门因设置门槽而引起的门槽气蚀问题。多用于10～20m以上的中、高水头船闸；该类阀门在国内外的船闸中应用十分普遍。

第二节 闸（阀）门的构造布置

一、船闸闸门的构造布置

（一）人字闸门的构造布置

1. 组成

人字钢闸门（图7-7）一般由以下几部分组成：

（1）门叶结构。是由面板、主梁、次梁、门轴柱、斜接柱及门背联结系等构成的板、梁、杆组合钢结构承重骨架。

（2）支承部分。包括支垫座、枕垫座、顶枢和底枢以及辅助支承设备如导柄和保安支垫。

（3）止水设备。根据其所在位置不同可分为斜接柱止水（即两扇闸门之间的门缝止水）；门侧止水，即门轴与闸首墙之间的止水；底部止水，即闸门与门槛间的止水。

（4）工作桥：为便于管理人员的工作和通行而设置的人行便桥。

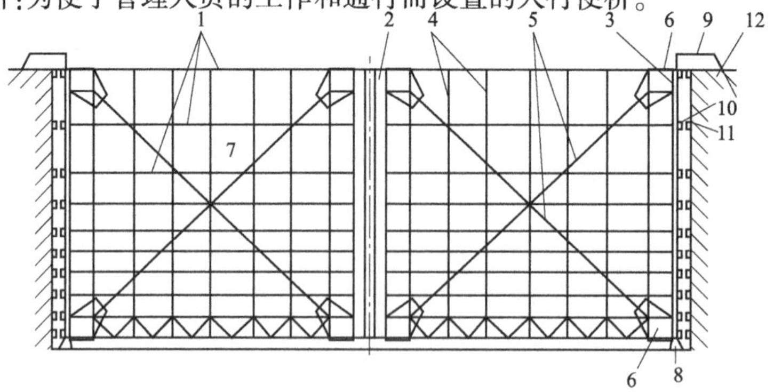

图7-7 人字闸门构造图

1-主横梁；2-斜接柱；3-门轴柱；4-次梁；5-对角斜撑；6-节点板；7-面板；8-底枢；9-顶枢；10-支垫座；11-枕垫座；12-闸首边墩

2. 构造布置

人字闸门根据门扇结构的平面形状，可分为平面人字闸门和拱形人字闸门；根据门扇结构梁格布置方式不同，可分为横梁式和立柱式。人字闸门一般宜采用平面横梁式布置构造。

(1)在平面人字闸门中，门扇结构成平面型式，其主横梁受轴向力和弯矩的共同作用。在拱形人字闸门中，门扇结构成圆拱形，其门扇轴线和三铰拱的压力轴线相重合，主横梁只承受轴向压力，故材料较为节省。但拱形人字闸门制作安装均较复杂，门龛深度较大，目前应用较少。

(2)在横梁式人字闸门(图7-8a)中，水平的主横梁是它的主要承重构件，在主横梁间布置竖立次梁。水压力由面板和次梁传给主横梁，然后再由主横梁通过斜接柱和门轴柱上的支垫座和枕垫座形成三铰拱而传至闸首边墩。当闸门高度较大时，一般多采用横梁式。

(3)在立柱式人字闸门(图7-8b)中，以竖直的主梁(简称立柱)来代替横梁式人字闸门中的主横梁作为它的主要承重构件，在立柱之间布置竖立次梁和水平次梁，立柱两端和顶、底横梁相连。水压力由面板、次梁、立柱传至顶、底横梁。底横梁所承受的荷载直接传至闸首门槛，顶横梁所承受的荷载通过三铰拱的作用而传至闸首边墩。立柱式人字闸门主要用于门宽比门高大的情况。

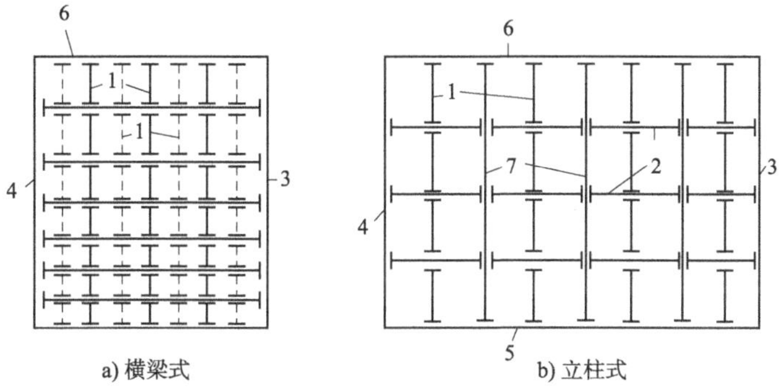

图7-8　人字闸门的梁格布置

1-竖立次梁；2-水平次梁；3-斜接柱；4-门轴柱；5-底横梁；6-顶横梁；7-立柱

(二)横拉闸门的构造布置

横拉闸门简称横拉门，是一种沿着垂直于船闸轴线方向移动的单扇平板门，它的门叶结构与一般的多横梁式平板闸门相同(图7-9)。

主横梁通常按等荷载原则布置，但在门顶与门底要布置顶横梁与底横梁，其布置方法与人字闸门大致相同。主横梁一般常用矩形桁架，当主横梁跨度较小或设置浮箱时，也可采用实腹式组合梁。横拉门宜采用双面板结构，对口门宽度小于12m且运行不频繁的闸门也可采用单面板结构。当采用单面板结构时，应设置门背联接系。

横拉闸门宜采用矩形截面，闸门厚度应满足强度和启闭时抗倾稳定性的要求，并适当考虑主横梁的经济高度。初选厚度时可取口门宽度的1/5～1/8。高宽比大于1的横拉门也可采用梯形截面，当采用梯形截面时，门顶厚度可由工作桥的使用条件而定，但应大于1m，门底厚度按截面的强度和抗倾稳定性要求确定。

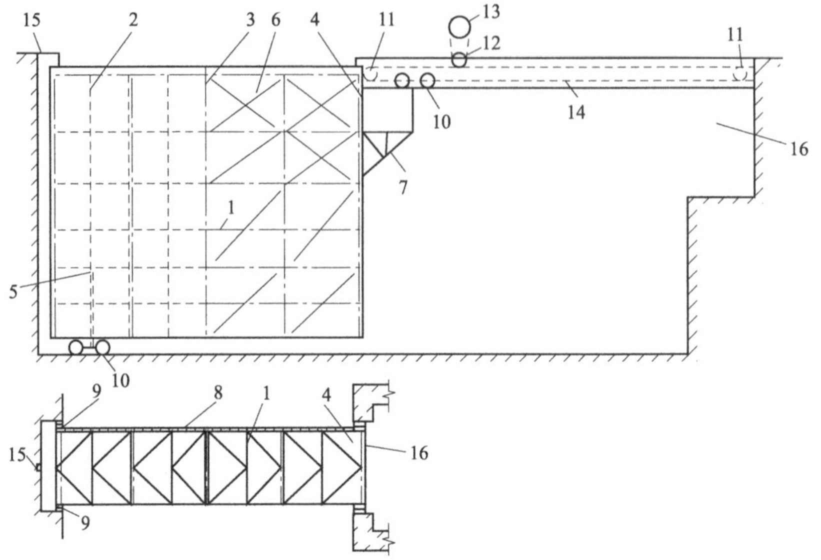

图 7-9 横拉闸门门扇结构布置图

1-主横梁；2-次梁；3-竖立桁架；4-端柱；5-加强桁架；6-联结系统；7-三角桁架；8-面板；9-支承块；10-顶（底）轮小车；11-定滑轮；12-转向滑轮；13-启闭机；14-钢丝绳；15-门槽；16-门库

横拉门应在端架和底横梁两侧布置侧滚轮，侧滚轮位置的确定应使闸门承受较小的倾覆力矩。对有特殊要求的横拉闸门可设置门顶导向架。

(三) 三角闸门的构造布置

三角闸门由面板系统、主横梁、端支臂桁架、纵向联结系统、端柱以及顶（底）枢轴、止水等部件组成（图 7-10）。

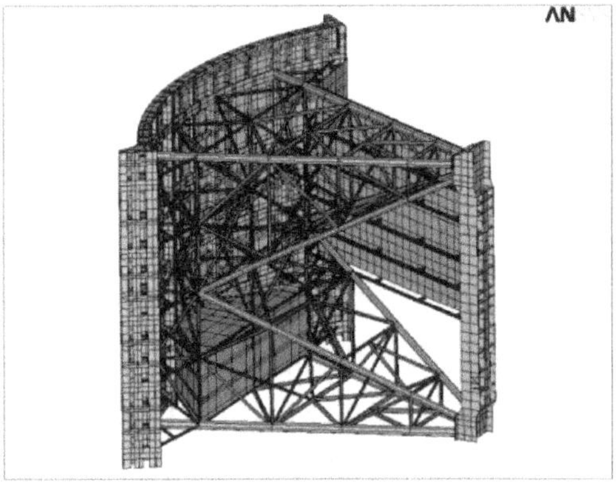

a) 空间结构图

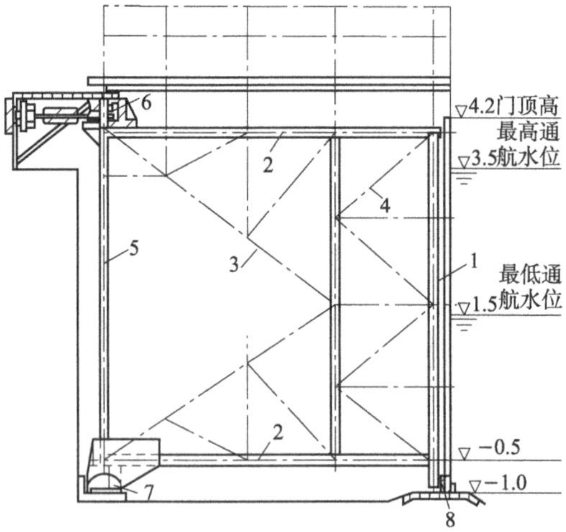

b) 立面侧视

图 7-10 三角闸门构造图

1-面板系统；2-顶、底支臂；3-端支臂桁架；4-纵向联结系；5-端柱；6-顶枢轴；7-底枢轴；8-止水

三角闸门的结构布置应简单合理、受力明确、过流条件好，并具有足够的刚度。三角闸门常利用闸门自身对船闸进行灌泄水，它既是挡水的工作闸门，又是控制输水的阀门。在利

用闸门本身进行输水时,一方面门扇结构要承受水压力的作用,而且在开启过程中,整个门体又将承受动水压力的作用。因此门扇结构的布置不但会影响到门扇结构的受力条件,而将对闸室的水流情况的好坏有直接的影响,对门扇结构的布置应给以充分的注意。

1. 面板系统

面板系统包括挡水面板、水平、竖立次梁、水平主桁架的上弦梁及中、边羊角等,它直接承受水压力,并把它传到支臂桁架上。三角闸门的面板宜朝向引航道,面板形状宜采用直线形。在口门宽度大于 16m 的大、中型船闸中,三角闸门面板一般做成以闸门转动中心为圆心的圆柱形。

2. 主横梁

主要承受面板系统传来的水压力,主横梁通常采用桁架结构(图 7-11)。

3. 端支臂桁架及端柱

端支臂桁架承受水平桁架、竖立次梁所传来的水压力,并通过端支臂桁架末端交会处的端柱将水压力及闸门自重传到闸首边墩上。

4. 纵向联结系

主要用于克服启门力矩与动水作用在门体上的扭转力矩,对于没有动水启闭要求的三角闸门,由于启闭是在无水位差时期进行的,这时只需克服枢轴上的摩阻力,此力一般很小。

5. 枢轴

一般情况下,对于中、小型三角闸门,为使结构受力明确,只设顶枢轴、底枢轴。顶枢轴的受力和人字闸门的顶枢相似,底枢轴和人字闸门的底枢不同(图 7-12),区别在于底枢轴通常要承受水平剪力。

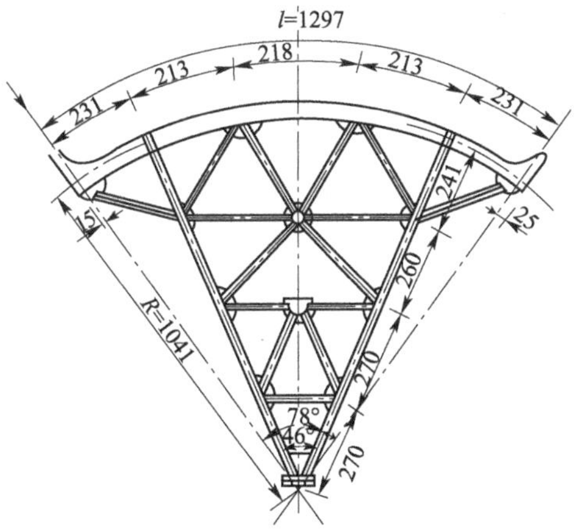

图 7-11　桁架式主横梁

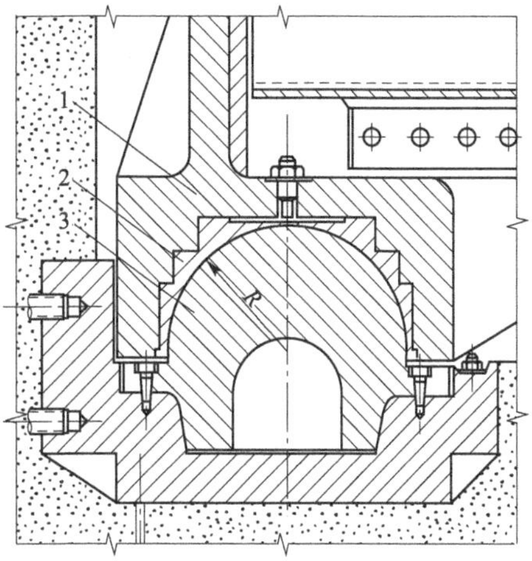

图 7-12　承受水平力的底枢轴的构造

1-承轴巢;2-铜套;3-轴头

6. 止水

三角闸门在水压力作用下,在门体底部的变形最大,三角闸门的止水结构及布置应适应于门体的最大可能变形,变形值一般取为 ±5mm。止水一般选用橡皮或气压式,由于橡皮是易损材料,布置时应考虑便于水下更换(图 7-13)。

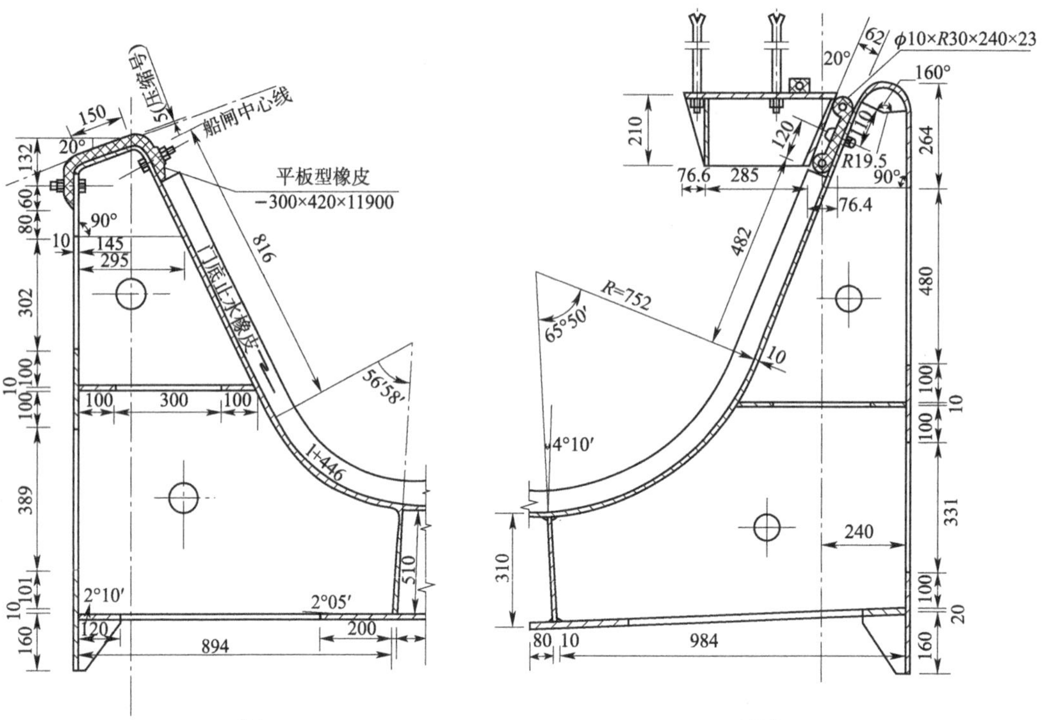

a) 中羊角　　　　b) 边羊角

图 7-13　羊角的型式及其止水布置(单位:mm)

7. 闸门中心角

闸门中心角(图 7-14)的大小与闸室灌、泄水的水力条件、闸门的启闭速度、启闭力以及闸门和闸首结构的工程投资有关。增大闸门的中心角可以改善闸室灌、泄水的水流条件。但闸门中心角过大不但将使门扇结构及闸首工程量有所增加,而且通过边缝流入的水流也相应增多,对闸门门扇结构的冲击力增大,甚至引起启闭机械的负荷超载,闸门产生振动等不良影响。因此在工程实践中中心角一般取为 60° ~70°。

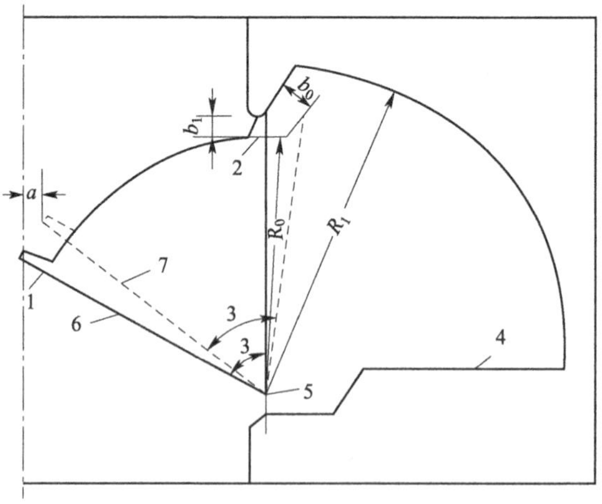

图 7-14　三角闸门开启过程示意图

1-中羊角;2-边羊角;3-闸门中心角;4-边墩;5-转轴中心;6-关门位置;7-某一开度位置

8. 羊角大小

在三角闸门两端的端梁上一般设有一对凸起的边止水,通称为羊角。羊角的作用有:一是调整边缝进水的宽度(图7-13),以便增大边缝进水的流量,二是设置止水设备。为减小作用在羊角上的水压力对闸门转轴产生较大的偏心力矩,在中缝处还布置与边缝对称的羊角。为保证闸门门扇能全部隐藏在门库内,一般使边羊角的长度略大于中羊角,但边缝止水点到转轴中心的距离和中羊角外缘至转轴中心的距离应大致相等。为使边缝进水流量随闸门的开度增大而增加,边羊角止水面切线与船闸纵轴线的夹角应小于20°。羊角的长度应根据闸室灌、泄水的水流条件确定,其长度一般取300~900mm。

(四)升降式平板闸门的构造布置

升降式平板闸门门叶结构由承重结构、行走支承、止水和吊具等组成(图7-15)。

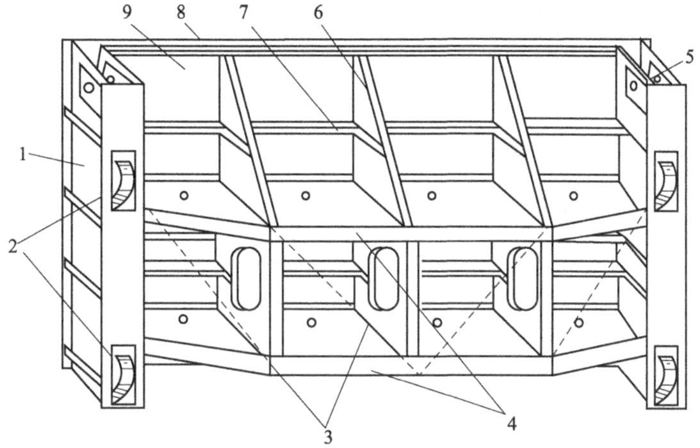

图7-15　平板闸门门叶结构立体示意图

1-边梁;2-主轮;3-纵向联接系;4-主梁;5-吊耳;6-横向隔板;7-水平次梁;8-顶梁;9-面板

1. 承重结构

(1)面板:用于挡水,直接承受水压,并传给梁格。根据船闸运行情况,闸门启闭时上下游水位基本齐平,接近静水启闭条件或门底流速较小,为了设置止水的方便,面板可设在闸门的下游面。

(2)梁格:由互相正交的梁系(顶梁、底梁、水平次梁、竖立次梁、主梁及边梁等)组成,用来支承面板并将面板传来的全部水压力传给支承边梁,然后通过设置在边梁上的行走支承把闸门上的水压力传给闸首。

(3)联结系:又分为横向(竖向)联结系和纵向联结系(又称门背连接系)。横向联结系布置在垂直于闸门跨度方向的竖直平面内,以保证闸门横截面的刚度,使门顶和门底不致产生过大的变形,其型式有实腹隔板式和桁架式。纵向联结系布置在闸门下游面主梁(或主桁架)的下翼缘(或下弦杆)之间的竖直平面内,用来承受闸门部分自重和其它垂直荷载,并增强闸门纵向竖平面的刚度。

2. 行走支承

闸门的行走支承(又称支承移动部件)包括主行走支承(主轮或主滑块)和侧向支承(侧轮)及反向支承(反轮)装置三部分,是直接影响闸门安全运行的重要部件。

3. 止水

为了防止闸门关闭时周边缝隙漏水，在门叶结构与孔口周围之间的所有缝隙间需要设置止水（也称水封）。最常用的止水是固定在门叶周边上的定型橡皮止水。

4. 吊具

吊具是用来连接启闭机的牵引构件，一般有柔性钢索、劲性拉杆和劲性压杆等。吊具与设在门叶上的吊耳相连接，以起吊闸门。

二、船闸阀门的构造布置

输水阀门是船闸上主要的经常运转的基本设备，输水阀门最常用的是平面阀门和反向弧形阀门。阀门本身的造价相对整个船闸来讲并不大，但它对船闸的运转起着很重要的作用，阀门的布置方式也直接影响到闸首的布置。

输水阀门一般是在有水位差作用下开启，而在无水位差情况下进行关闭，但在发生事故时，必须能及时停止开启并立即关闭。因此，输水阀门要求结构简单可靠、止水性能好、具有良好的水力特性；在局部开启时阀门本身的振动较小，启闭简单、检修方便；阀门的型式应便于闸首的布置。

（一）平面阀门

这是目前用得最广泛的一种输水阀门。其特点是结构简单可靠、检修方便，在闸首上布置简便，占地较小。

平面阀门的门叶结构与升降式平板闸门类似，也由承重结构、行走支承、止水和吊具等组成（图 7-5）。通常采用多横梁式，主横梁一般为实腹梁。根据支承移动设备的不同，平面阀门可分成两种：滚轮式及滑动式。滑动式平板阀门构造简单，止水情况较好，门槽尺寸较小，但启闭力大，适用在水头较小的船闸上；当水头较大时，通常采用滚轮式。

阀门的重量应大于阀门下降的阻力（包括水的浮力），以使阀门能自由降落并压紧于门槛而防止漏水，否则就须要采用刚性推杆或附加压重，借以施加向下的压力，强迫阀门下降。

（二）反向弧形阀门

反向弧形阀门是近年来被广泛采用的一种阀门型式。在构造上与弧形闸门基本相同，只是将弧面朝向下游。它主要由面板、主梁、次梁、肋板、支臂等组成（图 7-6）。为改善流态，门扇和支臂有时用薄板完全包封，做成流线型。阀门通常用液压启闭机械启闭，通过刚性连杆将阀门与油缸的活塞杆相连。

当弧形阀门采用反向布置，弧面朝向下游时，阀门井可以布置在阀门的上游，从而能防止空气带入闸室，这样不仅改善了闸室内的水流条件，而且阀门井内水面波动较小，使阀门不致发生严重的振动。采用弧形阀门，可以不设门槽，避免了门槽引起的涡流及气蚀的发生。弧形阀门门体刚度大，两侧与输水廊道抵紧也有利于抵抗振动，而且阀门结构简单可靠，启门力小。由于这些优点，反向弧形阀门在近代中高水头船闸上得到了广泛应用。反向弧形阀门的缺点是检修阀门时必须进入输水廊道内，很不方便，阀门井的平面尺寸较大。

反向弧形阀门的轮廓尺寸主要由阀门面板半径，支铰的位置以及门顶高程等因素决定。

(1)阀门面板的曲率半径一般取决于阀门处廊道孔口高度 h,在工程实践中常取曲率半径 R 等于(1.3 ~1.6)h。

(2)阀门支铰中心的高程的确定,应使支铰及支铰大梁不受水流的直接冲击,一般略高于廊道顶面约(0.1 ~0.3)h。

(3)门顶高程与门顶止水及止水埋设构件的型式、布置有关。一般在廊道顶面以上0.2 ~0.8m 以上。

(4)阀门井的轮廓尺寸的确定,应便于阀门的安装和检修,井内应有供井下检修工作的场地及进入井内的爬梯。阀门井的长度可取为阀门弧面最大弦长加0.4 ~0.8m,其侧向的富余宽度一般为0.4 ~0.6m。

第三节　闸(阀)门结构设计

一、闸(阀)门上作用的荷载

作用在闸(阀)门上的荷载分为设计荷载和校核荷载。设计荷载主要包括:闸(阀)门自重及门上固定设备的重量、静水荷载(包括浮托力)、动水荷载、风荷载、波浪作用力、工作桥上的荷载、泥沙荷载、启闭力以及闸(阀)门运转时水的阻力、闸(阀)门安装时产生的荷载和温度荷载等。校核荷载主要包括:校核情况下的设计荷载、船舶、冰和漂浮物的撞击力等。在闸(阀)门设计中一般不考虑地震作用。因为根据水运工程水工建筑物相关抗震规范,对于钢结构,抗震强度计算时,其允许应力可提高50%，所以,一般地震作用力,在闸(阀)门设计时是不起控制作用的。

作用在闸(阀)门上的设计荷载和校核荷载,应按可能同时出现的最不利受荷情况进行组合。闸(阀)门设计时,首先应进行下列荷载计算,并分别组成设计和校核两种情况进行结构计算。

(一)静水荷载

(1)工作闸(阀)门上的静水荷载,按上游设计最高通航水位,下游为相应较低水位;或下游为设计最低通航水位,上游为相应较高水位;或可能出现的最大水位差所对应的上、下游水位进行组合。当阀门后面可能产生负压或远驱式水跃时,可根据具体情况确定其水位组合。

(2)事故闸门设计的静水荷载,按上游为校核高水位,下游为相应低水位情况计算。

(3)检修闸(阀)门的静水荷载,按迎水面为检修期最高水位,门后无水情况计算。

(4)工作闸(阀)门的校核静水荷载,按上游为校核高水位、下游为相应低水位;或下游为校核低水位、上游为相应水位计算。

(二)动水荷载

闸(阀)门上的动水荷载,一般应通过试验确定。在没有试验资料的情况下,可按下述方法计算。

(1)门上开孔输水的闸门、局部开启门下输水的闸门、门顶过水的闸门及事故闸门的设计动水荷载，可根据闸门的等级、水流条件及门型等因素，取设计静水荷载乘以 1.0 ~ 1.2 的动力系数。

(2)输水系统廊道工作阀门的设计动水荷载，取设计静水荷载乘以压力系数和动力系数。阀门无动水关闭要求时，压力系数对长廊道可采用 1.2 ~ 1.3，短廊道门后降压较小，可采用 1.1 ~ 1.2。当阀门在动水中关闭时，由于水流惯性作用，阀门还承受额外的压差，压力系数对长廊道可采用 1.4 ~ 1.6，短廊道可采用 1.15 ~ 1.25。根据不同水流情况、阀门型式和不同部位，动力系数可取 1.0 ~ 1.2。注意在采用压力系数和动力系数时，两个系数是互乘的。但在进行闸(阀)门构件刚度计算时，不考虑动力系数的作用。

(三)闸(阀)门的自重

闸(阀)门的自重根据不同门型，参考《船闸闸阀们设计规范》，可采用下列经验公式估算。

(1)平面人字闸门。按式(7-1)估算：

$$G = 0.8h^{1.17}L_n^{1.55} \tag{7-1}$$

(2)升降式平面闸门。按式(7-2)和式(7-3)估算：

当 $B \geqslant 11$m 时
$$G = 0.28h^{0.95}B^{1.85} \tag{7-2}$$

当 $B < 11$m 时
$$G = 2h^{0.95}B^{1.03} \tag{7-3}$$

(3)横拉闸门。按式(7-4)估算：

$$G = 0.7h^{0.96}B^{1.66} \tag{7-4}$$

(4)平面阀门。按式(7-5)估算：

$$G = (3 \sim 5)F^{0.86} \tag{7-5}$$

式(7-1) ~ (7-5)中：G——单扇门叶的自重(kN)；

h——门扇的高度(m)；

L_n——人字门单扇门扇的宽度(m)；

B——闸门的宽度(m)；

F——阀门的面积(m^2)。

(四)波浪压力

闸门所受波浪压力的计算，应按现行行业标准《内河航道与港口水文规范》的有关规定计算。

(五)风荷载

风荷载可按现行的行业标准《港口工程荷载规范》中的有关规定计算。在计算上闸首工作闸门、检修闸门、事故闸门的风荷载和波浪压力时，对于设计情况，应取当地允许通航的最大风级；对于校核情况，应取当地最大风速。

(六)工作桥上的活动荷载

一般可按均布荷载 $q = 2.5\text{kN/m}^2$ 计算。

(七)船舶撞击力

对于Ⅲ ~ Ⅳ级船闸，可不考虑船舶撞击力。Ⅰ、Ⅱ级船闸，船舶撞击力可按 300kN 计算。

经过论证,需设置防撞设备的船闸,也可不考虑船舶撞击力的作用。上述船舶撞击力按关门状态工作条件施加。但需注意的是,随着水运量的快速发展,某些船闸中也出现了船闸闸门(如人字门和三角门)在开门状态受到船舶的刮擦碰撞,在闸门结构计算时也应适当考虑此种情况下的船舶撞击力。

(八)闸门前后的残余水位差

设计条件下,闸门在静水中启闭时门前后的水位差Δh,在不同的情况下,按下述原则确定。

(1)人字闸门:在计算顶枢和底枢时,取0.15~0.20m,计算背拉杆时,可取0.20~0.30m。在计算启闭力时,取0.05~0.15m。

(2)升降式平板闸门:在计算启闭力时,取0.10~0.30m。

(3)横拉闸门:在计算启闭力和门体倾覆稳定时,取0.05~0.10m。

(九)泥沙淤积压力

闸门和阀门门前有泥沙淤积时,作用在闸门和阀门上的泥沙压力可按式(7-6)计算:

$$P_n = \frac{1}{2} r_n h_n^2 \tan^2(45^\circ - \varphi/2) B \tag{7-6}$$

式中:P_n——泥沙压力(kN);

r_n——泥沙在水中的密度(kN/m^3);

h_n——泥沙的淤积高度(m);

φ——泥沙的内摩擦角(°);

B——门上泥沙的淤积宽度(m)。

(十)闸(阀)门底的上托力和下吸力

动水中启闭升降式平面闸门、阀门时,需考虑上托力和下吸力。其计算根据情况的不同而不同,具体计算时可参见《船闸闸阀门设计规范》。

二、人字闸门的结构设计与计算

人字闸门是船闸工作闸门中应用最广泛的门型之一,其单扇门叶构造与横拉闸门、升降式平面闸门、一字闸门都属于面板为平面的平板型钢闸门。本节主要介绍人字闸门的结构设计与计算。

人字闸门是承受单向水头船闸中最常用的门型。它由两扇门叶组成,门叶底部支承在底枢上,顶部支承在顶枢上。横梁式人字闸门是其常用的型式,它具有受力明确、结构刚度大、制造安装方便的优点。下面主要针对横梁式人字闸门介绍其闸门结构布置、尺度确定及主要构件计算的方法。

(一)门扇基本尺度确定

1. 门扇宽度

单扇人字门宽度L_n(部分文献基于门扇主横梁计算的角度称为门扇长度,为保持本教材前后名称一致,统一称为门扇宽度)是门扇支垫座的支承面到两扇门叶互相支承的斜接面的距离(图 7-16a)。其值可由下式求得：

$$L_n = \frac{B_x + 2c}{2\cos\theta} \tag{7-7}$$

式中：B_x——闸首口门宽度(m)，一般与闸室有效宽度相同；

c——由门扇的支垫座与枕垫座的支承面至门龛外缘的距离，通常取 $c = (0.05 \sim 0.07)B_x$；

θ——闸门关闭时门扇轴线与船闸横轴线的夹角，此夹角的大小直接关系到门扇结构所受的轴向压力与传递到闸首边墩的水平推力以及门扇计算长度 L_n 的大小。国内已建船闸中，一般选用 22.5°或 20°，美国一般用 $\tan\theta = 1/3$。

2. 门扇高度

门扇高度是指闸门面板底至顶的距离(图 7-16b)，其值可由式(7-8)确定：

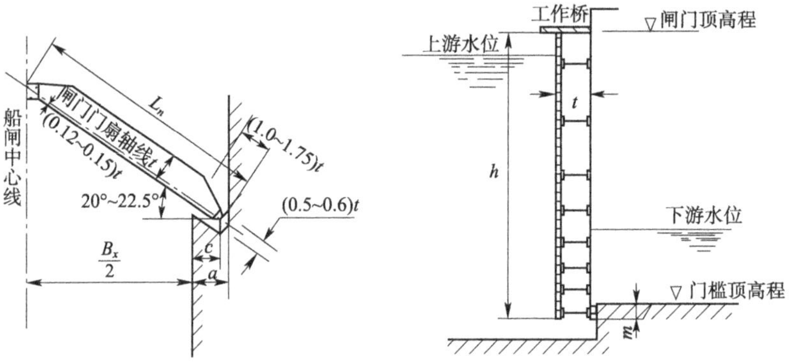

a) 平面图　　b) 断面图

图 7-16　人字闸门的轮廓尺寸

$$h = 闸门顶高程 - 门槛顶高程 \pm m \tag{7-8}$$

式中：m——闸门面板底与门槛顶的高差，通常取 $m = 0.15 \sim 0.25$m；当闸门关闭，门底止水位于门槛侧面时取正值，在门槛顶面时取负值。

闸门顶高程和门槛顶高程确定见第四章第二节“船闸设计水位与各部位高程”。

3. 门扇转轴中心的确定

在确定门扇旋转中心位置时，应使闸门的支垫座与枕垫座的支承面有良好的接触条件。在闸门转动时能立即脱开，以减小启闭时的摩阻力，而当闸门关闭时它们又能互相挤紧，以传递主横梁的反力，并使门侧止水效果良好。同时还应使门扇全开时能完全隐入门龛内，以免过闸船舶碰坏门扇。因此，在闸门制作安装时，必须精确地校正门扇转轴中心的位置。

当闸门支承部分的型式不同时，确定转轴中心的方法也不一样。当门轴上装设支垫座时，转轴中心 O 的位置可按下列步骤进行(图 7-17)：

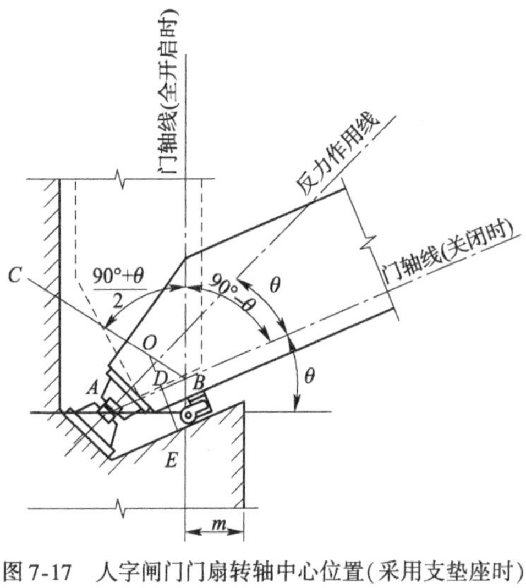

图 7-17　人字闸门门扇转轴中心位置(采用支垫座时)

(1)绘出门扇关闭时的轴线、轮廓线以及支垫座与枕垫座支承面的法线,即反力 R_A 的作用线(与门扇轴线成 θ 角);

(2)绘出门扇开启时的轴线,此轴线的位置可从闸墙边缘按门扇全部隐于门龛中并使门扇各部分保持 0.10 ~0.20m 的余隙而求得;

(3)从两轴线的交点上作其相应补角的等分角线,则转轴 O 应位于此补角的等分角线上;

(4)关门位置时的反力 R_A 作用线与补角等分角线的交点 O,即为门扇转轴中心位置。这样确定的门扇转轴中心使得当门扇开启时,支垫座易于离开枕垫座,而当关门的最后瞬间两者才互相接触而抵紧;

(5)校核转轴 O 是否位于止水内侧的法线(垂直于闸首边墩表面)以内,否则应将止水向外移动一段距离,以免开门时止水被闸墙卡住。

(二)计算工况

设计人字闸门时,一般应考虑三种计算工况:

1. 闸门关闭挡水、门上作用最大水头工况

此时闸门上的荷载包括作用于面板上的水压力、作用于门扇底部的垂直水压力、门扇自重以及工作桥上人群或设备重量等荷载。门扇结构中的面板、次梁、主梁、门轴柱、斜接柱以及支、枕垫座等均根据此计算工况进行设计。

2. 闸门安装或检修工况

此时闸门不承受水压力,作用的荷载有门扇自重、工作桥上人群或设备重量以及风荷载等。闸门的门背拉杆及顶、底枢等即根据此计算工况设计。

3. 闸门启闭时在水中转动工况

此时作用的荷载除门扇自重、工作桥上人群及设备重量外,尚应考虑门扇在水中转动时所引起的上、下游水位差。在计算顶枢和底枢时,取 0.15 ~0.20m;计算背拉杆时,可取 0.20 ~0.30m;在计算启闭力时,取 0.05 ~0.15m。

作用在闸门上的荷载如水压力、风荷载如上所述。闸门自重的精确计算应按门扇各组成构件进行计算。在初步设计中,钢闸门门扇自重可近似地按式(7-1)估算。

(三)门扇结构主要构件设计

1. 梁格布置

在横梁式闸门中,梁格布置通常按下述原则进行:

(1)每个主横梁所受荷载大致相等即等荷载原则,这样可使各主横梁的截面高度相等,便于制造和施工。

(2)为了便于制造和检修,主横梁的间距不宜小于 0.8m,但也不宜超过 2.5 ~2.8m,以保证闸门具有足够的刚度。

(3)闸门面板厚度的类别不宜过多,最大厚度不宜超过 16mm,以便于制造。为了保证有一定刚度及考虑防锈余量,最小厚度不宜小于 6mm。

(4)为充分利用面板的强度,进行梁格布置时,宜使面板的长短边的比值大于 1.5,并将长边布置在沿主横梁的轴线方向。

当主横梁按等荷载条件布置时，主横梁数目可按下式确定：

$$n=\frac{H+2h_2}{2b}+1 \tag{7-9}$$

式中：H——上、下游水位差(m)；

h_2——在相应的设计水位组合时，下游水位以下的门高(m)；

b——闸门下部的主横梁间距(m)。

在布置主横梁时，可按下述步骤进行：

(1)沿门高绘出水压力图形及其累积曲线(图7-18b)。

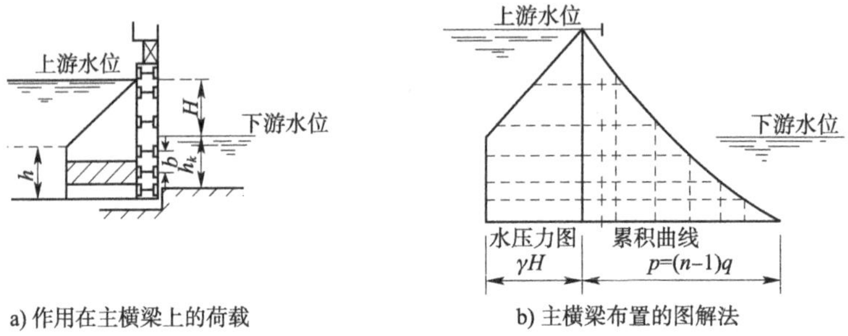

图7-18　主横梁的布置

(2)将累积曲线的底横坐标(即闸门所受的总水压力)，划分为 $n-1$ 等分，这些等分点在累积曲线上对应的纵坐标即为主横梁位置。

如果求得的主梁间距过大或过小，可增加或减小 n 值，重复进行直至符合要求为止。

由于构造上的需要，底、顶横梁必须布置在门扇的边缘，构成顶框梁和底框梁，有时顶横梁和第二根主梁间距过大，则可在中间增加一根主梁。这时，虽然这些梁受力不大，但由于闸门顶部有启闭机械的传动拉杆，并可能承受船舶撞击，为加强其刚度，通常仍采用和其它主梁相同的截面高度。

2. 面板的设计

钢面板的局部弯曲应力，应根据支承边条件的不同，按承受均布荷载的四边固定(或三边固定一边简支或两相邻边固定，另两相邻边简支)的弹性薄板进行计算。对露顶闸门的顶区格可按三角形荷载计算。因此，初选面板厚度 δ 时，可按下式计算：

$$\delta=a\sqrt{\frac{K_y q}{\eta\alpha[\sigma]}} \tag{7-10}$$

式中：δ——面板厚度(mm)；

K_y——弹性薄板支承长边中点弯应力系数，其值取决于 b/a 的比值，根据《船闸闸阀门设计规范》确定；

α——弹塑性调整系数，$b/a>3$ 时，$\alpha=1.5$；$b/a\leqslant 3$ 时，$\alpha=1.65$；

q——面板计算区格中心的水压力强度(MPa)；

a、b——面板计算区格的短边和长边长度(mm)，从面板与主、次梁的连接焊缝算起；

η——考虑整体弯、压应力影响的系数，根据《船闸闸阀门设计规范》确定；

$[\sigma]$——钢材的抗弯容许应力(MPa)。

在按上式初选面板厚度并选定主横梁截面以后,考虑到面板处于局部弯曲和面板作为主(次)梁的翼缘,承受整体弯曲的共同作用下的双向应力状态,因此面板强度还应按这种应力状态根据第四强度理论进行折算应力核算。

3. 主横梁设计

在横梁式人字闸门中,主横梁为偏心受压构件(图 7-19),作用在主横梁上的荷载主要为由次梁与面板传来水压力荷载,在设计时通常是将次梁传来的集中荷载和面板传来的均布荷载合并为均布荷载 q 计算。

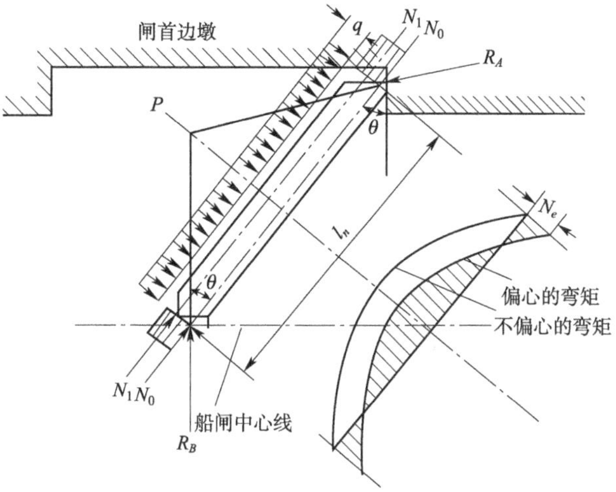

图 7-19 主横梁计算图式

当主横梁的间距确定后,每根主横梁所受的均布荷载 q 为:

$$q = P/n \tag{7-11}$$

式中:P——闸门单位跨度上作用的总水压力(kN/m);

n——主横梁的数目。

每根主横梁所受的合力为 qL_n。主横梁除承受水压力 q 外,尚承受三角拱作用产生的轴向压力 N_0 和作用在梁端的轴向水压力 N_1。轴向压力 N_0 可按三铰拱的计算图式求得。当闸门关闭时,作用在主横梁上的反力 R_A 和 R_B 为:

$$R_A = R_B = \frac{qL_n}{2\sin\theta} \tag{7-12}$$

因此,主横梁所受的轴向力 N_0 为:

$$N_0 = R_A\cos\theta = \frac{qL_n}{2\tan\theta} \tag{7-13}$$

当门端作用有水压力 N_1 时,总的轴向力为:

$$N = N_0 + N_1 = qL_n/2\tan\theta + q(t - t_1) \tag{7-14}$$

式中:N——作用在主横梁上的轴向力;

q——每根主横梁上所受的均布荷载;

θ——关门位置时门轴线的倾角;

L_n——单个门扇的宽度;

t——门扇厚度；

t_1——门侧止水线至门扇下翼缘的距离。

主横梁一般常采用工字形实腹组合梁。为了减少主横梁所受的弯矩，通常是将主横梁在上游面设计成折线形的轮廓（图 7-20a），并将主梁的截面制作成不对称的，使截面重心偏向上游（图 7-20b），以加大轴向力的偏心距。当轴向力 N_0 及轴向水压力 N_1 对截面重心的偏心距 e_1、e_2 确定后，总的轴向力的偏心距 e，可按下式计算：

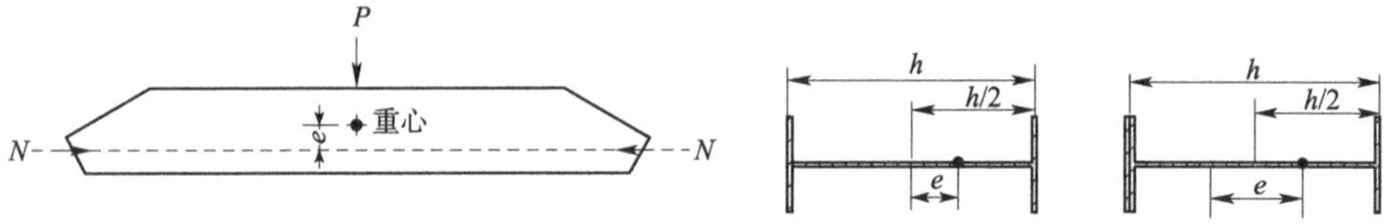

a) 主横梁的轮廓　　b) 主横梁的截面

图 7-20　主横梁的轮廓及截面型式

$$e=\frac{N_0e_1+N_1e_2}{N} \tag{7-15}$$

主横梁所承受的弯矩由两部分组成，即由水压力产生的弯矩 M_P 及由轴向力产生的弯矩 $N\cdot e$，二者方向相反，因此，总的弯矩为：

$$M=M_P-N\cdot e \tag{7-16}$$

$$M_P=\frac{1}{8}ql^2 \tag{7-17}$$

e 值在初步估计时可取为 $e=(0.45\sim0.55)h$，h 为主横梁截面高度。

求得 M 及 N 后，即可按钢结构偏心受压构件进行验算。

由于主横梁的上翼缘与面板相连接，而且还有横隔板、次梁等连接，因而自重不会产生多大的弯矩，故主横梁自重在设计时一般可以不计。

横梁式闸门的底横梁除承受上述作用力外，还承受了向上的水压力，使底横梁在横隔板之间发生弯曲。

4. 斜接柱与门轴柱设计

斜接柱与门轴柱的主要作用是连接主横梁的端部构成门扇的骨架，保证门扇的刚度。在横梁式人字闸门中斜接柱的另一个作用是传递主横梁的反力。当不设支垫座和枕垫座时，门轴柱也起传递反力的作用。

门轴柱与斜接柱的截面尺寸主要按与主横梁端部连接的构造要求来确定。门轴柱一般均为工字形截面的梁。斜接柱与门轴柱相似，只是将截面略为增大，或将单腹式工字梁改成两个槽钢组成的双腹式截面，如图 7-21 和图 7-22 所示。

门轴柱的强度验算视支承条件不同而异，对于采用支垫座的门轴柱，由于主横梁反力通过支垫座、枕垫座直接传给闸首边墩，门轴柱仅承受门扇自重及梁端水压力所产生的力矩，此时可按简支在主横梁上的偏心受压杆件验算。为安全计，应考虑某个中间支垫座脱空的情况，因此门轴柱应按简支在枕垫座上而有支垫座脱空的构件进行校核。当沿门轴柱上下采用连续支枕垫条时，门轴柱的工作如同弹性地基上的梁，承受由主横梁传来的集中力，可利用弹性地基梁理论求得门轴柱所承受的弯矩；也可按简支在主横梁上承受均布荷载（反力）的梁，近似地求得弯矩。

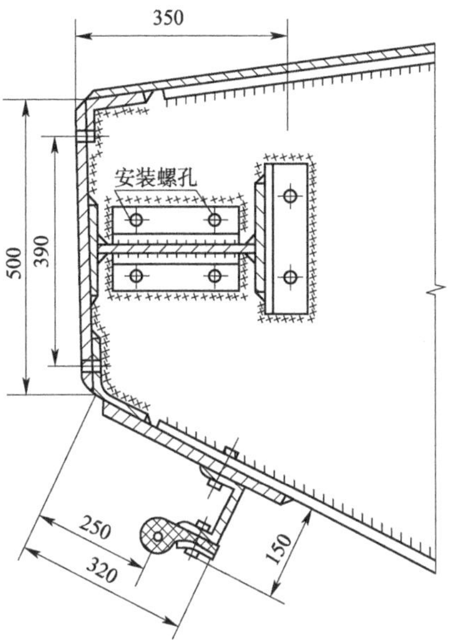

图 7-21 焊接门轴柱实例(单位:mm)

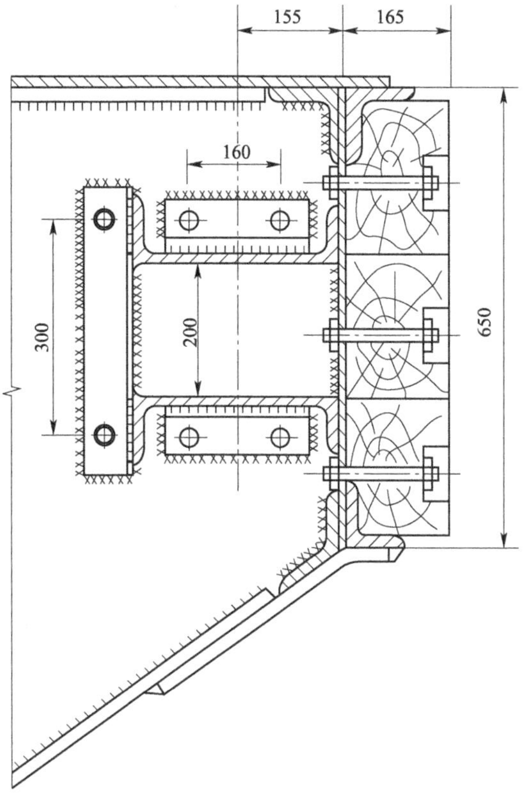

图 7-22 焊接斜接柱实例(单位:mm)

斜接柱过去常采用镶嵌接缝木(硬木),互相挤紧以传递反力,并起止水作用(图 7-22)。由于接缝木长期处于水中工作,使木材的强度和弹性模量降低,在使用过程中,往往由于接缝木的变形、磨损而减少了闸门的拱高。而且由于上下变形不同可能引起闸门扭转,当扭转方向不一致时,接缝木相互错动,减少了接触面积,从而增大了单位压力,使接缝木变形加大,最后可能导致接缝木破坏。因此,现在的大中型人字闸门往往采用金属支承,支枕垫块用优质碳素锻钢制成,分段长度根据加工条件和梁格布置决定。垫块调整完毕后,在间隙中浇注巴氏合金、锌、或环氧类填料(图 7-23)。

5. 门背拉杆及横向支撑设计

背拉杆在钢闸门中,一般都布置在门扇的下游面。其作用是防止门扇因自重而发生一端下垂的变形以及减轻门扇在水中转动时因受动水压力、风力、曳引力等作用而发生的扭曲变形。

背拉杆的布置型式应根据门扇的高度和宽度而定。图 7-24 中 a)所示的布置方式适用于尺寸较小的闸门;图 7-24 中 b)和 c)所示的布置方式则分别适用于较高和较宽的闸门。

背拉杆一般根据闸门启闭时在水中转动的计算情况进行设计。此时作用的荷载有:水位壅高所产生的水压力及作用在门扇水上部分的风压力的合力 P,门扇自重及工作桥的重量 G。

为了计算背拉杆所受的拉力,通常采取如下假定:

(1)背拉杆 BD 的上端支承在顶横梁上,而另一端的支点为底枢。背拉杆 BD 按简支梁进行计算(图 7-25)。

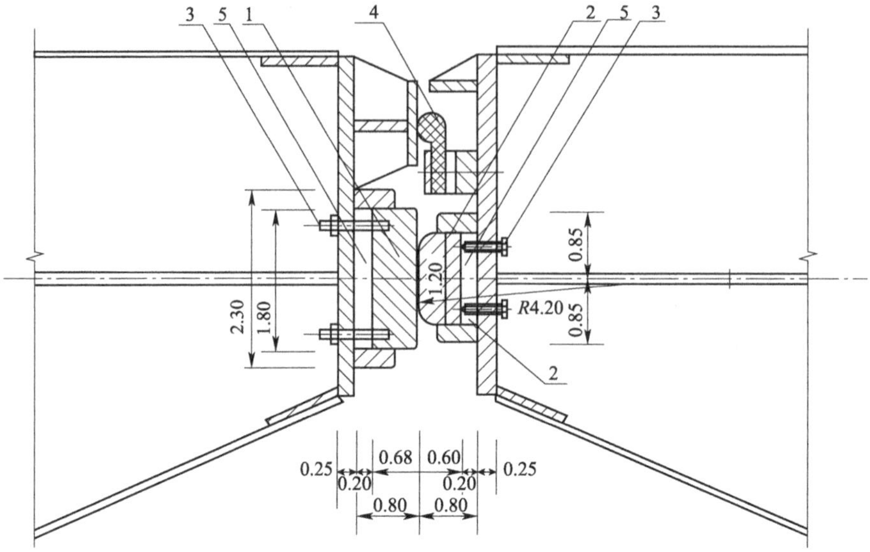

图 7-23　斜接柱的金属支承(单位:mm)

1-平面承压条;2-弧形承压条;3-螺栓;4-止水;5-填充料

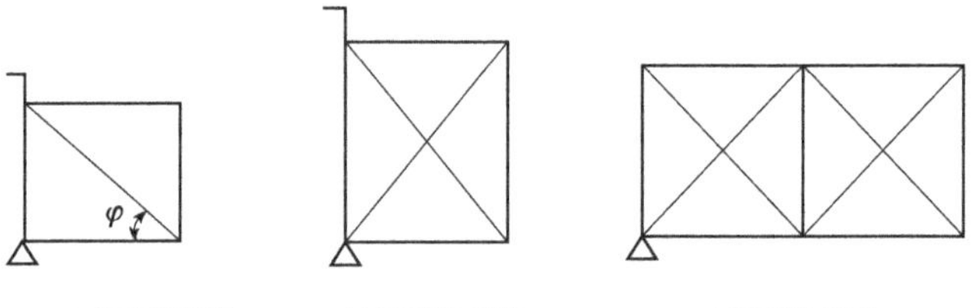

a) 单对角斜撑　　b) 双对角斜撑　　c) 双对角斜撑

图 7-24　对角斜撑的布置型式

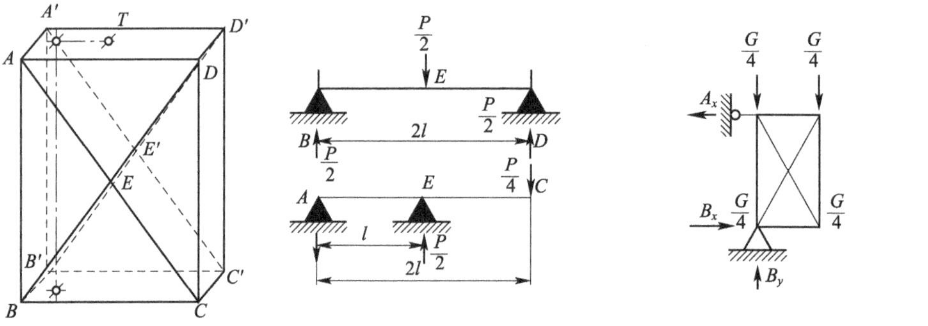

a) 对角斜撑承受水压力等的计算图式　　b) 对角斜撑承受门扇自重的计算图式

图 7-25　对角斜撑的计算图式

(2)另一组背拉杆的上支点为 A 点,下支点在 E 点,背拉杆 AC 按一带悬臂的简支梁进行计算,悬臂端承受有由斜接柱 CD 与底横梁 BC 传来的荷载。

(3)作用在门扇上的全部荷载平均分配给两组背拉杆,即各承受总荷载的一半。

由此可以求得作用在背拉杆的弯矩 M,由于背拉杆全部焊接在主横梁的后翼缘上,在计算背拉杆的拉力时,可考虑面板参与共同工作,即:

$$T_c = \frac{M}{h} \tag{7-18}$$

式中：T_c——在背拉杆上所产生的拉力；

h——由背拉杆截面重心至面板中心的距离。

此外，背拉杆还承受门扇自重及工作桥上的设备重量等，在计算背拉杆拉力时，应将式(7-18)求得的拉力与由于门重所产生的拉力叠加。根据求得的拉力值，即可进行背拉杆的强度验算。

一些大型人字闸门在水中转动时，闸门常发生挠曲或扭转变形。为提高闸门的刚度，可对背拉杆施加预应力，此时背拉杆多采用扁钢或圆钢制成。预应力背拉杆施加的预应力应使门扇悬挂于顶、底枢上处于静止状态时，门扇在自重和背拉杆预应力的作用下保持垂直；门扇在开启、关闭运行过程中，背拉杆的最大拉应力不应大于背拉杆材料的容许应力，最小拉应力不应小于10MPa。

横向支撑是为了增强门扇在竖直方向的刚度，抵抗启闭闸门时的扭矩而设置的。一般有以下两种型式，如图7-26所示。一般常用桁架式横向支撑，但当主横梁间距较密和门厚较小时，也可用实腹隔板式。横向支撑的间距一般采用2~4m。其截面尺寸通常按构造要求确定。

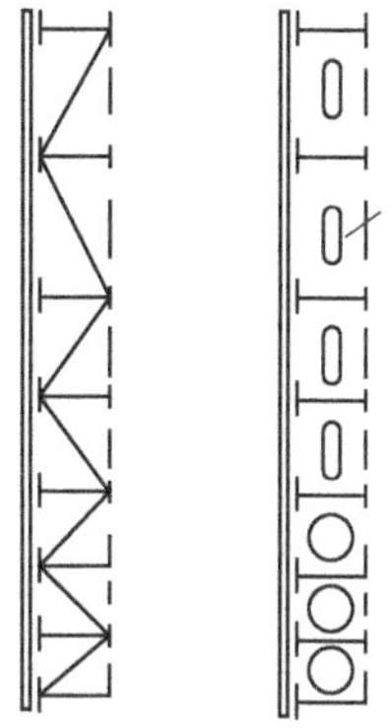

图7-26　人字门的横向支撑型式

6. 支承装置设计

(1) 支垫座和枕垫座

人字闸门的支承有连续式和分段式，一般宜采用连续式，也可采用分段式，分段式常采用支垫座与枕垫座来传递主横梁的反力。支垫座和枕垫座是一个具有三角形加强肋板的铸钢或球墨铸铁的铸件，在二者接触处装有特制的高强度的铬镍钢的衬垫。衬垫用螺钉装配在底座上，利用特种合金制成的垫板来调整钢衬垫的位置。为了减少闸门启闭时支垫座与枕垫座间接触部分的摩擦，并为传力明确起见，一般采用线接触方式，即将枕垫座的接触面制成平面，而将支垫座的接触面制成弧面(图7-27)，弧面中心应位于主横梁反力 R_A 的作用线上，使弧面只受径向挤压作用。

当斜接柱上也采用支垫座和枕垫座的型式支承时，为使闸门对准方便，其接触平面应较为宽大和平坦。

钢衬垫的接触应力可按圆柱面压在平面上的弹性理论解答来计算：

$$\sigma_c = 0.418\sqrt{\frac{R_A E}{lr}} \leqslant [\sigma_c] \tag{7-19}$$

式中：R_A——支垫座传给枕垫座的压力；

E——钢材的弹性模量；

l——钢衬块长度；

r——垫座上的钢衬垫圆弧面半径；

$[\sigma_c]$——钢衬垫的容许接触应力，其值与所用材料有关。

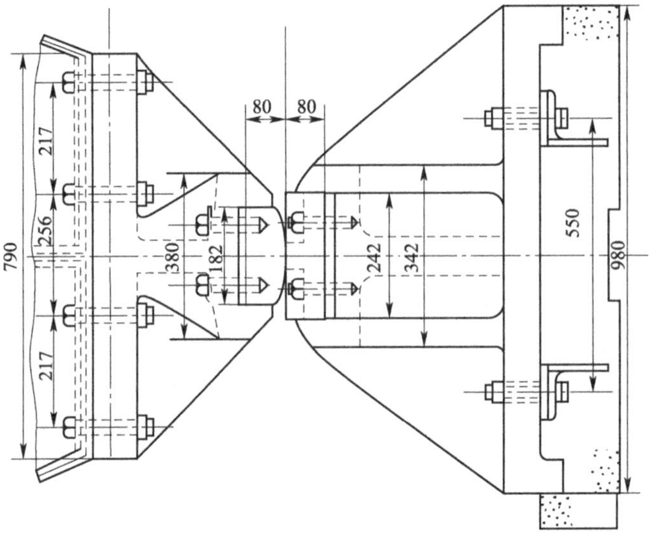

图 7-27　支垫座与枕垫座构造图(单位:mm)

根据计算所得的接触应力值确定衬垫的长度。

支垫座的底宽一般可等于门扇端部宽度,枕垫座的底宽则根据混凝土的允许挤压应力的验算而确定。

近年来国内外所建造的高水头人字闸门,常用连续的支垫座和枕垫座,如图 7-28 所示,这种型式的安装较为方便。对于连续式支承的承压条设计时应设有调整螺栓;承压条应采用抗锈蚀性能好的锻钢;承压条的支承面,门轴柱端可采用不同半径的弧面,斜接柱端可采用弧面或平面。

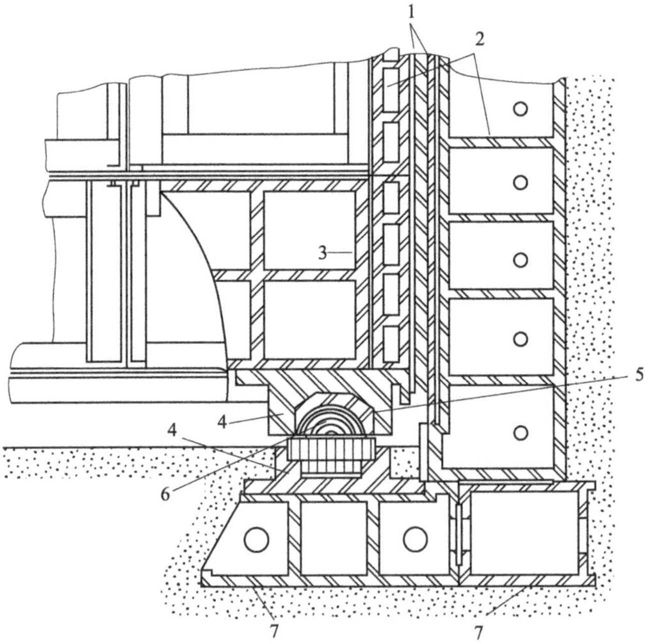

图 7-28　连续的支垫座和枕垫座

1-承压条;2-承压条支座;3-门踵铸件;4-承轴支座;5-承轴巢;6-轴头;7-底座铸件

(2)顶枢及底枢

装置于人字门门轴柱上的顶枢和底枢的作用是保证门扇能绕门轴转动并支承整个门扇。顶枢和底枢的中心连接线就是门扇的旋转轴。

①顶枢和底枢的受力分析

顶枢和底枢上的作用力是按闸门开启和关闭时在水中转动的工作情况来计算。当闸门依靠安设在门顶的刚性推拉杆进行启闭时,在闸门启闭过程中,根据刚性推拉杆与门扇轴线交角的不同,考虑以下几种情况:

第一种是门扇接近关闭的情况:此时推拉杆与门扇轴线的夹角为 α_1;

第二种是门扇开启过程中,推拉杆与门扇轴线的夹角 α_2 达到最大值;

第三种是门扇接近全开的情况,此时推拉杆与门扇轴线的夹角为 α_3。

作用在门扇上的荷载有:由于水位壅高所产生的水压力和作用在门扇上的风压力的合力 P,门扇自重及工作桥的重量 G;作用于门顶推拉杆上的曳引力 T,该力与门扇轴线的交角为 α,其分力为 T_x、T_y。有时还需考虑闸门梁格内产生的淤沙重量。

顶枢和底枢的受力情况如图 7-29 所示,以 A_x、A_y、A_z、B_x、B_y、B_z 及 T_x、T_y 分别表示为顶枢、底枢及刚性推拉杆上的作用力。

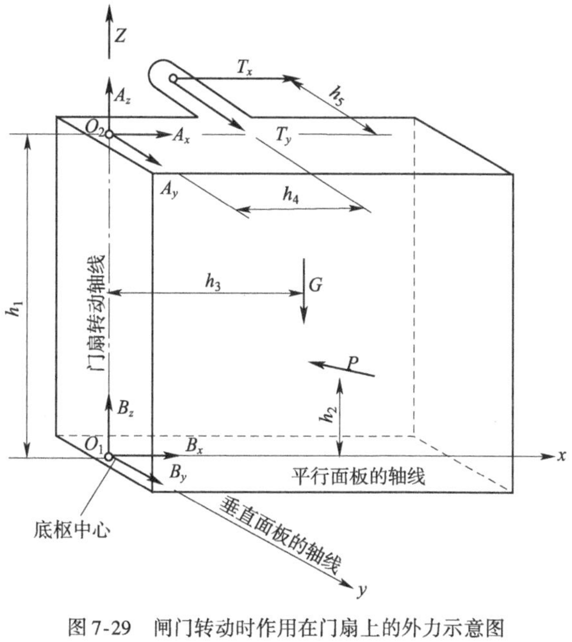

图 7-29　闸门转动时作用在门扇上的外力示意图

根据力的平衡条件,可得:

$$\left.\begin{aligned}&\sum X=0, A_x+T_x+B_x=0\\&\sum Y=0, A_y+T_y+B_y-P=0\\&\sum Z=0, A_z+B_z-G=0\\&\sum M_{O2}=0, A_yh_1+T_yh_1-Ph_2=0\\&\sum M_{O1}=0, A_xh_1+T_xh_1+Gh_3=0\\&\sum M_{O1-O2}=0, T_xh_5+T_yh_4-Ph_3=0\end{aligned}\right\}\qquad(7\text{-}20)$$

由于门扇自重主要作用于底枢上，因此：

$$A_z = 0; B_z = G$$

根据闸门启闭过程中刚性推拉杆与门扇轴线之间夹角大小的不同，顶枢、底枢及推拉杆上的作用力的数值也随之而变，应选择其最大值作为它们的设计荷载。顶枢的设计荷载尚应乘以冲击系数1.1。

②顶枢设计

顶枢是防止门扇倾倒的上部支承，并利用顶枢调整门扇的转动轴使门扇保持垂直位置。顶枢上的作用力是由门扇自重和门扇在水中转动时由于水位壅高所产生的水压力等荷载所引起的反力（图7-30和图7-31）。

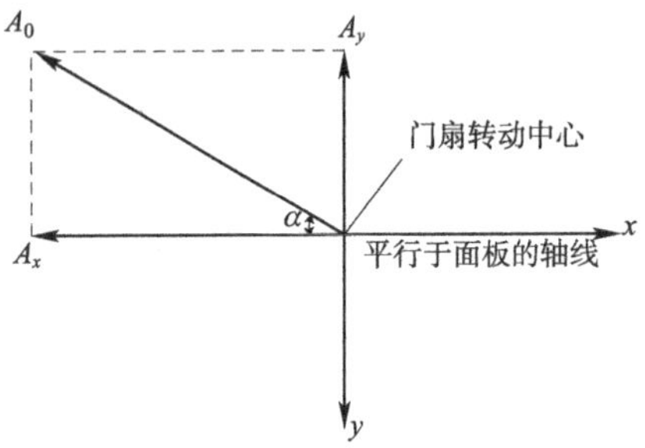

图7-30　顶枢的支承反力

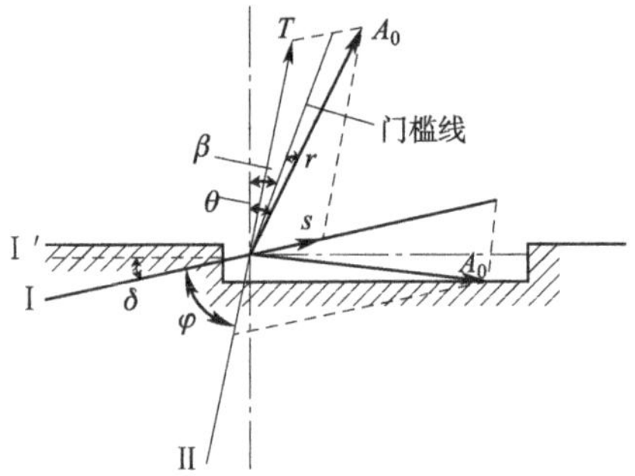

图7-31　顶枢拉杆受力情况

这些反力在水平面上的合力为：

$$A_0 = \sqrt{A_x^{\ 2} + A_y^{\ 2}} \tag{7-21}$$

合力 A_0 与 x 轴的交角为：

$$\alpha = \arctan \frac{A_y}{A_x} \tag{7-22}$$

顶枢除承受水平推力 A_0 外，尚应考虑门扇转动时，由于轴承摩擦所引起的扭矩：

$$M_k = f \cdot A_0 \frac{d}{2} \tag{7-23}$$

式中：f——摩擦系数，考虑到轴承的磨损，通常可采取 $f = 0.5$；

d——顶枢的颈轴直径。

顶枢型式可分为三角式和铰接框架式。如图7-32所示，三角式顶枢是由拉杆、颈轴和锚碇构件三部分组成。一端具有套环的两根拉杆套于固定在门扇顶框梁的颈轴上，使门轴在套环内转动，拉杆的另一端铰接在埋固于边墩混凝土内的锚碇构件上，门扇上端的水平拉力 A_0 即由颈轴通过拉杆而传到锚碇构件上。三角式顶枢拉杆的布置应使门扇运转时，拉杆所受的压力最小，并便于埋设锚定设施。拉杆的轴线宜分别位于关门位置和开门位置的门扇轴线附近；拉杆可选用花兰螺母或楔形块调整器调整拉杆的长度，当选用花兰螺母调整器时，应有可靠的防松措施。

为了保证门扇开启到任何位置时，两根拉杆始终承受拉力，门扇平面应始终位于两根拉杆的范围内。因而拉杆间的夹角应大于门扇的转动角度，即 $\varphi \geq 90° - \theta$。

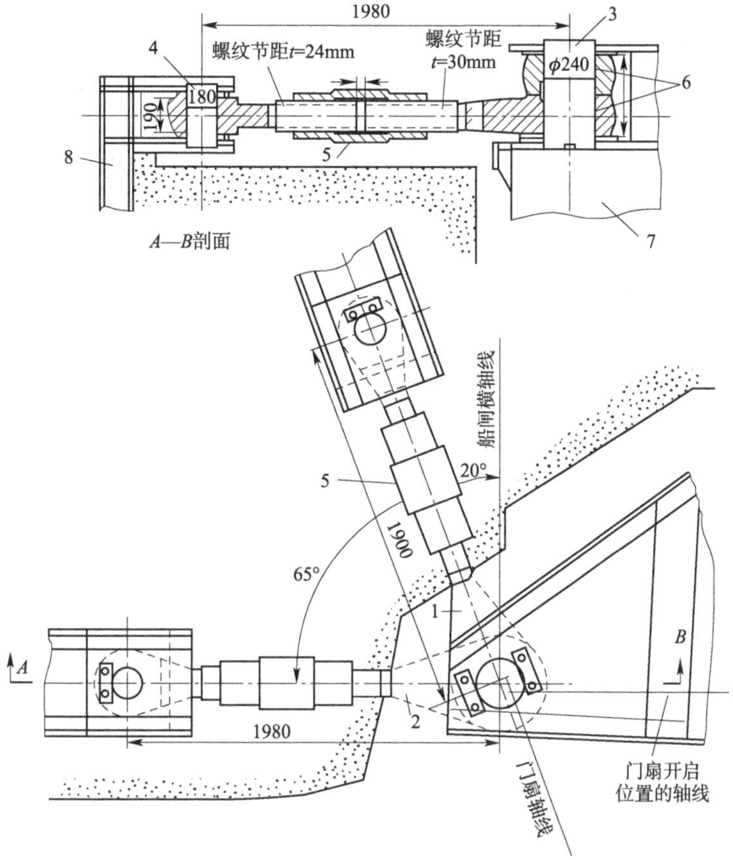

图 7-32　顶枢的构造(单位:mm)

1-横向拉杆;2-纵向拉杆;3-颈轴;4-转轴;5-花兰螺母;6-青铜衬垫;7-门扇;8-锚固构件

这就要求拉杆Ⅰ的方向平行于闸墙的边缘(图 7-32 中的纵向拉杆 2),但为了改善拉杆在边墩上的埋固情况,可将拉杆Ⅰ向边墩内部倾斜一个不大的角度 δ(图 7-32 中纵向拉杆 2),δ 一般取为 5°~10°;此时每根拉杆所受的拉力,可按图 7-32 的受力情况来进行计算。当闸门全开时,拉杆Ⅱ将承受不大的压力。而当闸门关闭时,拉杆Ⅱ所受拉力最大,拉杆Ⅰ则不承受任何力的作用。故两根拉杆均可根据最大拉力进行截面设计。

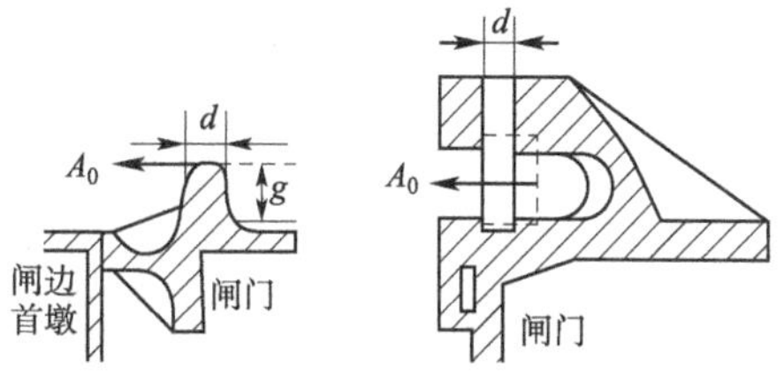

图 7-33　颈轴与门扇顶框梁的连接情况

顶枢拉杆颈轴的计算应根据它与门扇顶框梁的连接情况而定。悬臂式顶轴(图 7-33a)可按受有集中力 A_0 的悬臂梁来进行计算;简梁式颈轴(图 7-33b)当作承受集中力 A_0 的简支梁来进行计算。

此外,颈轴还承受由摩擦力而引起的扭矩 M_k 的作用,因此设计时,颈轴的容许应力应适当地降低,同时考虑到颈轴在使用过程中的磨损很大,应将计算所得的直径适当加大 20~30mm。

埋固构件的锚固长度决定于它与混凝土的粘结力及其末端锚碇板处混凝土的承压应力。通常应使顶角约为 60°的混凝土圆锥体的重量能够平衡埋固构件的拉力。

花兰螺母调整器的缺点是花兰螺母与拉杆螺丝易于松扣,容易发生事故。其原因是顶枢轴承摩擦产生的扭矩,使拉杆受弯扭曲,因而这种顶枢不能传递较大的水平力。

图 7-34 和图 7-35 所示的铰接框架式和采用楔形块调整器的三角式两种型式的顶枢能避免拉杆承受弯矩，但精度要求较高，安装也复杂。

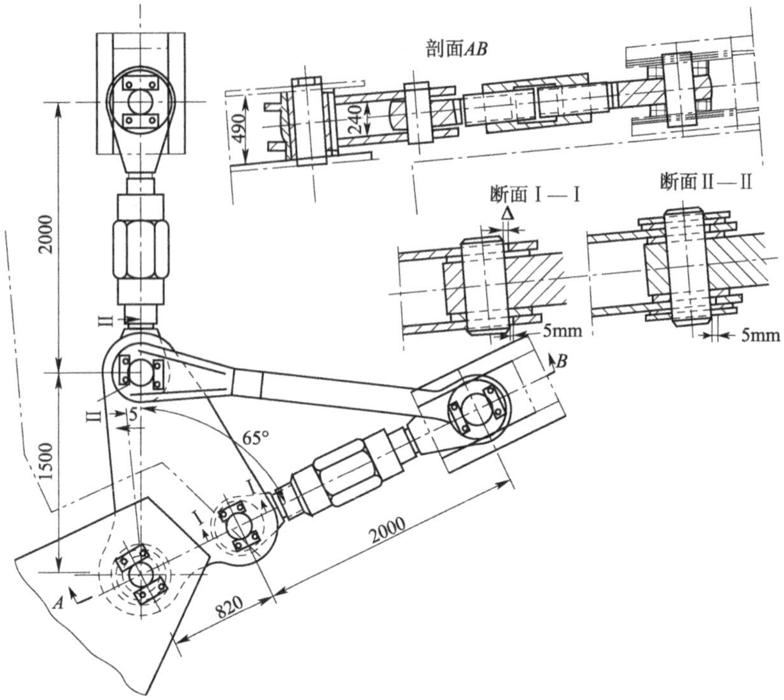

图 7-34 铰接框架式顶枢（单位：mm）

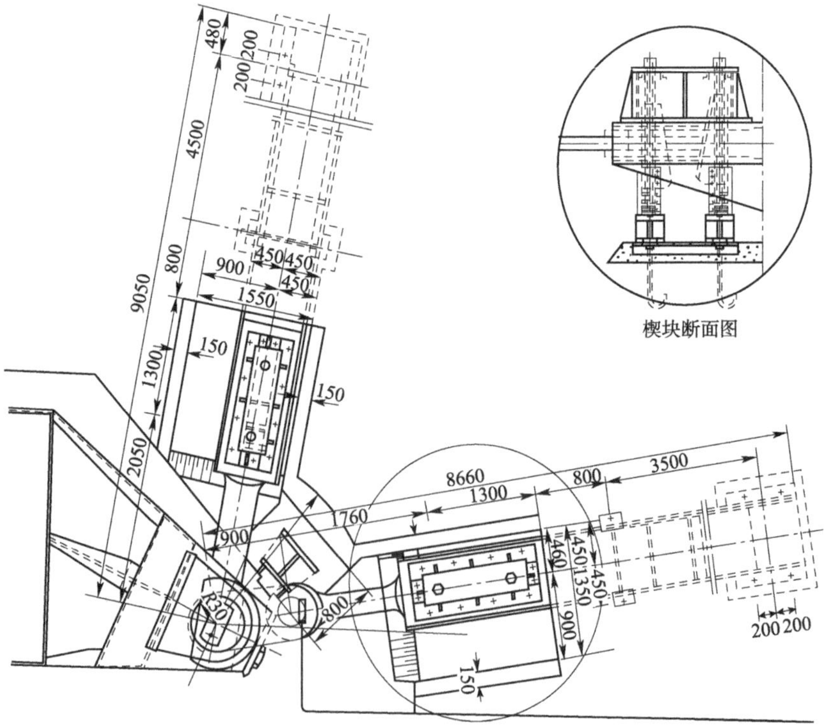

图 7-35 楔形块调节的三角式顶枢

③底枢设计

底枢是人字闸门非常重要的部件。当门扇转动时,底枢承受闸门自重和水平反力 B_0(图 7-36)。

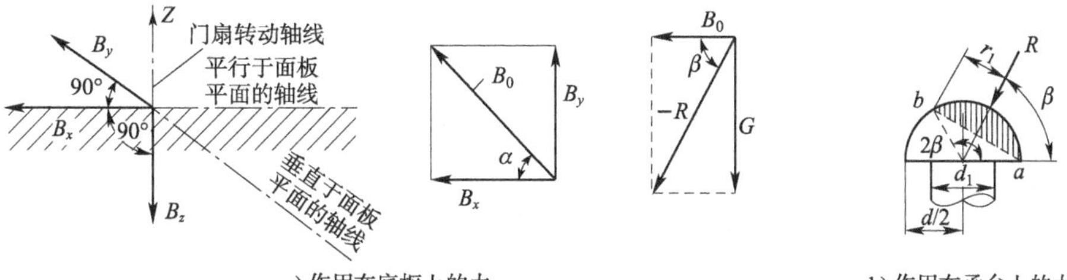

a) 作用在底枢上的力　　b) 作用在承台上的力

图 7-36　作用在底枢上的力的示意图

作用在水平面内的底枢反力 B_0 为:

$$B_0 = \sqrt{B_x^2 + B_y^2} \tag{7-24}$$

合力 B_0 与平行于面板的轴线之间所成的交角为:

$$\alpha = \arctan \frac{B_y}{B_x} \tag{7-25}$$

水平反力 B_0 与闸门自重的合力为:

$$R = \sqrt{B_0^2 + B_z^2} \tag{7-26}$$

式中:$B_z = G$(闸门自重)。

合力 R 相对于水平面的倾角为:

$$\beta = \arctan \frac{B_z}{B_0} \tag{7-27}$$

当闸门关闭时,作用于门扇上的水压力应从支垫座和枕垫座传至闸首边墩上,底枢在构造上是不考虑传递由水压力产生的横推力的,但是当支垫座和枕垫座的衬垫发生磨损时,横推力将会作用在底枢上,对此必须加以考虑,以免底枢的连接螺栓损坏。底枢一般由承轴巢、轴头和承轴台组成。承轴巢固定于门轴柱下端底框梁的腹板上,常与底框梁的支垫座铸成整体。为了减少转动时的摩擦,在承轴巢下面的弯形曲面上铸有青铜衬垫。半球形轴头顶部的半球面抵紧于承轴巢的穹形曲面上,轴头下部的圆柱形杆则固定在承轴台上,为了防锈和减少摩擦,轴头宜由铬镍钢制成。承轴台埋固在闸首底板内,借以固定轴头,并将轴头所受的力传给闸底,一般可用铸钢制造。

为了使轴头不承受底横梁反力 R_A 和由于闸门平面变形所产生的推力的作用,根据采取的构造措施的不同,就形成各种不同的底枢。常用的主要有固定式或微动式结构。

图 7-37 所示为比较常用的底枢构造,其特点是将承轴台分成两个部分,下部为埋固于闸底板上的固定部分,上部为可动的圆盘,轴头即固定在此圆盘上。当闸门开启时,可动的圆盘抵住在固定部分的环形肋条上,借以将轴头与圆盘所受的水平力 B_0 传给固定部分。当闸门关闭时,在支垫座与枕垫座相接触的瞬间,圆盘可沿着两只专门设置的键的方向微动,使圆盘与环形肋条离开一条 3 ~ 5mm 的缝隙,因而圆盘不传递水平力,而由支垫座来传递全部的底横梁的反力 R_A。两只键沿着关门时门扇轴线的平行线布置,位于其左右两侧。圆盘与环形肋条之间没有缝隙存在,故圆盘不能侧向移动,称为固定式底枢。

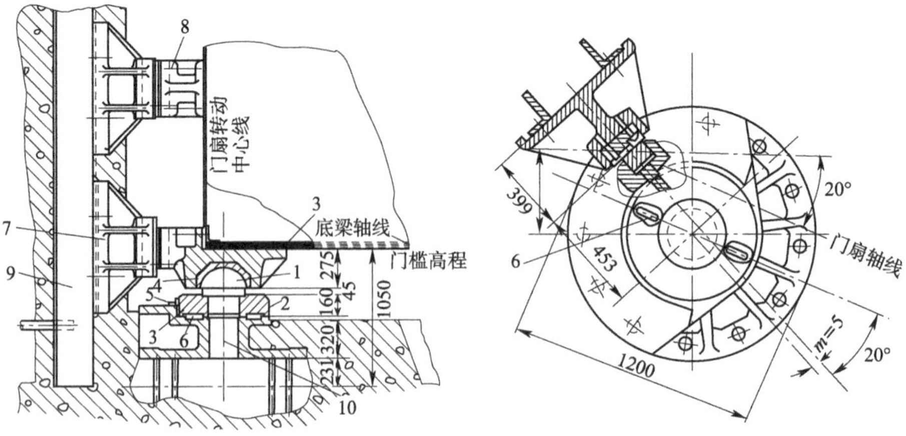

图 7-37　底枢构造之一(单位:mm)

1-轴头;2-活动圆盘;3-承轴巢;4-青铜衬套;5-橡皮垫圈;6-导向键;7-枕垫座;8-支垫座;9-锚固构件;10-承轴台

这种底枢的构造，能防止支垫座和枕垫座磨损时轴头传递反力，但却不能保证闸门平面变形时轴头移动的可能性，这时水压力很大，使导向键作用不灵，会使青铜衬垫损坏以及连结门扇与承轴巢处的螺栓破坏。虽然预留了 3mm 空隙来预防轴头传递反力，但因空隙很小，效果不大，如预留的空隙较大，则会影响顶枢颈轴的工作。

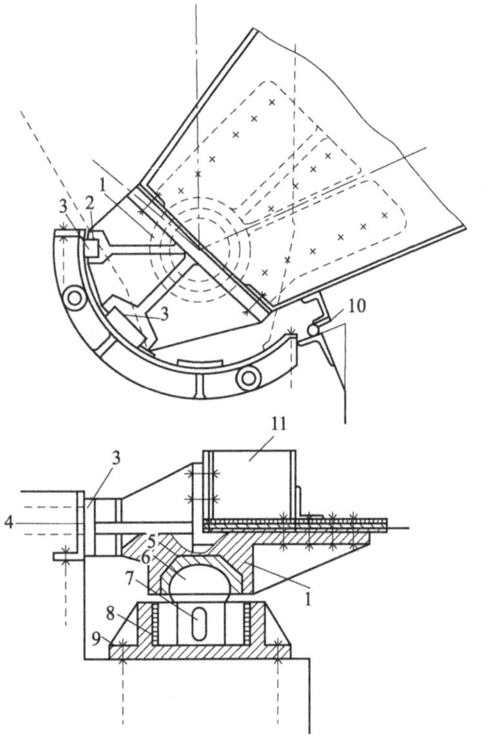

图 7-38　底枢构造之二

1-承轴巢;2-支垫座;3-支垫座衬垫;4-扇形枕垫座;5-青铜衬套;6-轴头;7-键;8-橡皮垫圈;9-承轴台;10-侧边止水;11-门轴柱

现代的人字闸门中，广泛应用一种双支座的底枢，如图 7-38 所示，轴头只承受垂直力 G，而水平力 B_0 及底横梁的反力 R_A 始终都由支垫座传给埋固于边墩上的扇形枕垫座上。为了保证轴头不承受水平力，轴头的圆盘周围与承轴台之间衬以橡皮垫圈，使轴头连同圆盘可在承轴台中作任意方向的移动。为保持门扇转轴下端处于正常位置，除了传力的主要支垫座外，还有辅助的支垫座。在启闭时，这两种支垫座都始终沿着扇形枕垫座滑动。为了减少启闭闸门时的摩擦力，在枕垫座上镶了耐压、耐磨而且摩擦系数很小的胶合木。

当底框梁过载时，扇形枕垫座上的胶合木会发生磨损，而支垫座和枕垫座上的钢衬垫也会磨损。

图 7-39 所示为用于大型人字闸门上的底枢构造。当支垫座和枕垫座磨损时，为了使轴头不传递底框梁的反力 R_A，承轴台的活动部分支承于枕垫座，在两者的接触面上设有高强度的铜垫板，能承受平衡门重力矩而作用于底枢上的水平力。而当支垫座和枕垫座磨损时，又可使轴头连同活动的承轴台向枕垫座处移动。

承轴台的活动部分沿镶嵌于承轴台固定部分侧面的导向键作平行于门扇轴线的移动。导向键5一般由青铜制成。背水面的导向板6用胶合木制成。当门扇平面变形时,由于胶合木的变形可使轴头产生位移,故称为微动式底枢。但由于胶合木的残余变形,在门扇平面变形后,不能使轴头恢复至原来的位置。

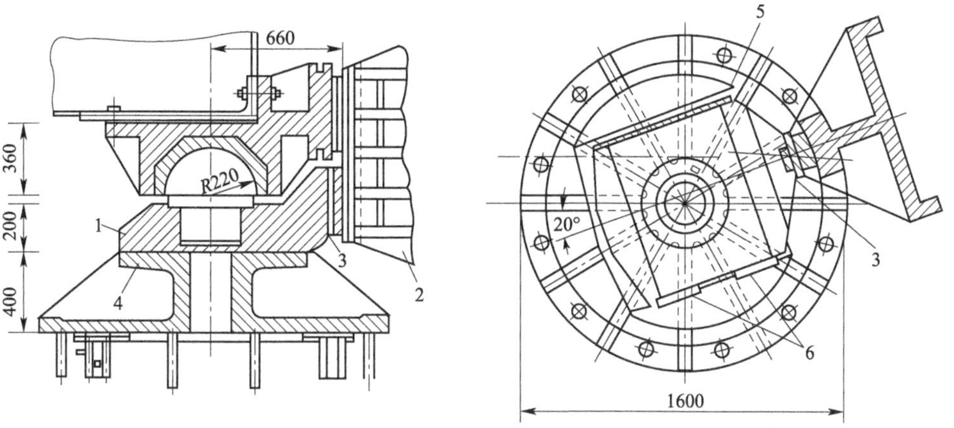

图 7-39 底枢构造之三(单位:mm)

1-承轴台活动部分;2-枕垫座;3-青铜垫板;4-承轴台固定部分;5-青铜导向键;6-压合胶木导向板

由于上述措施初步保证了闸门关闭时轴头不至于承受由底框梁传来的水平反力 R_A,因此在进行底枢的应力计算时,均只考虑垂直力 G 与水平反力 B_0 的合力作用。

底枢轴头的球形表面和轴承巢的衬垫紧密接触时的挤压应力可按下式核算:

$$\sigma_{cj}=\frac{3R}{2\pi r^2(1-\cos^3\beta)}\leqslant[\sigma_{cj}] \tag{7-28}$$

式中:β——合力 R 与水平轴的倾角;

r——轴头球形表面的半径;

$[\sigma_{cj}]$——允许挤压应力。

轴头与承轴台相接触的水平环面积 $a-b$ 上(图 7-36)的挤压应力按下式验算:

$$\sigma_c=\frac{G_0}{\omega_1}[\sigma_c] \tag{7-29}$$

式中:$\omega_1=\frac{\pi}{4}(d^2-d_1{}^2)$;

d——承轴台轴头直径;

d_1——承轴台的轴柱直径;

$[\sigma_c]$——钢材端部接触的允许挤压应力,$[\sigma_c]\approx 0.15[\sigma]$。

此外,还要验算轴头剪力面上的剪应力:

$$\tau=\frac{B_0}{\frac{\pi d_1{}^2}{4}}\leqslant[\tau] \tag{7-30}$$

对于承轴台的底面与混凝土间的挤压应力,以及承轴巢与承轴台的某些特征断面的弯曲应力,也需要进行验算。

7. 闸门止水设计

人字闸门的止水通常包括下列三个部分：

(1)斜接面的止水：两个门扇的斜面处的止水防漏，除可借助金属支承条互相挤紧止水外，还需在支承条上游侧布置橡皮止水。

(2)门侧止水：通常采用在门轴柱下游面用角钢与螺栓安装的橡皮止水进行门侧止水(图7-38)。当闸门关闭时，装设于门轴柱角钢上的活动止水，由于水压力的作用便与边墩中预埋的构件(角钢或槽钢)相互挤紧。为了保证当闸门关闭时不致因门侧止水与边墩抵住而影响门扇在斜接面处的互相挤紧，门侧止水应具有活动性。

(3)门底止水：门底橡皮止水具有较高的止水性能(图7-40)，工作不受门扇在斜接面互相挤紧时的位置所影响，而且也便于修理。

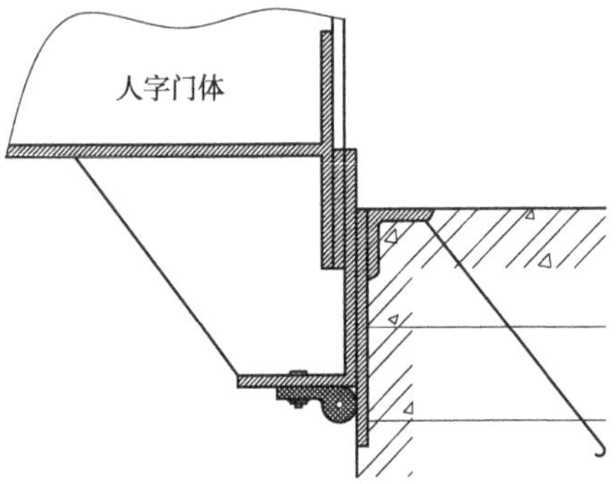

a)门槛侧面橡皮止水

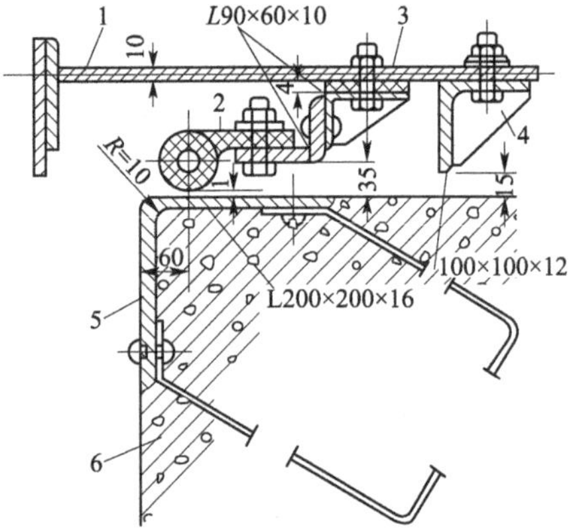

b)门槛顶面橡皮止水

图7-40　门底橡皮止水的构造(单位：mm)

1-底横梁；2-橡皮止水；3-橡皮衬垫；4-止水的防护挡板；5-预埋角钢作门槛镶面；6-门槛

8. 工作桥

为了便于工作人员通行，有时也为了设置闸门或阀门的启闭机械，在门扇顶部应设置工作桥。工作桥的宽度应根据桥上的设备情况而定。工作桥通常只是供通行之用，桥宽采用0.7～1.0m左右。在有些小型船闸上，常在工作桥上设置启闭机械，这时工作桥的宽度应根据启闭机械的尺寸布置和操作要求而定。

当桥面宽度大于闸门的门扇厚度时，桥面高程应高于闸首墙顶面的高程，并且应向上游伸出，以保证航道的净宽。当设置启闭机械时，为了不使顶横梁因桥面系统的下部结构而承受较大的附加弯矩，桥面系统的横梁宜直接支承于顶横梁上，但顶横梁截面应具有足够的刚度。

第四节　闸(阀)门启闭力计算

闸(阀)门启闭力的计算，对于确定闸(阀)门启闭机械的容量、牵引构件的尺寸，以及闸门的吊耳的设计都是必要的。下面主要对船闸人字门和直升式平板闸(阀)门的启闭力计算进行简要介绍,其它类型的船闸工作闸门和阀门的启闭力计算可参阅《船闸闸阀门设计规范》。对于大型船闸闸门和阀门的启闭力还常需通过模型试验并结合规范公式计算值确定。

一、人字闸门的启闭力计算

(一)人字闸门启闭力计算式

人字闸门的启闭力可按下式计算:

$$T = K\frac{M}{R} \tag{7-31}$$

式中:T——人字闸门启闭力(kN);

M——最大总阻力矩(kN·m);

K——安全系数,可取1.2;

R——启闭机牵引力到人字门旋转中心的力臂(m)。

(二)最大总阻力矩确定

对于大型人字门宜绘制阻力矩随时间变化曲线,并求得总阻力矩最大值。最大总阻力矩 M 一般可按下式计算:

$$M = M_1 + M_2 + M_3 + M_4 \tag{7-32}$$

式中:M_1——顶枢和底枢的摩擦阻力矩(kN·m);

M_2——风力阻力矩(kN·m);

M_3——人字闸门运行惯性阻力矩(kN·m);

M_4——门前后水体对闸门产生的阻力矩(kN·m)。

1.顶枢和底枢摩擦阻力矩

顶枢和底枢的摩擦阻力矩 M_1 可按下式计算:

$$M_1 = 0.5fNd_1 + 0.25fG_0d_2 \tag{7-33}$$

式中:f——顶、底枢的摩擦系数,可根据顶、底枢摩擦副的材料查规范《船闸闸阀门设计规范》附录选取;

N——在垂直荷载作用下顶枢的水平反力(kN);

d_1——顶枢轴直径(m);

G_0——门扇及工作桥上的垂直荷载(kN);

d_2——底枢蘑菇头的轴径(m)。

2.风力阻力矩

风力产生的阻力矩 M_2 可按下式计算:

$$M_2 = 0.5qh_1L_n^2\sin\alpha \tag{7-34}$$

式中:q——风压强度(kPa),可参照现行《港口工程荷载规范》选取;

h_1——门扇露出水面以上部分的受风高度(m);

L_n——门扇宽度(m);

α——计算风向与门扇轴线的夹角(°)。

3. 闸门运行惯性阻力矩

人字闸门的运行惯性阻力矩 M_3 可按下式计算：

$$M_3 = 0.126\varphi \frac{G_m L_n^2}{t_0^2} \cos \frac{\pi t}{t_0} \tag{7-35}$$

式中：φ——门扇全开的转动角度(rad)；

G_m——门扇及门扇上的垂直荷载相对应的质量(t)；

L_n——门扇宽度(m)；

t_0——开启闸门所需要的总时间(s)；

t——人字门开启过程中的任意时间(s)。

4. 闸门前后水体产生的阻力矩

闸门前后水体产生的阻力矩 M_4 可按下式计算：

$$M_4 = 0.5h_2 L_n^2 Z \tag{7-36}$$

式中：h_2——门扇淹没在水中部分的高度(m)；

L_n——门扇宽度(m)；

Z——人字门启闭时允许的水位差形成的压强(kPa)，可取0.5～1.5kPa。

二、平面闸(阀)门的启闭力

对于平面闸门和平面阀门计算启闭力时，一般先计算闭门力，确定闸(阀)门是否需要加重后再计算启门力。

(一)动水中启闭的平面闸(阀)门

此类闸(阀)门特别是深孔闸(阀)门，在水压力作用下，由于摩阻力大，有时仅靠自重不能关闭，因此必须分别计算闭门力和启门力。在确定闸门启闭力时，除考虑闸门自重外，还要考虑由于水压力作用而在滚轮或滑道支承处产生的摩阻力 T_{zd}；止水摩阻力 T_{zs}；闭门时门底的上托力 P_t；启闭时由于门底水流形成部分真空而产生的下吸力 P_x；有时还有门顶水柱压力 W_s 等。

1. 闭门力计算

$$F_w = n_T(T_{zd} + T_{zs}) - n_G G + P_t - W_s \tag{7-37}$$

式(7-37)中，计算结果为“正”值时，需要加重(加重方式有加重块、水柱或机械下压力等)；为“负”值时，依靠自重可以关闭。

2. 启门力计算

$$F_Q = n_T(T_{zd} + T_{zs}) + P_x + n'_G G + G_j + W_s \tag{7-38}$$

式(7-37)和式(7-38)中：

n_T——摩擦阻力安全系数，可取 $n_T = 1.2$；

n_G——计算闭门力时用的闸(阀)门自重修正系数，可采用0.9～1.0；

n'_G——计算启门力时用的闸(阀)门自重修正系数，可取1.1；

G——闸(阀)门自重(kN)；

W_s——作用在闸(阀)门上的水柱重量(kN)；

G_j——加重块重量(kN);

P_t——上托力,参照《船闸闸阀门设计规范》计算;

P_x——下吸力,参照《船闸闸阀门设计规范》计算;

T_{zd}——支承摩擦阻力(kN),根据支承型式可按如下情况计算:滑动轴承的滚轮支承摩擦阻力 $T_{zd}=\frac{P}{R}(f_1 r+f)$;滚动轴承的滚轮支承摩擦阻力 $T_{zd}=\frac{Pf}{R}\left(\frac{R_1}{d}+1\right)$;滑动支承摩阻力 $T_{zd}=f_2P$;

T_{zs}——止水摩擦阻力(kN),$T_{zs}=f_3P_{zs}$;

P——作用在闸(阀)门上的总水压力(kN);

P_{zs}——作用在止水上的总水压力(kN);

r——滚轮轴半径(mm);

R_1——滚轮轴承的平均半径(mm);

R——滚轮半径(mm);

d——滚轮轴承滚柱直径(mm);

f——滚动摩擦力臂(mm),钢对钢时 $f=1$mm;

f_1,f_2,f_3——滑动摩擦系数,计算启门力、闭门力时应取大值,其值可参照《船闸闸阀门设计规范》选取。

(二)静水中启闭的闸(阀)门

静水中开启的平面闸(阀)门,其启闭力计算除计入闸门自重和加重外,尚应考虑一定的残余水位差引起的闸门摩擦阻力,残余水位差形成的压强可取1~3kPa。

第五节 闸(阀)门启闭机械类型与选型

船闸闸(阀)门的启闭机械是控制闸(阀)门工作的设备,它关系着闸(阀)门运转的可靠性,同时也关系着船闸运用的可靠性。

一、特点及类型

(一)特点

船闸闸(阀)门的启闭机械不同于水电站及泄洪闸闸门的启闭机,它运转频繁、启闭要迅速,也不同于一般的起重机械。与上述启闭或起重机械相比有以下特点:

(1)由于闸(阀)门在启闭过程中受力情况在不断变化,启闭力的大小也随之而变化,变化的幅度很大。

(2)闸(阀)门的型式很多,对启闭机械提出的要求也各不相同。例如有的闸门还需要变速启闭,同步操作等。因此,一种启闭机械往往只适用于一种型式的闸(阀)门。

(3)相对于起重机械升降速度来说,闸(阀)门的启闭速度很小,一般为1~2m/min。

（二）类型

船闸闸（阀）门的启闭机械，通常不能采用通用启闭机械，要根据闸（阀）门型式及其工作要求进行定制。根据国内外所建的各种船闸资料统计，船闸闸（阀）门所采用的启闭机型式种类繁多。

按其传动系统可以大致分为钢丝绳卷扬式、卷扬平衡重式、液压活塞杆式、液压驱动扇形齿轮曲柄连杆式、扇形齿轮曲柄连杆式、齿轮齿条式、绞车推拉杆式、绞车弯臂式和螺杆式等。

近年来，国内外新建的船闸闸（阀）门所采用的启闭机主要可分为机械传动式启闭机和液压传动式启闭机等型式。

启闭机的机型选择应根据船闸工作闸门和工作阀门的型式、船闸布置条件、使用要求和加工制造条件等因素综合考虑确定。一般人字闸门、三角闸门和工作阀门启闭机宜选用液压传动启闭机；行程小的平面闸门和横拉闸门宜选用液压传动启闭机；行程大的平面闸门与横拉门宜选用机械传动启闭机。

二、人字闸门的启闭机械

早期建造的船闸，人字闸门采用的启闭机械主要有刚性拉杆式启闭机和缆索式启闭机械两大类。但因为缆索式启闭机械部分导向滑轮和缆索经常浸于水中，检修困难。如果这些零件偶然损坏或缆索脱出滑轮，缆索与滑轮间被杂物卡住等事故出现时，需要潜水工人来进行修理。近年来国内所建的大、中型船闸人字门中，大都是采用的刚性拉杆式启闭机械，如葛洲坝船闸和三峡船闸等的人字门均采用了液压活塞式启闭机。

（一）齿杆式启闭机械

齿杆式启闭机械（图 7-41）是一种比较古老而简单的启闭机械，它只应用在曳引力较小的闸门上。齿杆由一系列的小圆轴垂直地贯穿在两个槽钢的水平腹板中构成。齿杆的一端铰接于门叶的顶横梁上，杆身与传动机构的水平齿轮咬合，当齿轮带动齿杆使门扇转动时，齿杆的另一端即画出如图 7-41 中所示的轨迹线，根据此轨迹线即可定出放置齿杆的机坑尺寸。齿轮一般采用手摇绞盘驱动，为了使齿杆的长度不致过长，齿轮传动装置应尽量靠近闸首墙的边缘，而齿杆在门扇上的铰接点，通常在离门扇转轴约为门扇长度的 1/3 处。

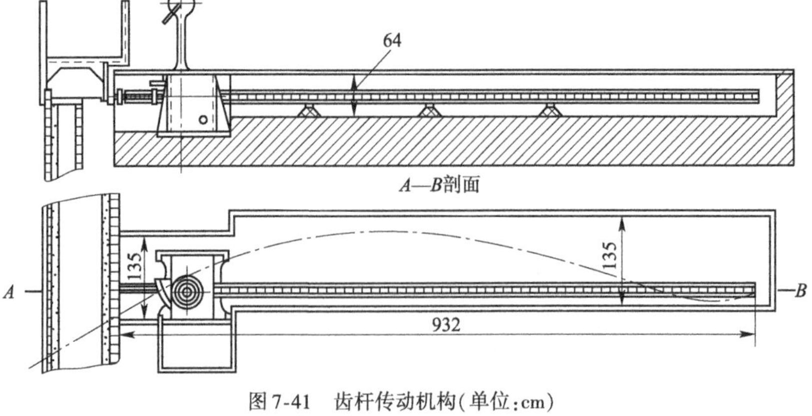

图 7-41　齿杆传动机构（单位：cm）

(二)轮盘式启闭机械

轮盘式启闭机械(图7-42)应用范围很广,特别在曳引力较大的闸门中更为适用。它是由刚性拉杆、轮盘和齿轮传动系统等组成。刚性拉杆的一端铰接于门扇的顶横梁上,铰接点一般位于距门扇转轴为门扇长度1/3～1/4处,另一端铰接于巨大的水平轮盘上(其直径可达5～7m)。沿着轮盘的大半个圆周上装有扇形齿轮,由电动系统带动传动系统的锥形齿轮而转动,断电时还可用人力操作。当轮盘转动130°～200°时,铰接于轮盘上的刚性拉杆即可使门扇处于关闭或开启的位置。

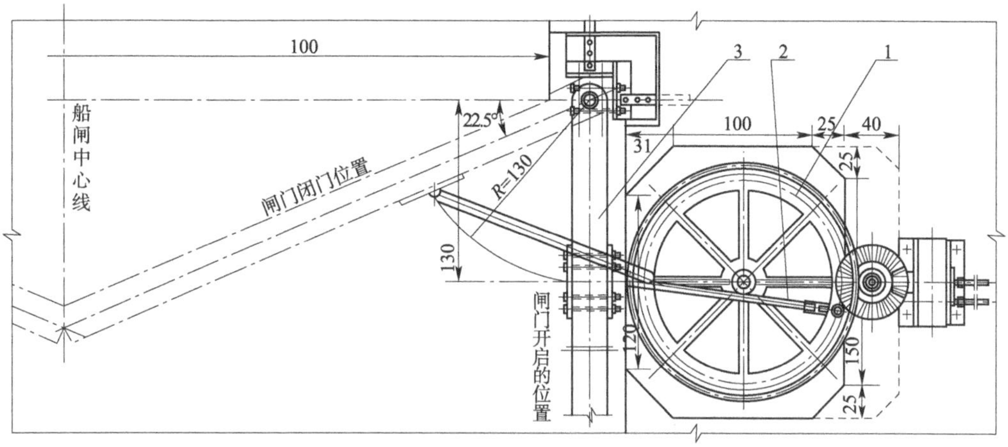

a) 平面图

b) 实例图片

图7-42　轮盘式启闭机械

1-转盘;2-推杆;3-闸门

由于轮盘式启闭机的重量与尺寸一般都很大,增大了闸首边墩的平面尺度,往往需加大闸首的工程量并造成有关设备布置的困难。

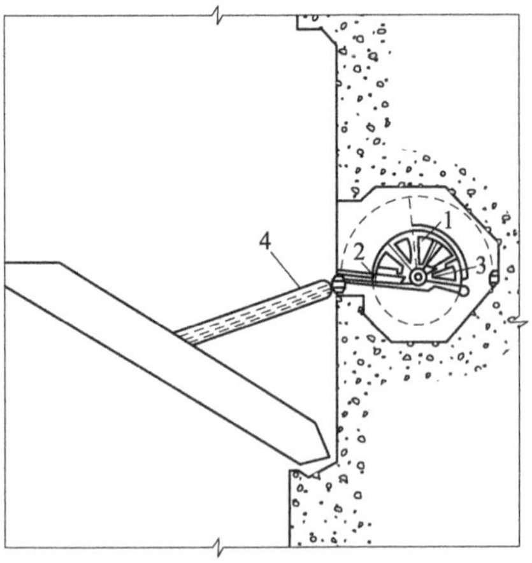

图 7-43　具有臂杆的扇形齿轮式启闭机械
1-扇形齿轮；2-臂杆；3-传动齿轮；4-刚性拉杆

（三）具有臂杆的扇形齿轮式启闭机械

为了减少轮盘式启闭机械拉杆的长度及轮盘的直径和重量，将轮盘式启闭机械的轮盘改成半圆的扇形齿轮1，在其上固定臂杆2，然后将臂杆与拉杆4铰接，由小齿轮3带动扇形齿轮转动，其它的传动部分和启闭方式与轮盘式启闭机械没有很大的区别（图 7-43）。

（四）液压活塞式启闭机械

这种型式的启闭机用在需要曳引大型闸门上较为适合。利用油泵使油缸上部或下部进油，油压力迫使活塞带动活塞杆，从而带动用刚性拉杆连在活塞杆上的闸门门扇转动（图 7-44）。由于它的起重能力大，结构紧凑，便于布置而且重量较轻，在经济上是比较合理的。为了防止发生故障而影响船闸的运转，可采用两套油压操纵系统。

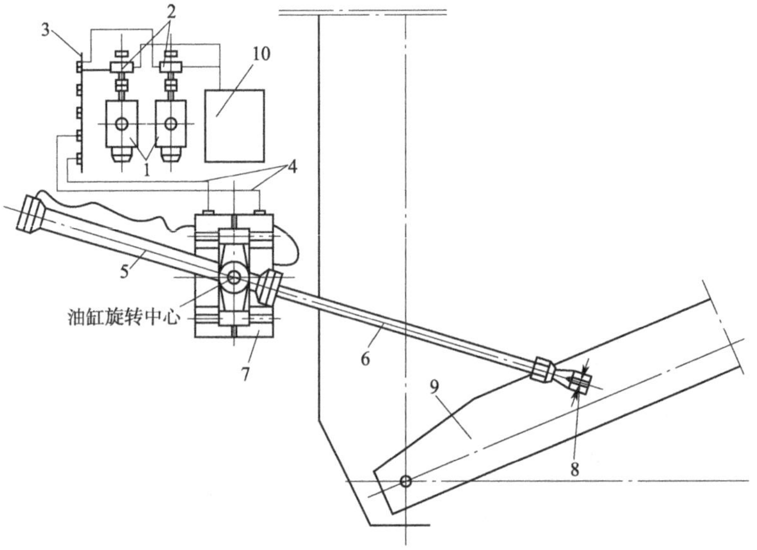

图 7-44　液压活塞式启闭机械
1-电动机；2-油泵 3-控制板及阀件；4-油管；5-液压缸；6-活塞杆；7-支架；8-拉门点；9-闸门；10-油箱

上述四种人字闸门启闭机械，均具有刚性拉杆传动机构。其主要优点是：(1)启闭机械全部布置在水面以上，因而便于检修，操纵简单可靠，管理方便；(2)轮盘式启闭机在门扇转动的开始或结束阶段，门扇的转动速度是逐渐增大和减小的，因此可减轻门扇在启闭过程中所受到的冲击。它们的共同缺点是：(1)曳引力作用于门顶，而启门阻力的合力却位于门扇下部，因而在启闭过程中门扇结构受到相当大的垂直于门扇平面的扭转力矩，必须加大门扇结构的刚度（通常是借主横梁的横隔板来保证）；(2)在关门过程中，刚性拉杆受压，其长度不宜太长，因此离门扇转轴的力臂较小，需要较大的曳引力。

三、横拉闸门的启闭机械

对于行程较小的横拉闸门可采用液压传动式启闭机，对于门跨较大及行程较大的横拉门，则宜选用机械传动启闭机。

横拉闸门采用机械传动启闭机时，通常采用缆索式启闭机械。其工作原理如图7-45所示，启闭闸门用的缆索绕于启闭机的卷筒上，开门缆索的一端绕过一滑轮与门顶小车一端相连，关门缆索一端则绕过另一滑轮与小车另一端相接。开启闸门时，使卷筒依反时针方向转动，门扇即被拉入门库，反之可使门扇处于关闭位置。闸门的移动速度一般是0.2～0.4m/s。

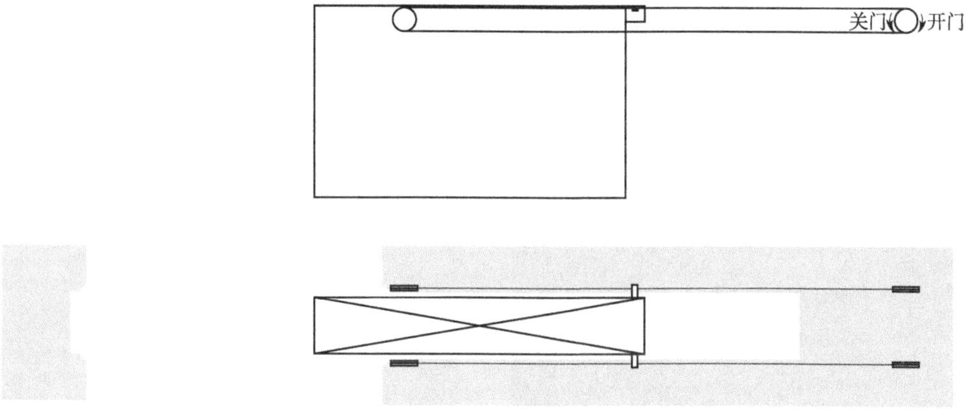

图7-45　横拉门缆索式启闭机械工作原理示意图

巴拿马运河复线船闸大跨度横拉门，其启闭机械即采用了缆索式启闭机械(图7-46)。

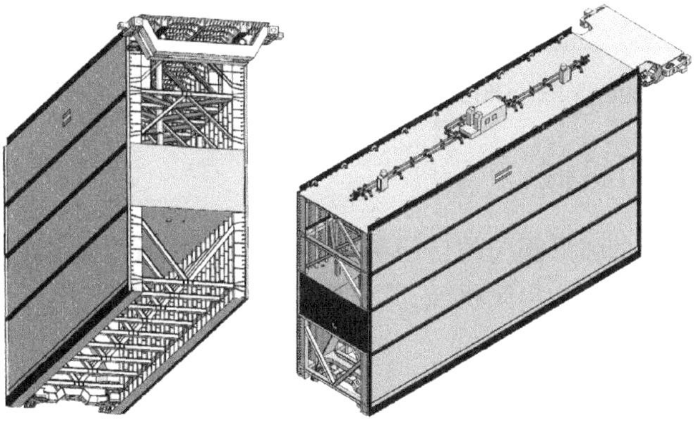

图7-46　巴拿马复线船闸横拉门门顶小车启闭机缆索绕线方式图

四、三角闸门的启闭机械

三角闸门通常采用推拉杆式液压启闭机械，其工作原理与人字闸门的刚性拉杆式启闭机械相同。在一些大宽度的口门中，也可采用缆索式启闭机械。图7-47和图7-48均采用了缆索式启闭机械，并借助于定滑轮对缆索的转向实现闸门的开、关反向运动。

图 7-47　常州钟楼防洪控制工程三角门(口门宽度 90m)

五、升降式平板闸门的启闭机械

升降式平板闸门通常采用卷扬钢丝绳式或液压活塞杆式启闭机械。闸门升降行程较小时宜采用液压活塞杆式，当行程较大时通常采用机械传动卷扬钢丝绳式启闭机(图 7-49)。具体如何选用可参考《水电站机电设计手册》金属结构(二)中的有关资料，在此不再叙述。

图 7-48　荷兰新水道防洪工程三角门

图 7-49　卷扬钢丝绳式启闭机

六、阀门的启闭机械

对于平板阀门和反向弧形阀门的启闭机械，一般常采用液压活塞式启闭机械。当行程很大时也可采用卷扬钢丝绳式启闭机械，其工作原理和选用原则与前述闸门介绍的相关启闭机械相同，不再赘述。

第八章　升　船　机

第一节　升船机的特点与类型

升船机与船闸一样,都是用来克服航道上的集中水位落差,以便船舶顺利过坝的通航建筑物。升船机和船闸的根本不同点是:船闸是直接借闸室的水面升降,使停泊在闸室内的船舶完成垂直运动;升船机则是用机械的方法,升降装载船舶的承船厢,以克服集中落差。因此,两者在结构及设备方面,均有所不同。

一、升船机的组成与特点

(一)升船机的主要组成

升船机主要由躯体(承船厢、垂直塔柱或斜坡道、机械驱动机构、事故装置、电气控制系统等)、闸首、引航道等组成。

1. 躯体

船闸和升船机的躯体,都是用来完成船舶升降克服集中落差的,船闸的躯体结构主要是固定的闸室,而升船机的躯体结构,则由运动部分和固定部分(如承船厢的支承导向结构)所组成(图8-1)。

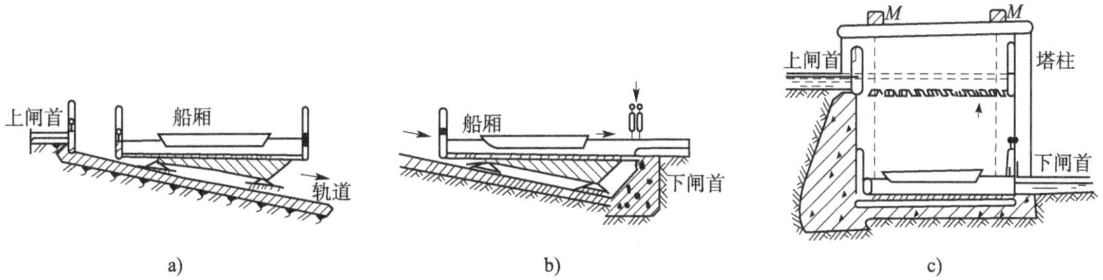

图8-1　升船机示意图

为了实现承船厢的升降,保证运行的安全,在升船机的躯体结构上设置有下列设备:驱动承船厢升降的驱动装置;在事故状态下,阻止承船厢运动并支承承船厢的事故装置;减少驱动功率的平衡装置;实现承船厢与闸首衔接的拉(顶)紧、密封、锁定、充、泄水等设备;保证承船厢在运行过程中平稳的支承导向设备以及防撞、安全疏散设施等。此外,还设有相应的输、配电及控制系统等电气设备。

2. 闸首

升船机的闸首和船闸的闸首一样,也是把躯体与上下游航道隔开的挡水建筑物,衔接承船厢与引航道,保证船舶在两者之间安全可靠地进出。不同的是,在升船机的闸首上没有复杂的输水系统,同时升船机的闸首工作条件,只受上游或下游水位的影响。

3. 引航道

升船机的引航道和前港,与船闸几乎是完全相同的。

(二)升船机的特点

与船闸相比,升船机有以下特点:

(1)在运转时基本上不耗水,在水量不充沛的河流和运河上,建造升船机较为有利;

(2)升船机的升降速度远较船闸闸室水面升降速度快,船舶通过升船机所需的时间较船舶通过船闸的时间要短;

(3)在高水头的通航建筑物中升船机的造价一般较小;

(4)机电设备是保证升船机安全运行的一个重要部分,升船机的建造与安装要有较高的设计与制造工艺水平。

各国建设和科研工作经验表明:当水头在70m以上,宜建造升船机;水头在40~70m之间应进行升船机与船闸的比选;在40m以下,采用船闸通常比升船机优越。

二、升船机的类型

升船机的类型很多,大体可分为以下几类:

(一)根据承船厢的运行方向分

根据装载船舶的承船厢的运行方向,升船机主要可分为垂直升船机和斜面升船机两大类。

斜面升船机的承船厢沿斜坡道作升降运动,其支承导向结构为倾斜的轨道(图8-1a、b)。垂直升船机的承船厢,则沿垂直方向升降,其支承导向结构是直立的承重塔柱(图8-1c)。

斜面升船机和垂直升船机相比,在结构施工方面的技术问题较为简单,由于承船厢是在地面上行驶,事故装置比较简单,对地基的要求较低,抗震能力较好,但其适应水位变化的能力较低;在提升高度大的情况下,线路长,通过能力受到限制;变速行驶影响船舶在承船厢内停泊的平稳。垂直升船机需要建造高大的承重塔柱,或开挖很深的竖井,同时还须建筑高大的闸首,其技术问题较复杂,但它易于适应上、下游水位的变化,通过能力较高。

(二)根据承船厢载运船舶的方式分

根据承船厢载运船舶的方式,升船机可分为干运和湿运两种。

湿运升船机是将承船厢充水,船舶浮载在承船厢内水体上(图8-2)。干运升船机则是船舶支承在承船厢的承台上(图8-3)。干运升船机因不需要浮载水,升船机运动部分总重减小,可以减少升船机驱动装置的驱动功率,并使升船机闸首、支承导向结构及其相应的设备简化,但对船体结构不利。一般只用于船舶吨位不大的情况,多为小型斜面升船机。湿运升船机运动部分的总重量较大,但不论每次通过船舶吨位大小如何,这个总重量是不变的,便于采用平衡设备,减少驱动功率;同时在运转过程中,船舶浮载在水上,船体的受力状态不发生变化。因此,现代建造的通过数百上千吨以上船舶的升船机均为湿运。

图 8-2 湿运升船机

图 8-3 干运升船机

(三)其它类型

其它类型升船机主要有水坡式升船机、旋转升船机等。也有文献将水坡式升船机归类于斜面升船机。

1. 水坡式升船机

水坡式升船机在斜坡道上设置 U 形槽,在槽内设置带有严密止水可沿斜坡道上、下滑动的刮板,由机械驱动刮板带动槽内的楔状水体和船舶沿斜道坡升降(图 8-4 和图 8-5)。水坡式升船机不需要承船厢,建造费用较省,在运行过程中水面波动较小,运行速度快,但运转费较高,适宜建在水位变幅小,过坝船型以自航驳为主的航道上。

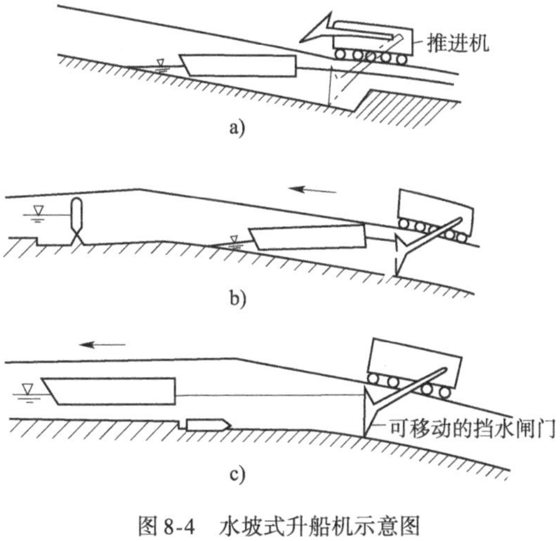

图 8-4 水坡式升船机示意图

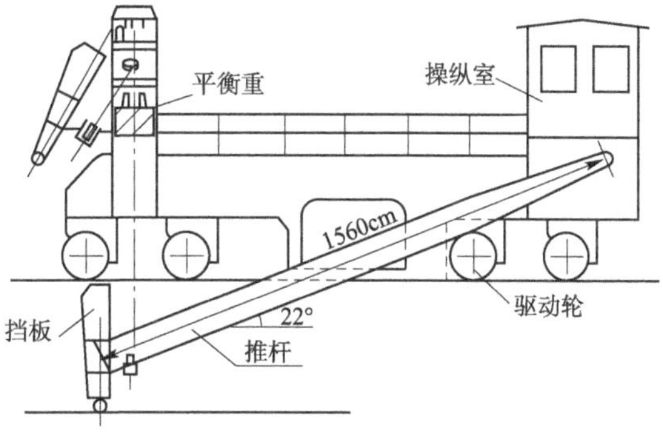

图 8-5 水坡式升船机推进(板)机示意图

1973 年法国在加龙支运河的蒙特施地区建造的水坡升船机,是世界上第一座水坡升船机。它没有承船厢,而是利用一块宽 6m、高 4.35m 的活动挡板,推动一段长 125m,高 3.75m 的楔形水体,沿着坡度为 3°的矩形钢筋混凝土水槽向上、下游运行,推动楔形水体上升或下降,从而使浮在楔形水体上的船舶作升降运动。克服水头为 13.3m。能通航 38.5m×5.5m×5.5m 的 350t 的船舶。活动挡板由设在矩形槽两侧的柴油—电力机车驱动。两台机车有电气同步系统使之同步运转。坡长 443m,全程约需 6min。活动挡板两侧和底部设有止水设备,以防止与矩形槽之间的间隙漏水。

我国根据水坡升船机的原理，于20世纪80年代先后在安徽的龙湾、江苏的沭阳建成了小型水坡升船机。

2. 旋转升船机

位于苏格兰中部福尔柯克轮是世界上唯一的一个旋转升船机（图8-6），升船机连接福斯河、克莱德河和联盟运河。福尔柯克轮升船机其实就是一个大转轮，转轮两端各有一个承船厢，两承船厢相互平衡。由驱动设备驱动转轮旋转，一端的承船厢上升、另外一端的承船厢下降（图8-7）。

图8-6 苏格兰福尔柯克轮旋转升船机

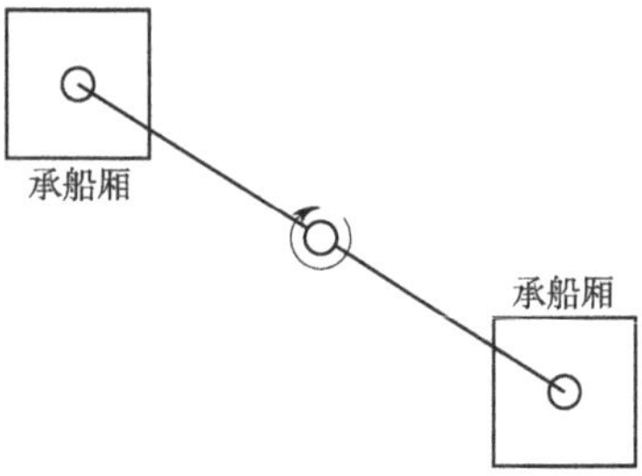

图8-7 旋转升船机工作原理示意图

应当指出：升船机的选型，与当地的地形地质、水文条件、枢纽总体布置、航道的客货运量、船舶吨位以及机电、建筑结构的工艺水平等有密切关系，须经技术经济比较分析来决定。

三、国内外升船机建设概况

升船机的建造已经有200多年的历史，由于整个工业水平的限制，18世纪末和19世纪初建造的升船机，无论提升高度或通过船舶的吨级均较小，一般在100t以下，提升高度大多在15m以下。20世纪30年代德国尼德芬诺垂直升船机建造以来，升船机发展到一个新阶段，提升高度和船舶的吨位显著增大，类型也不断增多。20世纪60年代以来，随着整个工业水平提高，德国、前苏联、比利时、法国均相继建造了一些大型的现代化的升船机；通过的船舶吨位可达1350～2000t，提升高度达到100m以上。表8-1为国外典型升船机建设概况。

国外典型升船机技术参数一览表 表8-1

升船机名称	国家	水位差（m）	通航船舶（t）	升船机型式	升船厢尺度（m）/重量（含水重）（t）	年份
斯特勒比	比利时	73.5	1350 2500	卷扬垂直提升式	112×12×3.5～4.3/8800	2001
隆库尔	比利时	68	1350	纵向斜面式	91×12×3～3.7/5000～5700	1969
尼德芬诺	德国	35.7	1000	齿轮齿条垂直爬升式	85.1×11.4×2.5/4200	1934

续上表

升船机名称	国家	水位差(m)	通航船舶(t)	升船机型式	升船厢尺度(m)/重量(含水重)(t)	年份
吕内堡	德国	38	1350	齿轮齿条垂直爬升式	100×12×3.5/5700	1975
亨利兴堡	德国	13.75~14.5	1350	垂直浮筒式	90×12×3/5000	1962
枫斯拉诺斯	法国	13.62	350	水坡式	水坡宽6m,墙高4.9m	1983
阿兹维诺	法国	44.55	350	横向斜面式	42.5×5.5×3.2/894	1969
蒙特施	法国	13.3	350	水坡式	水坡宽6m,墙高4.35m	1973
克拉斯诺雅尔斯克	俄罗斯	105	2000	两面坡纵向斜面式	90×18×2.5/8100	1976

1949年以来,我国因地制宜建造了70余座升船机,其中20世纪70年代以前受到机械制造、运行维护、科研水平等因素的制约,建设和投入运行的升船机规模较小、水平较低、大部分为低水头小型斜面升船机。我国近代升船机的研究及建设始于20世纪80年代,历史较短,已先后建成三峡(目前已完成实船过坝试验)、红水河岩滩、闽江水口、清江隔河岩、清江高坝洲等大型升船机,其中最引人注目的是三峡升船机,其提升高度将达113m,提升重量约16000t,可通过3000t的大型船舶,它的建成将为世界升船机建设树立新的里程碑。此外,设计中的乌江构皮滩三级垂直升船机的规模及建设技术难度亦居世界前列,其中间级升船机的提升高度高达127m,居世界之最。表8-2为国内典型升船机建设概况。

国内部分典型升船机技术参数一览表　　表8-2

升船机名称	位置	提升高度(m)	通航船舶(t)	升船机型式	升船厢尺度(m)	年份
水口	闽江	59.0	2×500	卷扬垂直提升	114×12×2.5	2005
岩滩	红水河	68.5	250	卷扬垂直提升	40×10.8×1.8 船厢下水	1997
隔河岩	清江	42/82	300	二级卷扬垂直提升	42×10.2×1.7	2004
三峡	长江	113	3000	齿轮齿条垂直爬升式	120×18×3.5	2016
景洪	澜沧江	67.2	300	水力浮动式	60×120×2.5 船厢下水	2011
思林	乌江	76.7	500	卷扬垂直提升	59×12×2.5	建设中
沙陀	乌江	75.38	500	卷扬垂直提升	59×12×2.5	建设中
向家坝	金沙江	114	1000	齿轮齿条垂直爬升式	116×12×3.0	建设中
构皮滩	乌江	199	500	三级卷扬垂直提升	59×12.6×2.5 一、三级船厢下水	设计

第二节 斜面升船机

一、斜面升船机的型式

斜面升船机一般由载运承船厢的承船车,供承船车行驶而铺设的斜坡道,驱动承船车的驱动机构,电气控制系统以及闸首等构成。

（一）一面坡和两面坡斜面升船机

按上、下游是否均设置斜坡道可分为一面坡斜面升船机和两面坡斜面升船机。

一面坡斜面升船机系指只在挡水闸坝的下游设置斜坡道的升船机（图 8-8）。它一般用上、下闸首将承船车、斜坡道等主体结构与上、下游航道隔开，承船车沿斜坡道上下行驶。也有只在上游端设置闸首，而在下游端不设闸首，承船车沿斜坡道直接驶入下游航道，至承船厢内水面与航道水面齐平时，开启承船厢的厢头门，船舶驶进（出）承船厢。

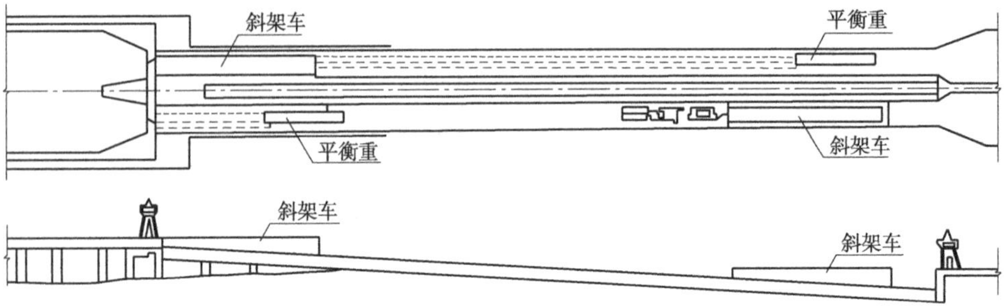

图 8-8　一面坡斜面升船机

两面坡斜面升船机系在挡水闸坝上、下游均建有斜坡道的升船机（图 8-9）。承船厢无平衡重，也不设闸首，在上、下游直接下水，以适应引航道水位的变化。承船车由上（下）游航道进入上（下）游斜坡道，沿斜坡道驶向坝顶并进入转盘，借助转盘旋转将承船车转向，使其沿下（上）游斜坡道下驶，直接驶入下（上）游航道的水中。转盘的作用是承船车过坝时能使载运的船舶保持水平，调换上、下游不同的斜坡道。上下游斜坡道可布置在同一条直线上，也可以相互间有一个角度。

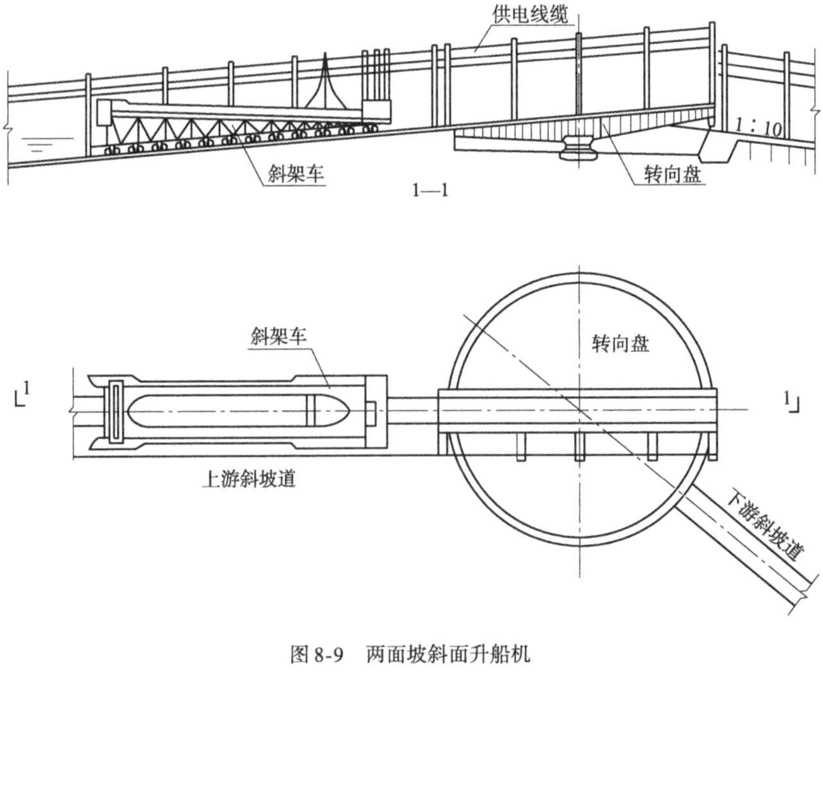

图 8-9　两面坡斜面升船机

(二)纵向和横向斜面升船机

根据船舶停泊方向与承船厢运行方向的关系,斜面升船机可分为纵向斜面升船机与横向斜面升船机。纵向斜面升船机在升降过程中,船体停泊纵轴线与斜坡道的方向一致(图 8-9);横向斜面升船机在升降过程中船体纵轴线则与斜坡道方向垂直(图 8-10)。纵向斜面升船机的斜坡道宽度可比横向斜面升船机窄,导引比较简单,适于建造在地形较坦的地区,其坡度一般在 1:10 ~ 1:25 之间。横向斜面升船机的斜坡道长度较纵向斜面升船机为短,但斜坡道宽度及轨道数均较纵向式为多。在工程实际中,一般多采用纵向斜面升船机。

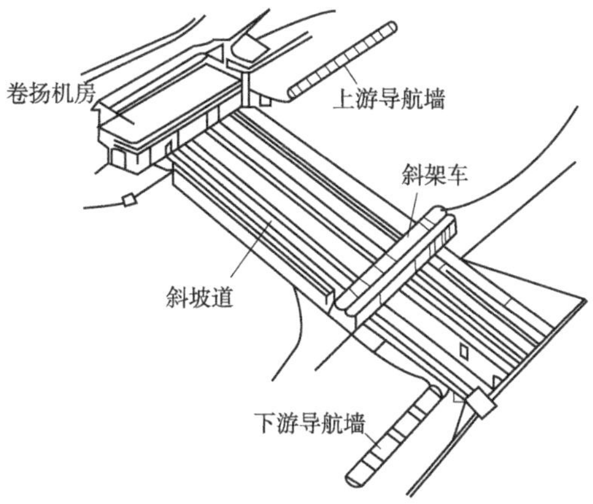

图 8-10 阿尔兹维累横向斜面升船机

二、斜面升船机设计简介

(一)斜面坡度

斜面坡度直接影响着工程造价、营运费用及运转条件。在选择时应考虑以下一些因素:

(1)首先应考虑承船厢的驱动方式,当为自行方式时,采用较缓的坡度,一般为 1:10 ~ 1:25;当采用齿轨爬升或钢绳曳引时可用较陡的坡度;一般为 1:6 ~ 1:12;其最小坡度要保证靠重力的分力能使承船厢自动下滑。

(2)对于纵向斜面升船机和横向斜面升船机,采用的坡度也不同,横向斜面升船机的坡度,一般在 1:6 ~ 1:12 的范围以内,其坡度的大小应根据斜坡的稳定来决定。

(3)要考虑升船机载运船舶的大小,一般通过船舶的吨位较大时,采用的坡度较缓,通过的船舶吨位较小时,采用的坡度可以较陡。

(4)应考虑地形条件,避免过大的挖方与填方。不难理解在一定条件下,若选用的坡度较陡,虽可减少开挖土方的数量,缩短坡道长度从而减少轨道部分的投资,但将使承船厢及闸首结构的工程量加大,并将增大驱动功率,从而增加运转费用。反之,采用的坡度较缓,虽可减少运转费用,降低承船厢及闸首结构的投资,但又将增加轨道部分的工程量。

合理的坡度,只有在考虑到上述有关因素,对土建投资和运转费用进行综合比较后,才能确定。

(二)承船厢的结构

斜面升船机承船厢的构造方式,根据运船方式和承船厢与斜架车的关系而定。

斜面升船机的承船厢一般是一个连续的刚性结构,支承行走设备采用轮系系统,图 8-11 即为这种型式的一例。这种支承行走机构构造简单,常用 4 台平衡小车的轮系系统。当承船厢尺寸较大时,可采用等距多支点的平衡小车。但由于铺轨不平整、轮系制造和安装的误差、轮轴机构的弹性变形和轨道基础的不均匀沉陷等,均可能导致轮压不定,引起承船厢结构内力的变化、运行阻力不均以及运行过程中产生的振动等问题。在设计大型斜面升船机时，为使支承行走机构能适应轨道的不平整等情况，并能在运行中将承船厢的荷载和横向摆动力均匀传到每台小车和行轮上，在工程实践中曾提出把承船厢在纵向分段，每段支承在4点上，各段刚性的厢体结构与支承行走机构间设置缓冲设备，以调整作用在支承行走机构上的荷载。但该方案段与段之间的连接较复杂，湿运时容易漏水。因此目前的承船厢一般还是采用连续刚性结构，而通过设置轮压平衡系统，用以保证各支点荷载及每一个支点内轮压相等。

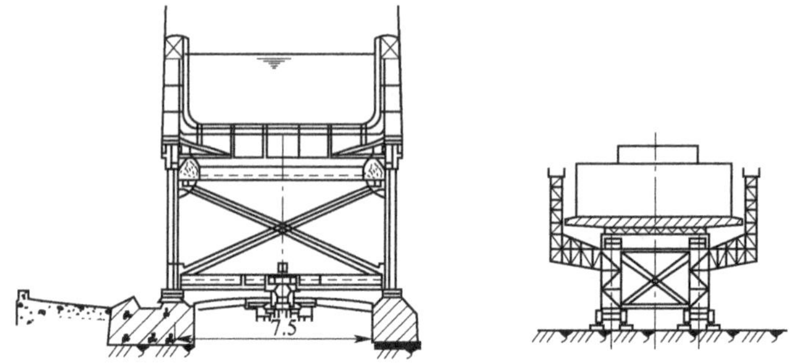

a) 湿运的船厢结构　　b) 干运的船厢结构

图 8-11　承船厢横剖图

(三) 承船厢尺寸

承船厢尺寸包括有效尺寸和外轮廓尺寸。湿运时承船厢的有效尺寸，系指充水空间的有效长度 l_k、有效宽度 b_k 和有效水深 h_k 等，它们决定于设计船型的尺寸、船舶进出厢的方式和速度以及经济要求等。承船厢的外轮廓尺寸，在满足所要求的有效尺寸的前提下，根据承船厢的构造、使用要求、强度和刚度条件等决定。当承船厢与斜架车连接成整体结构时，其上游端的厢头高度主要与水位的变化及其适应方式、承船厢厢头闸门的型式以及承船厢的支承行走机构的型式等有关(图 8-12)，可按下式确定：

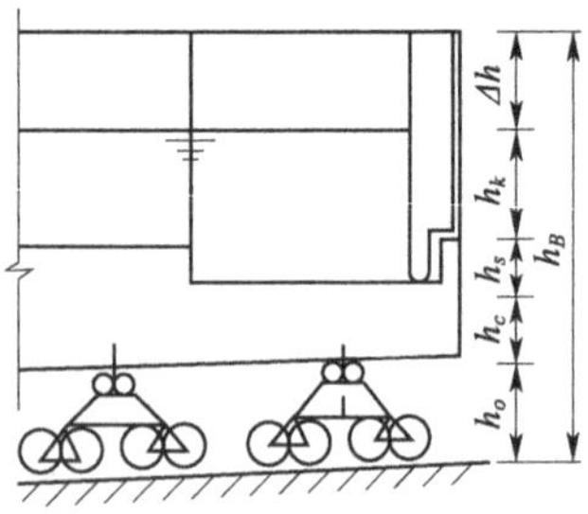

图 8-12　厢头结构高度图

$$h_B = h_k + h_s + h_c + h_o + \Delta h \tag{8-1}$$

式中：h_k——承船厢内的有效水深(m)；

h_s——设置厢头闸门门库所需的结构高度(m)，其值视门型及门库的设置方式而定；

h_c——构造要求的高度(m)；

h_o——支承行走系统要求的结构高度(m)，其值取决于支承行走系统在厢头附近的结构要求；

Δh——承船厢的超高(m)，此超高应根据水位变化情况来定，在一般情况下，Δh 应大于承船厢在刹车过程中可能产生的水面壅高。

根据华西里也夫的研究，当厢中无船时，承船厢突然停止所产生的水面平均壅高值 Δh_1 为：

$$\Delta h_1 = V_x \sqrt{\frac{h_k}{g}} \tag{8-2}$$

式中：V_x——承船厢运动的水平分速度(m/s)；

g——重力加速度(m/s^2)。

当承船厢中有船时，厢头门端的最大水面壅高值 Δh_m 及靠近船首处的水面最大壅高值 Δh_c 分别为：

$$\Delta h_c = m_c \Delta h_1$$
$$\Delta h_m = (2m_c - 1)\Delta h_1 \tag{8-3}$$
$$m_c = \frac{2 - \dfrac{\chi}{\omega_k}}{1 + \sqrt{\left(1 - \dfrac{\chi}{\omega_k}\right)\left(1 - \dfrac{b_c}{b_k}\right)}}$$

式中：b_c——船宽(m)；

χ——船中横断面浸水断面面积(m^2)；

b_k——承船厢的有效宽度(m)；

ω_k——承船厢的充水断面面积(m^2)。

当承船厢以等加(减)速度停车，并且制动时间大于或等于半个波动周期时，在承船厢两端的水面最大壅高(降低)值 Δh_N：

$$\Delta h_N = \frac{l \cdot a \cdot \cos\theta}{g + a \cdot \sin\theta} \tag{8-4}$$

式中：l——承船厢沿运动方向的水面长度(m)；

θ——斜坡道的坡度(°)；

a——承船厢的等加(减)速度(m/s^2)。

承船厢下游端的厢头高度 h_H，除取决于与上游端的厢头高度相同的有关因素外，还与船厢沿运动方向的长度 l_1 及坡道的坡度 $\tan\theta$ 有关，可按下式计算：

$$h_H = h_B + l_1 \tan\theta \tag{8-5}$$

如果承船厢与其下的斜架车不连在一起，或者采用干运时，按上述方法也不难定出承船厢和承船车的高度。

关于上下闸首尺度、闸首与承船厢衔接处的尺度，以及承船厢下水时坡度末端的高程等，在已知承船厢尺寸后，可根据闸首布置及构造要求及修造船滑道等有关的类似方法加以确定。

第三节 垂直升船机

一、垂直升船机的型式

垂直升船机承船厢沿垂直方向升降要克服重力。当采用湿运方式时，承船厢的运动重量力(包括厢体自重和厢内水重)很大，驱动功率也大。因此，垂直升船机多采用平衡承船厢运动重量力的平衡装置。不同平衡系统构成了不同型式的垂直升船机。根据平衡方式，主要可分为均衡重式垂直升船机、浮筒式垂直升船机以及利用水压来平衡承船厢运动重量力的水压式垂直升船机和新型的水力式垂直升船机等。

(一)均衡重式垂直升船机

均衡重式垂直升船机(图8-13a),是垂直升船机中最早出现的一种型式。它采用与承船厢运动重量力相等的平衡重作为承船厢的平衡系统。驱动机构仅需克服整个系统的运动阻力,使承船厢垂直升降。平衡重力与承船厢之间多以绕过绳轮的钢缆来连接。

均衡重式垂直升船机又分为全平衡齿轮齿条爬升式垂直升船机和全平衡钢丝绳卷扬提升式垂直升船机(图8-14)。

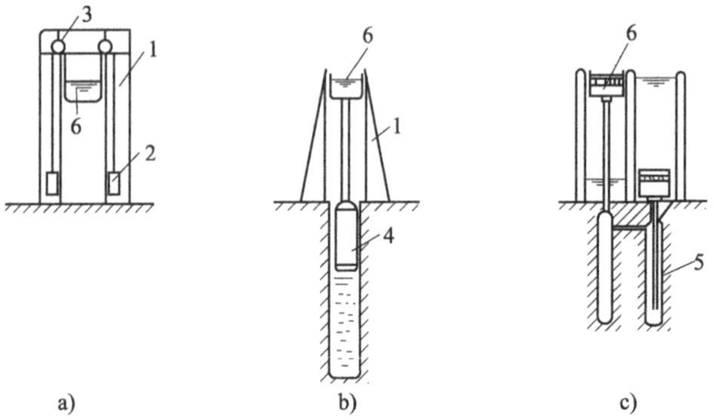

图8-13　垂直升船机示意图

1-塔柱;2-平衡重;3-绳轮;4-浮筒;5-活塞;6-承船厢

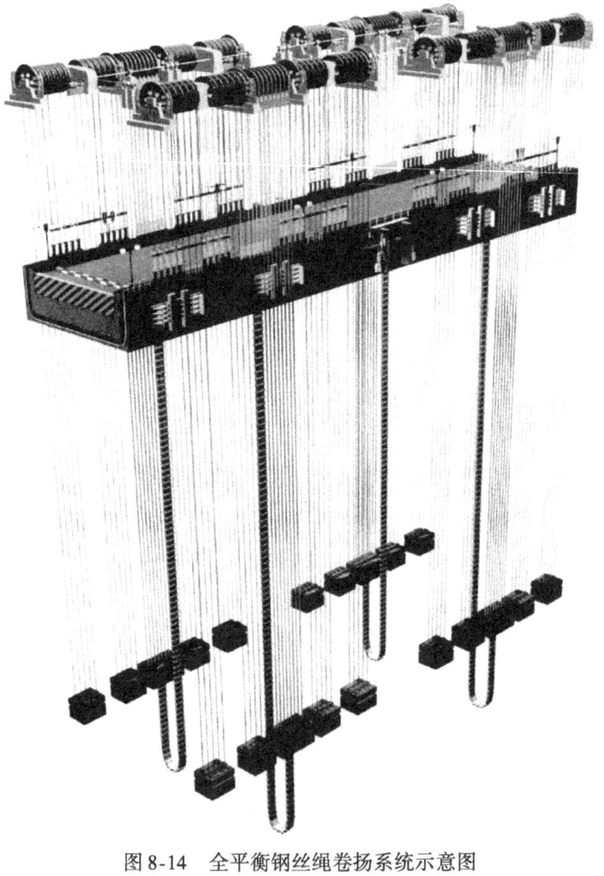

图8-14　全平衡钢丝绳卷扬系统示意图

(二)浮筒式垂直升船机

浮筒式垂直升船机(图 8-13b 和图 8-15),是利用淹没在浮筒井中的浮筒浮力来平衡升船机承船厢等运动部分(包括承船厢、浮筒及支撑等)的重量力。承船厢通过支撑与浮筒连接成一个整体,在驱动机构驱动下作升降运动,驱动机构也仅需克服整个系统的运动阻力。

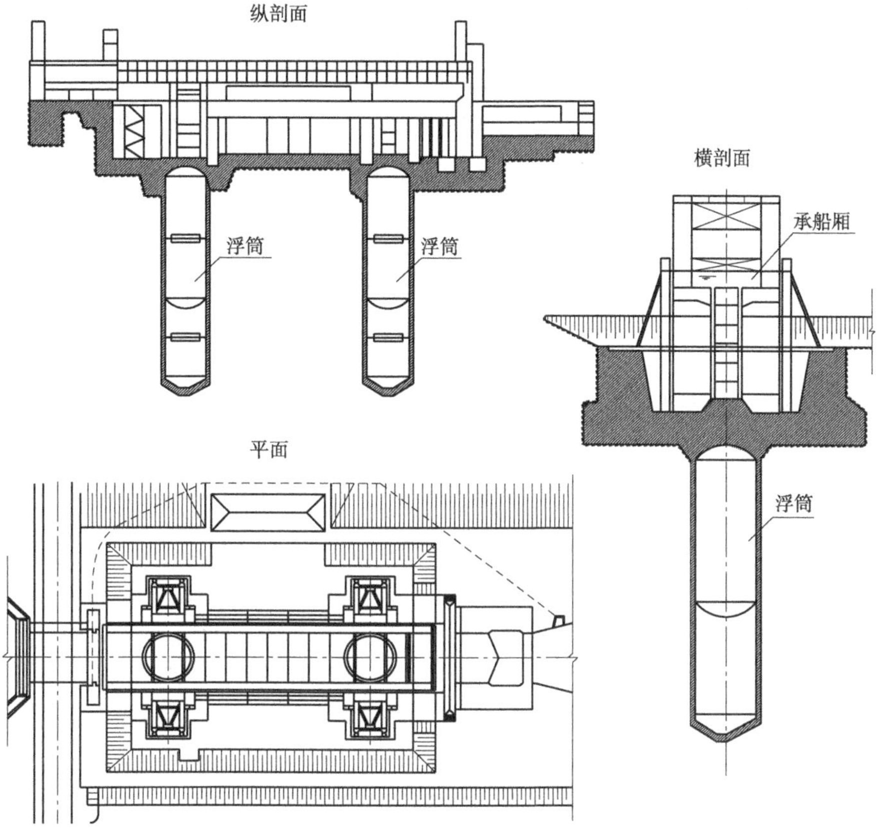

图 8-15 浮筒式垂直升船机总体布置示意图

(三)水压式垂直升船机

水压式垂直升降机(图 8-13c 和图 8-16)是利用作用在活塞上的水压力来平衡升船机运动部分的重量力。为避免设置专门产生水压力的设备,通常是建双线,两线活塞缸用连接管连通传递水压。在驱动机构的驱动下,一线承船厢上升,另一线承船厢则下降。

(四)水力式垂直升船机

水力式升船机是我国自主研发的一种新型升船机,依靠"水的浮力"驱动承船厢的运行。它通过输水管道对竖井充泄水,驱动竖井中的平衡重的升降从而带动承船厢升降运行。该型式目前已成功运用于澜沧江景洪水电站。详细情况见本章第四节工程实例。

二、垂直升船机设计简介

垂直升船机水工建筑物主要由上下闸首、承船厢室及承重塔柱组成。升船机的金属机构,主要包括承船厢及其平衡重,以及保证承船厢正常、安全运行所必需的各种附属设备和上、下闸首的闸门及其检修闸门等;升船机的机电设备主要有承船厢提升及事故安全装置和闸门启闭机、电气控制系统等。

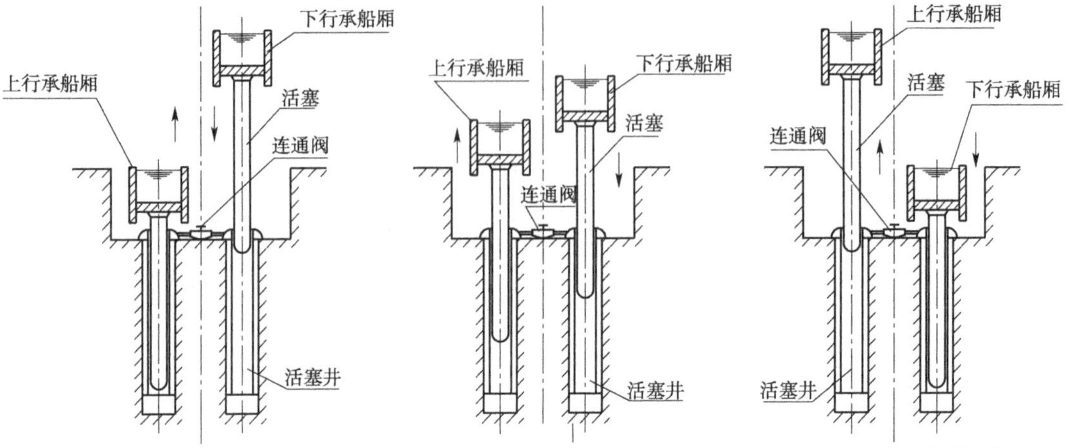

图 8-16　水压式垂直升船机工作原理示意图

(一)闸首结构

升船机的闸首,是将升船机的承船厢、支承导向结构等躯体结构与上、下游航道隔开的挡水建筑物。根据运转要求,闸首上一般设有闸门、闸首的输水系统、承船厢的充泄水设备、承船厢室的排水系统、闸首与承船厢的连接设备、交通和管理房屋等。

升船机闸首一般设置两道闸门,即工作闸门与检修闸门。上闸首的检修闸门通常兼作事故闸门,工作闸门一般与承船厢直接衔接。下闸首检修门设在工作门的下游侧,供工作门检修时使用,当发生洪水时检修门还可阻挡下游洪水,使其不致淹没承船厢室。

闸首上的工作闸门的型式很多,一般分为单一的整体式闸门和由过船小门与挡水门组合的组合门两类。工作闸门门型选择与上、下游河段的水文条件,闸首与承船厢的连接方式有关。当上、下游水位变幅较小时,多用单一的整体式闸门,常用的门型有提升式平面闸门和卧倒闸门等。当上、下游水位变幅较大时,若采用单一的整体式闸门,则会加大经常启闭运转的门体的尺寸,增加承船厢厢头的高度,因此多采用由过船小门与挡水门组合的组合门,在工作门下部增设叠梁门来调整工作门的高度,以便适应变化后的上游水位,使承船厢能与调整后的工作门及变化后的上游水位实现对接过船。工作门的起吊和叠梁门的增减,一般用设在闸首的桥式启闭机进行操作。

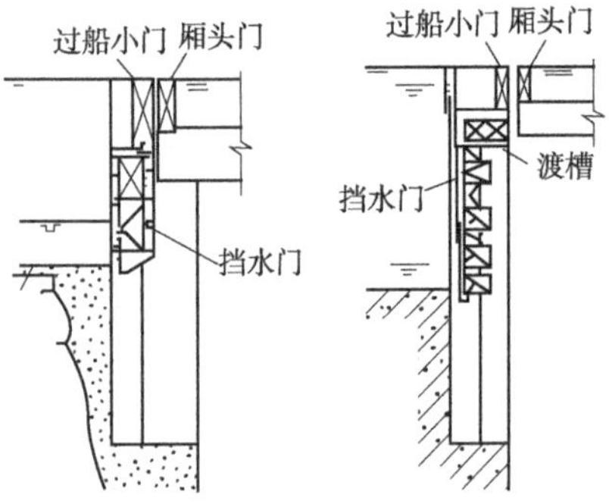

a) 船厢伸进闸首　　b) 船厢不伸进闸首

图 8-17　闸首工作闸门的布置示意图

根据承船厢与闸首的相互关系,组合门又可分为两种体系:当承船厢伸进闸首时,工作闸门采用过船小门和挡水门构成的组合门(图 8-17a);当承船厢不伸进闸首时,工作闸门采用过船小门、挡水门和渡槽构成的组合门(图 8-17b)。挡水闸门可看作是一活动闸首,主要起挡水作用。当为前一种型式时，在挡水门上部设有由过船小门控制启闭的通航孔口。过船小门是工作闸门中经常运转部分，挡水门仅在水位变化超过过船小门所能适应的幅度时才调整升降，以保证通航孔口有足够的通航水深。当为后一种型式时，过船小门与渡槽组成过船部分，此时通航孔口设在渡槽上。渡槽也可看成是一段特殊形状的挡水门，跨在挡水门上，其迎水面与挡水门具有同一止水轮廓，位于同一平面，其背水面伸至闸首端，以便与承船厢衔接，过船小门即设在这一端。

过船小门通常采用提升式平面闸门或卧倒闸门。过船小门的高度除满足通航水深的要求外，尚应有一定的调节富余高度。此富余高度不宜过小，以免需要经常调整升降挡水门，但又不宜过大，否则将增加运转费用。一般根据上、下游水位情况和运转方面的要求而定，通常在 1.5m 左右。

承船厢伸进闸首的连接方式，可以简化工作闸门的构造，节省渡槽结构。但将增加工作闸门的跨度，对平衡重沿承船厢长度均匀布置的均衡重式垂直升船机，可能影响承船厢正常运转时的受力条件。因此，承船厢是否伸进闸首，工作闸门采用哪种型式，应视升船机的型式与支架的布置，上、下游的水位情况以及过船小门的型式等条件而定。

组合式工作闸门，通常是在无压下启闭，并采用机械止水，以减少启闭力和保证止水密封。当需要调整升降时，先关闭工作闸门前的辅助闸门，泄空工作闸门前的水体，松开工作闸门的止水，使闸门处于无压的情况，然后开始调整升降。待调整完毕，重新将止水压紧在闸门上，进行充水，开启辅助闸门，升船机又重新开始运转。因此，当工作闸门为组合门时，闸首上的检修闸门可以兼作辅助闸门。

闸首的输水系统用来充、泄工作闸门与检修闸门之间的水体，以便进行工作闸门的检修和在无压情况下启闭工作闸门，一般采用自流的输水管道。

为了保证承船厢的正常运转，便于向承船厢补水，一般在闸首上还设有泵站和充水管道。承船厢室的排水系统包括水泵站、管道及明渠等。

闸门与承船厢的连接设备是指承船厢的拉紧装置、充泄水装置、密封装置等，它们是否设置在闸首上以及如何设置均视这些设备的型式及其与闸首的关系确定。

(二)承重塔柱

承重塔柱是升船机的承重设施(图 8-18)，升船机的机房、提升设备、承船厢、平衡重等巨大重量均由它承担。它对称布置在上、下闸首中轴线的两侧，是连接上、下闸首的水工建筑物。塔柱顶部设机房，机房底板将两侧塔柱顶部连成一体，机房内安装升船机的提升设备，平衡设备以及供升船机设备检修用的起重设备等。

图 8-18　垂直升船机承重塔柱

承重塔柱底部为嵌于基岩的实体混凝土，中部为钢筋混凝土整体浇筑的空腹柱体，升船机的平衡重悬吊在塔柱的空腹中。

(三)平衡重系统

为节省承船厢的驱动功率，升船机一般设置平衡重系统(图 8-19)。平衡重系统由平衡重组、钢丝绳、滑轮组、平衡链、锁定装置及导向装置等组成。全平衡式升船机平衡重组的总重与承船厢带水总重相等，通常由掺铁屑的混凝土块组成，由悬挂钢丝绳通过滑轮与承船厢连接。钢丝绳卷扬式升船机的平衡重组，又分为重力平衡重和转矩平衡重两种。重力平衡重由悬挂钢丝绳通过滑轮直接与承船厢连接；转矩平衡重与缠绕固定在提升主机的卷筒上钢丝绳的一端连接，卷筒上钢丝绳的另一端与承船厢连接，在钢丝绳与承船厢连接处，为平衡提升钢丝绳之间的受力，设有液压平衡系统。

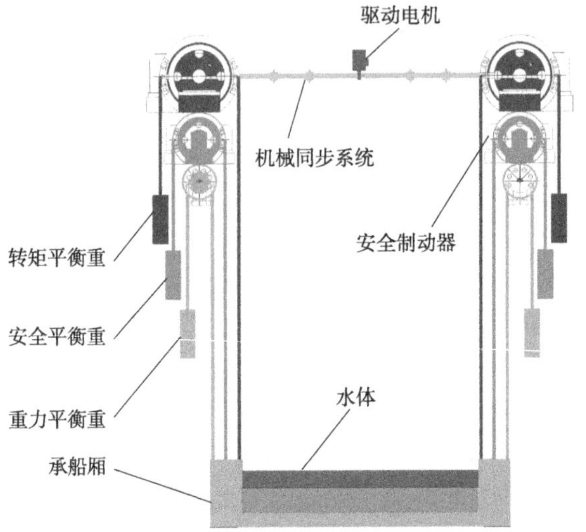

图 8-19　垂直升船机平衡系统

（四）承船厢

承船厢室是由上、下闸首（包括工作门）和两侧承重塔柱围成的空间，升船机运行时，承船厢便在承船厢室内作垂直升降运动。承船厢是升船机的重要组成部分，是升船机的容船设施。它由主纵梁、主横梁、小纵梁及 U 形面板焊成，为一凹槽形薄壁钢结构体，它用多点悬挂钢丝绳与平衡重相连接，悬挂在承重结构顶部滑轮上。承船厢两端各设一厢头闸门，通常为卧倒式或提升式平板钢闸门或下沉式弧形门。

1. 承船厢基本尺度

承船厢为升船机中用于装载船舶的运载工具。湿运时，承船厢为一上部开口的槽形厢体，两端设有闸门（称厢头门），厢内盛水，船舶浮载在厢内的水体上。干运时，承船厢为一具有弹性支垫的承台（图 8-20）。

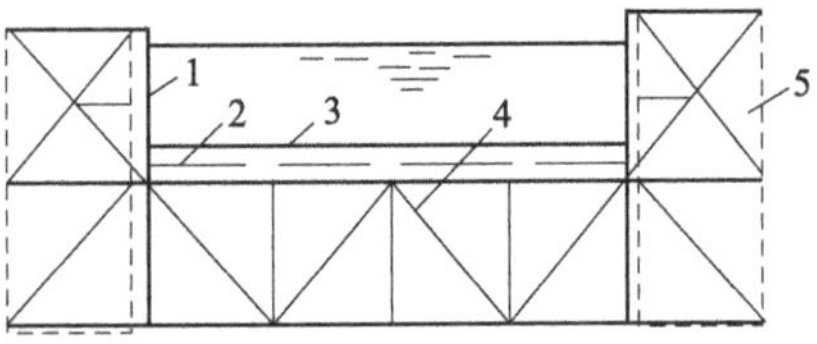

图 8-20　承船厢结构示意图

1-铺板；2-横梁；3-纵梁；4-主横梁；5-主纵梁

承船厢的有效尺寸，即厢体的有效长度 l_k、有效宽度 b_k 和有效水深 h_k 等决定于设计船型的尺寸、船舶进出承船厢的方式和速度等。为了减小升船机运动重量，船队一般都重新编解队。在确定设计船型后，承船厢的有效长度根据船长和安全制动所需的距离而定，有效宽度和有效水深，等于船舶宽度和船舶吃水分别加上一定的富余量。

试验研究表明：在设计船型已定的情况下，船舶进出承船厢时的水面波动程度及航行阻力的大小，均与承船厢的有效尺寸有关。如承船厢的有效尺寸定得过小，不但会增加航行阻力，甚至可能产生水溢厢和船碰底的现象。但承船厢的有效尺寸又直接影响到承船厢的水体重量，而厢内的水重约占承船厢总重的65% ~75%左右。因此，为减小升船机运动重量，要求在可能条件下，尽量减小承船厢的有效尺寸。

承船厢的外轮廓尺寸，在满足有效尺寸的前提下，根据结构的强度和刚度要求以及附加设备的布置要求确定。

(1)承船厢的厢头高度决定于厢头门的型式，闸首与承船厢之间的连接设备型式及布置，上、下游水位变幅的大小以及承船厢要求的超高值等。以厢头门为提升式平面闸门，连接设备设在闸首情况(图8-21a)为例，此高度可按式(8-6)计算确定。

$$h_B = \Delta h + h' + h_k + h_s \tag{8-6}$$

式中：h_k——承船厢内的有效水深(m)；

Δh——承船厢的超高值，一般取0.15 ~0.25m；

h'——上、下游的水位变幅(m)；

h_s——设置止水框架所需的结构高度(m)。

当连接设备在承船厢上时(图8-21b)，则可按式(8-7)确定。

$$h_B = \Delta h + h_k + h_c + h_f \tag{8-7}$$

式中：h_c——考虑设置机器间所需的结构高度，初步可取2.0m，若此值小于$h' + h_f$，则以$h' + h_f$值代替h_c；

h_f——考虑构造要求的富余量，约为0.6 ~1.0m。

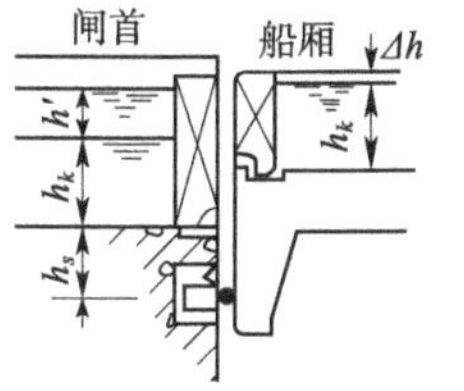

a) 连接设备在闸首的情况

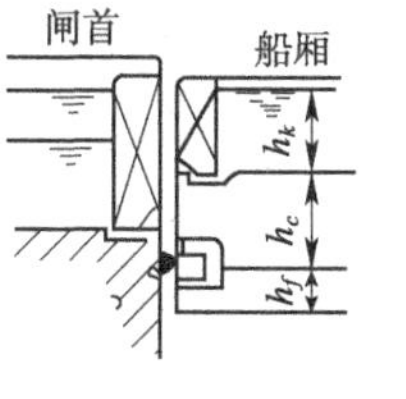

b) 连接设备在承船厢的情况

图8-21 承船厢厢头尺寸示意图

若厢头门采用其它门型时，如卧倒闸门等，则应考虑不同门型对结构高度的要求。

(2)承船厢中部的高度，除受超高和正常水深影响外，还取决于板、梁与主横梁的连结方式及它们的结构高度。此外，尚应满足布置及使用要求。

(3)承船厢的外轮廓宽度，等于承船厢的有效宽度加两侧走道的宽度。走道宽度决定于走道和有关设备如曳引机械、驱动机械、厢头门的启闭机械等的布置要求，一般为1.5 ~4.0m。

(4)承船厢的总长，为承船厢的有效长度加上厢头结构的长度。厢头结构的长度由厢头门与防撞设备的型式以及两者是否结合而定。对提升式平面闸门且两者结合时，厢头结构的长度可取为$0.16b_k$，当不结合时，厢头长度初步可定为$0.25b_k$。对于其它门型，应考虑闸门启闭时对可利用的有效长度的影响。

由此可知，承船厢厢头门的型式，不仅影响厢头的高度，同时也影响承船厢的纵向长度。在各种门型中，提升式平面闸门对这些结构尺寸的影响最小，它与闸首缝隙间的泄水量也最少，但要建造高大的提门架来保证满足通航净空的要求。

2. 承船厢的构造

(1)总体布置。承船厢的总体布置,应考虑支承和平衡设备、驱动及事故装置、纵横向导向设备、承船厢与闸首衔接的拉紧、密封等连接设备的布置要求。根据上述设备是否布置在承船厢上,承船厢的总体布置可分为3类:

①驱动及事故装置、承船厢与闸首的连接设备等,均不设在承船厢上。此时承船厢的构造最简单。

②上述各种类型的设备均设在承船厢上,此时承船厢的构造比较复杂。

③介于上述两类之间,部分设备设在闸首,另一部分设备设在承船厢上。如尼德芬诺升船机的承船厢属于这一类型,它的密封、充水和泄水设备设在闸首上,拉紧装置设在支承排架上,而在承船厢上设有驱动及事故装置。

(2)结构体系。承船厢结构多采用桥梁构造体系或船舶构造体系。在进行承船厢结构的具体布置时,应使厢体结构受力明确,保证厢体整体和局部强度与刚度的要求,以及设备的布置要求。

图8-20为桥梁构造体系的承船厢结构。按传力顺序,其基本构件一般有:铺板、横梁、纵梁、主横梁、主纵梁。作用在承船厢上的荷载,最后均传至主纵梁。上述构件,在一定的垂直面和水平面内,用支撑联系起来,以保证厢体的整体刚度。承船厢的铺板,一般都用平钢板。纵、横次梁多用型钢。承重结构可用实腹式板梁,也可用桁架。桁架式主横梁的简单型式为三角形(图8-22a)。当主纵梁间距较大,主横梁较高时,为减小上弦的节点间距,以适应纵横梁的布置,改善受压弦杆的工作,则可采用再分式(图8-22b)。

三角形桁架也用于主纵梁(如尼德芬诺升船机)。由于均衡重式升船机承船厢主纵梁的上弦杆是固定钢丝绳的吊梁(构造上也可以把吊梁与上弦分开),下弦有时又处于受压状态。为减小节点长度,改善弦杆以至整个主纵梁的工作条件,也可设计成菱形(图8-23a)、再分式(图8-23b)。

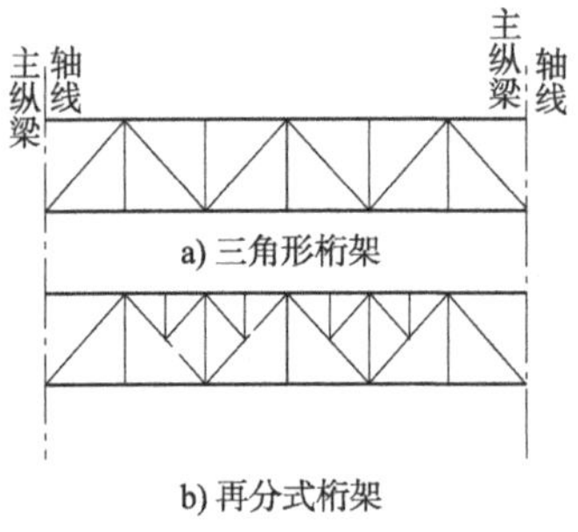

图8-22 主横梁的桁架型式图

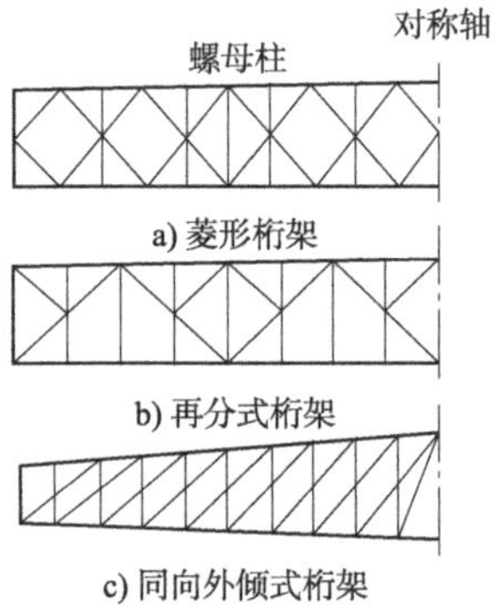

图8-23 主纵梁的桁架型式

总之,具体用何种型式的主承重结构,应根据升船机的型式,考虑其受力特点,在满足强度、刚度要求和机械布置的前提下,通过技术经济比较确定。

3. 承船厢的附属设施

(1)密封框。在承船厢与上、下闸首对接时,为保证承船厢与上、下游闸首对接时接触紧密不漏水,须在承船厢两端布置对接密封装置,以封堵承船厢与闸首之间的间隙。该装置由

U形密封框、液压油缸群和橡皮止水等组成。承船厢与上、下游闸首对接时，压力油充入对接侧密封装置的液压油缸，推出U形密封框，使伸缩式U形橡胶止水密封圈与上或下游闸首工作门接触顶紧，沿厢头门外围封闭承船厢与上或下游闸首工作门端面之间的间隙，使其不漏水。然后充水装置向被围困的间隙充水，当间隙里的水位与承船厢及上或下游航道水位持平时，便可开启承船厢厢头门对接上或下游闸首工作门，实现承船厢与上或下游航道的连通，船舶便可出入承船厢。

(2)充泄水装置。在承船厢两头底部布置有充、泄水装置，通常为一组可逆式水泵，可由承船厢向间隙内充水或将水由间隙抽回承船厢。该设备还可在承船厢内水深值小于或大于设计规定值时，对箱内进行补水或向厢外排水。此外，为随水位变化调整工作闸门下面的叠梁，需在工作闸门和辅助闸门之间设置排水系统。

(3)顶紧装置。为平衡在压紧密封框时产生反力，在间隙内充水后对承船厢产生的水压力，承船厢需设置顶紧装置。顶紧装置通常布置在承船厢两侧主纵梁外侧中部，由设在承船厢上的顶紧车台、楔形导块、液压油缸、复位弹簧、支架机构和设在承重结构上的承力结构组成，以适应承船厢在上、下游与闸首对接时传力的需要。

(4)锁定装置。为承船厢的安装、调整和检修需要，承船厢需在某些高程上进行锁定。对齿轮、齿条爬升式垂直升船机可直接利用螺母、螺杆安全锁定装置，将承船厢锁定在螺母柱上；对钢丝绳卷扬提升式垂直升船机，需布置承船厢的上、下锁定。上锁定由承船厢上的悬臂和承重结构上的双悬臂平台及可由简单机械将其移置于双悬臂平台上的锁定梁等组成。下锁定由在船厢室底板上对应于承船厢纵向主梁多根等间距布置并由千斤顶顶升的锁定横梁组成。

(5)防撞机构。由刚性防撞梁或防撞钢丝绳、顶升和缓冲液压油缸等组成，一般布置在厢头门前，以防止船舶驶进船厢时撞上闸门。

(6)安全疏散设施。为承船厢在运行中发生事故被锁定时及时疏散旅客，升船机需在承船厢两个侧舷的走道板中部设置疏散平台，与设置在塔柱不同高程上的疏散楼梯相对应，形成疏散通道。

(7)启闭装置。承船厢厢头门设有液压启闭装置，承担厢头门的开启和关闭操作。厢头门关闭时，承船厢便成为四周封闭的水容器。与上、下游对接时，上游侧或下游侧厢头门开启，船舶便可驶出承船厢。

4. 承船厢的设计计算

作用在承船厢的荷载，除本身的自重力外，有机械设备的重量力、水重力、平衡设备的平衡力、事故装置在事故状态下的支承力、水压力、风压力、惯性力、冲击力及温度作用等。在这些荷载中，有的不随时间和承船厢的工作状态变化，有的则是变化的，因而有不同的计算情况。

通常在设计承船厢时，需要研究4种计算情况，即正常运转情况、水满厢的事故情况、水漏空的事故情况以及平衡设备破坏的事故情况。

正常运转情况，指承船厢内保持正常水深、承船厢处于静止状态或以等速升降。此时承船厢的自重力、机械设备重力和水重力(或水与船重力)与平衡设备的平衡力之间是平衡的。当然所谓平衡，并不是绝对的。事实上，由于承船厢在闸首停靠的误差、上、下游水位变动的影响以及船厢内水面波动等，都会破坏这种平衡，但对承船厢结构的影响通常很小，因此一般仅以它作为设计驱动机构的依据。

当承船厢内的水体，由于某种原因增减很大，承船厢全部被水充满，或承船厢内的水全部漏空，严重地破坏了承船厢的正常平衡，使承船厢在超载作用下有猛然下降，或在失重情况下有急剧上升的危险，而出现事故状态。此时不平衡力由升船机的事故装置承受，而承船厢则锁定在事故装置上。在设置事故装置处，受到一个事故力（等于不平衡力）的作用。

承船厢的平衡设备被破坏，也会破坏承船厢的正常平衡，呈事故状态，此时的不平衡力也是由事故装置来承受。承船厢的其它构件，一般只按正常运转情况及水满厢的事故情况设计。与事故装置有关的构件，则尚应计算水泄空的事故情况。至于某些特殊工作条件的构件，则应根据相应的荷载情况进行计算。

为了避免温度作用的影响，承船厢的纵横向导向设备，一般均设计成在温度作用下的承船厢可以自由伸缩。因此温度的作用，一般可以不考虑。

当承船厢在运行中或停靠于闸首时，在纵向力作用下（纵向力有风力、水压力、栓锁装置的拉力、导向反力等），在结构中将产生一定的纵向应力，不过其值较小，通常可不计算，仅作为设计导向及拉紧装置的依据。

关于承船厢起动、停车、事故制动及突然制动等情况的动力作用，除特殊情况外，一般可不计算。

第四节　工程实例

一、三峡垂直升船机

三峡升船机主要特点是升程高、提升重量大、上游水位变幅大、下游水位变率大，是目前世界上规模最大、技术最复杂的升船机。目前已进入实船试验阶段（图 8-24）。

图 8-24　三峡升船机实船试验

升船机由上、下闸首和船厢室，上、下游引航道等建筑物组成，升船机的上下游引航道大部分与三峡船闸共用，线路总长约 6000m，承船箱由齿轮—齿条爬升系统驱动，安全装置采用长螺母柱—短螺母杆方案，最大提升高度为 113m，上游通航水位变幅 30m，下游通航水位变幅 11.8m，最大提升重量约 16000t。

（一）主要通航技术参数

1. 设计船型船队

（1）客货船：84.5m × 17.2m × 2.65m（长 × 宽 × 吃水），排水量 3000t。

（2）船舶（队）：109.4m × 14m × 2.78m（长 × 宽 × 吃水），排水量 1500t。

2. 升船机运行参数

(1)升船机运行间隔时间:单向为25min,迎向为47min。

(2)年工作日:335d(天),日工作时间:22h(小时),过坝次数:迎向18次/d。

3. 水位条件

(1)上游最高通航水位175m;上游最低通航水位145.0m。

(2)上游最大涌浪高≤±0.5m;下游最高通航水位73.8m。

(3)下游最低通航水位62.0m;下游最大涌浪高≤±0.5m。

(4)下游最大水位变率约±0.5m/h。

4. 其它特征参数

(1)承船厢有效水域120m×18m×3.5m(长×宽×水深)。

(2)承船厢外形尺寸132m×23.4m×10m(长×宽×高)。

(3)通航期内最大通航流量$Q_{max}=56700m^3/s$。

(4)通航净空18m;最大提升高度113m;承船厢正常运行速度0.2m/s。

(二)总体布置

升船机布置在枢纽左岸,位于7号、8号非溢流坝段之间,距左侧的双线五级船闸约1km,由上游引航道及靠船建筑物、上闸首、船厢室段、下闸首、下游引航道及靠船建筑物等部分组成,全线总长6000m。

1. 上闸首布置

上闸首布置有挡水门槽、活动公路钢桥、辅助门、泄水系统、工作门和闸门启闭机以及桥机钢结构轨道梁等设备。

(1)上闸首工作门布置在上闸首的下游端,是升船机正常通航时的上游挡水设备,由7节工作叠梁和一扇带有卧倒小门的平板工作大门组成。工作大门置于叠梁的顶部,平时卧倒门呈关闭状态,船厢与闸首对接后卧倒小门开启,形成过船通道。卧倒小门可以适应一节工作叠梁高度的水位变幅,当上游水位变化超出卧倒小门的适应能力时,通过增加或减少一节工作叠梁来重新调整工作大门的位置。

(2)辅助门布置在工作门的上游,其主要作用是根据上游的水位变化,协助工作门在无水条件下调整门位,并兼作工作门的事故检修门和上游防洪挡水门。辅助门由一扇平板大门和8节叠梁门组成。

工作门和辅助门分别由布置在混凝土排架上的2×2500kN和2×1500kN单向桥机操作。在两道闸门之间布置有泄水系统,用于在工作门调整门位前泄掉两道门之间适当深度的水体,使工作门处于无水状态。

2. 船厢室段布置

船厢室段位于升船机上、下闸首之间(图8-25和图8-26),包括承重塔柱结构和顶部机房结构、船厢及其设备、平衡重系统以及暖通、消防等部分。船厢室段建筑物总长121m,总宽58.4m,其中船厢室宽25.8m。两侧的承重结构在196.0m高程通过联系梁横向连接,在联系梁上方布置有集控室和观光通道,两侧分别设一个独立的机房,机房内布置有滑轮组、检修桥机等设备。船厢布置在两侧承重塔柱结构之间,由256根钢丝绳悬吊,船厢上布置有驱动机构、安全机构，以及正常升降、与闸首对接所需的多种机械设备、检测装置和电气控制等设备。

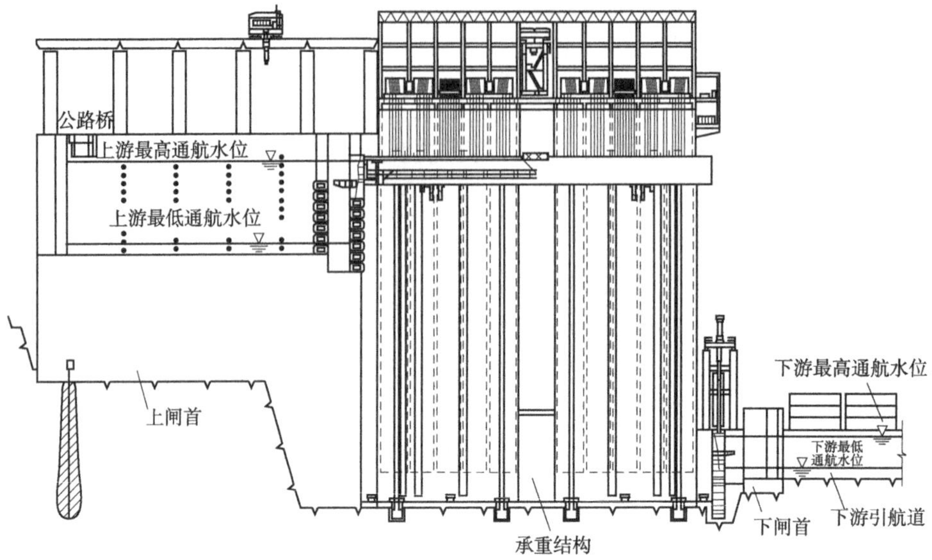

图 8-25　三峡升船机纵剖面图

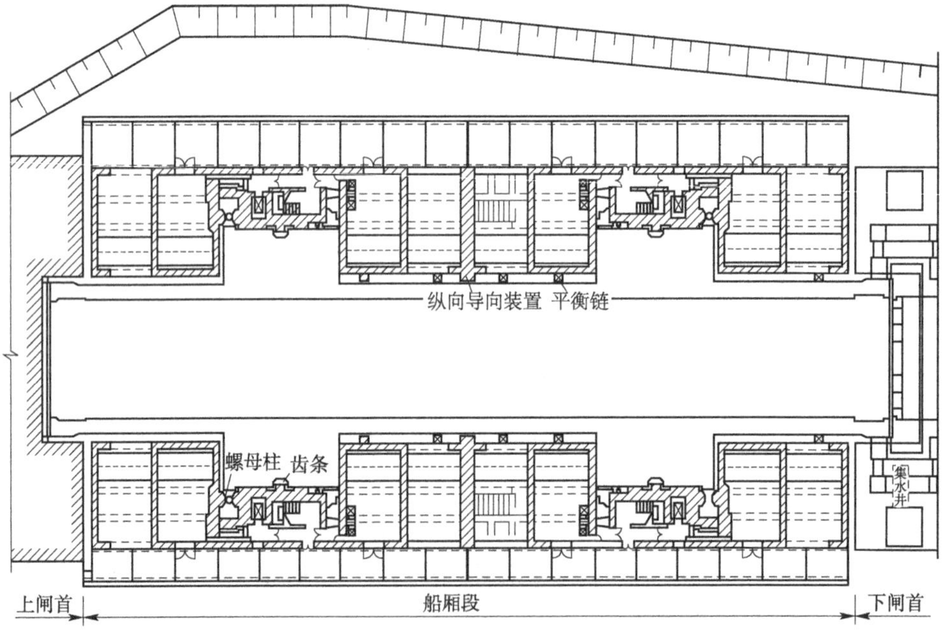

图 8-26　三峡升船机承船厢室段平剖面图

(1)塔柱结构：塔柱对称布置在船厢室两侧，总长 119.0m，总宽 16.0m。两侧塔柱在顶部高程 196.0m 通过 7 根横向联系梁和 2 个平台实现横向连接。每侧承重结构中有 2 个筒体，每个筒体长 40.3m，宽 16.0m。筒体平面上呈凹槽形，凹槽长 19.1m、宽 7.0m，用于容纳船厢驱动室的 4 个侧翼结构，螺母柱和齿条均布置在凹槽内。凹槽外侧的筒体布置有楼梯间、电梯井和电缆竖井。在凹槽的不同高程布置有通向楼梯间的疏散通道。

(2)船厢结构与设备:船厢上布置有驱动机构、安全机构、纵导向及顶紧机构、横导向机构、对接锁定机构、工作门及启闭机、间隙密封机构、充泄水系统、液压泵站等机械设备和变压器、开关站、控制柜等电气设备以及现地控制、消防、照明、暖通等设备。船厢两侧对称设4个驱动室,驱动室内布置有驱动机构和事故安全机构,以及相应的电气和液压设备。4套驱动机构通过机械轴联结,形成机械同步系统。安全机构的旋转螺杆通过机械传动轴与相邻的驱动系统联结,二者同步运行。驱动系统的齿条和安全机构的螺母柱通过二期埋件安装在塔柱凹槽的混凝土墙壁上。船厢对接锁定机构布置在安全机构上方,通过机械轴与安全机构旋转螺杆连接。船厢两端设下沉式弧形闸门,每扇闸门由两台液压油缸启闭。紧邻船厢门的内侧设有带液压缓冲的钢丝绳防撞装置。船厢两端分别布置一套间隙密封机构,船厢与闸首对接时,U形密封框从U形槽推出,形成密封区域。在船厢两侧的主纵梁内反对称布置两套用于调节船厢水深和充、泄间隙水的水泵系统。船厢上还设有4套横导向装置和1套纵导向与顶紧装置。驱动系统电机电压等级为400V,供电电压等级采用10kV,由4回独立的馈电电缆向船厢供电。10kV/400V干型变压器设在船厢底部的变压器室内。除上述设备外,船厢上还设有供电、消防、照明、暖通等设备。

(3)平衡重系统:16组平衡重滑轮组对称布置在两侧机房内,每组包括8片双槽滑轮,滑轮直径5.0m。平衡重块分成16组布置在船厢室两侧的16个平衡重井内。平衡重块由256根ϕ74mm的钢丝绳悬吊。在每组平衡重组的下方悬挂一条平衡链。平衡重组由平衡重块、承载框架、调整平衡重块及导向装置等组成。每个平衡重组的构造完全相同,包括10个标准混凝土平衡重、2个非标准混凝土平衡重、2个钢平衡重以及1个空心平衡重。

3. 下闸首布置

下闸首顺水流方向长37.15m,垂直水流向宽58.4m,中间航槽宽18m,航槽底板高程58.0m,闸顶高程84.0m。下闸首布置有下沉式挡水工作大门、工作大门启闭机、检修门、检修门启闭机等设备。为适应下游水位变率快的特点,工作大门采用易于调整门位、带卧倒小门的下沉式双扉平板门,闸门由2台液压启闭机带压操作,启闭机活塞杆通过吊杆与闸门连接。在挡水条件下,下游水位的小幅度变化由卧倒小门的富裕高度适应,当卧倒小门不能适应下游水位变幅时,通过调节工作大门的门位适应。正常通航时,工作大门由布置在闸门上的锁定装置锁定在门槽内。检修门由7节叠梁组成,布置在工作大门的下游,由一台双向桥机通过液压自动挂脱梁操作,桥机布置在排架上。升船机通航时,检修叠梁存放在航槽右侧的两个门库内。

(三)齿轮齿条爬升方案主体部分

三峡升船机具有先进的安全装置,保障船舶在空中升降的安全。三峡升船机齿轮齿条爬升方案主体部分由承重塔柱、船厢设备、平衡重系统、齿轮齿条爬升设备、长螺母柱—短螺杆事故安全装置、电力拖动以及顶部机房等组成。

1. 驱动机构

驱动机构采用齿轮齿条爬升型式,共4套,对称分布在承船厢两侧,齿轮与固定在塔柱上的齿条相啮合,通过驱动机构小齿轮沿齿条的运转,实现船厢升降。考虑船厢内误载水深、系统阻力、惯性力、风阻力等因素,总提升力约4400kN。

(1)齿轮齿条。齿轮齿条 $z=16$;模数 $m=62.7$;齿轮直径 $D=1002.7$mm;单节齿轮长度 4725mm。

(2)减速器和电动机。选用圆柱齿轮减速器,低速轴输出扭矩 430kN·m。采用交流变频电动机,共 8 台,额定功率 250kW。

(3)垂直液气弹簧。用于限定驱动机构齿轮的提升力,当齿轮与齿条啮合力超过额定值时,驱动机构通过电气拖动系统减速至零,垂直液气弹簧产生竖向位移,并使船厢产生相对于齿轮、齿条及事故安全装置长螺母柱的垂直位移,直至短螺杆螺纹面与长螺母纹面相接触而自锁,船厢被安全机构锁定。

2. 同步系统

4 套驱动机构之间由布置在船厢底部的机械同步轴相连接,构成刚性同步系统。每套驱动机构的小齿轮轴经机械轴、锥齿轮箱与相应的事故安全装置相连,使驱动机构与事故安全装置同步运行。

3. 事故安全装置

长螺母柱—短螺杆安全装置 4 套,分别与一套驱动机构相连,每套安全装置承受最大荷载约 3075kN。驱动机构小齿轮爬升时,安全装置的螺杆在螺母柱内空转,螺纹副两侧均预留 60mm 间隙,使螺杆不与螺母接触。在承船厢发生运行事故时,驱动机构中的垂直液气弹簧产生位移并发出停机信号,驱动机构停止工作,长螺母柱与短螺杆之间的间隙随之消失,承船厢的重量通过事故安全锁定机构传递到长螺母柱,再经长螺母柱传递到塔柱结构上,实现安全锁定,保证承船厢的安全。三峡升船机还设有让旅客迅速疏散的设施,并与承重结构上的应急疏散口连接,旅客可以通过活动走道,经承重结构疏散、离开升船机。

4. 平衡重系统

平衡重系统包括平衡重组、滑轮组、钢丝绳和平衡链等设备。平衡重总重量与承船厢相等,约为 16000t。

5. 可逆泵系统

船厢两端布置可逆泵充泄水系统调节承船厢内的水深,最大调节水深为 0.6m,由可逆泵在 5min 内完成充泄水过程,因此在方案设计中驱动机构提升力只考虑了 ±10cm 误载水深,超过部分由安装在船厢两端的可逆泵进行充泄水控制。

二、景洪水力式垂直升船机

澜沧江—湄公河是亚洲唯一连接东南亚 6 国的国际河流,也是中老缅泰 4 国商船通航河流,景洪水电站为澜沧江干流中下游河段梯级规划中的第 6 级,位于西双版纳州首府景洪市北郊约 5km 处,距泰国北部重镇清迈直线距离约 360km。景洪水电站以发电为主,兼顾航运、防洪、旅游等综合利用效益。其通航建筑物按 V 级航道、单船最大过坝吨位 300t、年通过能力 135.8 万 t 设计,并考虑扩充改造为通过 500t 级船型的可能性。

景洪水电站采用堤坝式开发,枢纽主要由拦河坝、泄洪冲沙建筑物、引水发电系统、垂直升船机、变电站等组成。水库正常蓄水位 602m,设计洪水位 603.8m,水库总库容为 11.39 亿 m^3,其中调节库容为 3.09 亿 m^3。挡水建筑物为碾压混凝土重力坝,最大坝高 110m,坝顶高程 612m,总装机容量为 1750MW。通航建筑物采用水力浮动式升船机布置型式。

(一)水力式升船机的工作原理

水力式升船机通过输水管道对竖井充泄水,驱动平衡重浮筒的升降从而带动承船厢升降运行;在船厢荷载发生变化时,利用平衡重浮筒淹没水深的相应变化,使船厢与平衡重浮筒之间达到新的平衡状态,解决了船厢漏水等极端事故状态下升船机的安全问题(图8-27)。

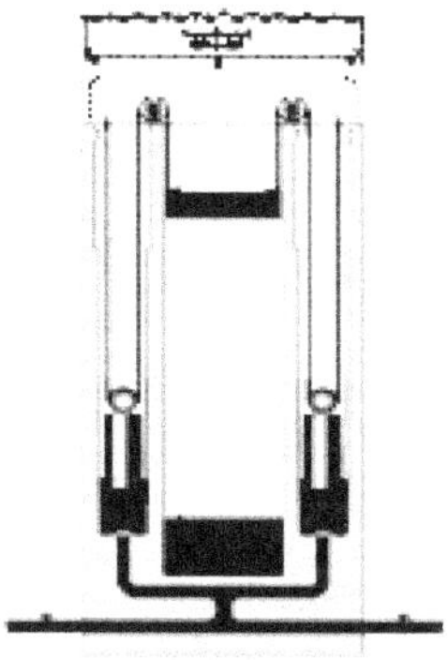

图8-27　水力式升船机工作原理示意图

(二)景洪水力式升船机的组成

水力浮动式升船机主要由承船厢、竖井、平衡重浮筒、钢丝绳、充泄水管路及机械同步系统等组成。它利用水能作为提升动力和安全保障措施。图8-28为景洪水力式升船机整体布置图。

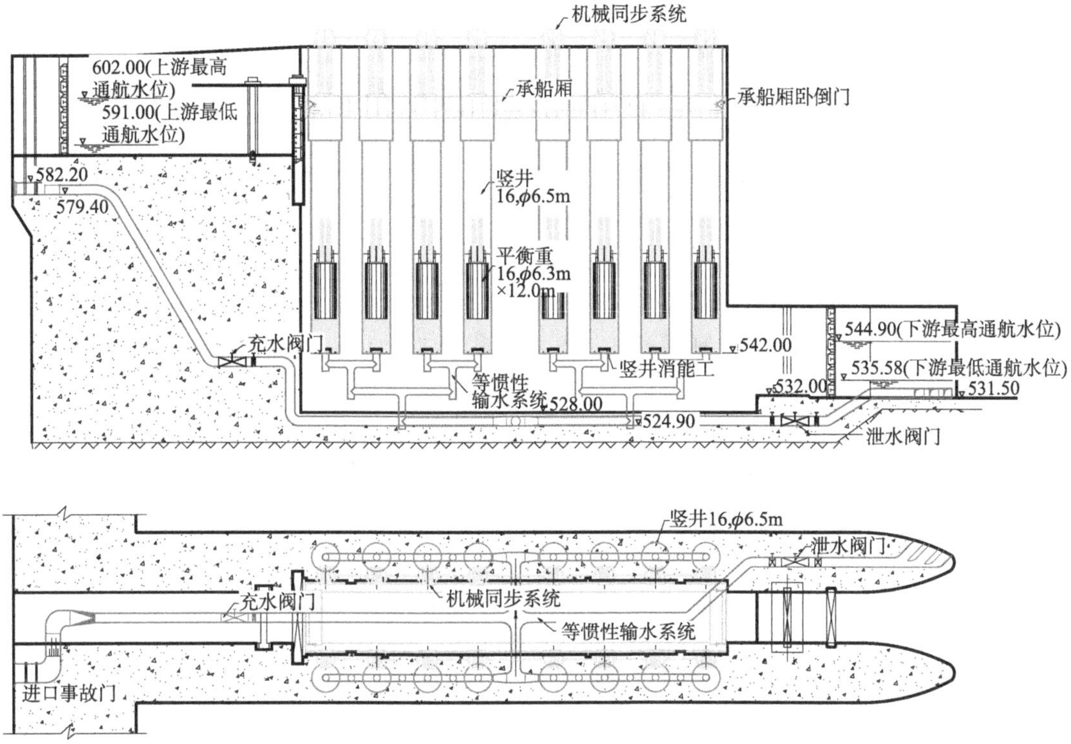

图8-28　景洪水力式升船机整体布置示意图

(三)景洪升船机的主要技术特点

1. 技术特点

(1)世界上首座水力浮动式垂直升船机。

(2)我国第一座拥有完全自主知识产权的新型升船机。

(3)完善的水力浮动式升船机设计理论与施工技术。

2. 主要技术参数

景洪水力式升船机的主要技术参数见表8-3。

景洪水力式垂直升船机主要技术参数 表 8-3

名 称	数 值	名 称	数 值
最大提升高度	67.20m	上游最高通航水位	602.00m
过船吨位	500t	上游最低通航水位	591.00m
升降速度	12m/min	下游最高通航水位	544.90m
承船厢有效尺寸 （长×宽×水深）	60m×12.0m×2.5m	下游最低通航水位	534.80m
船厢加水总重量	2300t	年货运量	135 万 t

(四)景洪升船机设计情况简介

景洪升船机上、下游通航水位变幅分别为 11.00m 和 10.1m，最大和最小升程分别为 67.2m 和 46.10m，采用承船厢下水方案。

升船机布置在溢流坝段右侧 6 号、7 号坝段内，通航建筑物由上闸首段、塔楼段（船厢池段）、下闸首段及呈曲线布置的下游引航道组成，其中上闸首段包含上闸首事故门、上闸首工作门、上闸首防撞设置等，下闸首段仅设置有下闸首事故检修门。

升船机主要由承船厢、主提升结构、平衡重系统及承船厢导向装置、承船厢顶紧夹紧装置、液压平衡系统等组成（图 8-28），各部分情况简述如下。

1. 输水系统及竖井

综合提升、金结、结构等方面的要求及后期运行维护等因素，确定采用 16 个竖井的布置方案，竖井左右对称布置在两侧塔柱中，竖井底高程 542.00m，截面形状为圆形，直径为 ϕ6.5m，内设 12mm 厚的钢衬。

输水管路在布置上采用 16 分支的等惯性输水系统，主输水管道采用直径为 ϕ2.5m 的圆形输水管道，主输水廊道的最低中心线高程 526.00m，第 1 分流口到第 3 分流口间分支管管径保持 ϕ2.5m，第 3 分流口后到竖井出口处分支管管径缩小到 ϕ1.6m。

2. 承船厢及沉船池

承船厢是由钢板和型钢焊接而成的槽型结构，船厢实际尺寸为 69.1m×16.0m×5.0m（长×宽×高），有效水域尺寸为 60m×12m×2.5m（长×宽×水深），实际水域面积为 67.0m×12.0m×2.5m（长×宽×水深），船厢池面积为 69.6m×16.8m（长×宽），底板高程 528.00m。结构及设备重量为 600t，船厢设计水深 2.5±0.2m。船厢门为弧形闸门，采用电动机带动齿条爬升操作弧形闸门的开启与关闭。

船厢由 128 根 ϕ47mm 的钢丝绳悬吊。钢丝绳绕过主机房的卷筒后，再向下绕过平衡重的动滑轮，与机房顶部的液压油缸固定点连接，液压油缸可调节钢丝绳的张力，并在检修时可调节平衡重浮筒的位置以方便锁定。

3. 平衡重浮筒装置

平衡重浮筒（以下简称平衡重）每侧设置 8 个，共 16 个，分别布置于 16 个充水竖井中，由筒体、动滑轮及附属设备组成，筒体采用圆形结构，截面尺寸为 ϕ6.2m，高度为 12m。平衡重上动滑轮的直径为 4.5m，每个平衡重上布置 8 个动滑轮，滑轮轴为不转动心轴，采用滚动轴承。轮轴两端与吊耳板连接，通过吊耳板与平衡重浮筒连接。

4. 卷筒组及同步轴系统

主机房共设置 16 套卷筒(图 8-29),卷筒名义直径 4.25m,筒体长 4m。每个卷筒缠绕 8 根钢丝绳,每根钢丝绳在卷筒上缠绕 2.5 圈。筒体绳槽分左右旋对称布置。16 组卷筒通过卷筒轴与同步轴连成一个刚性同步系统,卷同轴两端通过调心滚柱轴承支承在轴承座上。

5. 钢丝绳

钢丝绳采用 ϕ47mm 多层异形股(不旋转)镀锌钢丝绳(图 8-30),整绳破断拉力 182t,钢丝强度 1700N/mm^2,每组卷筒缠绕 8 根,共 128 根,钢丝绳安全系数 7.5。

图 8-29 升船机的卷筒组

图 8-30 升船机的钢丝绳及提升过程

三、克拉斯诺雅尔斯克纵向斜面升船机

斜面升船机的驱动方式有自行爬升式和钢绳卷扬曳引两种。前者是将驱动动力装置设在承船车上;后者是在坡顶设置卷扬机用钢绳曳引承船车升降。为减少驱动功率,有的升船机还设置沿斜坡道升降的平衡重来均衡承船车的运动重量,此时驱动机构只需克服运动系统的阻力。

目前世界上最大的纵向斜面升船机为位于俄罗斯境内叶尼塞河上的克拉斯诺雅尔斯克升船机(图 8-31),它克服水位差 105m,最大升程 115m,该升船机为两面坡式,上游水位变幅 13m,下游水位变幅 5.5m,受电站日调节的影响,下游水位变率最快达 1cm/min,为纵向液压马达驱动下水式斜面升船机。

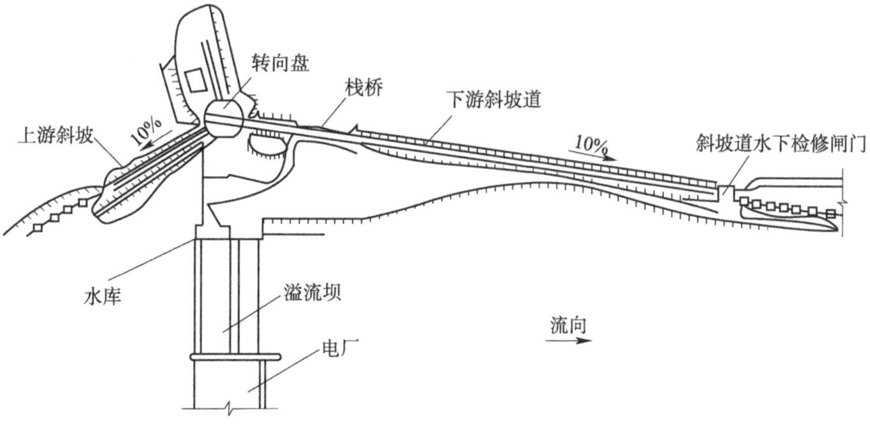

图 8-31 克拉斯诺雅尔斯克纵向斜面升船机总体布置图

升船机布置在河床左岸，紧靠枢纽左岸非溢流坝段坝肩，由承船厢，上、下游斜坡道，检修安装用坡道，转盘，引航道，调度大楼及机修车间等组成。上、下游斜坡道分别长 306m 和 1196m，上下游斜坡道之间呈 140°夹角，斜坡道坡度为 1∶10。升船机不设闸首，承船厢采用自行式，在上游及下游方向均能下水，在上、下游坡道交会处设有转盘，承船厢沿一侧斜坡道上行进入转盘后，通过转盘掉转方向，与另一侧斜坡道相接，保持转盘水平状态不变，但船舶需要采用倒退的方式离开升船机。

该升船机主要技术参数及设计如下。

（一）自爬式承船厢

升船机承船厢采用自爬式，承船厢有效尺寸 90m×18m×2.5m（长×宽×吃水深），可通过 1500t 船舶。当厢中水深 3.3m 时，可供 2000t 船舶通过。

承船厢由 39 对（78 个）双轮台车支承，在承船厢与台车之间设置了液压支座，以保证各行走台车荷载的均衡，避免因轨道面不平而引起某对台车超载。

全部液压支座之间由管道连通，组成 4 组相互独立的支承点。其中有两组，每组连接 26 个液压支承，另两组连接 13 个液压支座。每个液压支座的压力基本相同。

（二）液压传动行走装置

承船厢支承台车由液压马达驱动，每台液压马达驱动一个车轮，共 156 台液压马达。全部马达由布置在承船厢上的 17 套液压泵站操作，总功率约 1.5 万 kW。

采用液压传动装置作为行走机构，可以比较容易地对承船厢的运行速度进行精密调节，获得稳定的加、减速度，能保证自爬式承船厢平稳地启、制动。当承船厢沿斜坡道上行时，液压泵和马达处于正常运转状态；当承船厢沿斜坡道下行时，液压马达处于油泵状态，主泵机组则将分别消耗电网能量和反馈部分电能至电网。

承船厢的制动通过弹簧上的闸、液压松闸的盘式制动器实现。承船厢行走时，制动器通过液压系统控制，处于松闸的状态；需要停车时，制动器在弹簧力的作用下，钳紧制动盘，确保液压马达不再转动。

（三）换向转盘

转盘为双腹板 3 支座金属结构。转盘上的翼缘为斜面，坡度与斜坡道的坡度相同，下翼缘一半水平，一半为斜面。转盘的中部是将荷载传递到中心支座的实腹结构，转盘的两端支承在 16 个双轮小台车上，台车通过液压马达驱动，沿圆形轨道运行。

（四）斜坡轨道

上、下游斜坡轨道为双轨，总长 1600m，轨距 9m。轨道底部为埋有钢板的混凝土轨枕，在轨枕上敷设钢轨和两根齿轨，承船厢液压传动马达轴上的齿轮沿齿轨转动，驱动船厢沿斜坡轨道上下爬行。

克拉斯诺雅尔斯克升船机的所有运转设备都采用液压操作，是在升船机上进行的一次大胆且成功的尝试。升船机的许多机械、液压、电气等设备达到了很高的技术水准。升船机显著的缺陷是船只在承船厢的同一端驶进和驶出，船只倒退驶出厢后，在航道内必须进行掉头，方能继续向前行驶。

四、法国阿尔兹维累横向斜面升船机

目前世界上最大的横向斜面升船机为1969年建成的法国阿尔兹维累升船机(图8-10)。该升船机为一面斜坡式,上、下闸首之间的斜坡道的长度为108.45,坡度为41%,克服水头差44.55m。承船厢的有效尺寸为长42.5m,宽5.5m,水深2.52~3.2m,船厢加水总重约900t,船厢自重240t,可承运350t级船舶。船厢有主承台车8组;共有32个车轮在2条双轨斜坡轨道上运行,轨距为25.72m。平衡重在承船厢下面运行,平衡重车有2个,每个重约440t,其支承机构与船厢相同,其轨距为10.40m。船厢与平衡重由24根直径28mm的钢丝绳相连,钢丝绳的一端通过液压平衡系统与船厢相连,另一端绕过卷扬机构的摩擦卷筒后与平衡重车相连。卷扬机构为两台双摩擦卷筒,直径3.3m,由两台直流电动机(100HP)驱动。承船厢运行速度0.6m/s,加速度为0.02m/s^2,往返一次历时40min。传动机构高速轴上设有电磁闸瓦制动器,卷筒上装有重锤式空气制动器作为安全制动。

第九章　运河工程与生态航道简介

第一节　概　　述

一、运河在航道建设中的地位

运河是人工开挖的河道，用来沟通不同水系的河流、湖泊和海洋。以通航目的为主开挖的运河，克服地理上的障碍，连接重要城镇和工矿企业；缩短水运运输距离，与天然河流航道共同构成一个四通八达的航道网；以调节资源、交流货物，促进政治、经济和文化事业的发展；同时也对国防起着重要的作用。

运河在航道建设中之所以占重要的地位，一方面是运河能沟通河流、湖泊和海洋，以满足航运发展的需要；另一方面，按照水资源综合利用的原则，运河还可以满足灌溉、防洪、排涝、发电和城镇供水等国民经济部门的需要。例如，京杭运河在扩建后，既沟通了河流，缩短了航程，降低了货物的运输费用，同时又结合灌溉、防洪、排涝、城镇供水等方面的需要，综合利用水资源，使国民经济其它部门也受益（图9-1）。

图9-1　运河工程

由于运河能沟通不同水系的河流，在航道网中起着纽带的作用，世界各国都很重视人工运河的开挖。在世界上，运河建设具有悠久的历史。早在公元前，埃及法老塞劳斯内特三世时期就开凿了沟通红海－地中海的古苏伊士运河。公元前221年秦始皇时代，中国也开凿了沟通长江水系和珠江水系的灵渠。闻名于世的京杭运河始凿于公元前486年，于元世祖29年即公元1292年全线通航。世界各国大规模兴建运河是在19世纪，到20世纪各国运河均已发挥较大的作用。在美国的内河航道中，有不少是人工运河，在其北部五大湖之间及密西西比河、哈德逊河与五大湖之间均建有人工运河相通。在前苏联国土范围内，人工运河将莫斯科河、伏尔加河、顿河、里海、黑海、亚速海、白海、波罗的海等连结起来，是欧洲统一航道网的重要组成部分。在西欧各国的内河航道中，人工运河占相当大的比重，例如法国的运河里程数占内河航道的23%、德国占24%。德国境内天然河流多是从南到北，多年来他们开挖了中德运河等，使河流沟通，形成了统一的航道网。这些国家不仅重视国内运河的开挖，而且也重视各国之间河流的相互沟通，1992年9月莱茵河—美因河—多瑙河正式沟通，也沟通了北海和黑海，使西欧十三个国家的河流连接成统一航道网。

我国水资源丰富，不仅有漫长的海岸线，而且又是一个河流和湖泊众多的国家，由于天然水系中主要河流大多从西到东，很少是南北贯通的，而许多重要物资如煤炭、粮食和木材等都需要南北调运。因此，沟通各水系，开挖人工运河对调节资源具有重要的意义，尤其是开挖贯通南北的水运干线，构成纵横交错、四通八达的航道网，对我国经济建设将发挥巨大的作用。

二、运河的作用

以通航目的而开挖的运河，按其所处的地理位置及航行船舶的不同，可分为海运河和内陆运河。位于近海陆地上，沟通海洋与海洋或连通港口，在其中主要行驶海船的运河，称为海运河，例如苏伊士运河（图 9-2）、巴拿马运河和美国大西洋的沿岸运河。位于内陆地区，供内河船舶航行的运河，称为内陆运河，如我国的京杭运河（图 9-3）和俄罗斯的莫斯科运河等。按工程布置情况可分为开敞运河和设闸运河，跨越分水岭的设闸运河，又称为越岭运河。

图 9-2　苏伊士运河（海运河）

图 9-3　京杭运河（内陆运河）

运河的主要作用有：

(1)沟通互不相通的河流，使航道连接成网，通常是开挖运河的主要目的。如莱茵河—美因河—多瑙运河，前苏联的伏尔加—顿运河，中国的京杭运河等。

(2)沟通海、洋之间的地峡，缩短水运运输距离。例如埃及的苏伊士运河，巴拿马的巴拿马运河，德国的基尔运河。

(3)沟通河流或海洋与重要城镇、工矿企业的联系，解决水运直达运输，减少货物的中途倒载和转运。例如中国的青山运河，德国的莱茵—赫尔内运河。

(4)避开天然河流中碍航(或航行条件差)区段，包括绕避水流湍急的滩险、风浪较大的湖泊、弯曲迂回的河湾、航道整治难度大或投资大的碍航区段。例如德国的易北侧运河，法国的伊尔萨斯运河。中国京杭运河的苏北段就是考虑到内河船舶不适于在风浪较大的湖泊中航行，同时也为了使运河水位不受湖水的影响，不直接通过邵伯湖而人工开挖了一段运河。

(5)综合利用水资源，以满足国民经济各部门的需要。例如前苏联的伏尔加—顿运河具有航运、灌溉、水产等目的，莫斯科运河具有航运、城镇供水等目的，中国的京杭运河具有航运、灌溉、供水等目的。

(6)用于军事目的。例如美国大西洋的沿岸运河，在战时，当沿海被封锁时可用来取代沿海运输。

就整个一条运河来说，上述几个方面的作用往往是兼而有之。例如，京杭运河主要是沟通海河、黄河、淮河、长江和钱塘江等河流，起连接作用，但有些区段却是为绕避航行障碍而开辟，另一些区段则又起着分支支线的作用。

三、生态航道的理念

生态航道建设是在传统航道建设基础上，综合考虑航运开发与水沙条件、水生生物、生态环境等的关系，在航道建设各领域各环节，采取新的生态技术、工程管理措施等，实现航道建设与生态系统的相互协调。

生态航道建设将传统航道的通航功能与自然河流生态和谐的统一起来，注重发挥河流生态系统的整体功能，使其在发挥基本功能的基础上，还具有良好的整体景观效果、合理的生态系统结构和稳定的生态自我恢复能力。生态航道建设理念将人类社会文明与自然环境相结合，最终实现两者共赢的可持续绿色发展。

1938 年德国人 Seifert 首先提出“亲河川整治”概念，20 世纪 50 年代“近自然河道整理工程学”作为一个学科研究领域在德国出现，提出河道的整治要符合植物化和生命化的原理。

面对涉水工程对河流生态系统带来的严重负面影响，欧洲各国对原有的水利工程、航道工程规划设计理念进行了深刻的反思。环境生态学理论的建立使得人们对于航道利用、河流治理有了新的认识和思考，即河流除了要满足人类社会的需求以外，还应该满足河流生态系统稳定性及生物多样性的需求。德国、美国、日本等国家相关领域的研究人员先后提出了“近自然治理”、“河道整治对生态系统胁迫直线的平衡尺度”、“岸坡植被的小生态环境结构及其作用”、“河流原生态中生物的生产力维护”等各种有利于河流、航道生态发展建设的理论研究。这些生态航道理论在莱茵河、密西西比河等重要河流的治理中发挥了重要的作用。

从各国研究方向及成果来看，虽然研究命题和对新理论的阐述上有所差异，但其关键性的共同点就是亲近自然，将河流的治理与生态学相结合，以原生态为标杆，尽量同时满足人类社会和生态系统健康的需求。

第二节　运河的选线与设计

一、基本原则

运河的选线系指在地形平面图上选定运河轴线位置的工作。这项工作一般是根据区域航道规划，按照货流的数量和流向确定运河的走向以后进行。合理地选定运河线路是规划设计中的一项极为复杂和重要的任务，它直接关系到运河工程的投资及其航运和综合利用的效益，必须在技术经济可行性研究论证后进行。

对于以通航目的为主的运河，在运河选线时，首先应考虑航运要求，要求路程短、运输费用省。同时，应尽可能使运河靠近或通过城市及工矿区等重要的货流据点，并结合农业发展，最大限度地满足国民经济各部门沿河建厂的需要，以充分发挥其航运效益。为此，运河线路应尽可能顺直，但为满足国民经济其它部门的需要或受到地形、水文地质等条件限制时，才允许采用非最短的线路；其次，运河选线应贯彻综合利用水资源的原则，最大限度地满足国民经济各个部门的需要，以充分发挥运河的综合效益。除满足航运要求外，应尽量同时满足灌溉、排涝、城镇供水等需要。例如：为扩大自流灌溉面积，可使运河路线通过地势偏高地带；为解决排涝问题，可使运河通过低洼地带以有利于附近地区的排水；运河选线同时应考虑远景发展的需要。运河必须适应工业的远景发展，适应远景货运流量和流向，避免考虑不周而引起将来改线；此外，选线时，应使运河及通航建筑物有扩建的余地，不致因地形限制而增大扩建工程量或造成重复挖方。

运河线路应符合全国航道网的规划布局，使局部和整体的要求结合起来。运河所选择的线路应当是在符合工程技术规范和标准的前提下，力求工程技术简单，施工方便，运转和维修费用省。在不同的具体条件下，要满足上述各项要求，有时可能会出现一些矛盾，通常需要拟定若干个可能的方案进行技术经济比较，从中选定一条最经济合理的线路。

在选择运河线路时，为符合《运河通航标准》的强制性要求，应考虑以下一些技术要点：

(1)线路要尽可能顺直，要尽量减少弯道，这样既使运河总长度最短，又便于船舶航行。

(2)线路应力求避免跨越高山，避免与天然河流、沟渠、铁路和公路的交叉，以减少通航建筑物(船闸、升船机)及其它交叉建筑物的数目，并提高运河的运输能力。

(3)线路应选在水文地质条件较好的地段通过；运河通过的地段的土质应该比较密实，其渗透系数较小，以便运河岸坡易于维持稳定，水量的渗透损失不致过大。此外，还要注意避开矿区。

(4)线路应选择在地形适当的地段通过，通常多使运河通过挖方地段，这样可使运河水面低于地面、既可减少运河河堤溃决的危险，又可减少对两岸地下水的影响，挖方地段的渗透损失一般较小。在一般情况下，应力求避免高填方河段。

(5)线路应选择在水量充沛的地区通过，特别是运河通过越岭段时，应尽量临近水源，充分利用当地径流，以保证运河的自流供水，尽量避免采用机械供水的措施。

(6)运河应尽可能利用现有的江、河、湖泊作为运河的一部分，以减少开挖运河的土方量，节省工程投资。

(7)运河的轴线方向应尽量避免与强风向一致，以免发生水面的过分壅高和降落，降低风浪，便于船舶航行。

二、运河的纵断面设计

运河的轴线位置确定后，即可进行运行纵断面设计。但是运河的纵断面设计和运河的定线是相互影响，相互制约的，必须在设计过程中反复比较和修改，只有这样，运河的轴线位置才能最后确定下来。

(一)不设闸运河

对于不设闸的开敞运河，可以不需建造船闸等水工建筑物，船舶可以自由无阻碍地航行，运河的运输能力不受船闸通过能力的限制。但运河内有一定的水流，其水面也将随其两端所衔接的河流等的水位的升降而变化。由于水流和水位的变化，易于引起岸坡的坍塌。此外，它的土方开挖量可能较大。

此时，运河的纵断面设计就是确定运河河底的纵坡降。运河河底纵坡降的大小应保证能通过最大的输水流量，同时还应使运河中的最大流速不超过船舶航行的容许流速和不冲流速，以避免增加船舶逆流航行的阻力和引起河流的冲刷，同时还要保证运河的不淤性，这对水流中挟带有悬移质泥沙的运河也很重要。从航运要求，最大容许流速的大小与船舶的操纵性能有关，在一般情况下，运河的纵向流速不应大于1.0m/s，横向流速不大于0.25～0.5m/s。在有的运河上，由于船舶操纵性能的改善，纵向流速可允许提高到1.5m/s以上。

在确定运河底纵坡降时，根据已选定运河线路的总长 L 和运河两端衔接的水道的水位差 ΔH，可得运河河底的最小可能的纵坡降(图9-4)，即：

$$I=\frac{\Delta H}{L} \tag{9-1}$$

然后根据已选定的运河横断面轮廓尺寸，可计算相应于上述纵坡降的平均流速，即：

$$u=c\sqrt{RI} \tag{9-2}$$

式中：c——谢才系数；

R——运河设计断面的水力半径(m)。

从式(9-1)和式(9-2)可知，如果流速大于最大的容许流速，就必须减小运河河底的纵坡降，即加长运河线路的长度或设计为设闸运河。

(二)设闸运河

运河采取设闸方式，运河则形成若干渠化河段，流速较小，水位稳定，通航水深能得到保证。但需建造船闸等通航建筑物，将影响运河的通过能力。在一般情况下，在运河中应尽量避免设闸。但受某些具体条件的限制，如运河两端所衔接的河流之间的水位差过大，采用开敞运河方式将过大地增加工程投资甚至不能满足航运等方面的要求，那就必须设闸。设闸时，应尽量减少船闸的数目，以减少投资和缩短船舶的航行时间（图9-4）。此外，还应尽量使各级落差相等，这样对节省过闸用水及船闸的运转管理和维修有利。

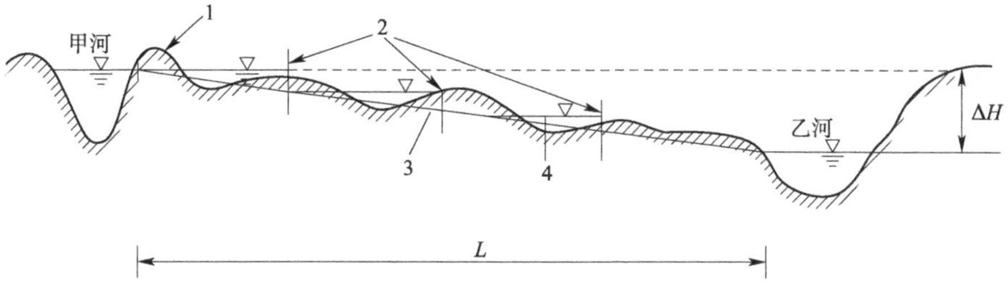

图9-4 运河纵断面示意图

1-原地面线；2-设闸位置；3-开敞运河方案的河底线；4-设闸运河方案的河底线

运河应尽量避免跨越高山以减少土石方工程量。当跨越山岭时，可在山脊鞍凹处开渠或开凿隧洞，也可在分水岭或山岭的两个坡面上设置船闸（图9-5），如前苏联的伏尔加—顿运河。运河越岭段上船闸间的间距不宜过短，以免船舶过闸时因灌泄水而产生较大的水面波动。运河上设闸后，如果水源不充沛，有时就必须采用机械供水的措施，即设抽水站抽水以供运河需要。

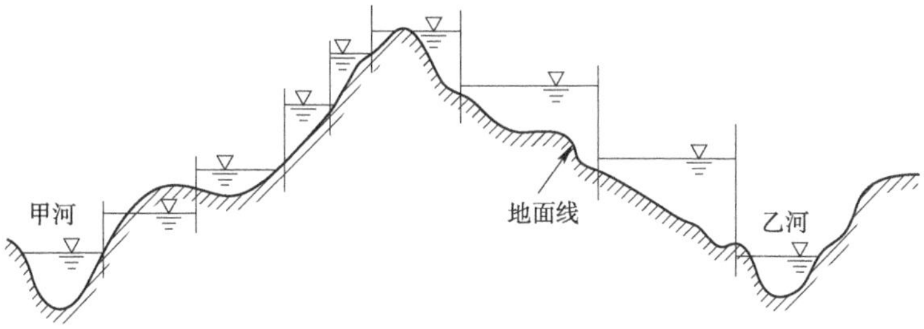

图9-5 运河跨越分水岭设闸布置示意图

对于设闸运河，其纵断面设计除确定纵坡降外，还包括选定运河线路上船闸的数目和位置。一般来说，船闸的数目宜少，线段的长度宜大，以便于管理和增大运河的运输能力。船闸的数目和位置应根据开挖的土方量、建筑物的工程投资、供水以及运输费用等进行技术经济比较，选定最合适的布置方案。

运河应尽量避免设闸，但受某些具体条件的限制时，也可以采用设闸方案。采用哪一种方式主要决定于水流、比降和断面尺寸等因素，应通过技术经济比较确定。

三、运河的平面设计

如前所述，运河的线路应尽量顺直，因为航道方向的任何变化都将引起水流和流速的变化，从而使船舶在弯曲段航行比在直线段困难。船舶转弯时，驾驶人员对转弯的地点要掌握准确，否则容易造成船舶碰岸事故。同时弯曲段的航道宽度要求较大，开挖的土方量因而增大。但受地形和地质等条件的限制，运河的线路往往不可能始终保持一条直线，尤其在很长的运河上。因而，运河线路在平面上的形状不可避免地要采用直线和曲线相间的衔接型式，曲线一般都与被连的直线相切。

（一）最小弯曲半径

弯曲段弯曲半径的大小对船舶航行安全有很大的影响，其取值与弯曲段的中心角、船舶的航行方式、船舶尺度、航速、航道尺度（航道宽度和航道水深）、水流流速以及能见度等因素有关。一般来说，当弯曲段的中心角、船舶（队）的长度和水流流速较大时，所需的弯曲半径也较大，顶推船队所要求的弯曲半径较拖带船队为大。关于弯曲半径的取值，国内外均在通航标准中作了相应的规定，最大的可选 2000～3000m，最小的只有 200～300m。在工程设计中，其最小限值一般取为：

对于顶推船队 $$R \geqslant 3L'_c \tag{9-3}$$

对于拖带船队或单船 $$R \geqslant 4L_c \tag{9-4}$$

式中：L'_c——顶推船队的长度（m）；

L_c——拖带船队中最大单船的长度（m）。

（二）弯道加宽值

船舶在弯曲段行驶时，很难保持完全沿着规定的航线。由于转弯时离心力的作用，容易使船舶偏离航线。为使船舶航行安全和便于转弯，弯曲段的航道宽度必须在直线段的正常宽度上再加宽。弯道的加宽值与船舶的长度、航速、弯道的弯曲半径、视距以及船舶的操纵性能等有关，影响因素较复杂。其中以弯道的弯曲半径和最大设计船舶的长度影响最大。至于弯道加宽值的计算公式，多是根据各国运河的具体情况拟定，至今还没有一个比较周密而普遍适用的计算式。在工程实践中，弯道加宽值可近似地按下式估算：

$$\Delta B = (0.35 \sim 0.5)\frac{L_c^2}{R} \tag{9-5}$$

一般是将弯道的加宽值加在弯道的内侧。弯道加宽后，还必须有一个渐变段，使由直线段的正常宽度逐渐加宽，直到弯曲段所需的宽度。为使水流平稳，渐变段应尽可能平缓，一般采用直线，其加宽率通常为 1:20。有时，弯道的加宽段在弯道的起点和终点还各加长一个距离，约等于$\frac{2L_c}{3}$，然后再用渐变段与直线段相连接。

（三）过渡段最小直线长度

曲线段和直线段应成切线相接，两个方向相同而半径不同的曲线间，一般无需增设直线段。但两个反向曲线之间，无论半径是否相同，中间都应增设一段直线段（过渡段），以使水流平顺地过渡，便于船舶航行。过渡段的长度应保证船舶从一个弯道转弯后，使船身完全位于一条直线上，再开始向相反的弯道转弯。

过渡段最小直线长度可取为：

$$L \geqslant \frac{12L_c^2}{R_c} \tag{9-6}$$

$$R_c = \frac{R_1 + R_2}{2}$$

式中：L_c——最大设计船船（队）的长度（m）；

R_1、R_2——分别为两反向弯曲段的弯曲半径（m）。

四、运河的横断面设计

设计运河的横断面在于确定运河的断面形状、航道水深、航道宽度、断面系数等。设计的要求是在保证船舶航行安全的前提下，运河的断面尺度小，开挖土石方的工程量省。运河横断面尺度的确定与天然河流不同，它是属于“限制性航道”，这类航道的特点是：航道狭窄，其深度和宽度均受到限制；水流平缓；水位变幅较小；断面形状比较规则；对船舶航行有明显限制作用。

（一）运河的断面系数

运河的断面系数为设计最低通航水位时运河过水断面面积 Ω 与船舯横断面的浸水断面面积 Φ 的比值，以 η 来表示，即：

$$\eta = \frac{\Omega}{\Phi} \tag{9-7}$$

运河的断面系数综合地反映了运河断面尺度和船舶尺度之间的关系，是设计运河断面基本尺度的主要数据之一。船舶在运河中以一定航速行驶时，因航道断面较小，会产生水面波动、船体下沉及船舶航行阻力加大等现象，船舶航行阻力较在无限水体和广阔的天然河流中大得多，而且还随着航速的增加而增大。实船和船模试验资料以及理论研究的分析表明：当船型和航速一定时，船舶航行阻力与断面系数 η 值成反比，即断面系数愈大，船舶航行阻力愈小。当船型和断面系数一定时，船舶航行阻力随着航速的增加而增加。断面系数 η 值的选取和船舶的航速、每千瓦功率推（拖）载量有关。每千瓦功率推（拖）载量一定，航速越高，所要求的 η 值越大。如航速和推（拖）载量较小则要求的 η 值也小。但断面系数的增大意味着开挖土方量的增加，投资的增大。此外，运河中的流速、船舶的密度、河岸的土质，护岸情况等因素也都影响船舶的航速和航行阻力，因而在不同程度上也影响断面系数的取值。

综上所述，断面系数的大小关系到挖方量的大小、船舶阻力的大小和航速的快慢，它直接影响到工程的投资和营运费用。因此，断面系数的合理确定对运河的规划设计具有重大的意义，也是件复杂的工作。

20 世纪 50 年代，在运河的规划设计中，断面系数 η 值通常采用 4 ~ 6，例如在前苏联 1964 年的规范中，规定一级水道的断面系数只要求大于 4 即可。这是因为根据当时的实验和理论分析，当 $\eta > 6$ 时，船舶航行阻力的减小幅度很小，不足以与因此而增加的土方量效益相抵，故 η 值过大是不必要的。但这个结论是根据当时内河船舶的航速低，船舶吨位小而且以拖带运输为主等方面的条件得出的。近三十多年来，在内河航运中，船舶的尺度和航行的密度均普遍增大，航速也提高，航行方式又从拖带运输改为以顶推运输为主，航道的规划设计应适应这个新的情况。根据已建运河的经验，断面系数 η 值取 4 ~ 6 是偏小的。在这样的条件下，航速无法提高，航行也比较困难，设计时应增大 η 值。目前普遍认为断面系数不能小于 7，有的甚至提出 η 值应增大到 14。例如，西欧等国经过多次实船和船模试验研究，于 1968 年由欧洲经济委员会正式统一规定断面系数不小于 7。美国陆军工程团建议 η 不小于 6。德国所建的美因—多瑙运河（通航 1350t 欧洲型自航驳）采用 $\eta = 7.4$。在我国运河设计中，认为从船舶航行阻力出发，如航速不超过 10km/h，建议 $\eta = 7 \sim 10$。

(二)运河的断面形状

合理的断面形状应为船舶提供良好的航行条件使航行阻力小、航行方便，并应考虑工程费用、营运费用以及维修费用省，施工方便等条件。运河的断面形状一般有梯形、复式梯形、多边形、矩形、半矩形等。有关研究表明：在相同的断面面积中，较深较窄的断面形状的航行阻力较小；水力半径大的断面形状较为有利。根据实船和船模试验资料的分析，当断面系数 η 大于10时，断面形状的不同对船舶航行阻力的影响不显著。当断面系数较小时，在具有相同的过水断面面积和相等的平均水深的断面形状中，矩形断面最为有利。因为船舶在矩形断面的航道中航行，不论航行漂角大或小，船底下最小富余水深均可得到保证，而且船舶航行阻力小，可以提高航速，减小船舶的功率。但采用矩形断面必须建造岸壁，因而将增加工程投资，通常只在运河通过城市、工矿区及港口时才采用。用得最广的是梯形和多边形。多边形近似于盆状，比较符合天然河床的形态。已建运河的观测资料表明，经过多年使用，在软土地基上，运河的断面最终将演变成盆状，而且这种断面的水力条件好，航行阻力也小。但盆状轮廓不易施工，通常做成多边形，此外，这也符合边坡稳定的要求，即水下边坡缓些，水上陡些。梯形断面简单，易于施工，但为保持边坡稳定，边坡要做得缓些，因而，开挖的土方量较大；需要护坡的范围也大。复式断面适合于担负排洪任务的运河，它可降低流速，减少护坡工程量。

(三)运河的宽度

运河的宽度一般由航道宽度指标表述。在确定了断面形状以后，就可进行运河断面基本尺度：航道宽度、航道水深和航道底宽的计算确定工作。

运河的航道宽度一般均按双线航道设计。只有在地形和地质条件十分复杂的情况下，在运河干线的某些小区段或在航运不频繁的运河上，经过论证，可以按单线航道设计，但应设置会让处及相应的航行标志。

运河的航道宽度系指在最低通航水位时，设计船舶标准载重状况下标准吃水船底处的宽度。由于驾驶技术和风力的影响，船舶航行一般多偏离航线。对于双线航行的航道，如果船与船之间的距离过小，错船时船侧及船底的流速变化，会使船舶舵效降低，同时产生船吸现象而导致船舶碰撞。为保证船舶可以安全地、顺利地对驶或超越，运河应具有足够的航道宽度。运河的航道宽度应根据船舶尺度及其在航行中可能产生的漂角的大小来决定，可按下式估算：

$$B = 2B_f + 2a + c \tag{9-8}$$

$$B_f = L_c \sin\beta + B_c \cos\beta$$

式中：B_f——船舶航行的航迹线宽度(m)；

L_c——设计船舶的长度(m)；

B_c——设计船舶的宽度(m)；

β——在正航行条件下，驾驶船舶可能产生的航行漂角，一般可取为2°~3°；

a——船舶与河岸之间的距离，一般可取为 $0.2B_c + 1.2$(m)；

c——船舶交会时，船舶与船舶之间的安全距离(m)，一般可取为：

$$c = 0.7B'_c + 4$$

$$B'_c = \frac{1}{2}(B_{c1} + B_{c2})$$

式中：B_{c1}，B_{c2}——交会的两船（队）宽度（m）。

根据国内外已建运河的资料，对于双线航道，运河的航道宽度一般为船舶航行的航迹线宽度的2.6~2.8倍。

（四）运河的水深

运河的水深一般由航道最小水深指标表述。运河的航道最小水深系指在最低通航水位时运河所应具有的最小水深，通常规定为设计最低通航水位至航道断面底部的水深，即：

$$H_c = T_c + \Delta T \tag{9-9}$$

式中：T_c——最大计算船舶在标准载重状况下的吃水（m）；

ΔT——富余水深（m）。

富余水深等于设计船舶的航行下沉值加上产生航行下沉后船舶下面所必需预留的水深（包括波浪富余水深、淤积富余水深等），其中航行下沉值与船舶尺度、航道宽度、航道深度及航速有关。根据实船和船模试验资料分析，在船舶航行时，船首和船尾将有不同程度的下沉。相同的断面面积的情况下，不同的航速会使船舶产生不同的下沉和纵倾。为使船舶不致因下沉和纵倾而发生触底现象，航道必须具有一定的富余水深。

此外，航道水深是影响船舶航行阻力、船舶操纵的主要因素。当通航水深过小时，船舶航行阻力将急剧增加，而且可能产生船舶碰底现象，随着航速的增加，这个现象愈加严重。而在一定的水深下，即使船舶的功率增大，也不能使航速有相应的提高。也就是说，在一定的通航水深下，存在一个经济航速的范围。有关试验资料指出，船舶航行阻力与富余水深有关，当船舶吃水大于有效水深的75%时，船舶航行阻力就明显增加。因此，为改善船舶的航行，降低货物运输的成本，航道必须具有足够的富余水深。

对限制性航道中船舶航行阻力的研究表明，具有最大水力半径的断面船舶航行阻力最小，增加深度比增加宽度更能减小船舶航行阻力。因此，在运河的断面设计中，一般尽可能不增加宽度而增加深度。

根据对内河航运的现代化的要求及实船和船模试验资料的分析，认为运河的通航水深与计算船舶的吃水之比应等于1.6~1.7。也就是说ΔT应等于$(0.6\sim0.7)T_c$，当$\frac{H_c}{T_c}<1.5$，航速损失率急剧增加，个别发现触底现象。

通航水深系根据一定的水位来计算的。因而，运河的通航水深的确定与设计水位的高低有关。为减少运河的开挖土方量，可以取保证率略低的水位作为设计水位，而在最低通航水位时，则允许船舶减载航行。根据已建运河的资料，在最低通航水位时，有的运河的富余水深实际上只相当于20%左右的计算船舶的满载吃水。

（五）运河的底宽

运河的底宽系指运河横断面的底部宽度。对于梯形断面，可根据运河边坡的大小计算确定，即：

$$B_0 = B - 2m\Delta T \tag{9-10}$$

式中：B——设计最低通航水位时，运河航道宽度(m)；

ΔT——富余水深(m)；

m——运河岸坡的边坡系数。

运河边坡系数的大小主要由运河的深度、岸坡的土壤性质、所采用的护坡型式以及施工方法等来确定。为减少船舶航行阻力和防止船舶碰岸，在满足边坡稳定的前提下，边坡尽可能做得陡些。当运河的边坡全部加以护面或在船行波影响的范围内加以护坡时，运河的边坡可取为1:2～1:3左右；在护坡以下则需做得平缓些，通常以护坡的底边为转折点，取为1:2.5～1:4.0。在岩石地基上，边坡可陡些。根据岩石的强度；裂隙度及风化程度的不同，可取为1:1～10:1。根据工程实践的经验，运河的边坡也可以不护坡，但边坡应做得平缓些。采用较平缓的边坡而不护坡，其开挖土方量虽然较大，但可节省护坡工程量，有时还是经济的。

(六)运河的堤顶高程

运河的堤顶一般高出最高水位1.0～1.5m(挖方段)或2.0～3.0m(填方段)。当运河的深度较大时，在一定的高度上，设置戗台，以保证边坡的稳定，并便于岸坡的检修(图9-6)。运河岸坡的稳定性，一般根据岸坡土壤的物理力学性质，用圆弧法进行核算。

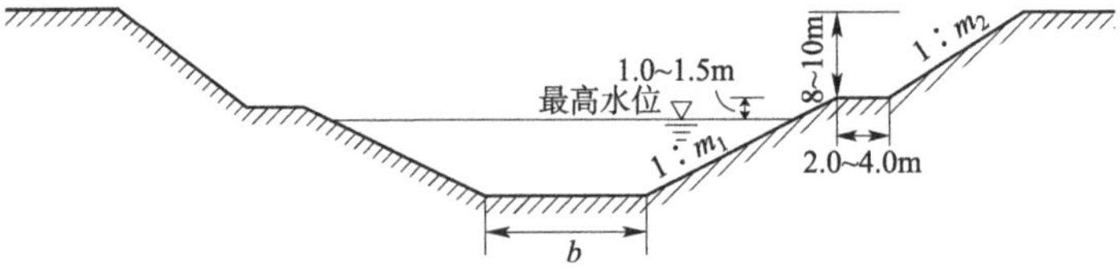

a) 挖方断面

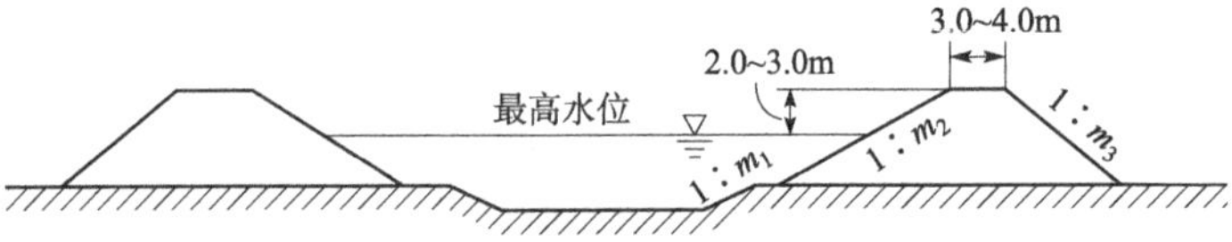

b) 填方断面

图9-6 运河断面尺度示意图

在运河等限制性航道中，船舶的航行阻力比在天然河流中大。船舶与航道的相互作用从理论上分析还是很困难的，虽然可用模型试验来确定，但试验结果换算成实际值往往是比较繁琐的。因此，近年来，多采用实船试验，它能够在自然因素相类似的条件下，为运河断面设计提供可靠的依据。

第三节 运河的护坡与生态航道

运河内水流、水位的变化，雨水的侵蚀以及船行波的传播等对运河的岸坡都将产生破坏作用。对运河的岸坡如不加以保护，岸坡就容易发生坍塌，影响船舶的航行安全。运河的护坡就是对岸坡进行保护的一项工程措施。

一、船行波

船舶在天然河流、人工运河等水域中航行时，船体附近的水体受到行驶中船体的排挤，过水断面发生变化，引起流速、压力的变化，从而使水面上产生波动而形成波浪，这种波浪称为船行波（图9-7）。

图9-7 运河中的船行波

船行波是造成运河等限制性航道岸坡破坏的主要动力因素。船舶在航道中航行所产生的船行波传播到岸边时，波浪沿岸坡爬升破碎，岸坡受到很大的动水压力的作用，使岸坡受到冲击。在船行波沿着岸坡上爬的同时，一部分水渗透到岸坡下面，一部分则在岸坡表面爬升。当波浪能量消失后，水即沿岸坡向下流动，并将带走岸坡上的一部分松散的土粒，同时岸坡内部的水也开始回流，岸坡表层土粒被回流水顶出而为波浪所带走。这样，在船行波的经常作用下，将导致岸坡崩裂坍塌。因此，研究运河岸坡的稳定，正确选定护坡的构造和范围等，就必须对船行波的大小以及它在岸坡上作用的高度等问题进行研究。

影响船行波形成的因素相当复杂。船行波的大小与船型、航速、航道的断面形状和尺度、船舶航线到岸线的距离等有关。航速是影响船行波最突出的因素，航速低于临界速度时，船行波随速度的增大而迅速增大；航速为临界速度时，船行波达最大值。其次船行波随航道断面系数 η 的增大而减小，当 η 值大于一定值时，继续增大 η 值对降低船行波波高的作用不显著。船型对船行波大小的影响主要与船舶细长比、棱形系数以及船舶宽度与吃水的比值等参数有关。一般认为，对宽度为70～120m的狭窄航道，为避船行波冲击岸坡，航速应限制在5km/h以下，如航速超过8km/h，船行波将显著增大。一些试验资料指出，如将航道断面系数 η 增大到8，允许航速可以增大到10～12km/h。此外，应避免船舶靠近河岸行驶，若船舶航线离岸250m，船形波几乎对岸坡无甚影响。总之，一般认为在运河等限制性航道中，船舶的航速应控制在12km/h以下。从岸坡实际冲蚀情况来着，冲蚀较严重的部位是在正常水位上、下1.0m范围内。

二、护坡的范围

为了保护运河的岸坡，需要在一定范围内护坡。由于船行波是导致岸坡坍塌的主要因素，护坡的范围通常是在船行波影响的区域，它一般根据运河中水位变化的幅度和船行波的上卷高度与下滚高度而确定。护坡的上界应是在设计最高通航水位以上加富余高度 a_1（图9-8），富余高度应大于船行波的上卷高度。

在水面以下，船行波对岸坡的破坏作用还不很清楚，系统的观测资料表明，在运河的平均水位以下2.0～2.5m的范围内可以发现有从岸坡上冲下来的沉积物，在少数情况下，尚可发现冲刷观象。因此，护坡的下界一般定在设计最低通航水位以下一定的深度 a_2 处

(图 9-8),其值不小于 2.0m。

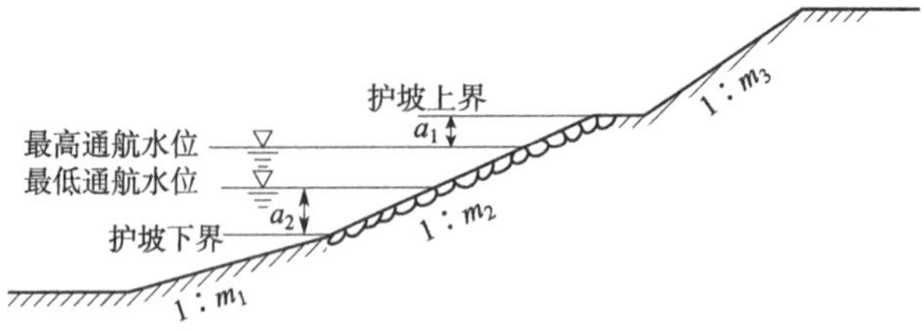

图 9-8 运河岸坡的防护范围

三、护岸的型式

(一)传统护岸

护岸结构型式应根据自然条件、材料来源、使用要求和施工条件等因素,经技术经济比较确定。护岸结构可分为斜坡式、直立式或斜坡式与直立式组合等型式。

图 9-9 斜坡式护岸

1. 斜坡式护岸

对岸坡较缓、水深较浅、地基较差、用地不紧张的地段和就地修坡的岸坡,宜采用斜坡式护岸(图 9-9)。

斜坡式护岸可分为堤式护岸(图 9-10)和坡式护岸(图 9-11)两类。堤式护岸是在水上先筑成岸堤,然后回填形成陆域,并对岸堤进行防护,一般由堤身、护肩、护脚和护底结构组成。坡式护岸是对陆域已有的自然岸坡或陆域向水侧回填形成的自然岸坡进行防护,一般由岸坡、护肩、护面、护脚和护底结构组成。

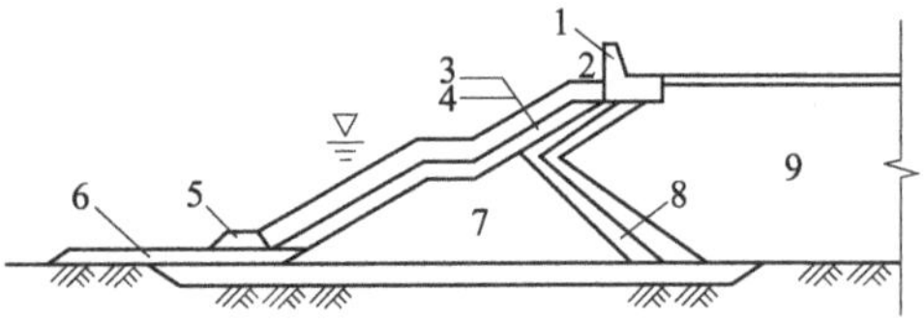

图 9-10 堤式护岸

1-胸墙;2-护肩;3-护面层;4-垫层;5-护脚;6-护底;7-堤身;8-倒滤层;9-回填料

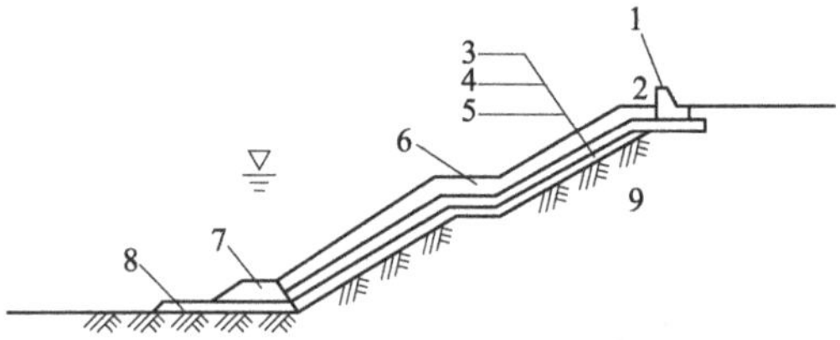

图 9-11 坡式护岸

1-胸墙;2-护肩;3-护面层;4-垫层;5-倒滤层;6-肩台;7-护脚;8-护底;9-岸坡

2. 直立式护岸

对岸坡较陡、水深较深、地基较好、岸线纵深较小和用地紧张的地段,宜采用直立式护岸。

根据我国已建的直立式护岸工程,墙体结构以现浇混凝土、浆砌块石、混凝土方块、板桩、扶壁和沉箱结构最为常见(图 9-12)。

护坡的工程量在运河工程中常占有很大的比重，在选择护坡型式时，应充分考虑技术经济条件又要充分考虑其生态功能。为了保证护坡在水流及船行波作用下能保持稳定，护坡应透水，以消减护坡所承受的渗透水压力的作用。其次，要能够防止从岸坡下流出的渗透水流将岸坡的土粒带走，一般在护坡下面均设有反滤层。此外，护坡本身应能维持稳定。

在选择护坡的型式时，必须对岸坡的高度、土壤的性质、船行波的大小、水流流速、水位变幅、建筑材料及施工条件等因素进行综合的考虑，而船行波的大小则是确定护坡型式的主要因素。近年来，随着船舶吨位的加大，航速的加快，提高了对护坡的要求。以往所建的运河的护坡往往不能适应新的要求而纷纷加以改建。

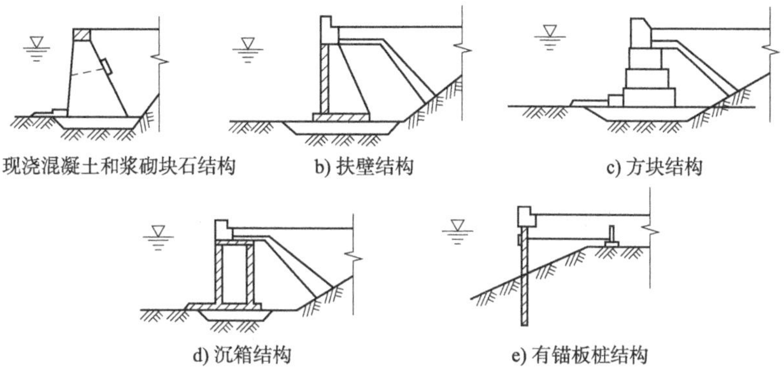

图 9-12　直立式护岸墙体结构断面示意图

(二)航道生态护岸

生态护岸的功能是在河道满足通航功能的前提下，体现保护和创造对生物及其群落友好的生存环境和自然属性，使得水体和土体、水体和生物、土体和生物相互涵养，河岸带生物生存环境自然衔接，从而适合生物生长及其生物群落的自然演替要求，同时保护岸坡不受水流及船行波等形成的冲刷影响。生态护岸的建设，不但具有基本的河道岸坡防护功能，而且保留了自然河岸的生态系统功能，充分保证了地下水与河道水体之间的交换，具有友好的水陆动植物生存环境和连续性，保护和建立了生态系统的多样性。一定程度上恢复了河道生物的多样性，促进了河道生态系统的健康发展。未来的内河航道将不仅是货物运输的主通道，更是绿色、环保的“生态走廊”。

生态护岸设计应采用自然属性较强的材料作为主体结构，结合少量特别研制的生态混凝土或土工合成材料作为辅助材料，形成可以抵抗水流淘刷侵蚀的结构，同时适合植物的生长和自然演替(图 9-13)。

图 9-13　生态护岸型式之一

河道整治不仅能保护生态环境,而且切实体现科学发展观的内在要求,顺其自然,避免因为裁弯取直而改变原有河流形态,而是因地制宜的保留自然形态,为浮游动物及其它动植物提供栖息的场所,尽可能使河岸趋于自然。

以人为本,统筹人与自然和谐相处,科学、合理地利用水资源,促进水生态环境不断改善、水资源的良性循环和经济社会的可持续发展,使航道建设和人居环境和谐统一。合理规划航道两岸陆域,设置亲水平台、休闲场所,让人类亲近自然,也让自然亲近人类。

1. 生态护岸的设计原则

生态护岸设计原则主要体现在以下几个方面:

(1)整体性。护岸结构设计上应综合考虑航道所处的周边环境、河川形态、土质、泥沙、水流、水深、气候等自然条件以及船型、船舶密度等因素,以建设畅通高效、安全绿色的航道为主题,统筹规划、因地制宜、合理选用护岸结构型式。

(2)耐久性。护岸结构首先必须安全、稳定和可靠,能够保护河岸,防止水土流失、船形波冲刷、船舶撞击等。

(3)生态性。注重采用新材料、新工艺,构建具有生态功能的岸坡系统。达到维持岸坡植物生存环境、提高岸坡动物和微生物栖息地的质量,营造和谐的航道生态系统,让人类活动与自然环境达到自然和谐。

(4)经济性。根据本地区的自然条件、材料来源、使用要求和施工条件等因素,确定技术经济合理的护岸结构型式。尽可能利用原有河道,不打乱原有设施布局,尽量节约耕地,减少拆迁和土方开挖等。

(5)亲水性。护岸设计中体现人性化设计理念,充分注意河岸与河流水体之间的交换功能,尽量满足人们的亲水要求,构筑具有亲水理念的人文景观护岸。

(6)景观性。与城市化进程有机结合,彰显地区历史和文化价值,营造清新宜人的滨水景观,使航道整治工程的“隐性”效果显性化。

2. 生态护岸设计的主要影响因素

(1)水文条件。水位变动区是岸坡稳定的主要研究区域,也是生态敏感区域,更是生态护岸设计的关键区域。水流是造成岸坡冲刷的主要因素之一,一般情况下,岸边大于0.3m/s的航道水流将造成岸坡的持续冲刷,进而形成自然土质岸坡坍塌,一般喜水湿生植物难以生长,水生动物产卵和繁殖困难,岸边生态环境受到破坏。

(2)船行波。内河航道一般面宽较窄,风浪基本没有,对航道两侧岸坡的主要动力作用除了水流外,就是船行波。由于我国目前内河船舶吨位杂乱,船舶型式众多,各种船舶形成的船行波大小不一;而且由于船型波的高度不仅受船舶现状、航行速度、船机动力设施等因素的影响,和航道断面尺度、距河岸宽度等都密切相关,故需要根据不同的航道特征、设计代表船型(或船队)等进行分析计算或模型试验才能确定。根据长三角内河航道的观测和分析经验,Ⅲ、Ⅳ级平原河网内河航道的船行波影响高度在0.4~0.6m左右,最高可接近1.0m。船行波造成的冲刷影响是平原河网内河航道生态护岸设计最为关键的考虑因素。

(3)植物品种选择。植物品种选择的优劣是影响生态护岸效果的重要因素。首先,不同的植物适应能力不尽相同,抵抗水流、雨水及船行波影响的能力需要经过仔细的分析和研究;其次,不同地区适应的植物种类不尽相同,植物具有一定的地域性,需适应不同的土壤、气候等条件；再次，需要考虑生物的侵害性，避免植物品种的单一性和生物侵占性造成的生态负面影响；此外，需要考虑野生植物的自然演替和生存繁衍的空间，生态护岸设置的最终目的是体现河道滨岸带的自然属性。

(4)建筑材料。建筑材料本身具有环保性特征，如：大量的开采岩石不仅会破坏自然资源，也会因为开采应用逐渐侵蚀开采地的山体，改变自然地形地貌；木材的运用会大量减少森林面积，钢筋水泥的冶炼制作会造成大气环境的破坏等。所以生态护岸在建筑材料上的选择也至关重要，建筑材料不仅要为生态护岸的稳定和强度提供必要的保障，更需体现应用材料的环保特征，并能为植物的生长提供所需的空间。

(5)生态系统的恢复与构建能力。生态护岸结构型式的设计是生态护岸是否具有友好的生物生存环境的关键和判断标准。结构型式不仅要满足水土相互涵养的需要，更需体现护岸建设后，河道滨岸带原有生态系统具有恢复和构建能力，能为动、植物的繁衍生长提供可靠的滨岸带生存环境。

航道生态护岸结构型式是多种多样的，需要结合各航道的实际特点来考虑，但设计理念和设计思路是一致的，最重要的是在内河航道整治工程的建设中，融入生态护岸的设计理念，尽可能促进航道建设生态化。

3. 生态护岸主要结构型式

结合不同的河道条件，护岸采用植物保护称为植被型生态护岸，护岸采用植物与人工材料相结合称为综合型生态护岸。

(1)植被型生态护岸。植被型生态护岸指建于河流沿岸的各类植被缓冲带，包括林地、草地或其他土地利用类型。整个结构基本保持原有河道岸坡形态，保持相对稳定的原河道生态环境，同时满足岸坡防护的要求。缓冲带树木和灌木丛可以为许多物种提供栖息和保护场所，岸边的枯树残枝为水生动物提供栖息地，缓冲带植被能够遮荫，护堤固岸，这些都为大量的水生生物提供生存环境(图 9-14)。

图 9-14　植被型生态护岸

(2)综合型生态护岸。主要型式有木桩 + 种植芦苇等挺水植物 + 石笼网护脚 + 生态袋挡墙；雷诺护垫 + 生态袋加筋挡墙(图 9-15)；铰链式护坡砌块 + 草皮护坡；空心方块 + 生态混凝土；透水空箱 + 自嵌块；鱼巢式挡墙 + 预制连锁块等。

图 9-16 为我国苏南运河上采用的一种生态护岸结构型式。该方案采用木桩 + 土工布维护种植芦苇等挺水植物，结合香根草生态浮床消浪，石笼网护脚，短生态袋 + 香根草 + 扦插植物锚杆护岸，生态袋顶用灌藤垂帘。岸坡底部采用填砂土护底，并在填土上适当种植芦苇、菖蒲、千屈菜、梭鱼草等水生植物。为避免船行波吸力的影响，在现状岸坡堤角处考虑布设一排桩长为 2.5m 的木桩(梢径不小于 120mm)形成防护带，木桩后加竹篱或土工布(1m 高)起到固土作用，木桩间距控制为 30cm 左右。水生植物背后种植香根草，形成 50cm 左右宽的长带，经过 2 ~ 3 个季节形成篱笆和生态浮床后，即可起到较好的消浪效应，并有效拦截径流，透水不透土，起到防止岸坡坍塌及水土流失的作用。

图 9-15　生态护岸（雷诺护垫）

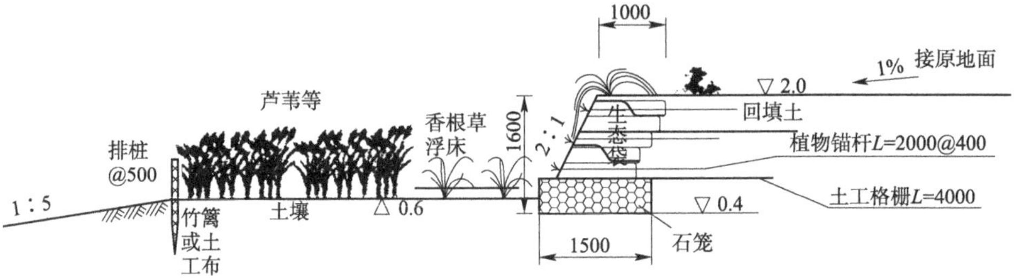

图 9-16　生态袋 + 石笼网生态护岸结构断面图

图 9-17 为预制连锁空心块体护岸，由垫层和面层组成。垫层采用土工织物和砂垫层，面层采用预制混凝土异形块铺砌而成，在我国浙江省湖嘉申线湖州段应用情况和景观效果良好。其主要特点是铺面系统对小规模变形具有较高的适应性，抗冲刷能力强，空隙率高，透水性好，各独立块之间和单块内的空隙内可以植草，美化环境的同时形成自然坡面改善生态环境，地基适应性好，施工简便，造价较低。

图 9-18 为在我国江苏盐河上采用的一种鱼巢式挡墙 + 预制连锁块生态护岸。鱼巢护岸迎水面通过设置鱼巢孔，不仅起到消波减浪作用，而且墙身采用连贯空腔通道的钢筋混凝土生态型鱼巢结构，以满足鱼类等水生生物和两栖动物安全繁衍生息的需要。

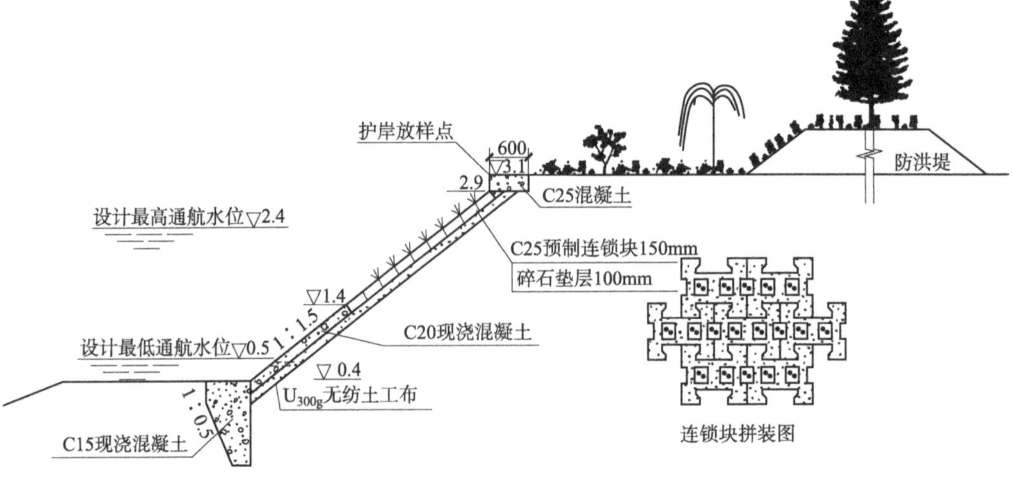

图 9-17　预制连锁空心块体护岸

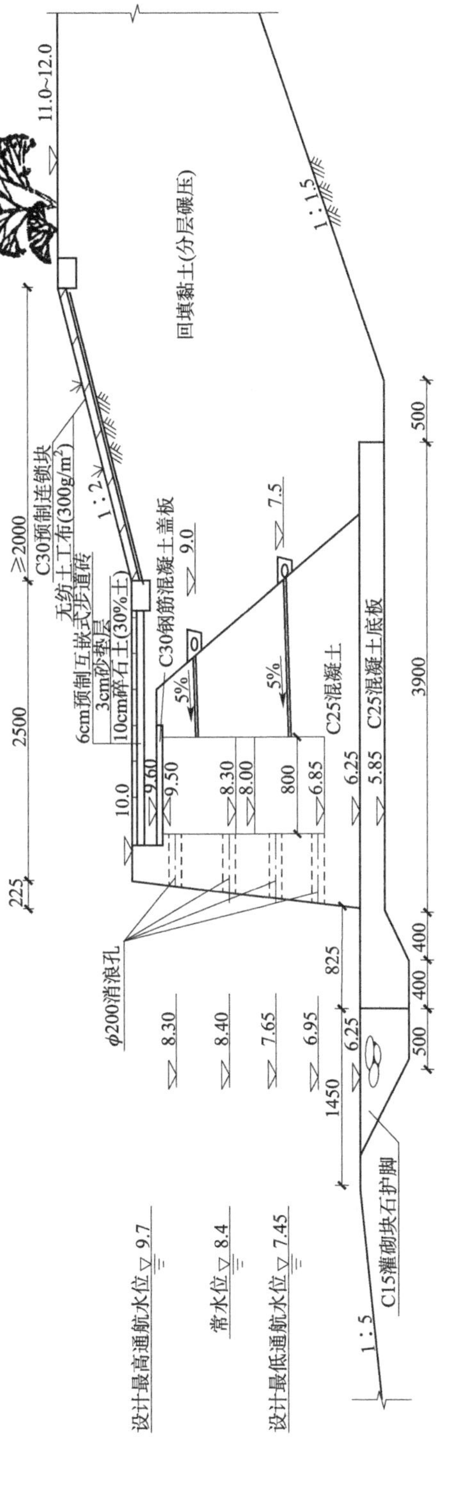

图 9-18 鱼巢式挡墙＋预制连锁块

参 考 文 献

[1] 刘晓平,陶桂兰. 渠化工程[M]. 北京:人民交通出版社,2009.
[2] 蔡志长. 渠化工程学[M]. 北京:人民交通出版社,1990.
[3] 中华人民共和国行业标准. JTS 182 - 1—2009 渠化工程枢纽总体设计规范[S]. 北京:人民交通出版社,2009.
[4] 中华人民共和国行业标准. JTJ 305—2001 船闸总体设计规范[S]. 北京:人民交通出版社,2001.
[5] 中华人民共和国行业标准. JTJ 306—2001 船闸输水系统设计规范[S]. 北京:人民交通出版社,2001.
[6] 中华人民共和国行业标准. JTJ 307—2001 船闸水工建筑物设计规范[S]. 北京:人民交通出版社,2001.
[7] 中华人民共和国行业标准. JTJ 308—2003 船闸闸阀门设计规范[S]. 北京:人民交通出版社,2003.
[8] 中华人民共和国行业标准. JTJ 309—2005 船闸启闭机设计规范[S]. 北京:人民交通出版社,2005.
[9] 中华人民共和国国家标准. GB 50139—2014 内河通航标准[S]. 中国计划出版社,2014.
[10] 中华人民共和国行业标准. JTS 180 - 2—2011 运河通航标准[S]. 北京:人民交通出版社,2011.
[11] 中华人民共和国水利行业标准. SL 609—2013 水利水电工程鱼道设计导则[S]. 北京:中国水利水电出版社,2013.
[12] 王作高. 船闸设计[M]. 北京:水利电力出版社,1992.
[13] 涂启明编著. 船闸总体设计与图例. 北京:人民交通出版社,1990.
[14] 曹平周,朱召泉编著. 钢结构(第四版)[M]. 北京:中国电力出版社,2015.
[15] 钮新强,宋维邦. 船闸与升船机设计[M]. 北京:中国水利水电出版社,2007.
[16] 湖南省水利水电勘测设计研究院等. 湘江航运开发株洲航电枢纽工程初步设计报告[R]. 2001.
[17] 重庆交通学院. 三峡带调节水池连续三级船闸水工模型试验研究报告[R]. 1993.
[18] 重庆交通大学. 乌江航运建设关键技术研究 - 银盘船闸输水系统选型研究报告[R]. 2007.
[19] 重庆交通大学. 乌江航运建设关键技术研究 - 银盘省水船闸水力学模型试验研究报告[R]. 2007.
[20] 南京水利科学研究院. 云南澜沧江景洪水电站水力浮动式升船机关键技术研究[R]. 2008.
[21] 南京水利科学研究. 景洪水力式升船机原型观测分析 - 工程泄水系统调试原型观测

[R]. 2015
[22] 黄伦超,李伟. 船闸短廊道输水系统最优 k_v 取值探讨[J]. 水利水运工程学报,2006.9.
[23] 李一兵,江诗群,李富萍. 船闸引航道口门外连接段通航水流条件标准[J]. 水道港口,2004.12.
[24] 覃业传,刘俊涛. 长洲枢纽三线四线船闸上游航线选择研究[J]. 水道港口,2012.6.
[25] 王猛. 仿生态型鱼道水力特性初步研究[D]. 长江科学院,2014.6.
[26] 赵东华,陈虹. 从欧洲内河航道生态化建设理念谈我国内河航道生态护岸设计思路[C]. 第十四届中国海洋(岸)工程学术讨论会论文集,北京:海洋出版社,2009.
[27] 陈一瑶,施俊羽,周薛凯. 生态航道建设的现状及发展趋势分析[J]. 中国水运,2014.11.